JN299165

本格派のための
「英文解釈」道場

筒井正明 著
Masaaki Tsutsui

大修館書店

はじめに——入門を許す

　押忍(オス)！　吾輩が当「英文解釈」道場の師範，筒井正明である。
　「オス！」という挨拶に下品な暴力的な感覚を感じとる方よ，それはとんでもない誤解だぞ。押忍（おす，おっす）とは，主に空手道・剣道・柔道などの日本の由緒正しき武道の関係者の間で使われる挨拶の一つ。本来の意味は，"押して忍ぶ"（自我を抑え我慢する）ということじゃよ。英文を読む力をさらに伸ばそうと，この道場に入門された方々へ，易きにつかんとする自我を抑え，怠け心を我慢して，「英文道」に励もうな，との道場の師範の吾輩からの，心からなる歓迎の挨拶じゃ。
　英文を読むってのは，楽しいぞ。押して忍んで英文読解の稽古をしていると，英文を読むことの楽しさが骨身に沁みて分かってくる。無数の英文が，人生について，世界について，世界のなかで人間のおこなっているいろんな営みについて，すばらしい解明と発見と分析を伝えてくれておるんじゃよ。その英文を，我々の経験と思考をかけ，すでに得ている英文法の知識を駆使して読み解く稽古を重ねていると（押して忍んでいると），山を隠していた霧が徐々に晴れ，驚嘆すべき山容の高さと美しさとが顕(あら)わになってくる。英文を読む努力が，英文を通して人生と世界の新しい景観に触れる喜びに変わってくる。そうやって英文を楽しんで読む稽古をつづけておれば，正確に英文を読みこなす王道の道が開けてくるんじゃ。当道場は，英文を楽しく読み下してゆく，唯一正しい方法，つまり王道の英文読解法を伝授する場であるぞ。
　王道の英文読解法とは何であるか？　英語で a royal road（「王道」）と言えば，There is no royal road to learning English（「英語学習に王道なし」）とか使って，「安易な方法・近道」の意味だよな。残念ながら，この道場で伝授する「王道の英文読解法」ってのは，「英文読解法の近道」ってことじゃない。この「王道」は，英語じゃなくて，日本古来の意味だ。辞書を引くと，「儒教で理想とした，有徳の君主が仁義に基づいて国を治める政道」（『大辞泉』）と書いとる。この字義を援用すると，吾輩のいう「王道」とは，「英文読解法で理想とされる，本格派の英語学習者が文法と構文とおのが精神・感性に基づいて英文を読み解く英語道」ということになる。王道の英文読解法とは，英文の構造を文法的に正しく把握し，通り一遍の意味ではなく，英文の真に伝えんとする意味をおのが魂にて受け取ってゆくこと，じゃよ。正しい文法的理解と，英文の意味に関する人間的理解。なんだ，当たり前すぎて，ガクッときてるか？　たわけ者，英語という言語にとって外国人の我らが，英語で書かれた文章を正確に読み取るとしたら，

これしか方法があるわけないじゃないか！

　どうも昨今は，やれ「話せる英語」だの，やれ「使える英語」だのと抜かして，オーラル・コミュニケーションとやらを重視した英語教育が勧められておる。それで日本人は英語ができるようになったか？　たしかに小器用に軽い日常会話をこなせる人間は増えたかもしれぬが，論理的に感性的に密度の濃い英文をちゃんと読み解く力となると，教師と学生を問わず，最近の日本人の英語力の低下たるや，まさに暗然たる思いがするぞ。だいたいだな，「話せる英語」とか「使える英語」とかを前面に押し出して，薄っぺらな英語ばかり目指してるってのが，本末転倒じゃないか。高級な英文を読み解く力を身につければ，話すとか，聴くとか，しゃべるとかは，ちゃんとできるんじゃよ。英語の表面的な，薄っぺらな運用の能力だけを目指して，その根底にある英語の精神，英語の思想に同化しなかったら，英語を学ぶことに，いったい何の意味があるんだ？

　他人の意見をお借りして自分の言わんとすることを強調する方法は，吾輩としては採りたくない。しかし，ことは英文解釈の根本義に関することであるので，ここはある権威のお言葉をお借りして，王道の英文読解法についてもう少し説明しておく。英語教育に関しじつに高い見識をもってらっしゃると前々から感心しておった斎藤兆史氏が，「過去20年ほど大学で英語を教えてきた経験から言えば，いまの学生は文法も知らなければ話せもしない」と，吾輩と同じことを述べておられる。斎藤氏は東大の教授でいらっしゃるから，ここでいう「学生」とは，英文解釈の力では若者のなかでももっとも英語力があると思われている（「思われている」だけなんだけどな）東大生のことになるよな。

　「英語読みの英語知らず」ばかり増えてきているのも，薄っぺらなコミュニケーション中心主義の英語教育のさかんな時代なればこそ，であろうよ。英文解釈の方法論は，英語が日本に紹介された明治のはじめより，英語が周囲に氾濫しているこの時代にいたるまで，少しも変わっちゃおらんのじゃよ。たしかに福沢諭吉は，United States of America を「ウニテッド・スタッテ・オッブ・アメリカ」と発音していたかもしれぬが，英語の精神と思想を自家薬籠中のものとすること，まことに驚くべきものがあったよ。夏目漱石が英語で書いた散文や詩を読んでみろ，その見事さに腰を抜かすぞ。斎藤氏も，明治や大正の，文法と読解を徹底的に叩き込まれた日本人がいかに英語ができたか，それをじつに詳細に例証して，現代でも，「文法と読解を徹底的に叩き込まれた世代は，何とか総合的な英語力を保っている」のに対し，オーラル・コミュニケーション重視の「教育を受けた（受けている）生徒は，総合的な英語力そのものが低下している」と断じておられる（『日本人に一番合った英語学習法』，2006年，祥伝社）。

　吾輩よりもかなり年下の氏であるが，いやあ，なんとお見事な見識か，まさに

我が意を得たりと溜飲が下がる思い，よくぞ王道の英文読解法復活の必要性を世に訴えてくださったの思いで，氏の著作を何冊か読ませてもらったよ。氏ははっきりとおっしゃっておる——

　　私自身が国内外で見聞したかぎりで言えば，英語を使ってそれぞれの分野の第一線で活躍している日本人の英語力は，諸外国に比べて決して引けをとるものではない。みなしっかりと文法・読解を叩き込まれており，その基礎力の上に，自らの努力によって自分に必要な英語力を身につけている。そのくらいの人になると，もとより学校教育で習った英語だけで勝負しようなどという甘い考えは抱いていない。そもそも，学校教育が与え得る基礎力とはそういうもので，誰も小中学校の音楽の授業で習った音楽で音楽家になろうとは思ってないし，美術の授業で描いた水彩画のまま芸術作品として通用するとは思っていない。（傍点吾輩）

これだよ，まさにこれに尽きる！　当「英文解釈」道場開設の目的と意味が，ここに言い尽くされておる。英語の好きな，英語の「本格派」たる諸君も，これまでの「学校教育で習った英語だけで勝負しようなどという甘い考えは抱いて」なぞ，おらんじゃろ。この道場は，そういう諸君らに対し，「しっかりと文法・読解を叩き込」み，「その基礎力の上に，自らの努力によって自分に必要な英語力を身につけ」させるためのものに他ならぬ。時代によって変わったりはしない英文解釈の唯一正しい方法，英文解釈の「王道」とは，英文の構造を文法的に正確に把握し，把握した英文の意味を日本語で正確に表現する，これしかない。再度言う。この王道の英文解釈道を，当道場は諸君らに伝授するぞ。

正しき英文解釈道のいかにあるべきかを講釈したところで，さっそく本格的な練習に入ることとする。これから26番の本稽古をおこなう。道場の師範代ならぬ，各回の冒頭に掲げた練習題の英文が諸君らの稽古指導者じゃ。それぞれの練習題について，まず［単語］で，練習題に出てきた難めの単語の語釈をおこなってある。次に［解説］において，練習題の各英文に即し，その章の文法事項の説明と，英文の内容に関する説明が詳しくおこなわれる。文法事項の説明も内容の説明も解釈も，ちょっとくだくだしく冗漫と思うかもしれぬが，このくだくだしい説明が必要なんじゃよ。ま，英文を味読し鑑賞するためのストーリィ（物語）と思って，楽しく読んでもらえれば幸いじゃ。そうやっておるうちに英文を読む力がついてくる。［訳文］では，練習題の翻訳を試みてある。読み取った英文をわれわれの言語に移し換えたひとつの例を挙げたつもりじゃ。翻訳は，英文の構造と型に忠実に，しかし日本語文化として意味の通じる文章を心がければよい。妙に気取る必要はない。そして最後に，これまで説明してきた文法を［文法要

点]としてまとめておいた。26番の稽古を積めば，諸君らの英語力に真正の"黒帯"が締められているはずじゃ。

　では稽古前の挨拶はこれで終わり，稽古に入ることにする。すぐにへこたれたりせずに，押して忍ぶんだぞ。分かったな。気合いを入れて，**押忍！**

　2010年4月

　　　　　　　　　　　　　　　　　　　　　　　　　　　　　　筒井正明

目　次

はじめに——入門を許す　iii

第一番　英文にいちばん出てくるのは接続詞
　　　　... *for, though you find virtues in a friend, he was ...*　3

第二番　八面六臂の活躍の that
　　　　... *no one would argue that he was ...*　15

第三番　ダメ押しの that
　　　　I think that in these days we all of us want, ...　27

第四番　関係詞に完全に慣れよう
　　　　... *an old man who has known human joys and sorrows, ...*　40

第五番　「前置詞＋関係代名詞」
　　　　... *souls with whose fate we are connected ...*　55

第六番　"不逞やつ"の不定詞
　　　　... *I had had someone of good sense to direct ...*　66

第七番　不定詞その二
　　　　... *it is essential for us to try to decide ...*　82

第八番　不定詞その三
　　　　... *the best way to do this is by writing in it.*　94

第九番　分詞構文——見分け方のコツはカンマ
　　　　Accepting ... occurred, the folk were ...　104

第十番　分詞構文その二
　　　　Asked if we want life for our children ...　115

第十一番　分詞構文その三
　　　　... *taking the large view, the life ...*　126

第十二番　動詞的意味をもつ名詞だから動名詞
　　　　　... you feeling no chemistry while someone else ...　132
第十三番　動名詞その二
　　　　　... prejudices about flesh being pink and apples yellow or red.　144
第十四番　動名詞その三
　　　　　... instead of everything coming to an end, ...　151
第十五番　比較その一「比較」とは何と何の比較か？
　　　　　... a thousand times more anxious that they ...　158
第十六番　比較その二
　　　　　... is no less manifest in public life than ...　171
第十七番　比較その三
　　　　　... are neither the better nor the worse for ...　180
第十八番　ぼくら日本人の苦手な仮定法
　　　　　Sometimes I have thought it would be ...　192
第十九番　仮定法その二
　　　　　... had they an ensured income of five-and-twenty ...　206
第二十番　仮定法その三
　　　　　His wedding present to his wife would be ...　216
第二十一番　名詞の中に動詞・形容詞の意味が…
　　　　　If art were merely a record of the appearances of nature, ...　228
第二十二番　名詞構文その二
　　　　　Women are more ready to make adjustments, ...　241
第二十三番　離れていてもデキてる二人——相関語句
　　　　　Some people travel on business, some in search of health.　248
第二十四番　特殊構文
　　　　　Of the advantages and of the pleasures of travel ...　259

第二十五番　特殊構文その二
Let the man of learning beware of that queer and cheap temptation ...　272

第二十六番　英文を読む「意識の流れ」
Three passions, simple but overwhelmingly strong, ...　279

あとがき——免許を皆伝す　287
出　典　288
索　引　289

本格派のための「英文解釈」道場

第一番　英文にいちばん出てくるのは接続詞
... for, though you find virtues in a friend, he was ...

英文では，副詞節を導く接続詞ってのは，それこそしょっちゅう出てくるよな。英文にいちばん出てくるのは接続詞と言えるだろう。そこでまずはこの副詞節を導く接続詞の徹底した理解からとりかかることにする。諸君の最初の練習相手？　それは，われわれがこの世において与えられている，友情とか愛情と呼ばれるすばらしき"現象"を論じた文章だ。相手にとって不足はないぞ。しっかり読み解いてやれ。それでは，「おたがいに礼！」，そして「始め！」。

　　Friendship is above reason, for, though you find virtues in a friend, he was your friend before you found them. It is a gift that we offer because we must; to give it as the reward of virtue would be to set a price upon it, and those who do that have no friendship to give. If you
5 choose your friends on the ground that you are virtuous and want virtuous company, you are no nearer to true friendship than if you choose them for commercial reasons. Besides, who are you that you should be setting a price upon your friendship? It is enough for any man that he has the divine power of making friends, and he must leave
10 it to that power to determine who his friends shall be. For, though you may choose the virtuous to be your friends, they may not choose you; indeed, friendship cannot grow where there is any calculated choice. It comes, like sleep, when you are not thinking about it; you should be grateful, without any misgiving, when it comes.
15 　　So no man who knows what friendship is ever gave up a friend because he turns out to be disreputable. His only reason for giving up a friend is that he has ceased to care for him: and, when that happens, he should reproach himself for this mortal poverty of affection, not the friend for having proved unworthy. For it is inhuman presumption,

just as it is to say of any woman, when you are fallen out of love with her, that she is unworthy of your love. In friendship and in love we are always humble, because we see that a free gift has been given to us: and to lose that humility because we have lost friendship or love is to take pride in what should shame us.

(Clutton Brock: *On Friendship*)

単語

virtue(n.) 美徳，徳。Cf. **virtuous**(a.) 有徳の，徳の高い，高潔な／**vice**(n.) 悪徳／**must**＝「(必然) どうしても～する，しないではおかない」／**on the ground that～**＝～という理由（根拠）で（for the reason that～）／**commercial**(a.) 商業上の；営利的な，営利目的の／**divine**(a.) 神の；神のような，神々しい／**leave～to...**＝～を…に任せる／**calculate**(v.) 計算する，算定する。＜**calculated**(a.) 算出された；計算ずくの，計画的な／**grateful**(a.) 感謝している，ありがたく思う。Cf. **gratitude**(n.) 感謝，謝意／**turn out (to be)～**＝**prove (to be)～**＝～と分かる，判明する／**disreputable**(a.) 評判の悪い，不評の；いかがわしい，不真面目な／**reproach**(v.) 非難する，とがめる，叱責する／**mortal**(a.) 死すべき，死ぬ運命にある；致命的な／**affection**(n.) 愛情，愛着，好意／**prove (to be)～**［＝turn out (to be) ～と同じ連辞］＝～と分かる（判明する）／**presumption**(n.) 推定，推測；図々しさ，出しゃばり，厚かましさ

解説

[1] Friendship is above reason

「友情は理性を超えている」と訳した人よ，「理性を超えてる」って，「理不尽」だってこと？　**reason** は「理性」ではなくて，せめて「理屈」。もっといいのは，抽象名詞 reason の中に動詞 reason（推論，推理する）の意味を込めた名詞形，つまり「推論<u>すること</u>」と考える。抽象名詞に関し，その中にその動詞形（ときには形容詞形）の意味を含ませた名詞形と解する構文（たとえば，knowledge の中に動詞 know の意味を含ませた名詞形と考えて「知っている<u>こと</u>」と訳す）を「(抽象) 名詞構文」(Nexus Substantive) という。本書の終わりのほうの第二十一番と二十二番で名詞構文は完全にまとめるが，それまでにもちょくちょく出てくるし，そのつど説明するので，それまでに徐々に名詞構文の感覚に慣れていくという方法を採ろう。ここは reason を「推論すること，理由づけすること，論理で考えること」くらいの意味に解す。

もうひとつは，これはほぼすべての英語の単語やイディオムに言えることだが，一つの単語に物理的・肉体的な意味と比喩的・精神的な意味とが共存するということ。たとえば，touch という簡単な動詞。物理的な意味では「触れる」だし（Don't touch the exhibits なら，「展示品に手を触れてはいけません」），これが精神的な意味に転化すると，心の琴線に「触れる」ということで，「感動させる，心を動かす」の意味となる（I was greatly touched by her kindness なら，「彼女のやさしさにとても感動した」）。この原則を憶えておくと，単語ひとつの理解も深まるぞ。で，**above**（同じ意味・用法で beyond を使うこともある）。空間的には「〜を超えて，の向こうに」の意味だが，これが比喩的に転ずると，「(範囲・能力・限界を) 超えて，より以上に」の意となる。つまり above reason なら，「理由づけ」する範囲を「超えている」ことから，「<u>理由づけすることができない</u>」ということ（beyond description ［筆舌に尽くしがたい］ という表現があったな）。

　「友情は理屈づけできない」ということだ。「友情を理屈づけする」とは，たとえば，ぼくは A と友人だが，それは A に金があるからとか，勉強ができるからとか，ハンサム（「イケメン」っていう，あまり好きでない日本語もできたな）だからとか，そういう長所があるから，それで A とは友人になったのだという言い方だ。友情って，友情を結びたい理由が最初にあって，そののちにその人間と友人になったのか？　筆者は違うという。そんなもの，ほんとうの友情じゃないって。どうしてか？

[1-2]　for, though you find virtues in a friend, he was your friend before you found them.

　for は等位接続詞。等位接続詞って何？などと言う英語の「黒帯」もいないはず。英語道の黒帯の諸君にいまさら接続詞の二つの種類などの説明は不要だろうとは思うけど，ここは基本に立ち返って，接続詞の二つの種類を復習しておこう。そもそもだな，接続詞には**等位接続詞**（Coordinate Conjunction）と**従属接続詞**（Subordinate Conjunction）の二種類がある。この二つの接続詞には，人類の歴史における近代の民主主義と封建制にたとえられるような違いがあり，まったく異種のものだから，よく把握しておいてもらいたい。

　まず**等位接続詞**。これは，二つの「<u>位</u>」が「<u>等</u>」しい節をならべる接続詞。であるからして，二つの節の間には，どちらかがどちらかにかかっていく（仕える）という主従関係がなく，ともに平等な，民主主義の関係なので，この二つの等位の節から成る文を「**重文**」（Compound Sentence）と言う。そして重文は前から訳すんじゃ。

$\underset{\longleftarrow}{S_1+V_1,\ 等位接続詞+S_2+V_2}$

二つの節は等位。主従関係なく，前から訳す。

　等位接続詞には，and（〜し，そして…），but（「〜だが，しかし…」），or（「〜し，あるいは…」），so（「〜し，それで…」），for（「〜である。というのは…」），yet（「〜だが，でも…」）などがある。二つの節は等位であるから，原則として等位接続詞の前には，カンマ（,）をつける。

　で，練習題の等位接続詞 for だが，これはある内容を節で述べて，そしてそう述べたことの根拠をそのあとに述べるときに使う接続詞じゃ。だから訳は，「〜である。というのは…」となる。

　そして，接続詞のもう一つの種類の**従属接続詞**。その種類と用法を具体的に詳しく説明していたら，それこそ煩瑣になるし，その種類と用法の基本はもう諸君も分かっておる（種類は，数ある接続詞の中の，等位接続詞でない接続詞は，すべて従属接続詞だということ）。ただひとつ，等位接続詞と根本的に異なる従属接続詞の特徴を確認しておこう。それは，従属接続詞が節と節とを結ぶものだとして，その二つの節の間には主従関係があるってこと。つまり従属接続詞は"封建"的な接続詞だということじゃ。従属接続詞に導かれた節（従節，つまり家臣）がもうひとつの節（主節，つまり君主）のなかの動詞を修飾するということであり，こういう主節と従節から成る文を「**複文**」（Complex Sentence）と呼ぶ。

　訳に際しては，まず従節（接続詞に導かれた節）を最初に訳し，それが主節の動詞にかかっていくように訳すのが原則。従節の位置としては，文頭か，主節の主語と動詞の間か，主節のあとの文尾かの，三つがあり，これを図示すると――

●$\underset{\longleftarrow}{従属接続詞+S_2+V_2,\ S_1+\underline{V_1}}$

　　　従節　　　　　主節

　Though you find virtues in a friend, he was your friend before it.

●$S_1,\ \underset{\longleftarrow}{従属接続詞+S_2+V_2,\ +\underline{V_1}…}$

　He, though you find virtues in a friend, was your friend before it.

●$S_1+\underline{V_1},\ \underset{\longleftarrow}{従属接続詞+S_2+V_2}$

　He was your friend before it, though you find virtues in a friend.

　つまり練習題では，従属接続詞 though は「〜だけれども」と「譲歩」を表しつつ，**he was your friend**（とくに was）にかかっておるということ。「友人の中に長所を見つけるけれども，長所を見つける前から彼は君の友人だった」。これでいいはずなんだけど，日本語として訳文がイマイチすっきりしないな。じつ

は接続詞の though や if は，ときどき前に even のニュアンスが込められて，「たとえ〜でも」のニュアンスになることがある。「たとえ友人の中に長所を見つけた<u>としても</u>，その長所に気づく前からその人は友人になっていたからである」。なるほど，これですっきりした。長所を見つけ，だからその人の友人になるのじゃなくて，真の友情であるならば，理屈抜きの親和作用として，長所に気づく前に友人になっているはずだから，順序が逆だというのだ。

[2-3] **It is a gift that we offer because we must;**

この文章，it〜that... の強調構文にとって，「我々がそうせざるをえないからという理由で与えるのが贈り物である」と訳した人は，まだまだ修業が足りん。英文の構造を取りながら内容を理解するとともに，内容を理解しながら構造を把握しなくちゃ。いまの訳じゃあ，内容が何のこっちゃ？と，わけ分からないだろ。よく内容を理解すると，**it** は friendship の人称代名詞で，**that** は gift を先行詞とする関係代名詞と分かるはず。「<u>友情とは</u>，我々が与えざるをえないから<u>与える贈り物</u>のことである」。もちろん，**must** の次には offer が省略されておる。友情とは，その人間と友人にならざるをえないから，自然発生的に友人となってしまうという体(てい)のものってこと。あいつはこういう長所があるから，あいつと友人になっとればこういう得をするかなあと考えて友情を結ぶのは，ほんとうの友情ではない。それは単なる「打算」。

[3-4] **to give it as the reward of virtue would be to set a price upon it**

would は何だろうか？ 友情とは，あの人はお金持ちだから，成績がいいから，地位が高いから，美しいからなどの理由で結ぶものではなく，友人にならざるをえないから友人となるという性質のものであったな。だから，「相手の長所の見返りとして友情を与える」なんてことは，真の友情であったら，ありえない。ありえないことを，「もしするならば」と，to 不定詞句の中に，if we were to give it as the reward of virtue (, it would be to set a price upon it) の意味の「仮定」の内容が込められて，仮定法になっておる。いいな。仮定法ってのは難物だから，いずれ第十八〜二十番の仮定法のところでもっと詳しくまとめることにするぞ。「相手の長所の見返りとして友情を<u>与えたりすれば</u>，それは友情に値段を付けることになってしまう」。あの人はこれだけの地位にある人だから私の友人たるにふさわしい，あいつは地位が低いから私の友人になるにふさわしくないなどという基準で友人をつくっておる人は，自分の友情に「値段」をつけておることになる。相手の長所という商品価値によって，友情を与える（買う）とか，与えない（買わない）とか決めるのは，自分の友情なるものに「値段」をつけていることになるだろが。

[4-7] **If you choose your friends on the ground that you are virtuous and want virtuous company, you are no nearer to true friendship than if you choose them for commercial reasons**

　that は,「同格」の名詞節を導く接続詞。「~という」の意。「自分が価値のある人間だから価値のある友人が欲しいという理由で(友人を選ぶ)」。

　「no+比較級+than ...」は重要な比較級構文だが, いずれ第十五~十七番の「比較」のところで詳しく説明することにする。いまは,「not+比較級」は文字どおり比較級の否定で「より~でない」だが, 比較級の no は情緒的な否定で「同じ」の意味を含むから,「no+比較級+than ...」は,「… と同じく~でない」と憶えておくことにとどめておこう。A whale is no more a fish than a horse is (「馬が魚でないように鯨は魚ではない」)を「鯨の公式」と名づけて学生に周知徹底させるすばらしい予備校もあったとか。練習題の場合は,「友人を計算尽く の (功利的な) 理由で選ぶ場合と同じく真の友情に近くはない」, つまり,「~真の友情からは懸け離れている」の意味にとればいい。you are as distant from true friendship as you are if you choose them for commercial reasons と同じ文意とわかる。

　ついでに確認しておくと, **commercial reasons** を「商業的な理由で」などと訳した人よ, まだ英文の中味に肉薄しようという気力が足りん。commercial reasons で友人を選ぶのと同じくらいに真の友情から懸け離れているというんだから, commercial reasons で友人を選ぶなんてことは, よっぽど友人を選ぶときの理由としては見下げ果てた, さもしい理由ってことだぞ。だったら, commercial reasons は「金銭づくの, 金がらみの, お金目的の (理由)」と, なるべくイヤらしく訳さなけりゃ。金だけが動機ってのは, イヤらしいんじゃよ。

[7-8] **Besides, who are you that you should be setting a price upon your friendship?**

　「自分の友情に値段を付けるあなたは誰なのか?」と訳した人, **that** は関係代名詞なのか? だったら, 主格の関係詞 that の中の主語 you は要らないだろうが? この that に導かれた節は副詞句だぞ。that が従属接続詞になるなんて, あまり見かけないわな。しかし, この用法の副詞節の中には「意外・驚き」を表す **should** が来ているから, 見分け方はそう難しくはないぞ。この that は「判断の基準」を表し,「…である[…する]とは」の意。Are you mad that you should do such a thing? (「そんなことをするとは気でも狂ったの?」)。だから本文は「自分の友情に値段を付けるなんて, あなたは何ものであろうか?」となるな。早い話が,「てめえの友情に値を付けるなんて, 貴様, 何様のつもりだよ?」の意味なんだが, 美しい友情論にこの下品な訳文は似合わないかな。「自分の友情に値段を付けるとは, 人間的な思い上がりも甚だしいのではなかろ

うか」とでもやるか。

　be setting a price と進行形になってるのは変？と思った人よ，なかなかセンスがよろしい。進行形が「現に進行中の動作や継続中の動作」を表すのではなく，「動作の反復を強調」する場合にも使われることがある。ここがそうだな。つまり，およそ他人に友人づらして近寄っていくときは，いつでも金目的の思惑でもって近寄っていく人間ってことじゃ。

[8-10] It is enough for any man that he has the divine power of making friends, and he must leave it to that power to determine who his friends shall be.

　最初の **It** は真主語の名詞節 that he has the divine power of making friends (of は「同格」)を受ける仮主語で，こういう名詞節を導く that ってのは，さっきの特殊な副詞節の that に較べたら，はるかに"普通"だし，使われることもはるかに多いよな。後半の **it** は真目的語 to determine who his friends shall be の名詞句を受ける仮目的語。ところで，この who 節の中の **shall**，馴染みのない人が多いかな？　二人称または三人称を主語として，話者の意思を表す shall ってんでね，吾輩などは，昔，苦労しながら覚えたもんだ。古式ゆかしき文語調の shall だが，現代英語ではまず使わない。「～させよう，～することになる」と訳す。You shall have my answer tomorrow だったら I will give you my answer tomorrow と同義で，「ご返事は明日差し上げます」と，この英文を述べておる，あるいは話している当人の「意志」を表すわけだ。**who his friends shall be** だったら，「誰を自分の友人とするか」であって，「誰が自分の友人となるだろうか」ではないぞ。

[10-12] For, though you may choose the virtuous to be your friends, they may not choose you; indeed, friendship cannot grow where there is any calculated choice.

　for は等位接続詞であり，節と節の間に主従関係のない「等位」の接続詞だったな。節と節との間の関係が「同等」ならば，いったん前の節をピリオドで終結させてしまい，そう述べた「判断理由」を，「というのは」と，新たに文を起こすことだって可能だ。反対に **though** は従属接続詞だから，もちろん，その節内を先に訳し，主節の動詞 **choose** にかけるように訳してくれよ。**the virtuous** は例の「the＋形容詞」の形で，ここは複数名詞 virtuous people と同じ。

　さて，**where** ってのが，疑問詞（「どこで～する？」）だけでなくて従属接続詞で使われることがあるんだ。従属接続詞の where 節は副詞節だから，先行詞の省略された「場所」にかかる関係副詞節（それは形容詞節）とは混同するなよ。たとえば Where he is weakest is in his facts では，関係副詞 the place where (＝the place in which) の先行詞 place が省略された関係副詞の where だが

(「彼の弱いところ［彼の弱点］は，事実に暗いところだ」)，それに対し従属接続詞の where というのは，in [at] the place where の形（「〜するところで［に，には］」）において in [at] the place の副詞句の部分が省略されたと考えることができる。要するに，関係副詞の where は「〜する所」と訳すが，接続詞の where は「〜する所で（所に，所には）」と訳すってこと。関係副詞 where の使われた節は全体で名詞節になるけれど，接続詞 where の使われた節は全体で副詞節になる（つまり，文頭におかれる場合には，主節の主語の前にカンマが付される）。Where we are weak, they are strong だったら，「ぼくらの弱いところで彼らは強い」だから，「こちらの弱い点が先方は強い」の意。諺に Where there is a will, there is a way（「意志のあるところに，道が拓けてくる」→「精神一到，何ごとかならざらん」）があるな。「押忍！」の心じゃよ。

[12-14] It comes, like sleep, when you are not thinking about it; you should be grateful, without any misgiving, when it comes.

きれいなメタファー（比喩）だのぉ。たとえば眠りにおいて，「明日は早く起きなきゃならない。早く寝なくっちゃ」と焦れば焦るほど，眼は爛々と輝いてきて，早く寝入ろうと羊でも数えだそうものなら，「1232匹, 1233匹, 1234匹…」と止まることなく，それこそ悲劇だろ。逆に「もういいや，眠らなくても死ぬわけじゃなし」と腹をくくると，とたんにカクッと寝入っちゃたりして…。友情も同じってこと。「友人が欲しい，友人が欲しい」と焦っている間は，友人は得られない。「いいや，友人がいなくても死ぬわけじゃない」と腹をくくり，自分のなすべきことを真摯にこなしながら自分の人生を生きていると，ふとそばに最大の理解者としての友人がいるということがある。人間ってのは，誰が，どこで，自分を見ているか，わからないぞ。友情は，「あいつと友人になりたい」とか「あいつとだけは友人になりたくない」などの個人の願望や思惑を超えた，天から与えられたとしか思えないような，不可思議な，すばらしき，うるわしきものなんじゃ。筆者は，このあと，恋愛も同じであると，論を進めておる。「恋人が欲しい，恋人が欲しい」と焦っている人間に限って，恋人は与えられないってこと。

[15-16] So no man who knows what friendship is ever gave up a friend because he turns out to be disreputable.

主節が否定文の場合にそれにかかる従属接続詞 **because** は，動詞の否定形を修飾して「〜だから…ない」とかかる場合と，動詞部分だけを修飾して「〜だからといって…ではない」という意味になる場合とがありうるから，注意が必要。たとえば I can't go because I'm busy だったら，not は go を否定して普通に「忙しいから行けない」でいいのだが，You should not despise a man because he is poor だったら，despise するが，その理由が because 以下ではない (not)

と，not と because が相関して，「貧乏だからといって人を軽蔑してはならない」となる。A mountain is not valuable because it is high (「山は高いからといって価値があるものではない」；「山，高きをもって尊しとせず」)っていう有名な例文があるな。「友情の何たるかを知っている人は，自分の友人が **disreputable**（評判の悪い，いかがわしい，タチの悪い）人物とわかったからといって，その友人を見捨てたりはしない」。吾輩が中学生のとき友人となったHは，クラス全員の前で担任の教師から折檻されたり，級友の全員が忌み遠ざけるような人物だったが，吾輩は（べつに「友情の何たるかを知ってい」たわけじゃないが），そのHとはこっそり（？）付き合っていた。何だろう，自分たちでも説明のつかない，いわく言い難い通じ合うものがあったんだよな。数年前，何十年ぶりのクラス会で逢ったとき，わけのわからない不可思議なつながりをもったHと，60をとうに過ぎた大の大人同士で手を取り合って泣いちゃったよ。

gave up の過去形は no〜ever といっしょになって現在完了形の has not given up をつくる。ここは「継続」で，「かつて〜な人が…した例はない」の意。

[17-19]　when that happens, he should reproach himself for this mortal poverty of affection, not the friend for having proved unworthy

　that の指示代名詞は giving up a friend という前行の句の内容を指す前承語句。友人がつまらない人間とわかって友情を絶つ場合も，相手のつまらなさを責めるのではなく，「つまらない」面も含めてまるごと友人を愛することのできない自分の度量の狭さを責めろというのだ。深いねえ。

[19-21]　For it is inhuman presumption, just as it is to say of any woman, when you are fallen out of love with her, that she is unworthy of your love.

　最初の **it** は前出の that，即ち内容的には，to give up a friend because he turns out to be disreputable を指しておる。そして **as** 節の中の **it** は，as it is (inhuman presumption) to say that she is unworthy of your love と考えてみればわかるとおり，**to say** 以下の節を指す形式主語だ。**inhuman presumption** は，まさに先の who are you の疑問文が言わんとしたことを指している。「人間的思い上がりも甚だしいではないか」ってこと。「非人間的なまでの思い上がり」。

[21-24]　In friendship and in love we are always humble, because we see that a free gift has been given to us: and to lose that humility because we have lost friendship or love is to take pride in what should shame us.

　何も考えずに a free gift を「自由な贈り物」と訳した人はいないだろうな？何だよ，「自由な」って？　ここは，贈り物を受けるに値する価値とか，そういうふうに報われる行為とかを何もしてないのに贈り物をしてもらう，つまり「無料の，タダの」って意味だろが。つまり，「天から授かる無償の贈り物」ってことじゃよ。

To do〜is to do... は,「〜することは…することである」と，二つの動作の意味的な同質性を表す,「〜することは，…するに等しい」の意．本文の場合だと，友人や恋人が自分から去っていったからと，その友人や恋人を憎んだり，恨んだりするのは，本来恥ずかしく思うべきことに誇らしさを感じたりする（本末転倒の行為）に等しい, ってことじゃ．ストーカー行為をやる人間ってのは，バカはバカなんだが，単にバカというよりも，要するに人間とか人生とかが根本から何にも分かっておらずに，ちっぽけで貧弱な自尊心のなかだけに閉じこもっておる奴ってこと．それからさらに，この To do〜is to do... の構文は,「一つの動作が行われれば，それに付随して必ずもう一つの動作も行われる」ことを示すこともある．諺に，To see is to believeってのがあるが，つまり,「あることを人から聞くのではなく自分の眼で見」れば，必ず「そのことを信じる」ようになるってことから,「百聞は一見に如かず」のこと．

　人間には，どんな人であろうとすべての人に,「友人をつくる」才能と「恋人をつくる」才能とが与えられておる．その才能は，本人も知らない全人格的なありようとして，自分の奥深いところに植え込まれているのだから（それが植え込まれていない人など，一人もいない），こざかしい人為的な計略や思惑で友人や恋人をつくろうと焦ってはならない．友人が，恋人が，与えられたとき，謙虚に，感謝して，それを受け入れろと筆者は言う．

訳例　友情とは理由付けのできないものである．というのも，友人の中に長所を見つけたとしても，その長所に気づく以前からその人は友人となっていたはずだからだ．友情は，我々が与えざるをえないから与える贈り物であって，相手の長所への見返りとして友情を与えたりしたら，友情に値段を付けることになってしまい，そんなことをする人は，与えるべき友情をもたない人ということになる．自分が価値ある人間だから価値ある友人が欲しいという理由で友人を選んだりする人は，お金目的の理由で友人を選ぶのと同じくらいに真の友情からは懸け離れている．それに，自分の友情に値段を付けたりするなんて，人間として傲慢に過ぎるのではなかろうか．すべての人にとって，自分には友人をつくる天与の才能が与えられているということで充分なのであって，誰を友人にするかはその才能に任せねばならない．それというのも，たとえ自分が価値ある人間を友人に選んだとしても，相手のほうでこちらを友人として選んでくれないかもしれないからだ．事実，友情は計算尽くの選択がなされるところでは，生い育つことができない．友情は，睡眠と同じく，それについて考えていないときに訪れてくる．そして友情が訪れてきたときは，なんらの懸念なく，感謝してそれを受け入れるべきである．

　従って，友情の何たるかを知っている人が，友人がいかがわしい人間であると

わかったからと，その友人を見限ったりした例はない。友人を見限ることがあるならば，そのときの理由はただ一つ——相手を好きになれなくなったということしかない。そしてその場合も，人は，つまらない人間だと友人を責めるのではなく，情けないほどに愛情の乏しい自分を責めなければならない。なぜならば，どんな女性であろうとも，その女性を愛せなくなったとき，自分の愛にふさわしくないなどと言ったりするのが傲慢であるのと同様に，友人が自分にふさわしくないなどと考えるのは，非人間的なまでの傲慢さである。友情においては，愛情の場合と同様に，われわれは常に謙虚でなくてはならない。というのも，友人や恋人ができたということは無償の贈り物をもらったということであり，友情や愛情を失ったからとその謙虚さを忘れたりするのは，本来恥ずべきことを自慢することと同じことになるからである。

文法要点

◆「接続詞＋S＋V」の形をとる節における接続詞には，**等位接続詞**と**従属接続詞**の2種類がある。訳し方がまったく異なるので，次の大原則を徹底させておくこと。
(1)等位接続詞（and, but, or, so, for など）前から訳す。
(2)従属接続詞（名詞節を導く that や whether, if などの疑問詞。副詞節を導く when, while, as, since, before, because, though, if, whether, than, that などの接続詞）接続詞に導かれる従節を，主節の動詞にかかるように訳す。

＊**省略**（Ellipsis）。重複を避けるため，(1)「形容詞＋名詞」の形での名詞，(2)補語，(3)動詞などが省略されることがある。
(1) There is practically as much water in stale (bread) as in new bread. （ひからびたパンにも焼きたてのパンと同じくらいの水分が含まれている）
(2) It is inhuman presumption, just as it is (inhuman presumption) to say of any woman that she is unworthy of your love.
(3) Friendship is a gift that we offer because we must (offer).
You are no nearer to true friendship than (you are) if you choose them for commercial reasons.

＊**仮定法**。主語の名詞（句）の中に仮定条件が含まれることがある。
To give friendship as the reward of virtue would be to set a price upon it. （＝if you gave friendship as the reward of virtue, it would be to set a price upon it.)

＊同格の名詞節を導く接続詞 that。「〜という（名詞）」と訳す。
　You choose your friends on the ground that you are virtuous and want virtuous company.
＊「no＋〜（比較級）＋than…」＝…と同じく〜ではない。
　You are no nearer to true friendship than if you choose them for commercial reasons.
＊判断の根拠を表す副詞節を導く接続詞 that。that 節中にしばしば「意外・驚き」の should が用いられる。
　Who are you that you should set a price upon your friendship?
＊「同格」の名詞句を導く前置詞 of。「〜の」か「〜という」と訳す。
　Any man has the divine power of making friends.
＊主語や目的語となる名詞句や名詞節が長い場合，形式的にそれに代わる it を主語や目的語の位置に立てることがある。形式主語とか形式目的語と呼ぶ。
　It is enough for any man that he has the divine power of making friends.（形式主語）
　He must leave it to that power to determine who his friends shall be.（形式目的語）
＊「the＋形容詞」は，(1)複数普通名詞か，(2)抽象名詞。
　You may choose the virtuous to be your friends.
＊「〜するところで（に，には）」の意の「場所」を表す接続詞 where。
　Friendship cannot grow where there is any calculated choice.
＊否定文の主節を修飾する「理由」の接続詞 because は，内容により，普通に「〜なので」と訳すか，「〜だからといって」と訳す。
　I can't go because I'm busy.
　No man ever gave up a friend because he turns out to be disreputable.

第二番　八面六臂の活躍の that
... *no one would argue that he was* ...

英文のなかでもっとも多く使われる副詞節の接続詞を整理したら，今度は接続詞だけでなく，何やらかんやら英文にやたら出てくる，「八面六臂」（読めるな？「ハチメンロッピ」と読んで，「あらゆる方向にめざましい働きを示すこと」〔大辞泉〕じゃ）の活躍の that をまとめておこう。

The state maintains its rules not for the sake of the rules, but for what they do to individual lives. Each of its members is striving to be happy. He then needs the conditions without which happiness is unattainable; and he judges the state by its ability to secure those conditions for him. Obviously enough, the state cannot guarantee happiness to everyone, for the simple reason that some of the conditions of happiness are beyond its control. A man may feel that life is not worth living without the love of some particular woman; but no one would argue that he was entitled to expect from the state the assurance of her love. All that we can say is that there are, at least, certain general conditions of happiness, affecting all citizens alike, which are the minimum bases of a satisfactory social life. These, at the least, the state must secure to its members, if it is to count upon their continuous obedience to its rules.

The rules, in a word, that the state lays down imply claims against the state. For what the state can do is obviously limited by its end; and that end involves rights for the citizen against the state in order that the end may be safeguarded. What do we mean by the idea of rights? It is a condition without which, in the light of historic experience, the individual lacks assurance that he can attain happiness. We cannot, that is, say that the rights of the individual are constant; they are obviously relative to time and place. But, granted that relativity, the individual is entitled to expect their recognition from the state as the condition of his obedience to its command.

(R. K. Pruthi: *The Political Theory*)

単語

state(n.) 国家；州；状態／**maintain**(n.) （いま在るものを「保つ」という意味で）維持する／**for the sake of**〜 〜のために／**strive**(v.) （〜しようと）努力する。骨折る／**secure**(v.) （「手中に「確実な」[形容詞 secure] ものとする」の意味で）確保する，手に入れる，獲得する／**guarantee**(v.) 保証する／**beyond**(prep.) 前題に出た above と意味が似て，((能力が) 〜を超えて) ということから「〜できない」の意／**be worth**〜＝〜するに値する／**be entitled to**〜＝(名詞 title＝「資格・権利」から) 〜する資格（権利）がある／**assurance**(n.) 保証，請け合い。Cf. assure (v.) 保証する，たしかに〜だと言う／**affect**(v.) 影響する（物事に直接的に「影響する」のが affect で，influence は行動・思想などに間接的に「影響する」こと）／**count on 〜 to do (doing)**＝(人など)［が〜するの]に期待する，当てにする（＝depend on, rely on〜）／**in a word**＝早い話が，ひと言で言えば，要するに／**lay down**＝(規則・値段など) を定める／**imply**(v.) (im-［中に]＋-ply［包む] から) 暗に意味する，を含意（含蓄）する。ほのめかす／**claim**(n.) 要求，請求；権利，資格；主張，断言；苦情，異論，クレーム／**end**(n.) 終わり，最後；目的，目標，存在理由／**involve**(v.) (in-［中へ]＋-volve［回転する]) 巻き込む，関係する／**safeguard**(v.) 保護する，護る／**in the light of**〜＝〜を考慮に入れて，に鑑みて／**historic**(a.) 「歴史上重要な（有名な)」(famous or important in history)／**relative**(a.) 関係がある，関連した (to)；相対的な／**grant**(v.) 認める，容認する；与える／**obedience**(n.) 従順，恭順，服従。Cf. obey (v.) 従う

解説

[1-2] The state maintains its rules, not for the sake of the rules, but for what they do to individual lives.

rule は何と訳した？ 「規則」？ 競技や団体の「規則」ではなくて，ここは「国家 (the state)」の「定めた (lay down)」rule のことだろう。それを「規則」というか？ ここは「法令」，むしろ「法律」がいちばんいい。なに，その訳語，辞書に載ってない？ 構わん。辞書の訳語は，その単語の「最大公約数」と知るべし。しかるに，個々の単語はその使われている文脈の中で，独自のニュアンスを帯びて使われている。ここの rule を「規則」と訳したら，それは誤訳

である。諸君は法律をいかなるものと考えるか？　国民の行動の自由をしばり規制する迷惑なもの？　厳格な学校の規則たる「校則」にはたまにそういうものもあるかもしれぬが，国家の規則たる「法律」は国民の自由を規制するために作られているものじゃない。この練習題は，国家の法律と国民個人との本来の関係を論じたもの。

　ところで，**for (the sake of) what they do to individual lives** は何と訳した？「法律が個々の国民の生活に為すもののために」？　イマイチ訳がすっきりとはしないなあ。「法律が（国民の生活に）為すもの」とは，つまりは法律の「役割，意味，働き，効果」などのことだろ。ここはその具体名詞を訳に出したほうがいい。

[3-5]　**He then needs the conditions without which happiness is unattainable; and he judges the state by its ability to secure those conditions for him.**

　国民一人ひとりがなんとか幸福になろうと必死になって生きているのである。ところが人間社会には，個々人の幸福追求を妨げる要因や事件がたくさんある（そもそも人間社会にだけ，動物界にはない「警察」がどうして存在するのか？　考えてみると，不思議だよな）。そうすると (**then**)，人間には **the conditions without which happiness is unattainable** が必要となってくる。この関係代名詞，どう訳した？　「それなくしては幸福が達成不可能な条件」（conditions は「状態」ではだめ）？　それでもいいけど，主客を転倒して，「幸福達成には不可欠の条件」と訳したほうがいいんじゃないか？　このへんの「前置詞＋関係代名詞」の形は，第五番で訳出の練習をちゃんとやろう。

　its ability to secure those conditions for him は，いまは，「彼にそういう条件を確保してやる国家の能力」と訳せばよしとする。この日本語の訳文が日本語としてすっきりしないと思ったら，**ability** という抽象名詞の中に be able（〜することができる）という形容詞のニュアンスを読み取ることができるようになるよ。そうすると，**to secure** は ability の中に含まれている be able と結びついて，be able to secure（「確保することができる」）ときれいにつながるじゃろ。its は，誰が確保できるのか，be able to 〜 の意味上の主語を表し，「国家が確保することができる」の意味となる。つまり，この句の箇所を接続詞 that を使って書き換えると，that it is able to secure those conditions for him となるわけだ。しかしここは，「確保することができることによって（国家を判断する）」じゃなくて，内容からしたら，「確保できるかどうかによって（国家を判断する）」じゃよな。すなわち，接続詞 that よりも接続詞 whether を使って，whether it is able to secure ... と書き換えたほうがすっきりする。このように，英語は抽象名詞の中に，その名詞の動詞形（あるいは形容詞形）の意味を込めることがある。これから稽古の中でこの「名詞構文」が出てくるたびごとに詳しい

説明を加え，徐々に名詞構文の感覚に慣れていってもらって，締めとして，第二十一番と二十二番において，どかっとこの構文の総整理を行うこととするぞ。名詞構文の感覚を臨機応変，自在に把握できるかどうかは，英文を読む際の大きな要素となるんじゃよ。そのため当道場には，眼に見えぬかたちで名詞構文の習熟という流れが流れとる。"芸"が細かいねえ。

[5-7] **Obviously enough, the state cannot guarantee happiness to everyone, for the simple reason that some of the conditions of happiness are beyond its control.**

Obviously は節全体にかかる副詞。たとえば，He didn't die happily と Happily he didn't die との違い，わかるな？ 最初の文は happily が動詞 die を修飾していて，「彼は幸福な死に方はしなかった」，あとの文は Happily が he didn't die の節全体を修飾していて，「幸いなことに彼は死なずにすんだ」の意になる。

not〜every- は部分否定だぞ。「国家はすべての人に幸福を保証してやることはできない」なんて悲観的な訳をした人はいないだろうな？ 「国家は国民すべてに幸福を保証してやることができるわけではない」が正しい。**the reason that〜** の that の用法は何？ この that は，前の名詞の内容を具体的に説明している，いわゆる「同格」の that だ。関係副詞とは違うぞ。「〜という（理由）」と訳す。

some of the conditions of happiness are beyond its control の control も，「管理（操作・左右）」の抽象名詞ではなく「管理（操作・左右）すること」と，動詞の意味を含んだ（抽象）名詞にとれば，its の it は state のことだから **its control** とは，「国家が自由に操ること」の意。それを **beyond**（「超えている」）というんだから，「それができない」，つまり「国家が自由に左右することはできない」ってこと。さっき言ったように，名詞構文の感覚にはこうやって徐々に慣れていこう。「幸福の条件の中には，国家の力では如何ともしがたいものがある（という理由）」。どういうことか，筆者はじつに適切な，しかもおもしろい具体例を出している。

[7-10] **A man may feel that life is not worth living without the love of some particular woman; but no one would argue that he was entitled to expect from the state the assurance of her love.**

may は「許可」（「〜してもよい」）ではなくて「可能」（「〜することがある」）。「男は感ずることがある」とは，「〜と感じている男がいるとしよう」くらいの感覚だな。「ある特定の女性の愛が得られなければ人生は生きるに値しないと感じている男がいるとしよう」。しかし，**no one would argue that〜**。んん，なんだ，この would？ 前の練習題にも，現在形の文章の中で急に助動詞の過去形の would が出てきたことがあったなあ。憶えているか？ あれは，真主語

to 句の中に仮定条件の入った，仮定法の帰結の would だった。ここも仮定法なんだ。しかし，「もし〜ならば」の仮定条件はどこにも隠れておらん。If-節に相当する語句がなく，慣用的に使われる仮定法がある。ここの仮定法は「強い否定」を表して，「よもや〜などと言い出す人はいまい」「まさか〜などと言う人もいないだろう」の意。

仮定条件はどこにも隠れていないが，しかし仮定法なので，that 節の中は仮定法の時制の過去形 was になっておる。過去形に訳してはダメだぞ。あくまでも現在形。**from the state** という副詞句が中に割り込んでおるが，他動詞 expect の目的語は **the assurance of her love**。「国家からその女性の愛の確約を求める」。「恋する女性の住居前にて『好きです！』と百回以上叫びたる者は，件の女性と結婚する権利が生じるものとする」なんて法律があるべきだと考える人は，まさか，いないよな？

[10-12]　All that we can say is that there are, at least, certain general conditions of happiness, affecting all citizens alike, which are the minimum bases of a satisfactory social life

all that we can say の that は，もちろん，関係代名詞。「われわれが言うことのできるすべてのこと」。ただ all that S＋can（must）＋V＋is＋to do（or that）〜の構文のときには，「SがVすることのできる（せねばならない）すべてのことは〜である」と訳すのではなく，それが「すべて」ということは，それしかないということだから，only の意味に訳すこと。「SはVすることしかできない（〜しさえすればよい）」。練習題だと，「われわれは that 以下のことしか言うことはできない」。

certain は，自動詞の補語となる叙述的用法のときには「確かである，確信している」の意味になるが，名詞を修飾する限定用法のときには「確かな」の意味になることは稀で，単数名詞を修飾する a certain＋N の場合には「（話し手には分かっているが何らかの理由ではっきりとは言わない）ある N」の意味となり，複数名詞を修飾する certain＋Ns の場合には「いくつかの（若干数）」の意味になる。練習題では「いくつかの一般的な条件」。

affecting の前にコンマが付されているから，この句は分詞構文だろうか？さにあらず，現在分詞の affecting 以下の句が名詞 conditions にかかっておるぞ。現在分詞の名詞修飾ならカンマは要らないはずではないか？（conditions of happiness affecting all citizens alike となっているはず！）お疑いはごもっとも。しかし，この名詞 conditions には，さらに関係代名詞の **which** 節がかかっておる。そうなると，原文はどうなるか？　there are certain conditions of happiness affecting all citizens alike which are the minimum bases of a satisfactory social life。どうじゃ？　which 節が先行詞 conditions にかかって

いるというつながりが，ほとんど見えなくなってしまうだろが？　それで，関係詞節と先行詞との関係を明らかにするためにカンマを打った。しかし，conditions of happiness affecting all citizens alike, which are the minimum bases と，which の前だけにカンマをうったのでは，単なる関係代名詞の連続用法になってしまい，前から訳さねばいけないことになってしまう。だから関係詞節が連続用法ではなく直接 conditions にかかっている限定用法だぞということを明確にせんがため，それが飛び越す affecting 以下の句の両わきにカンマを置いた。ようく見てみろ，そのほうが関係詞の用法がずっと正確に伝わるから。ところで citizen の訳語だが，ここも rule と同様，「市民」ではなくて「国民」だろ。

[12-14]　These, at the least, the state must secure to its members, if it is to count upon their continuous obedience to its rules.

　最初の These は文のどういう要素として働いておる？　主語か，目的語か，補語か？　主語だったら，次に the state という単数の名詞が来て，つながらなくなっちゃうな。そう，他動詞 secure の目的語だ。意味を強めるために目的語が文頭に出る「倒置」の場合，「S+V」の部分はひっくり返ることなく不動じゃ。The next two hours he spent thinking of her（「それからの２時間，彼はその女のことを思って過ごした」）は，He spent the next two hours thinking of her の，強意のための倒置。「少なくともこれら（の条件）を国家は保証してやらねばならない」。倒置構文は第二十四，二十五番の「特殊構文」に入るが，この章のときにはあまり説明しないから，もうこのあたりで倒置はよくわかっておいてくれ。

　be to do という形が，述語動詞から見た未来の do の動作を表し，つまり「予定」（〜することになっている），「義務」（〜すべきだ），「可能」（〜できる），「運命」（〜する定めだ）の意味を表すことは知っとるな。ところがこの「連辞」が条件節（If 節）の中で使われたときには，「意図・必要」を表して，「〜したいと思うなら，〜する必要があるなら」の意味となる。たとえば，If you are to succeed in your new job, you must work hard now なら，「今度の仕事で成功したいんだったら，いま，一生懸命に頑張らないとね」。練習題がまさにそれじゃ。「国民の耐えざる法律遵守を期待したいんだったら」。

[15-16]　The rules, in a word, that the state lays down imply claims against the state

　that 以下の関係代名詞の節が先行詞 rules にかかっておるのだが，その関係代名詞と先行詞の間に in a word というイディオムが挿入されておる。まさかこの in a word, rule にかかるのではないわな（「ひと言で言えば，法律」？）。このイディオムは副詞句だし，動詞の imply にかかっておる（「ひと言で言えば，〜を含意している」）。だったら，こんな位置に挿入せずに，修飾する動詞のそば

に置いてやって，The rules that the state lays down, in a word, imply claims against the state とでも書けばいいものをと，吾輩などは思うんだが，そこは，まあ，書き手の人騒がせな"趣味"か。とにかく法律ってのは，ああしろ，こうするなと，われわれの行動を制限して，わずらわしいわな。国家の規定する「法律」ではあるが，それは国家の側からの国民に対する「制約」ではなくて，国家に対し国民のもとめる「要求」(claims) を暗に表現していることになるってこと。

[16] **For what the state can do is obviously limited by its end**

等位接続詞の **for** は，2つの節が「等位」なるがゆえに，前節をピリオドで切って，新たに新しく節を起こすことが可能だったな。ところで **obviously** という副詞は何を修飾している？ **limited** か？「明らかな形に制限されている」？ ようく考えてみろ。これはおかしいぞ。「明らか」な「制限」の仕方なんてない。what the state can do is limited by its end という節内容が「明らか」なんだろ？ そう，これも文修飾の副詞。文修飾の副詞の位置は，文頭（「副詞＋S＋V」）か，動詞の前（「S＋副詞＋V」），そして文尾（「S＋V～，副詞」）の三つがある。そして文頭にくる文修飾の副詞は，すでにやった。国家が法律を作る目的は，国民の幸福追求を助けるための一般的な条件を設定することにあったな。それ以上の差し出がましいことはできない。となると，「国家にやれること」は，おのずから，「その目的によって制限される」ことになるよな。その「おのずから」ってことが，「制限されるのは明らかである」ということ。

[17-18] **that end involves rights for the citizen against the state in order that the end may be safeguarded.**

ここの前置詞 **against** は「反対して，対抗して，抗して，逆らって」の意。しからば句の **against the state** は形容詞句か，副詞句か？ 副詞句で動詞 **involve** にかかるのだったら，「（国家に）反対して含む」と意味が通じないな。ここは形容詞句で **rights** を修飾し，「国家（の利益）に反する（権利）」の意味だろ。また「目的」を表す副詞的用法の不定詞 to は，副詞的用法だけでも「原因・理由」とか「程度」，「結果」といろいろの用法があるので（読み手を悩ませるので「ふてい（不逞）やつ」という意味で「ふてい氏」という），とくに「目的」の用法であることを明らかにするときには，in order to（＝so as to）～の形をとることがある。さらにこの「目的」の句を節に書き改めると，**in order (so) that** S＋（may, can, will などの助動詞）～となる。

　The policeman blew his whistle <u>to stop the car</u>.（「警官は車を停めるために警笛を吹いた」）

　The policeman blew his whistle <u>in order (so as) to stop the car</u>.

　The policeman blew his whistle <u>so that (in order that) he might stop the car</u>.

「ふてい氏」のことは，いずれまとめて研究しよう。

[18]　What do we mean by the idea of rights?

　the idea of rights の中の of は「同格」。「権利という概念」。「権利という概念はいかなる意味をもっているのだろうか」。

[19-20]　It is a condition without which, in the light of historic experience, the individual lacks assurance that he can attain happiness.

　「前置詞＋関係詞」without which の節が先行詞 condition にかかっているわけだが，例によって，ちょっと訳しにくいな。そのままに訳せば，「それなくしては，個々の国民が自分は幸福を追求することができるという確信を欠いてしまう（条件）」ということ。しかし，もうちょっと"人間らしい"訳文を心がけよう。「個々の国民が自分は幸福追求ができるんだという確信をもつために不可欠の［絶対に必要な］（条件）」とでも訳すか。

　そう，もちろん，that は「同格」の名詞節を導く接続詞。ということは，「同格」は，句の場合にはさっき出たばかりの of で，節の場合にはこの that 節で表すことになる。the assurance that he can attain happiness は the assurance of being able to attain happiness と句で書き換えることもできるぞ。

[20-22]　We cannot, that is, say that the rights of the individual are constant; they are obviously relative to time and place

　ここの constant は，「不変，均一，一定」などの意味だろう。time and place は，無邪気に「時間と場所」などと訳していてはダメだぞ。「個人の権利は普遍的だなどと言うことはできない。それは時代と国によって明らかに異なるのである」（obviously は「文修飾」の副詞）。内容は分かるな？　奴隷制のある社会では，奴隷にとって「奴隷解放」の法律はどうしても幸福追求に必要だろうし，絶対主義とか，封建主義とか，全体主義の時代や国では，人間の平等，言論の自由，信仰の自由，移動の自由，参政権など，など，それぞれ時代と国によって異なってくるわな。

[22-24]　granted that relativity, the individual is entitled to expect their recognition from the state as the condition of his obedience to its command

　granted that relativity は，ちょっと訳しにくいが，構文的には，being の省略された分詞構文。用法は「仮定・条件」で，If he (＝the individual) is granted that relativity の意味にとり，「その相対性を認められるならば」。that は，普通には，遠くのものを指し示して「あの」という指示代名詞。しかし，that は空間的な遠くのものだけでなく，内容的に前節で述べた内容を指す（「そのこと」）こともある。ここは「権利は時代と国によって異なる」という内容を受け，「そういう意味での（相対性）」ということ。つまり，世界共通，時代によって変わることなき普遍的な個人の権利などがあるわけではなく，時代と国によって異なるという「相対性」を「認めるならば（認めた上で）」，ということ。

their recognition は，むろん their とは the rights of the individual のことであるから「権利の認可（例の「名詞構文」的に訳すならば，recognition には動詞的な「認めること」の意が含まれ，their の所有格はその動詞的含意の意味上の目的語を表わして，「権利を認めてもらうこと」）」。「個人は法律の命ずるところに従うことを条件に，自分の権利を認めてもらうことを国家に求める資格がある」。

<u>訳例</u>　国家は法律のために法律を有しているのではなく，法律が国民の生活に意味ある働きを果たすがためである。国民は一人ひとりは幸福になることを目的として生きている。だとするならば国民は，幸福になるために欠かすことのできない条件が必要となってくるし，そういう条件を確保してくれることができるかどうかによって国家を判断することになる。言うまでもないことだが，国家は国民全員に幸福を保証してやることなどできない。理由は単純明快，幸福の条件の中には国家の力ではいかんともしがたいものがあるからである。ある特定の女性の愛が得られなかったら人生は絶望だと感じている男性がいるとして，よもやその男性が国家にその女性の愛の確保を求めることができるなどと言う人はおるまい。言えることは，せいぜい，満足のいく社会生活の最小基盤となるいくつかの一般的な幸福の条件があり，それがすべての国民に同等に働きかけているということだけである。国家は，国民が国家の法律を遵守しつづけることを求めたいのであるならば，最小限これらの条件を国民に認めてやらねばならない。

　端的に言うならば，国家の制定する法律には，国家に対する国民の要求が暗に含まれざるをえない。それというのも，国家のなしうることはその本来の目的によって制約されているからであって，その目的には，まさにその目的を護らんがために国家の不利になるような国民の権利が含まれることになる。権利という概念はいかなる意味であるか？　それは，歴史経験に照らしてみるに，個々の国民が自分は幸福追求ができるという確信を得るために不可欠の条件である。つまり，国民の権利は普遍的なものであると言うことはできない。明らかに権利なるものは時代と国によって異なるものである。権利のこの相対性を認めた上で，国民は，法律の定めるところに従うという条件で国家から権利を認めてもらう資格が生じてくることになる。

<u>文法要点</u>

◆　that の用法。（次の練習題でも，八面六臂の活躍をする that を練習するので，前もって，その中に出てくる that の用法を以下の分類の中で確認しておくこととする。[次出] と記された例文がそれである）

(1) 指示代名詞の that。
- 前出名詞のくり返しを避ける。
  The population of Tokyo is larger than that of New York.（東京の人口はニューヨークよりも多い）
- 先行する文の内容（の一部）を指す。that end とか granted that relativity なんて使い方もあった。
  That, I think, is not an explanation.（それはわたしが思うに説明とはなっていない）
  There is much truth in that.（次出）
  I think that that is the reason why you see the great contrast.
(2) 関係詞の（つまり形容詞節となる）that。
- 関係代名詞として。先行詞は「人」でも「物」でもよく，つねに限定用法（連続用法はない）。
  The rules that the state lays down imply claims against the state.
  All that we can say is that there are certain general conditions of happiness.
  You have the spirit of things that make for good.（次出）
  That is the reason why you see the great contrast that you see today.（次出）
  More people are struggling to live to the highest ideals that are in them.（次出。先行詞に最上級の形容詞がついている場合には，関係詞は that しか使えない）
- 関係副詞として。at (in, on) which, when, why, where に相当する。
  What was the reason that you gave up baseball?（君が野球をやめた理由は何だったの？）
(3) 名詞節を導く that。
- 動詞の目的節を導く。
  A man may feel that life is not worth living.
  No one would argue that he was entitled to expect the assurance of her love.
  We cannot say that the rights of the individual are constant.
  People often say that this is a materialistic age.（次出）
  I think that that is the reason and that you have eager souls.（次出）
- 文の主語となる名詞節を導く。
  It is enough for any man that he has the divine power of making friends.（前出。このように形式主語の it を立てることが多い）

It is only natural that you have co-existent with it the spirit.（次出）
　　It is true that there is a great deal of gross and crass materialism.（次出）
・補語となる節を導く。
　　All that we can say is that there are certain general conditions of happiness.
　　His only reason for giving up a friend is that he has ceased to care for him.（前出。《略式》では that は省略されたり，コンマになることもある）
・形容詞・分詞に続く目的語的な節を導く。「(〜する，である) ことを」。
　　The individual cannot assure himself that he can attain happiness.（個人は自分が幸福の追求をなすことができるとは確信できないでいる）
・同格の名詞節を導く。
　　You choose your friends on the ground that you are virtuous and want virtuous company.（前出）
　　The state cannot guarantee happiness to everyone for the simple reason that some of the conditions of happiness are beyond its control.
(4) 副詞節を導く that。
・「目的」を表す副詞節を導く「so that＋S＋助動詞〜」(〜するために)。
　　They are climbing higher so that they may get a better view.（彼らはもっといい景色を見るために，さらに上へと上っています）
　　That end involves rights for the citizen against the state in order that the end may be safeguarded.
・「結果・程度」を表す副詞節を導く so〜that…（「結果」＝「大変〜なので…」。「程度」＝「…なくらいに〜」）。
　　It was such a wonderful movie that I saw it five times.（あれはとてもすばらしい映画だったので，ぼくは5回も観た。程度名詞あるいは程度形容詞つきの名詞の場合は so が such に変わる）
・強調構文の It is A that〜（〜するのは A である）。
　　It is only in that way that you can hope to influence people.（次出）
・判断の根拠を表す副詞節を導く that（〜するとは）。
　　Who are you that you should be setting a price upon your friendship?（前出）
・「状況」の内容を表す副詞節 that。It is that〜「(実情は) 〜である」，It seems that〜「〜と見える（思える）」，It happens that〜「たまたま〜する」。
　　Is it that on the whole, at least until the late eighteenth century, the samurai were satisfied with their privileged position?　（全体として見ると，少なくとも18世紀の後葉まではサムライたちは自分たちの特権的な立

場に満足していたということであろうか？）

* **文修飾の副詞**。副詞には，動詞を修飾する副詞と，文全体を修飾する副詞とがある。文修飾の副詞の位置は，文頭か動詞の前，そして文尾。
<u>Obviously</u> enough, the state cannot guarantee happiness to everyone.
What the state can do is <u>obviously</u> limited by its end.

* **慣用的な仮定法**（条件節はどこにも隠れていない）。
「丁寧」 Would you help us, please?（「ちょっと手を貸して<u>いただけないでしょうか</u>」）
「婉曲」 I would like to attend that party.（「わたしもそのパーティに<u>行きたいなあ</u>」）
「強い否定」 I couldn't think of parting with you.（「君と別れるなんて、ぼくには<u>とうてい考えられない</u>」）
「強い疑念」 No one would argue that he was entitled to expect from the state the assurance of her love.
　　　　　　Could it be true?（「<u>まさか，それ本当のこと？</u>」）

* **All that S_1 can do is that S_2 + V ～ (is to do ～)** は，「S_1 が～できるのは，S_2 が～ということだけである（～することだけである）」という意味の表現形。
<u>All that we can say is that</u> there are certain general conditions of happiness.

* **倒置**。強意のため目的語を文頭におくことがある。その場合「S+V」の位置は不動。
<u>These</u> the state must secure to its members.

* **分詞構文**。分詞が中心となって主文全体を副詞的に修飾する句を「分詞構文」という。過去分詞の場合には受け身な意味が含まれるので，その前に受動態を作る being が省略されていると考えればいい。
<u>Granted</u> that relativity, the individual is entitled to expect their recognition.

第三番　ダメ押しの that
I think that in these days we all of us want, ...

　それではもう一題、英文において八面六臂の活躍をする that の頻出する英文を読む練習をすることにしよう。

　　I think that in these days we all of us want, perhaps more than anything, and more than at any time, to be bound lightly and loosely to the luxuries and the good things of this world. We cannot all of us embrace poverty as St. Francis did, but we all know the difference
5　between the man who cherishes the treasures of this world and the man who sits lightly to them, and it is only by sitting lightly to them that you have the right to say much that wants saying in these days; for it is only in that way that you can hope to influence those amongst whom you work, rich and poor alike. It is a spirit essential today in the
10　present conditions of our country, and I believe and recognize with joy that it is more common today amongst those who are directly relieved from poverty than it was in the years before the War.

　　People often say that this is a materialistic age. There is much truth in that, but I do feel, too, that there has never been an age in which
15　there are more people struggling, some with more success and some with less, to live to the highest ideals that are in them, and doing something to help to better the moral and the physical conditions of the people among whom they live. And it is only natural, in a time when you have active and strong the spirit of things that make for
20　good, that you have co-existent with it the spirit that makes for evil no less active and strong. I think that that is possibly one of the reasons why you see the great contrast that you do see today, and that

> while it is true that there is throughout Europe a great deal of gross and crass materialism, you have at the same time all over Europe eager souls who are struggling to impress themselves on their day, to improve themselves and to improve the world.
>
> (Stanley Baldwin: *On England*)

単語

be bound to〜 〜に縛られた，縛りつけられた／Cf. **bind**(v.) 縛る，結ぶ，拘束する／**lightly**(ad.) 軽く，軽やかに，少し／**loosely**(ad.) ゆるく，だらりと；おおざっぱに／**luxury**(n.) 贅沢（品）／**embrace**(v.) 抱きしめる，抱擁する；（主義など）採用する／**cherish**(v.) 大事にする，大切にする／**St. Francis** アッシジの聖フランチェスコ。赤貧に甘んじつつ悔悛と神の国を説いた中世イタリアにおける最も著名な聖人の一人／**relieve**(v.) 取り除く，和らげる；（心配・苦痛・恐怖などを除いて）安心させる，楽にする；救済する／**materialistic**(a.) 実利（物質）主義（者）の／Cf. **materialism**(n.) 実利（物質）主義／**better**(v.) より良くする，改善する／**physical**(a.) 肉体的な，身体の；物理的な，物質の／**make for〜** 〜に役立つ，〜を生み出す／**no less〜than...** …と同様に〜／**gross**(a.) 粗野な，荒い，下品な，無知な／**soul** （魂，霊魂）は，普通名詞となった場合，「（親しみ・憐れみを示して）人，人間」の意／**crass**(a.) 愚かな，鈍い，粗野な，下品な／**improve**(a.) 改良する，改善する，進歩させる

解説

　現代は昔に比べたら日本もずいぶんと豊かな国になったと思う。街にはモノがあふれ，かつてなぞ（その後，「格差社会」なんてのが始まったが）国民の9割5分が自分を中産階級と思っていたもんな。これからいかなる時代になっていくか知るよしもないが，飢餓の時代を知る者にとっては，今のところ物質的には豊かな国になったと言える。こういう豊かな時代をいかに生きたらいいのか？　やれ美食だ，やれ海外旅行だ，やれレジャーだと，ただ豊かな物質を享受し，さらにそれらを享受するために馬車馬みたいに働き，また物質的なものを享受するか？　本質的な深いものに関わることなく，そういう物質的次元にのみ生きてるだけだと虚しくないか？　せっかく生れてきて，虚しい人生ってのは，ヤバいぞ。

[1-3] **I think that in these days we all of us want, perhaps more than anything, and more than at any time, to be bound lightly and loosely to the luxuries and the good things of this world.**

　もちろん，that は think の目的語の名詞節を導く接続詞。筆者がどう「思う

か」というと、「この時代、われわれすべてが（おそらく何よりも、そしてどんな時代よりも）」、**want to be bound lightly and loosely to the luxuries and the good things of the world** だと。「この世の贅沢と良きものに軽く、ゆるやかに縛られていたい」？　何じゃ、こりゃ？　be bound といっても、「縛られている」という「拘束、束縛」の意味じゃないだろう。「この世の贅沢に縛られる」じゃおかしいものな。「この世の贅沢や良きもの」に「縛られている」とは、そういう「善きもの」と「結びついている、つながっている」、つまり「一生、無縁に終わったりすることがない」ということだろう。そういえば最近の日本、旅行とか美酒佳肴、ショッピング、娯楽、趣味など、現代文明の生み出したすばらしいものを味わいたい、与（あずか）りたいと思ってるもんな（老婆心ながら「与（あずか）る」とは、「物事に関わる、あるいは享受する」の意味じゃ）。なるほど、be bound (to〜) とは「(〜に) 与る、かかわる、」ほどの意味だろう。それも lightly and loosely （軽く、ゆるやかに）「かかわる」。すなわち、「この世の贅沢品や良きもの」のあたかも奴隷となって、贅沢や快適なことそれ自体が目的化されてしまい必死にそれを追い求めるということではなく、かといって、現代社会の贅沢や快適なものから完全に縁遠い存在になるのではなく、「適度に享受する」くらいの意味だろうと理解できる。快適で贅沢な生活だけに執着し、それを追い求める「俗物」(snob) にはならなくとも、人間誰しも、快適で贅沢な生活にあやかっていたいとは願っておる。そう願うことができるくらいにはありがたい時代になったわな。

[3-6]　We cannot all of us embrace poverty as St. Francis did, but we all know the difference between the man who cherishes the treasures of this world and the man who sits lightly to them

　all of us と **we** とは「同格」。そして **not all** は「部分否定」だから、「われわれ誰しもが聖フランチェスコのように貧乏を大切に思うことはできない」。聖フランチェスコとは、中世イタリアにおける最も著名な聖人のひとりで、悔悛と神の国を説き、貴（たっと）ぶべき種々の徳の一つとして「貧乏」であることを愛したお方！　偉いお方じゃ。なにせ、「金持ちが神の国に入る（つまり永遠の生命を得る、普遍の絶対的真理を知る）よりも、らくだが針の穴を通る方がまだ易しい」（新約聖書マルコ伝10章、マタイ伝19章、ルカ伝18章）からな。本来イタリア語で「フランチェスコ」という表記を採っておるが、一般には「フランシスコ」と表記されることが多い。物質主義の王国のごときアメリカの都市サンフランシスコも、この聖人の名を採ってつけられておる（「サン」＝「聖」）。偉いお方だが、だからといってこの聖者にならってボロ服をまとい、小鳥に福音を述べながら真理を究め、伝えんとする生き方、ま、おたがい無理だろ？

　たしかにわれわれは、「貧乏」のなかに積極的な意義を見出すことはできなく

とも，the man who cherishes the treasures of the world と the man who sits lightly to them との difference（違い）は「われわれ誰しもが知っている」（we と all は「同格」）だって。「知っている」というのだから，cherish the treasures of the world する人と，sits lightly to them (i.e. the treasures of the world) する人との「違い」が実感的に理解されねばならんぞ。となると，cherish the treasures of the world は，「この世の金銭財貨を後生大切にする」ってことで，さっき推測した，「この世の贅沢品や良きものの奴隷となって，必死にそれを追い求める」連中のことだろう。いるわな，そういう人間。それに対し，sitting lightly to them，「（この世の贅沢品や良きもの）にむかって軽く坐る」とは，この世の物質的な価値の虜（とりこ）となるのではなく，かといってこの世の快楽を無視したり遠ざけたりするのでもなく，不即不離の関係を保ちつつ「この世の快楽に与ろうとすること」（不即不離の関係を保ちつつ世の娯しみを享受する，惑溺することなくこの世の娯しみを享受する，距離を保って現世の快楽を楽しむ）くらいの意味になる。この世の快楽を厳格に絶つ聖フランチェスコのような禁欲的な人ではなく，さりとて現世の富と快楽を追い求めてその亡者となるでもなく，贅沢や快適さに溺れることなく柔軟にそれを受け入れようとする人。「あ，それ，わたしだ！」って？

[6-9] it is only by sitting lightly to them that you have the right to say much that wants saying in these days; for it is only in that way that you can hope to influence those amongst whom you work, rich and poor alike.

　It is A that〜（「〜するのは A である」）の強調構文。もうそんなのは取れただろうな？　構文は取れたとしても，意味がやや取りにくい。much that wants saying の that は，前章に出たばかりの，不定代名詞 much（「多くのもの」）を先行詞とする関係代名詞 that。want saying は「言うことを望む」だから，「言うに値する（多くのこと）」とか「人々の望んでいる（多くのこと）」ほどの意味だろう。現在のような「豊か」な時代においては，物質的な価値の奴隷となるのではなく，かといってそれを敬して遠ざけるのでもなく，「物質的な価値と不即不離の関係を保って」生きる人が，「真に聞く意見や考え方をもちうる」というんだ。この筆者，なかなかいいことを言うな。「清く，貧しく，美しく」ってのは，それ自体すばらしい生き方だけど，いまどき流行(はや)らないってことだろう（意識の低い若者だと，「ダセえっ！」って言うわな）。こういう時代，「豊かさ」を適度に享受する無理しない姿勢を保持しながら，なおかつ人生の真なるものに眼を注いでいる生き方が可能だというのだ。

[8-9] for it is only in that way that you can hope to influence those amongst whom you work, rich and poor alike.

　for は等位接続詞だから，いったん前の文をセミコロン（；）で切って，改め

て前の文で述べたことの「根拠」を,「というのは」と述べる形じゃ。そしてふたたび強調構文だぞ。it is ～ that ... の強調構文。that way の that は,先行する文の内容（の一部）を指す指示代名詞の形容詞的用法。ここは, sitting lightly to them (i.e. the treasures of the world) を指しておる。「この世の富と不即不離の関係を保つあり方」。those amongst whom you work は,「その中であなたが働く人々」から,「いっしょに働いている人たち」の意。「貧富を問わず,いっしょに働いている人々に影響力をもとうと思ったら, こういう形」,つまり「この世の豊かさを適度に享受する生の姿勢」しかないと, 強調して言っておる。現代に聖フランチェスコみたいな偉人が出現して道を説いたところで, 世人のほとんどは聴く耳をもたず, 影響を受けることはあるまい（下手すると, こういう世の中では単なる偽善者になりかねない）。では, どうするか？ 世人と同様に世の豊かさを度を超さぬほどに享受しながら, なおかつ人生の真理を見つめる人しか, 影響力をもちえないって筆者は言っておる。単なる「道学者」じゃダメってこと。これって, 逆に難しい生き方だぞ。

[9-10] **It is a spirit essential today in the present conditions of our country**
　形容句 essential today in the present conditions of our country (「昨今のわが国の状況において本質を成す」) が名詞 a spirit (「精神」) にかかっておる。

[11-12] **those who are directly relieved from poverty**
　「貧乏から直接救済されている人々」って字義どおりの訳じゃ, いいみたいで, つまらんぞ。ここは「貧民救済」のことを言っておるんじゃないだろ。「貧乏から完全に脱した人たち」くらいに訳す。

[13] **People often say that this is a materialistic age**
　この this は「時間的に話者に近いこの日・週・月・年・季節・世紀・時代」を指す。ここは「現代」じゃろ。「現代は物質主義の時代とよく言われる」。そのとおり, 精神的な内面的なものよりも, 金・地位・学歴・階層などの物質的な外面的なものにはるかにより多くの「価値」がおかれている時代だろう。やれ金だ, やれセックスだ, やれ高い地位だと, 欲望まる出しで右往左往, だましたり, 憎んだり, 嫉妬したりの人が多い世の風潮だわな。しかし, いまの世の中, そういう人ばかりか？ どっこい, 世の中, そうそう浅いものでもない。

[13-18] **There is much truth in that, but I do feel, too, that there has never been an age in which there are more people struggling, some with more success and some with less, to live to the highest ideals that are in them, and doing something to help to better the moral and the physical conditions of the people among whom they live.**
　in that の that は, 先ほど出たばかりの, 先行する文の内容（の一部）を指す指示代名詞。つまり this is a materialistic age (現代は物質主義的な時代であ

る)ということ。「それも大いに当たっている」。だが，筆者は「(that 以下) と感じてもいる」と言う(「感じている」を do で強めとる)。何を感じているのか? 人類の歴史上，**in which** (when の意味の関係副詞) 以下のごとき時代 (age) はかつてなかった，と。

修飾語句ががちゃがちゃ中に入ってはいるが，**there is more people struggling to live～and doing something～** とつながる。ここにあるのが，There is ～構文。この構文は特殊構文の一種として第二十五番でやるが，要するに There is～構文とは，「ある」とか「ない」とかの存在を言っておるのではなく，主語を真ん中において，やや主語を強めた構文のこと。本文は，More people are struggling to live～と意味が同じ。つまり，「より多くの人たちが必死に努力し，何かをなそうとしている」。

live to the highest ideals の **to** は，［適合・一致］の「～に合わせて，～どおりに」。made to order (「あつらえて［注文して］作った」) の to じゃ。「自分の中にある最高の理想にしたがって生きる(人々が増えている)」。嬉しいじゃないか。拝金主義(「金」を「拝む」だと!)なんてイヤな言葉の流行る時代ではあるが，だからって必ずしも金の亡者ばかりではない。「自己の内なる思考の理念にしたがって生きている」人たちが増えていると筆者は言うんじゃよ。よく周囲を，世間を，見てみろ。精神的な，内面的な価値にしたがって生きるすばらしい人たちも，また多いじゃないか。

to help to better は，何げないけど，やや難しい構文だな。目的語の「一般的な人」people がはいった help people to better (「人々が改良するのを手助けする」)から，受動態においても行為者が「一般的な人」の場合は省略されるように，to の意味上の主語，つまり「行為者」である「一般的な人」people が省略された形じゃ。**better** は improve の意味の他動詞。「周囲の人たちの精神的，物理的な環境を改善する手助けをする」。**the people among whom they live**「自分がその中に住んでいる人々」は，主客を転倒させれば，「自分の周囲に生きる人々」ってこと。

社会学者のエーリッヒ・フロムは現代を代表する人間を二つのタイプに分類したことがある。つまり，「"持つ" (to have) 人間」と，「"在る" (to be) 人間」。「持つ人間」とは，財産や地位や権力を「地位の象徴，力の延長——自我の構築者」とし，自分の社会的な成功のために「自分の精力を投入することを自己の権利，そして義務と感じ」ている人間じゃ。そう，現在にもっとも多くなったタイプの人間と言えるわな。ところが世の中，「持つ人間」だけではない。「在る人間」についてフロムは以下のように述べておる——

　"在る" 存在様式においては，私たちは在ることの二つの形を確認しなければならない。一つはデュ・マルセの所説に例示されているように "持つ" こ

ととと対照をなすもので，生きていること，世界と真正に結びついていること
を意味する。"在る"ことのもうひとつの形は表層的な現実と対照をなすも
ので，"在る"ことの語源に例示されているように，偽りの外観とは対照的
に，人あるいは物の真の本質，真の現実に言及するものである。

（『生きるということ』1977 年，紀伊國屋書店）

本文の筆者が，こういう機械主義的で物質的な時代にあってもなお存在してい
ると言う人間とは，フロムの分類に従えば，「在る人間」ってことになるな。世界
とは，人生とは何なのか？ 生きるとはどういうことなのか？ そういう「物の
真の本質，真の現実」に精神の視線をすえている人間のことじゃ。じつは人間，
「意識」がすべてだぞ。

**18-21 And it is only natural, in a time when you have active and strong the
spirit of things that make for good, that you have co-existent with it the
spirit that makes for evil no less active and strong.**

長い文章だが，大局的な観点から構造を正確に把握する練習をやろうな。it は
that you (should) have 以下を代表する形式主語。そして when は，もちろん，
time にかかる関係副詞。「when 以下の時代にあっては，you have～するのは，
けだし当然である」。どういう時代か？ **you have active and strong the spirit
of things that make for good** な時代と書いとるが，どういう時代か，その意味
がとれたか？

ここで動詞の第五文型の使い方をまとめておこう。第五文型を取る have は
「have＋目的語＋補語」の形をとり，補語が to のつかない動詞の原形，つまり
原形不定詞である場合には，使役を表して「～させる，してもらう」の意とな
り，補語が形容詞のときは「状態」を表して「（目的語）を（補語）の状態にし
ておく」の意となる。たとえば，I want to have my room tidy なら，「自分の部
屋はきちんとしておきたい」だ。だから you have the spirit of things active
and strong なら，「時代精神を積極的に強固に持している」となる。ところが，
その the spirit of things に that の関係代名詞節がかかって，目的語が the spirit
of things that make for good と長くなっておる。これを普通の第五文型の語順
で，you have the spirit of things that make for good active and strong と書い
たのでは，語順がつかみにくいわな。それで，「目的語＋補語」の箇所の，目的
語と補語とを置き換えて（倒置させて），you have active and strong the spirit
of things that make for good と書いたわけじゃ。「善へと向かう時代精神を活発
かつ強固にしておく（持する）」。（倒置構文は第二十四・二十五番で改めてまと
めるが，ここはなかなか面白い「倒置」が来ているので，ここで感覚を磨いてお
いてくれ。）

同じことは，真主語 that 節の中の構文についても言える。you have the spirit

of things active and strong の第五文型において，目的語の the spirit of things に that make for evil の関係代名詞節がかかり，さらに補語の active and strong に比較級構文 no less がかかっておる。you have the spirit of things that make for evil no less active and strong。あれっ，さっきは第五文型の語順が取りにくいからと，目的語と補語を置き換えたのに，今度は倒置がおこなわれてないぞ？ もう分かるな。さっきは「善を指向する時代精神を活発かつ強固に持する」と書いて，今度は「悪を指向する時代精神を活発かつ強固に持する」と，まったく正反対の文意の文をパラレルに記すわけだから，「善へ向かう時代精神」の構文が正確に把握されていれば，「悪へ向かう時代精神」のほうは，「目的語と補語」の間に倒置を起こさなくとも，スムーズに文意が通じるはずだ。さらに，倒置を起こせば補語が来るべき箇所に，**co-existent with it** なんて形容詞句が入り込んでおる。まるでこれが第五文型の目的格補語に見えちゃうから，その同じ箇所にまた補語の active and strong を書くなんていかないわな。you have no less active and strong co-existent with it the spirit of things that make for evil? もう修飾関係がメチャクチャの文になってしまうだろ？ ところで，no less は no less～than...（「…と同じく～」）というイディオムの than 以下が省略されたもの。一般に比較級構文において，比較の対象が内容から明らかな場合には than 以下が省略される（第十五番などでやる）。ここは，「悪へと向かう時代精神を，（善へと向かう時代精神と同じくらいに）活発かつ強固にしておく」の意味で，no less active and strong than the spirit of things that make for good の，than 以下が省略されておるってこと。

　さて，**co-existent with it** の部分は文中でどういう用法をしているのであろうか？ 一般に五文型において補語が使われるのは，第一文型（S＋V＋C）と第五文型（S＋V＋O＋C）だったな。第一文型の補語Cは主語Sの状態を述べているので「主格補語」，第五文型の補語Cは目的語Oの状態を述べているので「目的格補語」と呼ぶ。文型の中に所属している補語はこの二種類だけであるが，ところが他の文型でも主格補語や目的格補語を使うことがあるんじゃよ。たとえば──

　　　He returned home utterly exhausted.
という文章。He returned home の第一文型なのであるが，「帰宅した」ときの主語「彼」の状態を末尾に utterly exhausted（クタクタに疲れていた）と補足しておる。つまり He was utterly exhausted when he returned home の意を，「クタクタに疲れた状態で彼は家にもどってきた」と書いているわけじゃ。これは第一文型に使われた主格補語の例。同様にして，

　　　I saw him returning home utterly exhausted.
ならば，第五文型 I saw him returning home（「私は彼が帰宅するのを見かけ

た」）において，帰宅するときの彼の状態を he was utterly exhausted（「クタクタに草臥れていた」）と目的格補語で補足説明していることになる。つまり，これは第五文型において使われている目的格補語ということ。

　それでは，第五文型を目的格補語に使って，「悪へと向かう時代精神を，それと共存するかたちで善へと向かう時代精神と同じくらいに活発かつ強固にしておく」という文章を書いてみよう。できたかな？

　　You have the spirit of things that make for evil no less active and strong co-existent with it.

こうなる。どうだ，目的語の状態を述べた目的格補語 co-existent with it が，文型の中の目的格補語 no less active and strong とまったく見分けがつかないな？　これじゃあ無理だからと，目的格補語を，さっきの倒置の場合と同様に，目的語の前に置いて（倒置させて），you have co-existent with it the spirit of things that make for evil no less active and strong となる。

　難しいかな？　イヤ，ここの箇所を何度も何度も，音読でも黙読でもいいから，くり返し読み返してみろ。そうすると，第五文型や倒置や比較級構文や目的格補語などの感覚が徐々に身についてくる。そうやって長ったらしい英文もどんどん感覚的に読解できる練習を積んでいけば，どんな英文も難なく読み下していけるようになるぞ。

　「善を指向する」とか「悪を指向する」とかいう精神がどういう精神を指しているか，分かっただろうな？　文脈からいうと，「善を指向する精神」とは「自己の内なる思考の理念にしたがって生きる精神」のこと，対するに「悪を指向する精神」とは，「現世の富と快楽を追い求めてその亡者となる，拝金主義の現代精神」のこと。現代という時代は，拝金主義の横行するだけの時代ではなく，俗的な拝金主義の風潮とともに，自己の崇高な精神的理念にのっとって生きようとする精神も共存してるというのだ。今の時代，金ほしさに肉親を殺したりとか，世の中がイヤになっちまう殺伐たる事件も多いが，どっこい，深い精神性をもって自分の人生と世界をしっかり見すえて生きておる人も多いぞ。世の中，そう棄てたもんじゃない。

[21-26]　I think that that is possibly one of the reasons why you see the great contrast that you do see today, and that while it is true that there is throughout Europe a great deal of gross and crass materialism, you have at the same time all over Europe eager souls who are struggling to impress themselves on their day, to improve themselves and to improve the world.

　この長めの英文の全体の構造は，I think that that is possibly one of the reasons～, and that you have eager souls～とつながって，「わたしは（that 以下）と，（that 以下）と思う」と，目的語の that 節が二つきておる。最初の

that 節の中の you see the great contrast that you do see today において，do は「強め」。「今日はっきりと見える大きな対比を見る」とは，「今日，目立った大きな対比が見られる」くらいの意味。

　動詞の目的語が that に導かれて二つある場合には，「S＋V＋that〜, and that ...」の構文となる。この場合，最初の目的語を導く接続詞 that は省略できるが，二番目の接続詞 that は省略できない。あたりまえだな。and は等位接続詞だったから，二番目の that を省略してしまったら，and の前で節は切れてしまって新しい節を書きはじめることになってしまい，「動詞＋目的語」の関係はぶっきれてしまう。その二つ目の目的語 that の中に，while it is true that there is a great deal of materialism の副詞節が挿入されておる。ここの構文も正確な理解は難しいぞ。

　もともと，It is true that..., but〜という相関構文がある。「…」の部分はいちおう認めるが，しかし「〜」は言っておきたい，というときに使い，「たしかに（なるほど）…だが，しかし〜」と訳す。(It is true [Indeed, I admit] that..., but〜とか，..., it is true [indeed, I admit], but〜などの変形を取ることがあるが，訳し方はみな同じ。第二十四番参照)。等位接続詞 but が使われているので，この文は重文であるが，これを複文で言い換えてみよう。but は等位接続詞だが，これに相当する従属接続詞には，though, although, while (while は「期間」の「〜する間」ではなく，「譲歩」を示し「〜だけれども」の意) などがある。それで，できあがる変形は，「Though (Although, While) it is true..., S＋V＋〜」となるな。もちろん，訳し方は「なるほど…だが，しかし〜」と変わらん。

　There is throughout Europe a great deal of gross and crass materialism は，There is a great deal of gross and crass materialism throughout Europe（ヨーロッパ中に粗野で卑俗な物質主義が蔓延している）において，主語 a great deal of gross and crass materialism が長すぎ，動詞 is にかかる比較的短い副詞句 throughout Europe と is とのつながりが希薄になるため，この副詞句を主語の前に置いた「倒置」。まったく同様にして，you have eager souls at the same time all over Europe（同時にヨーロッパ中には，熱心な人々がいる）において，この **eager souls** に who 以下の長ったらしい形容詞節（関係代名詞節）がかかっているため，**at the same time** と **all over Europe** をその節の後ろに置いたのでは，動詞 have とのつながりがどっかに消えて見えなくなってしまうので，have の目的語 eager souls の前に二つの副詞句を置いたものじゃ。

　(while は「譲歩」。もちろん，it はまたもや that 以下を代表する形式主語。「多くの物質主義が蔓延しているのは事実である<u>けれども</u>」)。the great contrast that you do see today の that は，関係代名詞。「今日眼につく大きな対比」。

you have eager souls (「熱心な人たちがいる」とつながるが,「人々」souls に who 以下の関係代名詞節がかかって目的語が長くなっているため, 文尾ではなく, 動詞 have と目的語 souls の間に, at the same time (「同時に」) と all over Europe (「ヨーロッパ中に」) の二つの副詞句が挿入されておる。to impress themselves on their day (「自分の時代に名を上げる」) と, to improve themselves and to improve the world (「自分を向上させ, 世界を向上させる」) とは, 内容上同じ意味。一般に「A and B」(「A, そしてB」) では, AとBとは別物であるが,「A, B」では, BはAの内容を別角度から説明したり, Aをさらに敷衍(ふえん)しただけの, 同じ内容を表すもので, これを「並置」(juxtaposition) と呼ぶことにしよう。「A, すなわちB」の感覚になる。要するに「同格」(apposition) と同じものなのだが, 同格「A, B」はAとBが多くは「語」で, 同一物であるが, 吾輩のいう並置「A, B」は, AとBとが句または節であることが多く, さらにBは単にAの同一物である以上に, 別角度からAを言い換えた同内容のものであるという点がちがう。いま「吾輩のいう」という言い方をしたが, その通り, 吾輩がいっているだけで, この「並置」は他の参考書や文法書などでは説明されていないと思う。しかしこれは英文に頻出する形態。AとBが句や節であるときの,「A, and B」(AとBは別物) と,「A, B」(AとBは並置) のちがいに気をつけてくれ。

　いちおうわれわれは「豊かな時代」に生きている。それはまことにけっこう。しかし, 豊かな時代だからといって, 金の亡者となったり, 地位や名誉などの物質的な価値のとりことなったり, 肉体的な快楽だけを追い求めたりの, 物質主義の無自覚な奴隷となるのではつまらん。飢餓や貧乏から解放された豊かな時代なればこそ, 苛酷な労働だけに生活のほとんどすべてを奪われるのではない, 人生の真実を追究する豊かな生き方もまた可能になるのではないか。われわれは「生活する」のではなく「生きる」のでなくてはならない。ヨーロッパでは, そういう意識の高い人間たちの層が出現しているという。ひるがえってわが国, この日本はどうであろうか?

訳例　このような時代ともなると, 人間誰しも, おそらく何にもまさって, そしていかなる時代にもまさって, 現世の贅沢や良きものと無縁でいたくはないと願っていることと思う。われわれは必ずしもすべての人が, アシジの聖フランチェスコのように貧乏を愛しむことなどできないが, しかしわれわれ誰でも, 世界の富を愛しむ人間と, 距離をおいて現世の娯しみを享受する人間との区別はつくはずであるし, こういう時代に傾聴に値する多くのことを発言する権利を有するのは, 距離をおいて現世の娯しみを享受する人間だけなのである。貧富を問わず, ともに働く人々に影響力をもとうとするならば, そういう形によるしかな

い。それこそが，今日，わが国の現今の状況に不可欠の精神であり，戦前の時代よりも今日においてそういう精神が，貧窮生活から完全に脱した人々の中に多くみられることを，わたしは信じ，かつ認めて，喜びに耐えない。

現代は物質主義の時代であるという声をよく耳にする。それはそれとして大いに真実なのではあるが，しかしわたしは，人によって成功の度合いこそ違え，自分の中の最高の理想にむかって生きようと真剣に努力を怠らず，ともに働く人々の倫理的かつ肉体的な状況を向上させんと協力を惜しまない人たちが以前にも増して増えている時代はかつて歴史上になかったと感じてもいる。たしかに，善へとむかう時代精神を積極的に強固に持っている時代にあっては，悪へとむかう時代精神もそれと共存して積極的に強固に持することになるのは，けだし当然である。今日，まぎれもない二つの時代精神の強大な対立が見られるのも，そこに理由の一半があるのだとは思うが，たしかにヨーロッパに隈なく粗野で低劣な物質主義が蔓延しているものの，同時にヨーロッパのいたるところに，時代に自分の名を残そうと，つまりは自己と世界となんとか向上させんと真摯なる努力を怠らない人々がいるということも，わたしは感じているのである。

文法要点

* **There is～構文**。「There is N（主語の名詞）+補語（現在分詞か過去分詞）」。「～している（～された）Nがある」と，主語の存在を表しているのではなく，「Nが～している（～されている）」と，Nが補語に対して意味上の主語となる。Nexus（意味上の主語・述語関係）を含む構文に入る。
  There are more people struggling to live to their highest ideals.
  There is five hundred dollars offered for his head.（＝Five hundred dollars is offered for his head.「彼の首には500ドルがかけられている」）

* 第五文型（「主語S+動詞V+目的語O+補語C」）もかならずNexus（意味上の主語・述語関係）を含む。OとCとの間に，O-be-Cの「意味上の主語・述語関係」がある。
  I saw him running.（he was running しているところをぼく [I] は見た [saw]。「ぼくは彼が走っているのを見た」）
  I think it better not to try.（it is better not to try だと，ぼくは思う。「ぼくはやってみないほうがいいと思う」）
  You have the spirit of things active and strong.（spirit of things is active and strong な「状態にしている」。前出。）

* 句や節のAとBとが「A, and B」と接続詞で結ばれるのではなく，「A, B」のように羅列されているとき，「同格」の一種としてこれを「並置」と（本道場では）呼ぶ。AとBとは内容的に同じものではあるが，BはAを別角度から説明

しなおしたり，A を内容的に敷衍したりしている。
All over Europe there are many eager souls who are struggling <u>to impress themselves on their day</u>, <u>to improve themselves and to improve the world</u>.
If you try to change an individual so that he loses his personality, you have done something that has destroyed <u>the most important thing about a human being, his essential difference from anybody else</u>. (「一人の人間を個性を失ってしまうような形に変えようとすると，人間にとってもっとも大切なもの，[つまり] その人と他のすべての人との本質的な相違点を，破壊してしまうことになる」)

第四番　関係詞に完全に慣れよう
... an old man who has known human joys and sorrows, ...

　これまた英文に頻出する関係詞（関係代名詞と関係副詞）。といっても，諸君はすでに「本格派」なのだから，関係詞のイロハから説き起こす必要はあるまいとも思うが，しかし，連体形などを使って節がすぐに名詞を修飾しうる日本語とちがって，英語の関係詞という概念はどうもわれわれ日本人には馴染みにくい。それで関係詞の基本的コンセプトに立ち返って関係詞の用法に習熟することにする。いまさら関係詞の初歩？などと文句を言うな。

　　Some old people are oppressed by the fear of death. In the young there is a justification for this feeling. Young men who have reason to fear that they will be killed in battle may feel bitter in the thought that they have been cheated of the best that life has to offer. But in an old
5 man who has known human joys and sorrows, and has achieved whatever work it was in him to do, the fear of death somewhat lowers his dignity. The best way to overcome it—so at least it seems to me—is to make your interests gradually wider and more impersonal, until bit by bit the walls of the ego recede and your life becomes
10 increasingly absorbed in the universal life. An individual human existence should be like a river—small at first, narrowly contained within its banks, and rushing passionately past large rocks and over waterfalls. Gradually the river grows wider, the banks recede, the waters flow more quietly, and in the end, without any visible break,
15 they become absorbed in the sea, and painlessly lose their individual being. The man who, in old age, can see his life in this way, will not suffer from the fear of death, since the things he cares for will continue. And if, with the decay of vitality, weariness increases, the thought of rest will be not unwelcome. I should wish to die while still

²⁰ at work, knowing that others will carry on what I can no longer do, and content in the thought that what was possible has been done.

(Bertrand Russell: *Portraits from Memory*)

単語

oppress(v.) 圧迫する，服従させる；(受身形で) 悩む，重圧を感じる／**justification**(n.) 「justify(v.) 正当化する，弁明（証明）する」の名詞形で，正当化（すること），正当とする証拠・事実／**bitter**(a.) 苦い；むごい，辛い，心を痛める／**cheat A (out) of B** =AからBを騙し取る（詐取する）／**dignity**(n.) 威厳，荘重さ；品位，気品／**overcome**(v.) 打ち勝つ，克服する／**impersonal**(a.) 非個人的な，個人に関係ない，個人の感情を含めない／**bit by bit** 少しずつ，徐々に／**recede**(v.) 退く，後退する；遠ざかる／**increasingly**(ad.) （動詞increase [増える，増大する] から）ますます，どんどん，いよいよ／**contain**(v.) 《通例受け身》（場所を壁などで）取り囲む／**visible**(a.) 眼に見える，可視の。反意語はinvisible(a.) 眼に見えない，不可視の／**break**(n.) 破壊，破損；中断，断絶，遮断／**care for～** =～の世話をする；～を好む；～に関心がある／**decay**(n.) 衰退，衰微；腐敗，腐朽／**carry on～** =～を続ける，継続する，続行する／**weariness**(n.) （形容詞weary「疲れ切った，くたびれた，退屈な」から）疲労困憊，退屈さ

解説

[1] Some old people are oppressed by the fear of death

Some (people) が文頭に来たときには，「幾人かの（数人の）人は～」と訳すよりも，要するにsomeとは「すべての（人）」ではないことを，一部の人がそうしているということを表すのだから，文全体を先に訳して，「（～する人も）いる」とやる方が文意に忠実だ。ここだったら，「老人の中には死の恐怖に圧倒されている人々もいる」。この訳でいいと思う。「死の恐怖に圧倒される」って表現がイマイチ日本語として不自然と思う人は，いっそのこと，「老人の中には死が恐くてならない人もいる」「死を極度に怖れている老人もいる」とやってもいいけど。

言語学者の丸山圭三郎氏がご著書で興味あるエピソードを紹介されておったことがある。氏の親しい友人に，健康そのものに見える辣腕の会社経営者がいて，よく酒を酌み交わすことがあったらしいのだが，友人は氏の研究に対し，「君のソシュールだとか言葉とかいうこと，ぼくらの実人生とどんな関係があるのかね」と一笑に付した挙げ句，「ぼくにとって関心があるのは，金とセックスだけさ」と言うのが常であった。ところが酔いがまわるにつれ，豪放磊落な，元気そ

のものの社長が，泣かんばかりの顔になって，「ぼくは死ぬのが恐い。君も哲学めいたことをやっているのなら，ぼくを救ってくれよ」と訴えはじめたというのじゃ。この会社経営者はわれわれの死に対する姿勢を象徴しておる。われわれも，「いずれ自分はまちがいなく死ぬ。何千億という人間が生きてきた人類の歴史上，死にそびれたやつはただの一人もいないのだから」と（観念的に）分かってはいるものの，日常は「金とセックスだけ」とは言わないまでも，生活することに汲々として，「死の恐怖」などどこかに忘れ去ったかのように生きておる。だが，それはあくまでも「忘れ去ったかのように」であって，われわれの内面深くには，「死の恐怖」があたかも醜悪な怪物のようにうごめき，鼻のひん曲がりそうな腐臭を発して潜(ひそ)んでおる。歳をとり老人となっていくにつれ，若いときよりも死がますます具体的なものとなってきて，日常座臥，自分の死のことが頭を離れず，まさに文字どおり「死の恐怖に圧倒される」仕儀となる「人もいる」。

[1-2]　In the young there is a justification for this feeling

　the　young は「the＋形容詞」で，ここは複数普通名詞。「若者たち」。a justification for this feeling を「この感情に対する正当化」なんて生硬な訳をしているようじゃ，英語学習者の「本格派」としては，つまらん。抽象名詞を抽象名詞のまま訳して訳文がすっきりしないとあらば，その名詞のなかに動詞か形容詞の意味を読み取る，さよう，名詞構文じゃ。a justification for～は，その動詞形 justify の意味を内に含んだ名詞形として，「～を正当化すること（to justify)」というよりも，「～を正当化するもの」（＝what　justifies～）の意。this feeling（「この感情」）とは，前に述べた the fear of death（「死の恐怖」）を受ける承前語句だから，「この感情を正当化するもの（正当化する理由）がある，～の正当な理由がある」とは，「死を怖れるのも無理はない（無理からぬことである）」くらいの訳がいいじゃろう。これから人生のはじまる若者が，まだ死にたくない，人生を知ることなくどこかに消えてゆくなんてイヤだと，死を怖れるのは無理もないわな。

[2-4]　Young men who have reason to fear that they will be killed in battle may feel bitter in the thought that they have been cheated of the best that life has to offer.

　同格の名詞節を導いて the thought の内容を具体的に説明している that（いわゆる「同格」の that）は，もうちゃんと取れただろうな？　「戦争で殺されるかもしれないと怖れる状況にある若者」は，どういうことを考えて「絶望的な気持ちになる」のか？　they have been cheated of the best「自分たちは人生の最良のものを騙し取られた（という考え）」。「人生の最良のものを騙し取られた」って訳は，なんか日本語としてこなれてない。「騙し取る」というのは，「自分の知らないうちに奪われている」の意だから，「（人生の最良のものを）知らないまま

に終わる」くらいでいいだろう。

　that life has to offer の that は，最上級のついた先行詞にかかる関係代名詞。ホント，that は八面六臂の活躍ぶりだな。ところで life has to offer の箇所，「人生が提供せねばならない（最良のもの）」じゃおかしいだろ？　人生が人間にその最良のものを提供しなければならないなんて「義務」，人生にはないぞ。じゃあ，別の角度から考えよう。has to～と「連辞」に取るのではなく，life has と to offer を区切って考える。life has が関係代名詞の目的格で the best にかかって「人生が持っている最良のもの」。別個に，不定詞の形容詞的用法 to offer が the best にかかって，「提供すべき最良のもの」。「人生が持っている，提供すべき最良のもの」とは，「人生が提供できる最良のもの」の意となる。たとえば，この構文の理解のためによく引用されるサマセット・モームの有名な例文なんじゃが――

　I have wondered at the passion people have to meet the celebrated.

「人々が有名人に会わないといけない情熱」と訳した人，people have to meet the celebrated の文法を説明してみろ。people を先行詞とする関係代名詞節？　その関係詞は主格か，目的格か？　主格なら，主語の people がちゃんとあるぞ。目的格の関係代名詞ととると，目的語の the celebrated がちゃんとあるじゃないか。そもそも関係代名詞とは，修飾する節の中の主語や目的語（や所有格）の代名詞として，修飾する節と修飾される語とを結びつける「連結器」の働きをするものだったな。だったら，関係詞が主格なら，修飾する関係詞の節の中にはもう主語はないはずだし，目的語なら節の中に目的語はないはずじゃないか。people have to meet the celebrated 全体を関係代名詞の節と取る構文理解は，これで破綻する。じゃあどういうことか？

　people have という which の省略された関係代名詞節が passion にかかって，「人々の抱いている情熱」。別個に不定詞の形容詞用法の句 to meet the celebrated も，修飾する名詞の内容を「同格」的に説明する形容詞句として passion にかかって，「有名人に会いたいという情熱」。これを合わせると，「有名人に逢いたいという，人々の抱く強い情念を，私は昔から不思議なものだと思ってきた」となる。

[5] **an old man who has known human joys and sorrows**

　また関係代名詞が出てきとる。さっきモームの例文で関係代名詞の用法をゴチャゴチャくり返したのも，関係代名詞の基本コンセプトをもう一度正確に把握してもらいたいからだ。さっき，「そもそも関係代名詞とは，修飾する節の中の主語や目的語（や所有格）の代名詞として，修飾する節と修飾される語とを結びつける"連結器"の働きをするものだ」と書いた。その通り，関係代名詞とは，読んで字のごとく，修飾する名詞の「代名詞」の役を務めながら，修飾する節を

修飾される名詞に「関係」づける働きをするものだ（日本語だと，節が名詞［＝体言］につながる連結器という意味で「連体形」と言うんだったな）。たとえば，「人間の喜びも悲しみも経験してきた老人」という表現を作る場合，

　　「老人」　an old man
　　「(その老人は) 人間の喜びも悲しみも経験してきた」　(he) has known human joys and sorrows

と分けて考え，ダブっている名詞「老人」の代名詞 he を連結器の働きを務めることのできる代名詞 who（主格）に変え，修飾される名詞と修飾する節の間に置いて，

　　an old man |who| has known human joys and sorrows

とするんだった。「人生の酸いも甘いも経験してきた老人」。こんな基本的なこと，「本格派」の諸君には分かりきってる？　まあ，そう焦りなさんな。こういう基本コンセプトがきちんと理解されておれば，どんな複雑な関係詞もすぐに意味をとって訳せるようになる。武道と同じ，英語道も基本をきちんと理解しておることが肝要。

[6]　**whatever work it was in him to do**

　ところで，関係代名詞の中には，先行詞を自分の中に含んでいるものがある。といっても，特殊な具体的な意味の名詞をめったやたらに自分の中にかかえ込むわけにはいかぬから，関係詞の中にそのまま含まれている先行詞ってのは，「（〜する）もの」というごく一般的な意味の名詞に限るがな。その関係代名詞（先行詞を自分の中に含んじゃってるから「複合関係代名詞」と呼ぶこともある）what は something（「もの・こと」）という先行詞を含んだ関係代名詞 which の働きをして，what 一語で二語の something which（＝that which。that は which の先行詞となったときは something とまったく同じ意味）の働きをする。たとえば，what I want is what Bill wants だったら，「ぼくの欲しいものはビルの欲しがっているものです」の意。それ自体で something which（「〜するもの・こと」）の意味になる。この what に-ever のついた whatever は，先行詞の「こと・もの」に「すべて」がついた「すべてのこと・もの」，つまり everything (anything) that　の意味の関係代名詞になる。たとえば，Do whatever you like なら「何でも好きなことをしなさい」（＝Do anything you like）。この関係代名詞の whatever（「〜するすべてのこと・もの」）と「譲歩」の接続詞 whatever（「何を〜しようとも」）とを混同するなよ。関係代名詞の whatever 節は名詞節であり，接続詞 whatever に導かれた節は副詞節だ（だから前か後ろにカンマがついて，節の外におかれておる）。

　さらにこの（複合）関係代名詞 whatever の次に名詞が来て「whatever＋N（名詞）」と，複合関係代名詞の形容詞用法になることがある。その場合は，関係

代名詞に含まれている先行詞「すべてのもの・この」の「もの・こと」が修飾されておる具体的な名詞に変わって、「(〜する)すべての[具体名詞]」(= every＋N.＋that〜)の意味になることになる。Our teacher gives me whatever advice I need (「先生は私が必要な<u>あらゆる忠告</u>をしてくれる」。＝Our teacher gives me every advice that I need)。Cf. Whatever advice I need, our teacher is sure to give it to me. これは従属接続詞 whatever の形容詞的用法で「譲歩」を表わし、「わたしが<u>どんな忠告を</u>必要と<u>しようとも</u>、先生は必ずそれを与えてくれる」。

さて本文の whatever work it was in him to do だが、関係代名詞 whatever の形容詞用法として「〜するすべての仕事」の意となることになる。何をするのか？ it は to do 以下を指す形式主語で、「(それをすること)」が in him (「自分の中にある」)とは、「(能力として)ある」わけだから、「自分のすることのできる(すべての仕事)」の意味。

[7-10] **The best way to overcome it —so at least it seems to me —is to make your interests gradually wider and more impersonal, until bit by bit the walls of the ego recede and your life becomes increasingly absorbed in the universal life.**

to overcome it は名詞 way に関係詞的にかかる不定詞の形容詞的用法（関係詞は節だけど、不定詞は句。不定詞は第六〜八番で徹底的にやろう）。「それ（＝死の恐怖）を克服する一番いい方法」。**to make your interests wider** は、主語 way の補語をあらわす不定詞の名詞的用法。「(一番いい方法は)自分の関心を広げることです」。「関心を広げて、より非個人的なものにする」とはどういうことか？ たしかにわれわれ、若いときは、自分の利益のため、自分の欲望のため、自分の出世のためと、とにかく自分中心に生きておる。そういう我執(がしゅう)にとらわれた自己中心性のまま歳をとって老人となっていく人もいるけど、そういう人間的な進歩とか、成熟といったものを達成することなく歳をとっていく醜(みにく)い爺さんや婆さんって、世の中にけっこういる。そういう人を、筆者は、「人間としての尊厳にもとる」（「もとる（悖る）」とは、「そむく、反する」こと）と言う。人間、若いときには自分のことにしか関心がないことが多いが、歳をとるにつれ、自分と同じように他人のことも考えるようにならなくてはいかん。徐々に「他人のため」という意識が増大していかなくてはならぬ。誰もが知っているように、生きるってことは大変なことだ。釈尊の言うように、人生は苦だ。そういう人生を、人間はおのがじし懸命に生きておる。そういう世の中にあって、なんで他人を押しのけ、他人に害を及ぼし、他人をだまして、俺が、俺がと、自分中心の生を生きねばならない？ 人間は動物とは違うだろうが。人間ならば、「人の世」の経験を積めば、「我」（＝自分）が懸命に自分の生を生きているように、まった

く同じように「彼」（＝他人）もまた懸命におのが生を生きているということが，実感として分かってくる。「自分を愛するように他人を愛せ」というキリストの教えはちょっと人間離れしているけど，少なくとも我執を超えた他者への愛らしきもの，同じ人間としての同胞意識が湧いてくる。それが歳をとるということの意味だ。そう，「自分の関心が徐々に寛（ひろ）い，非個人的な（すなわち「我」を超えた）ものとなってくる」。それのない歳の取り方は，「いたずらに馬齢を重ねる」という。人間としての尊厳に悖るってことだ。

　so at least it seems to me は挿入節。普通は，The best way to overcome it, so at least it seems to me, is to make your interests wider と，カンマ（,）を使って挿入させるのだが，ここは主節が長いし，他にもコンマが使われていてまぎらわしいので，カンマをダッシュ（―）に変えたってことだろう。主節を全部訳してから，うしろに，「～と，（そのように）少なくともわたしには思われる」と付ければよろしい。ところでその「他にもカンマ」だが，until の前のカンマ，これは何だろう？　このカンマ一つに，重要な文法事項がひそんでおる。

　第一番において，英語道の基本中の基本，接続詞を大きく二つ，従属接続詞と等位接続詞とに分けたな。これはもっとも重要な接続詞の区別なんだが，ところが，ある種の従属接続詞は等位接続詞に化けることがある。主従関係のはっきりしている封建制に民主化運動が起こって，いくぶん民主化に成功したようなもんだ。民主化成功の印に，その接続詞の前にカンマを付すわけだが，こういう等位接続詞化しうる重要な従属接続詞には，when, until, while の三つがある。等位接続詞は前から訳すんだったから――

　　S_1+V_1（進行形）～, when S_2+V_2... 「～していたら，そのとき…」
　　　　　　　　　　　　　　　　　　（＝～, and then...）
　　S_1+V_1～, until S_2+V_2... 「～し，そしてついには…」（＝～, and at last...）
　　S_1+V_1～, while S_2+V_2... 「～し，それに反し…」
　　　　　　　　　　　　　　（＝～, and on the other hand...）

「自分の関心が徐々により広やかな，自分を離れたものとなっていき，そして<u>ついには</u>」**the walls of the ego recede**（「自我の壁が後退し」。その内容的な意味はさっきの解説でわかるな？）**, and your life becomes increasingly absorbed in the universal life**（「そしてあなたの人生はますます普遍的な人生の中へと吸収されてゆく」）。「自分の人生が普遍的な人生の中に呑み込まれる」の，この「普遍的な人生」とは何であろうか？　これももう分かるだろ。自分が，自分がと，自分のことしか考えない自己中心の意識を離れ，死の恐怖を内に押し隠して見ないようにしながら，それぞれの人生を，目標を持ったり，持たなかったりしつつ懸命に生きている万人共通の意識のことだ。ああ，人間って，こうやって生きてるんだという，人間の生一般に対する覚醒の意識。日々の生活を

生きる自己の意識が、人間一般を生きる生の意識へと変化していく。人間は「個」としての自分個人の生活を生きながら、同時に「人間」一般の生を生きることができるようになる。「個我」を生きつつ、かつ「普遍」を生きるってやつだ。言ってることが分かるか？　薄汚い我執、我欲を棄てろ（それが難しいんだけどな）。そしたら、そのあり方が視えてくる。そうなることが、「自分の人生がますます普遍的な人生の中へと溶解してゆく」ってことじゃ。

[10-13] An individual human existence should be like a river —small at first, narrowly contained within its banks, and rushing passionately past large rocks and over waterfalls.

　「人間個人の生（存在）は河のようであらねばならない」。「河のよう」というメタファー（隠喩、比喩）の具体的な内容が、ダッシュ以下で述べられておる。「最初は細く小さく、狭い土手と土手との間にはさまれて、大きな岩や滝の上を激しい早瀬となって流れている」のが、自分のことしか考えない狭い料簡と意識のもと、障碍（岩や滝）をものともせず、我執に突っ走る若かりし頃の生き方のメタファー。ところが歳をとるにつれて──

[13-16] Gradually the river grows wider, the banks recede, the waters flow more quietly, and in the end, without any visible break, they become absorbed in the sea, and painlessly lose their individual being.

　「徐々に川幅は広くなり、土手も後方へと下がり、河の流れももっとゆったりとなって」──これが、老境へと達し、個我の執着や欲望を離れて、もっと幅広い他者への意識の深まり、人間一般と自己とが同一視されてゆくメタファーである。そして、河＝人間存在は「最後には、眼に見える境界はいっさいなく、海へと吸収されていって、苦しみもなく個としての存在を失ってゆく」。河が海へと注ぐ河口のそばに立ってみろ。どこまでが河で、どこからが海か、「境界」は分からんだろ？　人の生もかくのごとし。死の瞬間にいたったら、どこまでが生で、どこからが死か、分からないんだよ。そして「苦しむことなく」、個としての存在を失ってゆく。しかし、そうは思えない人が多いだろな。死とは、意識が完全になくなって「無」へと入ってゆくことか？　「無」って何なのか、わかっておるのか？　「無」って何もないこと？　何もないって、どんな状態だよ？　無がある（有る）んだったら、それは「有」であって「無」ではないだろ。「有」の宇宙に住んでいる人間に、「無」なんかを想像するとか認識することは、絶対にできない。いいか、絶対に、だ。人間は他者において死を経験するが、自分において死を経験することはない。それを賢しららしくわかったつもりで、簡単に「無」などと言うなよ。「死んだら意識を失って無化する」──そんなことを思ってるやつは、それこそ何にもわかっちゃいない。

　では、人間は死ぬときにはどうなるか？　答えは──分からないんだよ。「死」

など，人間に分かるわけないじゃないか。しかし，宇宙や人生に深く思いをいたせば，ある程度のことは見えてくる。そして，人間として誰よりも深く直感的に宇宙と生とを観照した天才トルストイが，普遍的な人の死をみごとに描いてみせておる。「イワン・イリッチの死」という中編だ。イワン・イリッチは，とくに人生を深く考えることもなく，無自覚に，「世間から是認されるような作法にかなった生活」を営むことによって中央裁判所の判事まで上りつめた。ところがふとした些細な事故がもとでイワンは不治の病にかかってしまう。やがて彼は，自分はもうすぐ死ぬのだということを認めざるをえなくなってしまう。すさまじいまでの「死の恐怖」が彼を襲う。「死の恐怖に圧倒される」なんてものじゃない。彼は子どもみたいに声をあげて泣きじゃくるんだ。彼は「自分の無力さを思い，自分の恐ろしい孤独を思い，人間の残酷さを思い，神の残酷さを思い，神の存在しないことを思って泣いた」。そして，いよいよ死の瞬間が訪れる。死の恐怖にうちのめされていたイワンは，死の瞬間，どうなるか？

『痛みは？』と自問した。『いったいどこに行ったのだ？　おい，苦痛，お前はどこにいるのだ？』彼は耳を澄ましはじめた。
『そうだ，ここにいるのだ。なに，かまやしない，勝手にするがいい』
『ところで死は？　どこにいるのだ？』
古くから馴染みになっている死の恐怖を探したが，見つからなかった。いったいどこにいるのだ？　死とはなんだ？　恐怖はまるでなかった。なぜなら，死がなかったからである。
死の代わりに光りがあった。
『ああ，そうだったのか！』彼は声にたてて言った。『なんという喜びだろう！』

(トルストイ『イワン・イリッチの死』，岩波書店)

死とは，「苦痛もなく（**painlessly**）」，生命の根源というか，何と言ったらいいのか人間の言説などでは表現できないが，大いなる永遠の中へと，万物がそこから生じたところの生命の源へと，「個の存在を失って」いくことだ。苦痛がないどころか，光りと「喜び」に満ち溢れているかもしれないぞ。そうは思えない？　いま分からなくとも，死ぬときに分かるから，いまから楽しみにしてろ。生と死の「境界（**break**）」など，ない。なぜなら，死は存在しないからだ。いいか，死は存在しないのだ。そのあとのことは分からない。天国とか地獄とか，人間的な，あまりに人間的なことがあるわけない。霊魂の不滅とか永遠の生とか輪廻転生とか，そういうことも分からない（分かるわけないじゃないか！）。死とは，生死の境界もなく（死など存在せず），何か大いなるものの中へと個の存在を失ってゆくこと——そうトルストイは言い，ラッセルもそうほのめかし，つ

いでに吾輩も，この歳になってやっとそう確信するようになった。というか，歴史上の有名な哲学者や芸術家を含め，じつに多くの人たちが漠然とそう直感しておる。ポイントは，**without any visible break**（「眼に見える生死の中断もなく」）だ。「生死の中断」など，可視的なかたちでは存在しないんだよ。

[16-18] **The man who, in old age, can see his life in this way, will not suffer from the fear of death, since the things he cares for will continue.**

「老齢になって自分の人生をこのように眺めることのできる人は，死の恐怖に取り憑かれることはない」。

次の since はどう訳す？　前後の意味から言って，「～して以来」の意の「時の起点」を表す since ではなくて，「～なので」の「理由」の since であろう。で，原則どおり従属接続詞から訳して，「自分の関心を抱くものが残り続けるのだから，死の恐怖にとらわれることもない」と訳せばいい。しかし，どうも since の前のカンマが気になる。作家としては，等位接続詞的に since を使いたかったのではなかろうか？　つまり，先に述べた when, until, while ほど"公式"の等位接続詞化された従属接続詞ではなくとも，文の長さや"気分"で作家が他の従属接続詞（とくに「理由」の because と since）を等位接続詞的に使うことがある。だからといって，because などの従属接続詞の前にカンマがあったら，かならず等位接続詞的に前から訳せなどと言ってるのではないぞ。そこは，同じ人間の書いた文章なんだから，臨機応変に考えろと言ってるだけ。でも，ここはあたかも since が for と同じ等位接続詞と考え，前から訳したほうがいいかな。「老齢になって自分の人生をこのように眺めることのできる人は，死の恐怖に取り憑かれることはない。なぜなら，自分が関心を抱いているものは，自分の死後も残っていくからである」。個我の執着を離れて，広く人間一般の生のありようを自分の生として生きることができるようになった人は，たとえ自分一人がこの世から消えてしまおうとも，自分が好きで関心を抱いているものは自分の死後もこの世に残り続け，他の人間の生を支えていくことを思えば，自分個人が消えてゆくことを，恐い，恐いと執拗に脅える(おび)こともないではないか。

あっ，そうだ，関係詞の勉強をやっているんだった！　**the things he cares for** の箇所を解説しとかなきゃ。まず関係代名詞の目的格（他動詞の目的語でも前置詞の目的語でも）は省略できる。ここは the things which he cares for（あるいは the things for which he cares）の which が省略されているわけだ。the things for which he cares の訳し方については，次の練習題でやることにする。

[18-19] **the thought of rest will be not unwelcome**

thought of rest を「休憩の思考」と訳した？　なんだ，その「休憩の思考」ってのは？　いつも「休む」ことばかり「考え」てるから，そんな訳になるんだよ。ここの of は「同格」。前にも述べたが，一般に，ある名詞の中味を説明する

「同格」は、「句」の時は of で、「節」のときは that で表すと考えればいい。
　　$N_1+$of$+N_2$　　　N_2というN_1
　　$N+$that$+S+V$　　$S+V$（SがVする）というN
「憩うという考え」。節に書き換えれば、the thought that he can finally rest（「ついに休むことができるという考え」）。

will be not unwelcome は will not be unwelcome の誤植じゃないかと考えた人、いる？　ここは誤植じゃないぞ。二重否定で not unwelcome と、あたかも一語の補語のようにまとまっているわけ。「二重否定」ってのを広辞苑で調べると、「否定の言葉を二度重ねて肯定の意味を強めたり、その肯定を婉曲に表したりする語法」と説明して、「辞退したいわけではない」「行かないわけではない」の例文が見える。ここも、「歓迎されざるものではない」と訳そう。

[19-21]　I should wish to die while still at work, knowing that others will carry on what I can no longer do, and content in the thought that what was possible has been done.

I should wish to die を「私は死にたいと願うべきである」と訳したのでは、大まちがい。「死を願うべき」？　そんな「義務」、ないだろう。ここの should は shall の過去形の仮定法で、しかし純然と事実に関する仮定を述べるのではなく、慣用句化して「丁寧・婉曲」を表すもの（第二番の［文法要点］でまとめたぞ）。現代英語では、I would like to〜（「〜したく思う」）というだろう。あの like to〜の「願望」の意をもっと強めて、wish to〜に代え、さらに助動詞をもっと文語調にして I should wish to〜とやったわけ。「私は死にたいと思う」。

一般に「時」や「条件」を表す従属接続詞の when, while, as, if, though などの中では、「S＋be」の部分は省略することができる。たとえば I used to go fishing as a boy において、as a boy は as I was a boy（「子どもの頃」）なのに、それを取り違えて「私は子どものように魚釣りに行ったものだ」と、よくやるんだよな。練習題でも、**while still at work** は while I am still at work（「まだ仕事をしているときに」）の省略形。

knowing と **content** 以下の箇所は分詞構文（分詞構文については、いずれ第九〜十一番で完全な練習をやろう）。content は being content の being が省略されたものと考えればいい。一般に過去分詞の分詞構文では being が省略されるんだったな。本文は I should wish to die, knowing〜and (being) content〜（「わたしは〜であることを知り（思い）、〜であることに満足しながら、死んでゆきたいと願っている」）とつながる。

(be) content in the thought　これ、「思考において満足する」と、thought を抽象名詞のまま訳したのでは意味がすっきりしない。そういうときは、その名詞 thought の動詞形（think）の意味を内に含んだ名詞形（つまり、「考えるこ

と＝to think」）と訳す名詞構文の感覚を身につけるように練習しているんだったな。その thought に，いま上でまとめたばかりの「同格」の名詞節を導く接続詞 that（「〜という」）が続く。「〜と考えて満足する（満ち足りた気持ちになる）」。

訳例　老人の中には死の恐怖に怯えおののいている人がいる。若者の場合には，そういう感情も無理からぬことである。戦争に行って死ぬかもしれないという状況にある若者が，人生が与えてくれることのできる最もすばらしきものを自分は知らずに終わるのだと考えて絶望的な気持ちになることはあろう。しかしながら，人生の酸いも甘いも知り尽くし，自分にできる仕事はすべてやり終えたという老人の場合には，死の恐怖はいくぶんか人間としての尊厳を損なうものである。死の恐怖を克服する一番いい方法，それは自分の興味関心を徐々に広げてゆき，ついには自我の壁が取り払われて，ますます自分の生が普遍的な生の中に吸収されていくようにすることにあると，少なくとも私にはそう思われる。個々の人間の生は河のごとくであらねばならない——最初は小さく，狭い土手の間にはさまれて，大きな岩や滝の上を早瀬となって流れているが，そのうちに，ゆっくりと川幅が広がり，土手は後方に退き，流れはもっと緩やかになって，そして最後には，川から海への変容も見えないまま，海へと吸収され，苦しむこともなく個としての存在を失ってゆく。老年に達して自分の人生をこのように眺めることのできる人は，死の恐怖に苦しむこともない。なぜなら自分の関心を抱いていたものは自分の死後も残るからであり，そしてもし体力の衰えとともに倦怠感もまたつのってくるものであるならば，休息という考えも歓迎されざるものではあるまい。わたしは，自分のもはやできなくなったものはいずれ他人が引き継いでやってくれると考え，自分にやれる最大のことはやりとおしたと思って満足して，まだ仕事をやっている間に死にたく思う。

文法要点

◆ **関係代名詞**。修飾する名詞（先行詞）の代名詞の働きを果たしながら，修飾節を名詞につなげる連結器。その名詞が人間の場合には who を使う。代名詞が主格のときは who，所有格のときは whose，目的格のときは whom。

who　Young men who fear that they will be killed in battle may feel bitter. (young men と読み，次に who と読んだ瞬間，頭の中で代名詞であるその who を具体的に young men (＝they) と置き換え，それを主語として（young men）fear that they will be killed in battle と関係詞節を

読み下し，瞬時に頭の中で「若者たち——その若者たちは戦争に出て殺されてしまうことを怖れている→戦争に出て殺されてしまうことを怖れている若者たちは」と文意を理解しつつ，述部の may feel bitter〔絶望的な気持ちになることもある〕と続ける）

こんな関係代名詞の読み方は分かりきっている？　いいの。最初は面倒でも，意識して関係詞の基本に立ち返って英語を読む練習をしてくれ。すると，ごく自然に難しい関係詞もすらすらと読めるようになる。

whose　先行詞が無生物のときにも使い，つねに次に名詞を伴う関係形容詞となる。
　　Is there any student whose name hasn't been called?
　　（「学生はいますか——その学生の名前は——まだ呼ばれていない→まだ名前を呼ばれていない学生はいますか？」）

whom　関係詞節の中の他動詞か前置詞の目的語。この関係代名詞は省略できる。
　　The lady (whom) you just met is a professor of music.
　　（The lady（婦人）—— whom を見た瞬間に lady が先行詞であることを理解し，あるいは whom が無いときには次に主語が来ていることから関係代名詞目的格が省略されていることを理解し，〔（その婦人と）あなたはいま会ったばかり→あなたがいま会ったばかりの婦人は〕と頭の中で文意をとりつつ述部（音楽の教授です）に続ける）

先行詞が生物あるいは無生物のときには関係代名詞 which を使う。主格は which，所有格は whose（of which），目的格は which（これは省略可能）。

which　Books which sell well are not necessarily good.
　　（Books「書物」—— which「書物」を先行詞とする関係代名詞だな。「その書物が」—— sell well「よく売れる」——その書物がどうした？述部は are not necessarily good「必ずしも良書ではない」→「よく売れる本が必ずしも良い本ではない」）

whose　The house whose windows are broken is unoccupied.
　　（「家」——「その家の」——窓が壊れている——述部。「空き家だ」→「窓の壊れているあの家は人が住んでません」）
　　The house the windows of which are broken is unoccupied.
　　（「家」——「その家の」。かならず関係形容詞だから次に名詞が来るな——「窓が」——壊れている→「窓の壊れている家」——「空き家です」→

「窓の壊れているあの家は空き家です」)

which　The things he cares for will continue.
(「物事」——すぐに主語 he が来ているということは関係詞 which が省略されてるぞ——「彼が好きである」→「彼の好きな物事は」——「存続する」→「彼の好きな物事は彼のあとも残る」)
The things for which he cares will continue.
(「物事」—— for which 関係代名詞の目的格だな。for を頭の中に残しつつ——ああ，care for「好む」とつながるのだ→「彼の好きな物事」は——「存続するだろう」→「彼の好きな物事は彼のあとも残る」)

複合関係代名詞。　先行詞を兼ねた複合関係代名詞として使われる what。what の中に含まれる先行詞とは，that (something) which〜「〜すること・もの」か all (anything) that〜「〜するすべてのこと・もの」である。とくに「〜するすべてのこと・もの」の意のときには複合関係代名詞の whatever を使う。what も whatever も関係形容詞としての用法がある。
He has achieved whatever work it was in him to do. (「自分にできるすべての仕事」)

＊「N＋関係詞＋S＋have＋to 不定詞」の構文。have to とつながらずに，関係詞節が先行詞 N を修飾し，同時に to 不定詞が形容詞的用法として N を修飾することがある。
What do you have to say? (「あなたは何を言わねばならないのか？」ではなくて，「何かご意見がございますか？」)

＊**挿入節**。実質的には主節に相当する節や独立節が，S と V の間に挿入されることがある。カンマやダッシュや括弧によってくくられているから，見分け方は簡単。
His wishes, it seems, have come true. (実質的に主節と同じ節の挿入例。It seems that his wishes have come true と同じ。「彼の願いが叶ったらしい」)
The best way to overcome it—so at least it seems to me—is to make your interests gradually wider. (独立節の挿入例)

＊**等位接続詞化する従属接続詞**。ある種の従属接続詞の前にカンマが付されると，その接続詞は等位接続詞化し，前から訳す。〜, when...(「〜していて，そのとき…」)，〜until...(「〜し，そしてついに…」)，〜, while...(「〜し，ところが一方 [しかるに] …」)。
You must make your interests gradually wider, until bit by bit the walls of ego recede.

＊「**同格**」は，句の場合には of 句で，節の場合には that 節で作る。

The thought of rest will be not unwelcome.

The thought that he can finally rest will be not unwelcome.

＊**慣用化した仮定法**。I would (should) like to～は「～したく思う，～したく存じます」(丁寧・婉曲)。

＊**「時・条件・譲歩」を表す従属接続詞** when, while, as, if, though などの中では「S＋be」の部分は省略可能。

I should like to die while still at work.

第五番 「前置詞＋関係代名詞」
... souls with whose fate we are connected ...

　諸君ら，英語を読んでいて「前置詞＋関係代名詞」の箇所に出逢うと，即座には意味を取りかね，瞬間，立ちどまってしまうことはないか？　関係代名詞の基礎を復習したあとで，この第五番稽古においては，訳しにくい「前置詞＋関係代名詞」の形に完全に習熟するとしよう。

　　Strange is our situation here upon earth. Each of us comes here for a shorter visit, not knowing why, yet sometimes seeming to divine a purpose.
　　From the standpoint of daily life, however, there is one thing we do
5　know: that man is here for the sake of other men—above all for those upon whose smiles and well-being our own happiness depends, and also for the countless unknown souls with whose fate we are connected by a bond of sympathy. Many times a day I realize how much my own outer and inner life is built upon the labors of my fellow men, both
10　living and dead, and how earnestly I must exert myself in order to give in return as much as I have received. My peace of mind is often troubled by the depressing sense that I have borrowed too heavily from the work of other men.
　　To ponder interminably over the reason for one's own existence or
15　the meaning of life in general seems to me, from an objective point of view, to be sheer folly. And yet everyone holds certain ideals by which he guides his aspiration and his judgment. The ideals which have always shone before me and filled me with the joy of living are goodness, beauty, and truth. To make a goal of comfort or happiness
20　has never appealed to me; a system of ethics built on this basis would

be sufficient only for a herd of cattle.
(Albert Einstein: "What I Believe" in *Forum and Century 84* [October, 1930])

単語

divine(v.) 占う，判じる（形容詞形＝divine 神の，神のような，神々しい）／**standpoint**(n.) （「人がものを見るために「立つ」「立場」）の意味から）見地，観点，視点，見方／**above all** ＝とりわけ，なかんずく／**well-being**(n.) 幸福，安寧，福祉／**depend on ～** ＝～に依存する，～次第である，～にかかっている，頼る／**countless**(a.) 数え切れない，無数の／**soul**(n.) 抽象名詞では「霊，霊魂」，普通名詞では「人」／**fate**(n.) 運，運命，宿命／**bond**(n.) ヒモ，帯；絆，ちぎり，契約／**sympathy**(n.) 同情，思いやり，憐憫／**inner**(a.) 内部の，奥の，内的な（＜outer）／**fellow men** （「仲間」という意味だが，社会生活の中でのいわゆる「仲間」ではなく，四海同胞的な「人類の仲間」の意）同民族，同胞，人間／**earnest**(a.) 真面目な，真剣な，熱心な／**exert**(v.) （再帰的 exert oneself の形で）一生懸命に努力する，奮闘する／**depress**(v.) （精神的には）意気消沈させる，落胆させる；（肉体的には精力などを）弱める，鈍らせる；（社会的には経済を）不景気にする／**ponder**(v.) じっくり考える，沈思する，熟考する（＝reflect, muse, meditate《on, upon, over》）／**interminable**(a.) いつ果てるともない，終わらない；際限のない，無限の。cf. terminate(v.) 終わらせる，終結させる／**in general**＝一般に，全般に，概して。(反意語は in particular [特に，とりわけ])／**from a～point of view** ＝～の観点（視点，見地）からすると／**objective**(a.) （[客観，客体] から）客観的な，具象的な。↔ subjective(a.) （＝主観，主体）主観的な／**sheer**(a.) まったくの，完全な，純然たる（＝utter）／**aspiration**(n.) （～への）強い願望，熱望，憧れ。cf. aspire(v.) 熱望する，憧れる／**make A of B**＝B から A を作る，B を A にする／**appeal**(v.) （物が人の）心に訴える，興味を惹く，気に入る（to～）／**ethics**(n.) 倫理，倫理体系，倫理学／**basis**(n.) 基部，基底；基礎，基準／**sufficient**(a.) （～に）十分な，（～するのに）足りる（enough のほうが普通）／**herd**(n.) （人間とともに行動する大型動物の）群れ，家畜の群れ／**cattle**(n.) （牛・馬・豚・羊など四つ足動物の）家畜，畜類

解説

[1-3] Strange is our situation here upon earth. Each of us comes here for a shorter visit, not knowing why, yet sometimes seeming to divine a purpose.

英文では，強意のためと，文章のリズムを整えるために「倒置」の起きることがある。第二文型 S＋be＋C で補語 C を強めたいときは，補語を文頭に出し，

「C+be+S」とすればいい。形容詞が文頭に出ている **Strange is our situation here upon earth** は，Our situation here upon earth is strange が倒置によって強められた形ってこと。「この地上におけるわれわれの状況はじつに奇妙である」と，人間の状況が「奇妙」であることを強めておる。われわれ人間がこうやって地上に生きている状況が奇妙だと強めて言っとる。どこが奇妙なんじゃ？　それが次の文に書いてある。**Each of us comes here for a shorter visit, not knowing why, yet sometimes seeming to divine a purpose.** カンマがあって分詞形が来ているから，**not knowing** は分詞構文だな（第九番参照）。一般に準動詞（不定詞・動名詞・分詞）の否定形は，ぜんぶ準動詞の前に not が来る。いいな。knowing not ではないぞ。用法はなんだろう？　「連続動作」に解して，「知ることもなく（この世に短い滞在のためにやってくる）」がいいな。「短い滞在のために」というのは，われわれがこの世に生きている，たかだか 80 年ほどの時間を指しておる。しかも **why** を知ることなく（この世にやってくる）。why って何だろう？　省略というのは，当たり前のことながら，前にすでに出ているから省略されているわけ。この場合は，why he（=each of us）comes here（「どうしてこの世に生まれてくるのかを」）。そうだろう？　われわれはこうやって生きているけど，そもそも何のために生きておるのかがわからない。人によっては，「××になるため」とか「○○を稼ぐため」とか「××のプロになるため」に生きておるという人もいるだろうが，それはその人が自分の人生でやりたいことの願望や夢であって，生きていること，人生一般の意味とはなってない。人生の意味って何だ？　これが分からないんだよ。しかし人間は猿じゃないから，何のために生きるのかも分からずにただ生きるということはできぬ。だから，**yet sometimes seeming to divine a purpose**。この purpose は a purpose for which we live（「われわれが生きる目的」）のこと。おっ，「前置詞＋関係代名詞」が出てきたぞ。待て，待て，すぐあとで「前置詞＋関係代名詞」は本格的にまとめるから。**seeming** も分詞構文。「ときには，生きる目的が分かったような気になりながら」。生きる意味がわからないと生きていけないから，多くの人はわかった気になっているが，所詮それは「その気になっている」だけ。ほんとうのところは，誰も——どんな偉大な哲学者にも——人生の意味はわからないんだよ。「この地上におけるわれわれ人間の状況はまことに奇妙である。わずかな時間われわれは地球に滞在するわけであるが，その目的が，ときにはわかったつもりでいるものの，ほんとうのところはわかっていない」。

[4-5]　**From the standpoint of daily life, however, there is one thing we do know: that man is here for the sake of other men**

「しかしながら，けれども，にもかかわらず」と，2 つの文意を対照・対比する一語の副詞 however は，文頭にも，文末にも，カンマで区切って文中にも挿

入される。神出鬼没の副詞だな。日本語では，いつも文頭に訳せばいい。「しかしながら，日常生活の観点からすると」。「日常生活の観点からすると」とは，人生の目的やいかんと上段に振りかざし「萬有の真相」をきわめんとする哲理的な観照からではなく，日常生きている市井人の感覚から考えると，くらいの意味だな。**one thing we do know,** ほら，出ましたね。thing という名詞のあとにすぐ主語の名詞 we が来ているから，ここには関係代名詞の目的格 which が省略されておる。do は「強調」。さっき補語を強めるときには「倒置」を起こすってのをやったが，動詞を強めるときには，その動詞の前に「強意」の do をおけばよろしい。He <u>does</u> resemble his father なら「彼は父親に<u>そっくりだ</u>」，If you <u>do</u> fight, fight it out なら「<u>本当に</u>戦うんだったら，最後まで戦い抜け」とか，訳すときには適当に強めておけばいい。ここは抽象哲理的には人生の究極の意味は「不可解」だが，飯食って，働いて，寝て，怒ったり泣いたりしているわれわれの現実人生の生(なま)の感覚としてなら，人生の意味も「解る」と言っとるんだから，「はっきりと分かる」くらいに「強意」を訳出しとこうか。

「（日常生活の観点からしたら）われわれにもはっきりと分かることがひとつある」として，次にコロン（：）が付されているので，このコロンはわれわれに分かることの具体的な内容が書かれていることになる。要するに，ここは「前述部分についての詳述，説明」ってこと。「はっきりと分かることがひとつある。<u>すなわち（つまり）～ということだ</u>」くらいの感じに訳しておこう。

[5-8] above all for those upon whose smiles and well-being our own happiness depends, and also for the countless unknown souls with whose fate we are connected by a bond of sympathy

さあ，出たぞ！ those upon whose smiles and well-being our happiness depends と souls with whose fate we are connected の，「前置詞＋関係代名詞」の箇所。このふたつがちゃんと訳せたら，「前置詞＋関係代名詞」なんて，どんな難解なものが出てきても，もう心配ない。ここで「前置詞＋関係代名詞」の形を完全にマスターしておこう。前回で説いた関係代名詞の基本コンセプト，つまり，修飾する名詞の代名詞の働きを兼ねながら，節をその名詞につなげる（修飾させる）ってこと。「友情論」で出てきたのが，a condition without which the individual lacks assurance that he can attain happiness。これを読むとき，瞬間的に頭の中ではこう考える――「condition［条件］，which はその［条件］の代名詞の働き，without which で［その条件なしでは］，the individual lacks assurance that he can attain happiness［個人は幸福の追及をおこなうことができるという確信を得ることはできない］，［その条件なしでは個人が幸福追求ができるという確信を得ることのできない条件］→［個人が幸福の追及をおこなうことができるという<u>確信を得るのに不可欠の条件</u>］。頭の中の「意識の流れ」はず

いぶん複雑で面倒臭いみたいだが，意識の流れなんて，やたら速いものじゃ。いま文字で書いたことが，諸君の頭の中では瞬時に行うことができる（ようになる）。同様にして，「法律論」にあった語句——those amongst whom you work。「人々——その人々の中にあって——あなたは働いている→あなたがいっしょに働いている人々」ってこと。わかったな？

さらなる徹底理解のために，次のそれぞれの例文の中の，「前置詞＋関係代名詞」を正確に訳す練習をやってみよう——

> a. We cannot help being surprised at the rapidity with which he learns English.
> b. This is the point beyond which I have never been.
> c. Do we treat our homes as a kind of free hotel to which we resort when there is nothing more interesting to do?
> d. We read fiction to satisfy needs of which we are largely unaware —and of which in many cases we must remain unaware if reading is to give us pleasure.
> e. What are we "educating" for? Obviously we are instructing our future citizens in what it takes to live in the world in which they find themselves.

例によって，例文の「前置詞＋関係代名詞」の部分を読む際の「意識の流れ」を再現してみるぞ——

　a. われわれは速度に驚かざるをえない——with その速度（速度とともに）？——彼が英語を勉強する。そうか，「with＋名詞」で様態を表す副詞になるから，with rapidity＝rapidly＝すごい勢いで——「彼が英語を勉強するときの速度には驚かざるをえない」。

　b. これが地点である——その地点の beyond（先には，かなたには）——ぼくは行ったことがない——「ぼくはここから先は行ったことがありません」「ぼくがこれまでに行ったのは，ここまでです」。

　c. ぼくらは自分の家庭を一種のタダのホテルみたいに使ってはいないだろうか——そのホテル to（に）？——そうか，resort to とつながって「〜を頼る；〜にしげしげと行く（通う）」——ぼくらは（そのホテルに）頼る→「ぼくらは家庭なるものを，他になにもおもしろいことが見つからないときに逃げ場とする一種の無料のホテルみたいに使ってはいないだろうか」。

　d. ぼくたちは必要を満たすために小説を読む——その必要 of（の）？——そうか，この of は unaware of〜とつながって，「〜を意識しない，気づいていな

い」。ぼくらがたいがいは気づいていない（必要）——次の of which も同様だろうな。ぼくらが気づかないままでいなければならない。もし小説がぼくらに喜びを与えようとするならば→「われわれは，普段は自分でも気づいていない要求を満たすために小説を読むのであるが，その要求は，もし小説を楽しく読みたいのであれば，気づかないままでいなければならない」。

e.　われわれは彼らに何を"教育"するのであるか？——明らかにわれわれは将来の国民たる子どもたちに教え込んでいる——世界で生きて行くのに必要なものを——その世界の in（中で）——子どもたちは自分自身を発見する→「われわれは子どもたちが生まれ合わせたこの世界で生きていくに必要なものを教育している」。

　じゅうぶんに「前置詞＋関係代名詞」の読解の練習を積んだところで，練習題にもどる。まず **those upon whose smiles and well-being our happiness depends**。those（人々）—— upon whose smiles and well-being（その人々の微笑や元気の upon 上に？）—— our happiness depends（そうか，depend upon のイディオムにつながるのだ。われわれの幸福が（〜に）左右される，かかっている→「われわれの幸福がその微笑や元気によって左右される人々」。「笑みが絶えないかどうか，元気でいてくれるかどうかによって，われわれ自身の幸福自体も決まってくる人々」。分かるな。自分の子どもが，縁あって夫婦となった相方が，悲しそうな顔をしていたり，元気がなかったりすると，われわれは生きた心地がしないだろ？　生きた心地がしないは大げさでも，とても自分だけ"幸せ"なんかの気分には浸っておれないだろ？

　では，自分の家族だけが幸福であればいいのか？　**souls with whose fate we are connected**。souls（人々）—— with whose fate その人々の運命と with（ともに）？—— われわれは結ばれている→「われわれが運命を共にしている人々」。**a bond of sympathy** の of は「同格」。「人間としての共感という絆」。sympathy は「同情」ではなくて「共感」がいいぞ。他人が嘆いていれば，同じ人間としてその嘆きと同じ思いがわれわれに人間として伝わってくるし，他の人間が喜んでいれば，同じ人間としてその喜びの情がわれわれに伝わってくる。それは「同情」とは言わんぞ。同じ人間としての「共感」じゃな。「同じ人間としての共感という絆によってわれわれと運命を共にしている，いまだ逢ったこともない，無数の人々」。自分の家族だけでなく，地上 65 億以上の無数の人々のためにも，われわれはこの世に生きておるというのじゃ。

[8-11]　**Many times a day I realize how much my own outer and inner life is built upon the labors of my fellow men, both living and dead, and how earnestly I must exert myself in order to give in return as much as I have received.**

Many times a day の **a** は「〜につき」(per) の意味だったな。「日につき何度も」だから「日に幾度となく」くらいに訳そうか。その次の構文は，**I realize how much〜and how earnestly…**とつながる。目的語が節の場合は接続詞にはthatか疑問詞を使うんだった。この構文の場合には，他動詞 realize の目的語が，how much と how earnestly とに導かれた感嘆文になっておる。「わたしは，いかに（なんと）多く〜で，いかに（なんと）熱心に…であるかを理解する」。最初の感嘆文の従属節は，「わたしの内的外的な生活が，生きていると死んでいるとにかかわらず，いかに多くの周囲の人間の仕事の上に築かれているか（ということ）」。「わたしの内的外的な人生」の，「内的」とは精神的・内面的なということ，「外的」とは社会的・物質的なということじゃ。諸君がこの世に生を享けて以来，今日にいたるまでの精神的な成長も，社会的な生活や業績もいかに多くの人々のおかげをこうむっておることか。両親をはじめ，その両親を存在せしめた多くの代にわたる先祖，学校教育の場で君に生きていく上に必要な厖大な知識を与えてくれた教師，若い時代をともに生きた多くの友人，就職や会社で世話になった，引き立ててくれた，付き合ってくれた大勢の人々。そういう人たちの努力の上に，いまの諸君という存在のすべてがある。他人がいなかったら，「オギャ〜ァ！」と叫んですぐにこの世から消えていたはずじゃ。すると，**labors** は「仕事」ではなくて「働き，努力，おかげ」などの訳語のほうがいいかな。

二番目の感嘆文の従属節は，「わたしがこれまで受け取ってきたものと同じくらい多くのものを返すためにわたしはいかに熱心に努力していかねばならないか（ということ）」。ここにも関係代名詞が出てるぞ。えっ，どこにって？ **as** だよ。他動詞 receive の目的語が，不定代名詞 much（さっきの much のような「多く」という副詞ではなく，ここは「多くのこと（もの）」という名詞だぞ！）として前に出て as 以下の節に修飾されてるんだから，この as は関係代名詞だろうが。as が相関語句の as〜as や such〜as や so〜as や the same〜as とともに関係代名詞として使われることがある。たとえば，Choose such friends as will benefit you（「君のためになるような友人を選べよ」），I have the same trouble as you had（「ぼくはいま，君が抱えていたのと同じ悩みを抱えてる」。the same が先行詞についているときは，関係代名詞は that でもよろしい）。as 節の中の主格や目的格が先行詞として前に出ているという点では，この as はまぎれもなく関係代名詞だけど，面倒臭いこと言わなくとも，同等比較「as〜as…」（…と同じく〜）に訳しとけばいい。「これまでわたしが受けてきたのと同じくらいの多くのもの」だから，「これまでわたしが受けてきた恩義と同じだけのもの」くらいに訳そうか。

[11-13]　**My peace of mind is often troubled by the depressing sense that I have borrowed too heavily from the work of other men.**

また出てきたぞ。何が？ 「同格」の名詞節を導く接続詞，略して「同格」の that が。「他人の仕事からわたしがあまりに重々しく借りを受けているという，気の滅入る意識」。この場合，I have borrowed too heavily from the work of other men とは，すでに前に使われている I have received too much from the labors of my fellow men という表現とまったく同じことを述べとる。英語ってのは，同じ語句を使うってことを非常に嫌がる。日本語は，その点，くり返しをまったく厭(いと)わない言語だから，この箇所の訳は，「他人の恩義をいかに自分はこうむっているか」くらいに，前と同じ訳語を使えばよろしい。同じ訳語を使ったほうが，逆に日本語の文章としては生きる。

　それにしても，「いかに自分がこれまで他人の恩義を受けっぱなしで生きてきたかという暗然たる思いに，わたしの心の平安はかき乱されるのである」とは，アインシュタインの思いの，なんと謙虚であることか！　他人を利用し，ときには騙(だま)し，踏み台にして，自分だけの利益，儲けをあげようと，押し合い，競い合っているかのごとき人間社会のあり方の中で，この大天才の人間としてのじつに謙虚な思い，まことに頭が下がるな。自分はこれまでいかに多くの人の恩義の上に生きてきたことか。それに見合ったものをお返ししようと思ったら，いかに自分は死にものぐるいの努力をせねばならないことか。しかし，社会へのその恩返しがじゅうぶんにできそうにないことを思うと，自分は暗然たる思いに駆られて，居ても立ってもいられない気持ちになってしまう。ニュートン力学ではまだ解明できなかった，宇宙のより深い真実を相対性理論で人類に説き明かしてくれた人類の恩人アインシュタインにして，この謙虚にして真実の思い。

[14-16]　To ponder interminably over the reason for one's own existence or the meaning of life in general seems to me, from an objective point of view, to be sheer folly.

　文全体の構造は，名詞的用法の不定詞が主語と補語とに来とる，To see is to believe（「見ることは信じることである」→「百聞は一見に如かず」）とまったく同じ。「〜を考えることは，わたしにはまったくの愚行に思われる」。ponder over の目的語が the reason と the meaning。その reason と meaning とに，それぞれ for 以下（「自分の存在の［理由］」）と of 以下（「人生の［意味］」）の形容詞句がかかっとる（「自分の存在と人生の意味の理由」と続けてしまった人，いないだろうな？）。「自分の存在の理由と人生の意味についていつまでも熟考することは，客観的な観点からすると，わたしにはまったくの愚行と思われる」。先ほども言ったように，どうして人間はこの世に生まれてきたのか，生きることの意味とは何なのかは，客観的普遍的な立場からの解答は絶対に出ないのだ。答えの出っこない問題を，いつまでも，ああでもない，こうでもないと考えめぐらしていても，結局はラチがあかん（若いときの一時期，答えのない問いをみずか

らに問うてみることは，人生への思いを深めるために必要ではあろうが）。重要なのは，生きることの普遍的な意味を問うことではなく，自己において個別に，意味のある人生を生きることだというのじゃ。

[16-17] And yet everyone holds certain ideals by which he guides his aspiration and his judgment.

この certain は「いくつかの」の意味じゃなくて，「限定」を表わして「特定の，一定の，ある種の」の意味じゃな。普遍的な立場からの「人生の意味は何ぞや」の問いには答えは出ないけれど，しかし (**and yet**)，すべての人は，日常の生活において守るべき，生きる上での指針や理念は持っておる。どういう理念？ **ideals by which he guides his aspirations and his judgment**。出ましたね，ふたたび「前置詞＋関係代名詞」の形が！　考える手順は，もう分かっとるな。「理念――その理念によって――すべての人は自分の熱望と自分の判断とを導く」→「自分の夢と判断とを決めるときの基準となる理念」。「それによって決める」とは，「決める基準となる」ってことだ。人生の意味の一般的，普遍的な答えは出ないけれど，なおかつ，猿とはちがう人間のそれぞれは，各自の人生を生きる上で，自分の人生の意味をそれぞれ各人各様の理念の中に求めておる。そうではなくして，そのときそのときの感情，衝動だけで生きてる人ってのは，いないよな（最近，そういう人間が増えとるみたいだけど）。

[17-19] The ideals which have always shone before me and filled me with the joy of living are goodness, beauty, and truth.

「いつもわたしの前に光輝を放って輝き，生きて在ることの悦びでもってわたしを満たしてきた理念とは」，なんだ？　「善と，美と，真実である」。まいったね，こりゃ。むかし，日本でも『清く，貧しく，美しく』って映画が流行ったことがあるが，いまどき，「清く，貧しく，美しく」を理念として生きてる人って，いるか？　じつに残念なことだけど，われわれの多くは，人間行為を「醜い」とか「美しい」という点から判断する道徳美の感覚を失ってしまったような気がする。しかし，この倫理的な美意識を失ったら，人間は畜生と変わるところがないだろ？　ウソをつかずに人にはやさしく (to be good)，人を騙したり，裏切ったり，傷つけたりしないという意味で美しい (to be beautiful)，人間としてまことの (to be true) 人生――少なくともこういう生のあり方を，自分の生き方の「理念」として目の前に掲げていたくはある。

[19-21] To make a goal of comfort or happiness has never appealed to me; a system of ethics built on this basis would be sufficient only for a herd of cattle.

make A of B は「B を A にする」のイディオムだから，**to make a goal of comfort or happiness** は「快適さや幸福を人生の目標とする」の意。「快適さや

幸福を人生の目標とする」ってのは，楽して愉快にということを生きる目標にするってこと。たしかに，いま，「努力せずに楽をして，日々浮かれて楽しく生きる」が，まるで人生の目標みたいな風潮がある。しかるにアインシュタインは，「快適さや幸福を人生の目標とすることに，わたしは魅力を感じたことはただの一度もない」と言いきっとるぞ。

　a system of ethics built on this basis は built on this basis という過去分詞の句が system という名詞を修飾する形容詞的用法。「この基盤の上に築かれた倫理体系」。「倫理」とは，辞書を引くと，「人として守り行うべき道」と書いてある。つまり，さっきの certain ideals by which man guides his aspirations and his judgment と同じ意味。「この基盤の上に築かれた生きる道」とは，つまり，「快適さや幸福を人生の目標とする」生き方のことだな。「とにかく楽をして，日々楽しく」って生き方。そのあとに **would　be** が来とる。なんだ，この would be？ 現在形で語られる文章の中に急に助動詞の過去形が，過去形で語られる文章の中に急に「助動詞の過去形＋have＋過去分詞」の過去完了の形が来たら，「あれっ！」と思うくらいの感覚は養っておけよ。過去に時制が一段ずれてるってことは，仮定法だろうが（これは第十八番「ぼくら日本人の苦手な仮定法」で詳しくやる）。「もし～ならば」の仮定節の内容は，節ではなくて，句や語の中に隠れていることもあったな（「友情論」の中で出てきた）。ここは，a system of ethics built on this basis という名詞句の中に仮定節の内容が逃げ込んでおる。だって，そうだろうが。およそ畜生ならざる人間だったら，ただ「苦労せずに楽をして，面白可笑しく」を人生の目標とするはずがないだろ？（「してます」なんて言うな）。ちゃんとした人間だったら，そんなものを人生の目標とするわけがない。だから，「(もしそれを人生の目標としたら) そんなものは，牛馬の群れにだけ（人生の目標として）じゅうぶんなものであろう」と言っておる。

　|訳例|　この地上におけるわれわれ人間の状況はいかにも奇妙なものである。人間一人ひとりが，何のためであるかを知らず，しかし時としてその目的が分かった気になりながら，束の間の滞在のために，この世にやってくる。

　しかしながら，日常生活の観点からしたら，われわれにはっきり分かっていることが一つだけある。人間がこの世にいるのは他人のため——とりわけ，笑みを絶やさないでいてくれるか，元気でいてくれるかどうかでわれわれ自身の幸福も決まってくる人々，さらには，人間としての同じ思いという絆でもって運命をともにしている，いまだ逢ったことのない無数の人々のためであるということである。日に幾度となくわたしは，わたし自身の内的外的な幸福が，生きていると死んでいるとを問わず，他人の支えのうえにいかばかり成り立っていることか，これまで受けてきたたくさんの恩義と同じだけのものを返そうと思ったら，いかに

粉骨砕身して努力していかねばならないことかを思う。他人の恩義に支えられているこどいかに大きいかという暗然たる思いに，わたしの心の平安がかき乱されてしまうことも多い。

　自分はどうしてこの世に生きているのか，人生の目的とは何かを，飽きることなくいつまでも考えあぐねるというのは，客観的な観点からしたら，わたしにはまったくの愚かなことと思われる。そうはいっても，すべての人は，自分の望むことや判断を決める際の基準たる各人各様の理念を有している。我が行く手に光彩陸離たる光芒を放ち，生きて在る喜びでもってわたしを満たしてきた理念とは，善と，美と，真である。快適さや楽しさを人生の目標とすることに，わたしはただの一度も魅力を感じたことはない。かかる基準の上に築かれた倫理体系など，家畜の群れのみが道標(しるべ)とするに足りるものであろう。

文法要点

> ◆「前置詞＋関係代名詞」。関係代名詞とは，「先行詞の代名詞の働きを兼ねつつ節を語に接続するもの」であるから，関係代名詞を先行詞の代名詞に置き換えつつ，関係詞節の中の「S＋V＋（前置詞＋その代名詞）」の文意を理解して，その文意を先行詞に修飾させる訳を考える。
> 　　those <u>upon whose smiles and well-being</u> our own happiness depends
> 　　souls <u>with whose fate</u> we are connected
> 　　ideals <u>by which</u> he guides his inspiration and his judgment
> ◆疑似関係代名詞の <u>as</u> は，相関語句とともに，a) as～as, b) such～as, c) so～as, d) the same～as の形式で使われる。
> 　　I must exert myself earnestly in order to return <u>as</u> much <u>as</u> I have received.

＊「S＋V＋C」のCを強めるときは，「C＋V＋S」の「倒置」の構造をとる。
　Strange is our situation here on earth.
＊動詞を強めるときには，強める動詞の前に do をおく。
　There is one thing we <u>do</u> know.
＊仮定法。主語の名詞の中に仮定条件を含ませることがある。
　<u>His father</u> would not have done so.（彼のお父さん<u>だったら</u>，そうはしなかっただろう）
　<u>Ethics built on this basis</u> would be sufficient only for a herd of cattle.

第六番　"不逞やつ"の不定詞
... I had had someone of good sense to direct ...

　動詞の原形の前に to をつけただけで，あるときは動詞の意味をもつ名詞形（「〜すること」。名詞的用法）になったり，またあるときは名詞を修飾したり（形容詞的用法），またあるときはいろんな形で動詞を修飾したり（副詞的用法としての各種の用法）するようになる。一人で多種多様の動きをするんだから，まさに片岡千恵蔵ふんする「七つの顔」をもつ名探偵，多羅尾伴内（古い！）。この不定詞のこと，「不逞やつ(氏)」なんてオジンギャグで呼ぼうと思うわけだが，「不逞やつ」とやっかむよりも，なかなか健気な，重宝なものと見なして可愛がったほうがいいぞ。おかげで英文がずいぶんと引き締まってくる。

　　I heartily wish that in my youth I had had someone of good sense to direct my reading. I sigh when I reflect on the amount of time I have wasted on books that were of no great profit to me. What little guidance I had I owe to a young man who came to live with the same family in Heidelberg as I was living with. I will call him Brown. He was then twenty-six. After leaving Cambridge he became a lawyer, but he had a little money, enough to live on in those inexpensive days, and finding the law unpleasant he had made up his mind to devote himself to literature. He came to Heidelberg to learn German. I knew him till his death forty years later. For twenty years he amused himself with thinking what he would write when he really got down to it and for another twenty with what he could have written if the fates had been kinder. He wrote a good deal of verse. He had neither imagination, nor passion. He spent some years translating those classical Greek works that had been already most often translated. I doubt, however, if he ever got to the end of one. He completely lacked will-power. He was sentimental and vain. Though short, he was

handsome, with finely cut features and curly hair; he had pale blue eyes and a sentimental expression. He looked as one imagines a poet
20 should look. Having gradually wasted his small fortune, he preferred to live on the generosity of others rather than work, and often he found it difficult to make both ends meet. His self-satisfaction never deserted him. It enabled him to endure poverty with resignation and failure with indifference. I do not think he ever had an idea that he was
25 worthless. His whole life was a lie, but when he was dying, if he had known he was going to, which mercifully he didn't, I am convinced he would have looked upon it as well-spent. He had charm, he lacked envy, and though too selfish to do anyone a good turn, he was incapable of unkindness. He had a real appreciation of literature. During
30 the long walks we took together over the hills of Heidelberg he talked to me of books.

(W. S. Maugham: *The Summing Up*)

単語

direct(n.) 指揮 (指導) する, 指図 (命令) する／**sigh**(v.) 溜息をつく, 吐息をつく／**reflect**(v.) よく考える, 思案する (～を on, upon); 反射する／**waste**(v.) (～に) 空費する, 浪費する (on, over, in～)／**profit**(n.) 利益, 収益, もうけ; 得, 益／**owe A to B** ＝(A など人・物・事の) 恩恵を (おかげを) B にこうむっている, A は B のおかげだ／**come to～** ＝～するようになる／**on**(prep.) (出所・依存関係) ～から出る, に頼って, を食べて。 Cf. He lived alone on his old-age pension. (「彼は老齢年金をもらって独りで暮らしていた」)／**inexpensive**(a.) 費用のかからない, 安い。 cf. expensive(a.) 高価な, 高い／**devote A to B**＝A を B に充てる (ささげる, 向ける);《受け身・再帰的》専念する, 打ち込む, ふける／**amuse**(v.) 楽しませる;《再帰的》楽しむ／**get down to～** ＝～にとりかかる／**verse**(n.) 韻文, 詩／**sentimental**(a.) 感傷的な, 涙もろい; 情感のある／**vain**(a.) 自惚れの強い, 鼻にかける, やたら自慢する／**feature**(n.) 特徴, 特質;《features》顔つき, 容貌, 目鼻立ち／**curly**(a.) 巻き毛の, カール (ウエーブ) した／**generosity**(n.) 気前のよさ, 物惜しみしないこと, 度量の大きさ。 Cf. generous (a.) (物惜しみしない, 太っ腹の, 寛大な)／**make both ends meet**＝生活の収支を合わせる, 借金しないで暮らす, 分相応に暮らす／**desert**(v.) 放棄する, 見捨てる／**endure**(v.) 耐える, じっと我慢 (辛抱) する／**resignation**(n.) 放棄, 断念; 辞職, 辞任。 Cf. resign (v.) 辞める；放棄する，諦める／**indifference**(n.) 無関心，無頓着，冷淡／**mercifully** (ad.) 慈悲深い，憐れみ深い；ありがたい，幸いな／**look on（upon）A as B**＝A を B と見なす／**well-spent**(a.) （金・時間が）有効に使われている／**turn**(n.) （good, bad, ill, evil などの後で）行い，行為。Cf. She once did him a good turn. He repaid it with a bad turn.（彼女はかつて彼に親切にしてやったのに，ひどいしっぺ返しをくらった）／**appreciation**(n.) 理解，鑑賞，感謝。（動詞 appreciate は「対象の本質を理解する」の意から，「理解する，鑑賞する，感謝する」の意）

解説
[1-2] I heartily wish that in my youth I had had someone of good sense to direct my reading.

まず「wish＋仮定法」は現実に反する願望を表すんだったな。ここの仮定法は過去完了形になっておるから，過去の現実に反する願望（反実仮想）を表しておることになる。**someone** にかかる **of good sense** の of は「所有」を表し，「良識のある人，良識の持ち主」。さらにその someone に **to direct my reading** の不定詞句がかかっておる。名詞にかかる不定詞，つまり不定詞の形容詞的用法だ。「N＋to～」の不定詞の形容詞的用法というと，すぐに「～する N，～するための N，～すべき N」と訳すことになっておるが，ここは不定詞の形容詞的用法なるものの構造を正確に理解しておこう。to 句が名詞（N）を修飾する不定詞の形容詞的用法において，to 不定詞と N の組合せには次の 4 種類の形態がある。

① N が「to＋V」の意味上の主語の場合。

　He has no one to take care of him.（＝He has no one who will take care of him.「彼は世話を焼いてくれる人がいない」）

② N が「to＋V」の意味上の目的語の場合。

　He has no one to take care of.（＝He has no one he can take care of.「彼は世話を焼いてやる人がいない」）

＊上 2 つの日本語の訳文において，連体形が体言を修飾する場合，体言が連体形の意味上の主語のときは「世話を焼いてくれる人」となり，体言が連体形の意味上の目的語のときは「世話を焼いてやる人」となっている。「やる」と「くれる」の"妙技"に注目。

③ N と「to＋V」とが同格の場合。（to 不定詞が N の内容を説明しておる）

　Most people have the passion to meet the celebrated.（「たいがいの人は有名人に逢いたいという強い気持ちを持っている」）

＊句の場合，同格は「N＋of＋名詞」で表すと先にまとめたが，ここに「N＋to 不定詞」の形を加えることもできよう。

④ N に「to＋V」が関係副詞的にかかる場合。
He has no reason to be so angry. (＝He has no reason why he should be so angry.「彼があんなに腹を立てる理由はなにもない」)

　この４つの形容詞的用法の構造をきちんと頭に入れてから，練習題の不定詞 **to direct my reading** の用法を見てみよう。すると，修飾される名詞 someone が不定詞句 to direct my reading の意味上の主語となっていることがわかるぞ。「わたしの読書指導をしてくれる人」。この箇所を節に書き換えると，I wish that I had had someone of good sense who had had directed my reading となる。

[2-3] I sigh when I reflect on the amount of time I have wasted on books that were of no great profit to me.

　「書物に厖大な時間を浪費する」(waste a great amount of time on books) の **time** が先行詞となって前に出て time which I have wasted on books (waste time on 〜＝「〜に時間を浪費する」)。その which が目的格なので省略されておる。また英語では，「of＋抽象名詞」はその名詞形の形容詞と一致するから，**books that were of no great profit to me** は books that were not so profitable to me (「わたしにはそれほど益するところのなかった書物」) の意味。「さほど益するところのなかった書物にいかばかり厖大な時間をいたずらに費やしたかを思うとき，わたしは溜息を禁じえない」。

[3-5] What little guidance I had I owe to a young man who came to live with the same family in Heidelberg as I was living with.

　What little guidance I had I owe to a young man を「いかにわずかな読書指導をわたしは或る若者に負っていることか」と感嘆文に訳した人，I had を無意識に意図的に無視してしまっとるな。I had とあって，何を「持つ」のか，had の目的語がない。その目的語であるはずの guidance が前に出ているということは，この what は関係代名詞だろうが。先行詞 (「[すべての] こと・もの」) を自分の中に含んでいる複合関係代名詞の what だ。その関係詞 what の次に名詞 guidance が来て，それを修飾しているから，これは複合関係代名詞の形容詞的用法ということになる。複合関係代名詞の形容詞的用法「what＋N＋S＋V〜」は「(S が V する)[わずかながら]すべての N」(＝all the [little]＋N＋that S＋V〜) の意味となる。ここなら，「わたしが受けたわずかながらすべての読書指導」。この箇所は文中でいかなる要素として働いとるか？　主語か，目的語か，はたまた補語か？　次に I owe と主語が来て，しかもその他動詞 owe の目的語がない。ということは「倒置」だ！　補語の強調のときは S＋V＋C が C＋V＋S となるが，目的語の強調のときは，O＋S＋V となって，通例 S＋V の部分は不動だったな。(倒置は第二十四・二十五番で改めてやるが，そのときは

もう詳しい説明は繰り返さないぞ)。いいな。ここは，I owe what little guidance I had to a young man が本来の語順。とすると，what little guidance I had の目的語は強意のためというよりも，この目的語がやや長すぎるため，文章の調子をととのえるための「倒置」だろう。「わたしが受けたわずかながらすべての読書指導は，ある若者から得たものである」。

　the same family in Heidelberg as I was living with。ほら，出てきたぞ？何がって，疑似関係詞の as だよ。先行詞 family に the same がついていて，ちゃんと with の目的語が先行詞の family になっておる。「当時わたしが寄宿していたのと同じ家庭」。

[5]　**I will call him Brown.**
　「仮にその若者の名前はブラウンとしておこう」。ということは，以下に語られる若者の本当の名前はブラウンではない。どうして仮名にしたのか？　以下を読むと，ある人物についてのかなり辛らつな描写がおこなわれておる。いまは故人とはいえ，死者に鞭打つがごとき名誉の毀損をその人物におこなうことを怖れ，作家モームは仮名を使ったのであろう。この練習題は何を述べたエッセイであろうか？　有効な読書のためには，若いときに自分にふさわしい書物を選んでくれる指導者が必要なんて，ありきたりの読書論ではないぞ。モームはブラウンなる人物を紹介したかったのだ。ブラウンを通して，世間に見られる，ある人間タイプを紹介したかったのだ。世の中には，自分の本当にやりたかったことをなしとげるだけの才能を持ち合わせていながら，がむしゃらに，どこまでもそれをやり抜く意志の力がないだけのために，あたら一生を無駄に送ってしまう人が意外と多い。さらに悪いことには，そういう人は自分の一生が本来の自己にとっては「ウソ（虚偽）」でしかないことに気づかず，けっこう自己満足して死んでゆく。せっかくこの世に生を受けたのに，その自分を活かしきらずに死ぬ人生は虚しい。他人のことを羨んだり，妬(ねた)んだりする必要はない。ただ自己は確立したいよな。それがやれないのはただ一つ，がむしゃらに，一心不乱に，初志を貫徹すべく，一つことに専念する持続する意志力の欠如なんだよ。

[6-9]　**After leaving Cambridge he became a lawyer, but he had a little money, enough to live on in those inexpensive days, and finding the law unpleasant he had made up his mind to devote himself to literature.**
　「ケンブリッジ大学を出たあと彼は弁護士になったが，物価の安い当時，**enough to live on** なだけのささやかな蓄えがあり」。不定詞を使った enough to ～は「～するに十分な，～するに足りる」という意味で，ここはリズムを整えるためにカンマでくくられてはいるが，money を修飾している。「わずかなお金で生活する」なら，live on a little money。したがって，「生活するに足るわずかなお金」なら，a little money enough to live on。いまやったばかりだが，前置

詞 on の意味上の目的語が money となっとるぞ。

　finding the law unpleasant の箇所の構文はとれたか？　分詞構文の印として原則的にあるべきカンマが両脇にないため，分詞構文であることの発見が遅れた（できなかった）かもしれないな。作家は，こんなカンマ打たなくても，分詞構文であることくらい分かるだろうと，カンマを省略しちゃうことがある。日本文だって，句読点はかなり作家の恣意に任されているところがあるだろ。, finding the law unpleasant, とカンマがあるがごとくに読んで，これは as he found the law unpleasant という副詞節と同じ意味の分詞構文と理解してくれ。

　分詞構文はいずれまとめるとして（9〜11章），むしろここは動詞 find を使った第五文型に注意しておこう。第五文型一般に言えることであるが，第五文型「S+V+O+C」において，OとCとの間に意味上の主語述語関係があるんだったな（「SはOがCする（OがCである）ことをVする」）。いいな。これを「意味上の主語・述語関係」（ネクサス：Nexus）と呼ぶことも言っておいた。SとVは文の主語・述語関係であるが，OとCは意味上の主語・述語関係というわけだ。ネクサスは第五文型の他に，準動詞（不定詞・分詞・動名詞）や名詞構文や「付帯状況」の with 構文の中などで起きる。名詞構文にじゅうぶんに慣れ，付帯状況の構文をきちんとやったあと，本書の第二十四番の特殊構文の最後にまとめることにしよう。で，find の第五文型の場合は，「（経験とか考慮によって）OがCであると知る（分かる，理解する）」という意味。たとえば，ある本を読むという経験によって，その本がおもしろいとわかった場合には，I found the book (to be) interesting。練習題だと，「（現実に法曹界で働くという経験によって）法律の世界が楽しいものではないとわかった（ため）」の意。

　made up his mind to devote himself to literature「文学に身を入れることを決意した」。ここの不定詞句 to devote himself to literature は，make up one's mind（「決意する」）という動詞句の，目的語をあらわす名詞的用法ととればいい。

[9]　He came to Heidelberg to learn German.

　不定詞ではあるが，to learn German が「目的」を表す不定詞の副詞的用法であることは，くわしく解説する必要もあるまい。so (in order) that he might learn German の意で，「ドイツ語の勉強のためにハイデルベルクにやってきた」。

[9-10]　I knew him till his death forty years later。

　この forty years later は，動詞 knew にかかる「40年後に（知った）」の副詞句ではなく，名詞 his death にかかる形容詞句「40年後の（彼の死）」だな。「40年後の彼の死（まで彼との付き合いは続いた）」。

[10-13] For twenty years he amused himself with thinking what he would write when he really got down to it and for another twenty with what he could have written if the fates had been kinder.

他動詞（「～を［に］…させる」）は，再帰的に使うと（つまり，目的語に再帰代名詞をとると），自動詞化される。たとえば，devote は「～に専念させる，打ち込ませる」の意の他動詞だから，devote oneself to～は「～に専念する，打ち込む」の一語に相当する自動詞となる。練習題の amuse は「楽しませる，おかしがらせる」の意の他動詞だから，**amuse oneself** は「楽しむ，楽しくやる，遊ぶ」の意となる。He amused himself by reading a detective story なら，「彼は推理小説を読んで楽しい時を過した」。

he amused himself with thinking what he would write when he really got down to it は，「創作にとりかかったらどういう作品を書こうかと考えて楽しんだ」とは，小説家とか詩人になりたいという漠然とした夢はもっているのであるが，たとえば小説家になるために独り部屋に閉じこもり，ひたすら夜となく昼となく執筆に没頭するなんて一心不乱の努力はいっさいやらない。ただ，小説家になりたいなあと，ボケッと思い，他人にも「作家になりたいです」なんてほざいているだけ。作家になるための唯一の方法は，とにかくひたすら小説を書いてみることなのに。**and for another twenty with what he could have written if the fates had been kinder** 仮定法が来てるぞ。しかし，if 節の整った基本形の仮定法だから，いまさら問題はないな。**with** は，amused himself with thinking の，前節とダブる箇所が省略されたもの。「あとの20年は，もし運命がもっと自分にやさしかったならば，どんな作品が書けただろうかを考えて楽しんだ（書けただろうかという夢想に過ごした）」。作家になりたいという思いを抱きながらも，ひたすら書きつづける努力をしない人間は世に多い。たまに原稿用紙数枚を文字で埋めても，「ダメだ，こりゃ。こんなの，誰も読んではくれない！」と，原稿用紙を引き破るだけ。20年もすれば，そろそろ自分に創作家になる才能はないみたいと，安易に自分に見切りをつけてしまい，もともと大してやってなかった書くという行為を完全にやらなくなって，あとは床のなかに入って，「こういう作品で世間をあっと言わせてやりたい」と夢想にふけるのみ。吾輩も，あまり人のことは言えないけどな。

[13-14] He had neither imagination, nor passion.

こういう人間は，「想像力もなければ情熱もない」。「情熱」というのは，わかるな？　どんな障碍にぶつかろうとも，「俺はこれをやるんだ！　これをやる以外に俺を（「俺が」ではないぞ）生きる道はないんだ！」と，しゃにむに頑張る意志力（will-power）のことだ。「想像力」というのは，必ずしもプロットや登場人物を創り出す創作の才能のことを言っているのではない。なれるであろう自

分を具体的に想像する力のことだ。ぼんやりと，ああいう人になりたい，こういう作家になりたいと，夢や憧れを抱いているだけではダメ。なりたい自分を現実的に，実際的に想像し，その想像を現実化するために死にものぐるいの努力をする。人生，何かをやろうと思ったら，これしかないよな。小説家の武者小路実篤も，「この道より，我を生かす道なし。この道を往く」という名言を残しとるじゃないか。

[15-17] I doubt, however, if he ever got to the end of one. He completely lacked will-power. He was sentimental and vain.

あれをやろう，これをやろうと，そういう人はいろんなことを思いつく。思いついて，やりはじめるのだが，最後までやり通すということは絶えてない。そういう人は，まず sentimental だ。意志力でもって自分を律するということがなく，気分や感情のおもむくまま，いろんなことに手をつけては，かならず途中で抛り出す。それからそういう人は，学歴があるとかないとか，頭がいいとか悪いとかに関係なく，やたら vain（自惚れが強い）。自惚れがやたら強いから，自分はこうすればいいんだという自分のあるべき形を素直に「想像」する力がないし，自惚れを打ち壊して願望を実現するために懸命に努力するだけの「情熱」や「意志力」ももてない。

[17-20] Though short, he was handsome, with finely cut features and curly hair; he had pale blue eyes and a sentimental expression. He looked as one imagines a poet should look.

Though short の箇所が Though he was short と，「S＋be」の部分の省略された形であることはすでにやったぞ。こういう人間，たとえば作家志望だったら，外見はいかにも作家らしく見えるから，始末におえない。このブラウンの場合は詩人志望だったが，彼は，**as one imagines a poet should look** に見えたという。should を「（義務）〜すべき」にとって，「詩人が見えるべきだと人が想像するよう（容貌）に見えた」とは，どういう意味？ 詩人はこういう容貌をしているべきだと，世人の考えるような顔ってあるか？ この should は「（期待・可能性・推量）〜のはずである，きっと〜だろう」の意味だろ。「詩人なら見えるはずだと世人の考える容貌」「いかにも詩人らしいと世の人が思うような顔」。いかにもミュージシャンって顔の人が，本物のミュージシャンであることは意外と少ないぞ。吾輩も，むかし，神田の古本屋街の喫茶店でコーヒーをすすりながら買い求めた本を読んでいる貧相な爺さんを見かけて，「なんだ，この爺さん。教養も学識も想像力もなさそうなのに，本が好きなんだろうか」と思ったことがある。あとでたまたまその"爺さん"が日本でも屈指の大作家であることを知って，いやあ，ビックリしたねえ！ 本物って，そういうもんだよ。

[20-21] Having gradually wasted his small fortune, he preferred to live on the generosity of others rather than work,

　今度はカンマが付されて文の外に位置する副詞句だし，形からしても **having gradually wasted his small fortune** が分詞構文であることはわかるな。いずれやることだけど，ここではっきり言っておこう。準動詞（不定詞・分詞・動名詞）の完了形（have＋過去分詞）は，現在完了とか過去完了とはなんの関係もなく，主節の動詞の時制よりも一段過去であることを表すってこと。いいな。ここだと，主節の動詞が preferred と過去形だから，having wasted の時制はそれよりも一段過去に移った過去完了である。この分詞構文の句を従属接続詞を使った節に書き換えると，As he had gradually wasted his small fortune「わずかの遺産を徐々に食い潰してしまったので」。**he preferred to live** の to live が動詞 prefer の目的語であることを表す不定詞の名詞的用法だってこと，いくら不定詞の用法をまとめている章だからって，そんなこと，いまさら言うこともないな。

　自分の運命を自分で切りひらこうとする意志力はないくせに妙に自分を買いかぶっている（自惚れの強い）こういう人間は，自分で額に汗水流して働こうとするよりも，親の遺してくれた遺産とか，他人の行為に頼って生きていこうとするんだよね。困ったもんだ。幸か不幸か吾輩自身は遺産など一銭も入ってこなかったが，吾輩のまわりにもいるんだよ，そういう人間が（幾人か）。

[21-23] often he found it difficult to make both ends meet. His self-satisfaction never deserted him.

　さっき説明もしなかったけど，不定詞の名詞的用法（「～すること」）は，当然のことながら，文の主語や補語や目的語として機能する。名詞なんだから，当たり前だわな。そして主語や目的語の to 不定詞句が他の文の要素よりもバランスを欠いて長すぎる場合には，形式的に it を主語や目的語の本来の位置に置き，真の主語や目的語はそのあとに記す。これを形式［仮］主語とか形式［仮］目的語と呼ぶんだった。たとえば，「（実際に生活を経験してみて）借金をせずに暮らすことが難しいと分かった」というときには，「find＋目的語（＝to make both ends meet）＋difficult」と第五文型で書けるが，目的語が不釣り合いに長いし，「find to make」なんて，ありもしない余計なイディオムに勘違いもされようから，ここは形式主語の it を立て，真主語の to make both ends meet をうしろに置いて，find it difficult to make both ends meet となる。「やりくり算段が難しくなることもあった」。

　そういう苦境に陥っても，**His self-satisfaction never deserted him**「彼の自己満足が彼を去ることはなかった」。「自己満足」という抽象概念が人間のところに「はい，こんにちは」とやって来たり，「じゃあな」と人間のもとを去ったり

するか？　本来なにかの行動をおこなうはずのない無生物が、英語では主語になることが非常に多い。これを「無生物主語の構文」と呼ぶ。日本語でもこの構文がないわけじゃないし、早い話が「彼の自己満足が彼を去ることはなかった」という訳文も、悪くはないかもしれない（「このほうが格好いい？」）。しかし、「昨日、雨が俺たちが野球を止めることを余儀なくさせてォ」という日本文は、日本人としておかしいだろ。そういうときは、「昨日は雨が降っちゃって、仕方なく野球を止めちゃったよ」とやる。ここも「彼が自己満足を捨て去ることはなかった」くらい。「無生物主語の構文」は、すぐ次の文でやる。

[23-24]　It enabled him to endure poverty with resignation and failure with indifference

　It は to endure 以下の不定詞句を受ける形式主語の it じゃないぞ。そんなことしたら、enable～to...（「～に…することを可能にする」）という構造が破綻して、enable という動詞がパカンと宙に浮いてしまうじゃないか。It は前承語句で、ここは「自己満足が彼を去ることはなかった」、イヤ、違った、「彼があくまでも自己満足を棄てることはなかった」ことを指す。「そのこと」が、彼が貧乏に耐えることを可能にした。そう、これが"正式"の無生物主語の構文。「そのことが彼が～することを可能にした」とは、人間の「彼」を主語にして、「そのために彼は～することができた」と訳そう。一般に「無生物主語の構文」では、目的語の人間を主語にまわし、主語の位置にあった無生物を副詞句的に処理すればよろしい。しかし、そんな"公式"化しなくとも、日本人ならそんな感覚、自然と働くよな。failure は endure の目的語としてつながるから、「その自己満足のため彼は貧乏も諦念でもって耐え、挫折も無関心をよそおって受け流すことができた」。もちろん、failure は endure の目的語。どうだ、ブラウンって、悟りきったすばらしい人物か？　自己満足あるがゆえに、いかなる貧困も昂然と胸を張って耐え忍び、いかなる挫折も柳に風と受け流す。格好いいか？　冗談じゃない、こんなの、すばらしくないぞ。こういうブラウンは、ブラウン的人間は、ダメなんだ。たしかに貧困や挫折に打ち拉がれ、絶望して、根性がねじ曲がってしまうのでは、苦しみに負けただけで、一介の根性なしで終わる。しかし、自惚れのために貧困も挫折も「身につかない」のもダメ。苦しいことがあったら、その苦しみを、真面目に正面から受けとめて、真剣に、素直に悩め。その経験が人間をひとまわりも、ふたまわりも大きくする。苦しみを通して、人生のもっと深い真実が見えてくる。会社員なら、他人の心の痛みの分かる熟した人間になれる。詩人なら、人生の、人間の、ずっと深いところにある真なるものを詠えるようになる。むかしのテレビのコマーシャルに、「♪ソクラテスもプラトンも、みんな悩んで大きくなった」というのがあった。たかがコマーシャルのコピーと馬鹿にするな。これは古今東西を通じての真実じゃ。それを、俺は偉いんだという自惚

れた自己満足のために，す〜っと素通りしてしまうなんて，もったいない。そんなやつに，なにかになるなんてこと，できっこない，とモームは言いたいようだ。

[24-25] I do not think he ever had an idea that he was worthless.
　that 節は idea という名詞の内容を説明する「同格」。「自分は無価値の人間だという考え（自覚）が彼にはなかったのではないかと思う」。自覚がなかったにせよ，彼は「無価値な人間」，ダメな人間なのである。自尊心や自惚れのために，本当の自分をつかむだけの想像力がなく，その想像によって真実の自分をつかみ，これではいけないと，必死に努力するだけの意志力もない人間。こういう人間は，本当は自分が価値のない人間だということに思いいたらない。詩人になりたいと夢見ていて，実はなんの努力もしなかったブラウンなる人間のみならず，サラリーマンだろうが，実業家だろうが，教師だろうが，政治家だろうが，画家だろうが，歌手だろうが，何を夢見るにせよ，ついに一生，何ものになることもなく，ついに自分になりきることもなく，つまり，与えられていたはずの自分の人生を生きることもなく，終わってしまう人間。せっかく，たった一回きりの人生を生きるべく生まれてきたんだ，何でもいい，自分にできることをやり遂げる人間になりたいよな。モームの語るブラウンなる人物，われわれに，生きる上での，ある深い思いを迫るぞ。

[25-27] His whole life was a lie, but when he was dying, if he had known he was going to, which mercifully he didn't, I am convinced he would have looked upon it as well-spent.
　「彼の人生すべてが虚偽であった」。どうもブラウンにはいささか酷な，ひどいこと言ってるけど，言わんとすること，わかるな？　あるアメリカの小説で登場人物が，「Everybody should be the best in him（すべて人は自分の中のもっともすぐれたものになってゆかねばならない）」と述べている箇所がある（B. Malamud: *The Assistant*）。人間は自分の中に，いまだ実現されていない「でかいもの」，「大きなもの」をもっているんだよ。他人の能力や才能や環境を羨ましがることはない。自分の中の羨ましいものに，自分がなっていけばいい。それを怠った人生は，「すべてが虚偽」なんだって。耳が痛いけど，真実だぞ。
　ところが，こういう人間，なにせ自己満足しているもんだから，せっかく与えられた一回限りの人生を無為に過ごしてしまっているということに気づかない。**when he was dying**（彼が死に瀕したときも），**if he had known he was going to**，そうか，この to のあとには die が省略されているから，「もし自分がいま死のうとしているんだと分かったとしても」。あれ，どうして had known と，仮定法の過去完了になっているんだろう？　それで問題は次の which の用法なんだが，which は，語ではなくて，前に出た句・節・文またはその一部の内容を先

行詞とすることができる。この用法の場合にはかならず，which の前にカンマがついて，等位接続詞と同じように前から訳す連続用法になる。たとえば His wife was very intelligent, which was a source of great pleasure for him だと，which は the fact that his wife was very intelligent の内容を指し，「彼の奥さんはとても聡明で，それが彼には自慢の種であった」と訳す。練習題だと，which は the fact that he was going to die（「自分が死のうとしていること」）という概念を指しておる。だから，didn't の次には，こんどは die ではなくて know が省略されていることになる。「もし彼が自分はもうすぐ死ぬのだと知ることがあるとしても，さいわい彼はそのことを知ることはなかったが…」。この which 節自体が挿入節的に記されており，その中の副詞 **mercifully** は，例の節全体を修飾する「文修飾」の副詞だ。mercifully は「ありがたいことに，さいわい」の訳でいいが，もともとは「恩恵深いことには」の意。つまりブラウンは，「神の恩恵としか思えないくらい」，自分が死ぬんだということを知ることもなく，事故か何かで突然死んでしまったのだろう。**I am convinced he would have looked upon it as well-spent**。ここで先の仮定節の帰結が述べられていて，「彼は自分の人生を悔いなしと感じて死んでいったことだろうと，わたしは確信している」。つまり彼の人生は，本当は自分を生ききることのない虚偽の人生だったのに，なにぶん自己満足してるものだから，「我が人生に悔いなし」と得々として死んでいったことだろうというのだ。気づかずに満足して死んでいったのだから，それはそれで幸福じゃないだろうかって？　わかってないぞ。自分が不幸だったということに気づいてないだけに，まさに運命の無自覚なピエロ，二重に悲劇なんじゃないか。

[27–29]   He had charm, he lacked envy, and though too selfish to do anyone a good turn, he was incapable of unkindness.

　彼は魅力的な人物だったし，**lacked envy**。これ，「羨望を欠いていた」なんて，人間とは思えない訳はしなかっただろうな。「羨望すること」（名詞構文）を「欠いていた」とは，「人を羨んだりはしなかった」ってこと。**though too selfish to do〜**の箇所には，例によって he was の部分が省略されていて，though he was too selfish to do〜と同じ。**too〜to do...**の相関語句はもう大丈夫だな。「程度」を示す不定詞の副詞的用法 to do...（「…するには」）と副詞の too が相関して，「…するにはあまりに〜」，つまり「あまりに〜なので…できない」の意味になるんだった。この節は，though he was so selfish that he couldn't do〜と同じ。「あまりに自己中心的だったから人にやさしく接することはできなかったが」。

[29]   He had a real appreciation of literature.

　抽象名詞の中にその名詞の動詞の意味を読み取って，「〜すること」と訳す

「(抽象)名詞構文」の感覚は，少しずつ身についてきたかな。いずれちゃんとまとめるが，ここでもそれに先だって，この抽象名詞を使った動詞表現をまとめておこう。抽象名詞の中にその動詞的な意味が含まれるんだから，その抽象名詞の前に make, have, take, give, get などの簡単な動詞をつければ，その名詞と意味の同じ動詞形ができあがるわけだ。

　make の場合がいちばん多いかな。make a visit（訪問する），make a move（動く），make a contribution（貢献をする），make a progress（進歩を遂げる），make a bow（お辞儀をする）など。これはなかなか英語らしい表現を可能にする。たとえば medical science to which he made an important contribution（「彼が重要な貢献を果たした医学」）において，made だけをみていても，「作る？」って悩んで，ラチがあかないわな。他に have を使った「have＋名詞」の形で，have（a dance「踊る」，a drink「飲む」，a look「見る」，a swim「泳ぐ」，a try「試みる」），take を使って take（a walk「散歩する」，a swim「一泳ぎする」，a decision「決定を下す」，action「訴訟を起こす」），give を使って give（a lurch「急に傾く」，a jump「跳び上がる」，a start「ぎくりとする」，a shrug「肩をすぼめる」），get を使って get（a shock「ショックを受ける」，a hurt「傷つく」）など，など。

　すると，have an appreciation（of〜）は，「(of は意味上の目的語を示して)〜を理解する」の意味の動詞になる。「彼は真に文学を理解していた」。

[29-31] During the long walks we took together over the hills of Heidelberg he talked to me of books.

　まさかとは思うけど，「長い散歩の間，われわれはハイデルベルクの丘陵をともに引き継いだ」などと訳した人はいないだろうな（たしかに，take over〜に「〜を引き継ぐ」って意味はあるもんな）？　いま言ったばかりじゃないか。take a walk で「散歩をする」という動詞表現となり，その句の中の目的語 walk が先行詞となって前に出て，その関係代名詞 which が目的格のために省略されておるんだよ。「われわれがハイデルベルクの丘陵におこなった散歩の間，〜」。

　訳例　わたしは，若い頃に読むべき本の指導をしてくれる人のいなかったことが残念でならず，さして益のなかった書物に費やしてしまった厖大な時間のことを思うとき，溜息を禁じることができない。わたしの受けたわずかながらすべての読書指導は，わたしが寄宿していたハイデルベルクの家庭にいっしょに住むようになったある若者によるものである。彼の名を仮にブラウンとしよう。その人は当時 26 歳。ケンブリッジを卒業後，弁護士となったが，物価の安かった当時では食べていけるだけのわずかの蓄えがあったし，法律の世界は意に染まなかったため，文学に生きることを決意した。ハイデルベルクに来たのは，ドイツ語を

勉強するためだった。その40年後の彼の死まで，わたしと彼の付き合いは途絶えることがなかった。そのうちの20年間，彼はもし自分が腰を落ち着けて執筆にとりかかったらどういう本を書こうか考えることに時間を潰し，次の20年間は，もし自分の運が開けていたならばどんな本を書くことができただろうかと夢想することに時間を過ごした。たくさんの詩を書きもした。だが，想像力も情熱も彼にはなかった。すでにこれまでにもっとも翻訳の対象となってきた古典的なギリシャの作品を数年かけて翻訳したこともあったが，しかし最後まで翻訳し終えたものが一冊でもあったかどうか疑わしい。彼には意志力というものがなかったし，感傷的で，自惚れの強い人だった。短躯ではあったが，目鼻立ちのくっきりとした，巻き毛のハンサムで，薄蒼い双眸と憂いを含んだ表情をし，いかにも詩人らしいと世人の思う容貌をしていた。じょじょにわずかの財産を食い潰してしまった彼は，みずから働くよりも他人の好意に甘えて生きることを選び，やりくり算段に窮することも多かった。しかし，自己満足を失うことはなく，そのため，あきらめきったように貧困に耐え，無関心をよそおって挫折を乗りきることができた。自分は価値のない人間なのだという考えをもつこともなかったのではないかと思う。彼の人生すべてが虚偽であったが，しかし死に瀕したとき，たとえ自分はこれから死ぬのだということが分かったとしても（さいわい彼はそれを知ることはなかったが），自分の人生を幸福な人生だったと見なしたであろうことは確信できる。魅力はあったし，人を羨むことはなかったし，自己中心的すぎて人にやさしく接することはできなかったものの，さりとて冷淡に処するすることもできなかった。文学のことは真から理解していた。ハイデルベルクの丘陵をともにおこなった長い散歩の間，彼はわたしに本のことをしゃべりつづけていたものだ。

文法要点

準動詞 (verbal) には，不定詞 (infinitive) と分詞 (participle) と動名詞 (gerund) とがある。

◆不定詞の基本的用法
(1)名詞的用法
　主語として　To give friendship as the reward of virtue would be to set a price upon it.
　　　　　　文の調子を整えるために形式主語の it を立てることがある。
　　　　　　He achieved whatever work it was in him to do.
　補語として　To give friendship as the reward of virtue would be to set a price upon it.

　　　　　目的語として　I wish to die while still at work.
　　　　　　　　　　　文の調子を整えるために形式目的語の it を立てることがある。
　　　　　　　　　　　He found it difficult to make both ends meet.
(2)形容詞的用法（「N＋to do」）
　　○N が to do の意味上の主語
　　　I didn't have anyone of good sense to direct my reading.
　　○N が to do の意味上の目的語　He had no friendship to give.
　　○N の内容を to do が説明する
　　　He made up his mind to devote himself to literature.
　　○N に to do が関係副詞的にかかる
　　　Young men have reason to fear that they will be killed.
　　　The best way to overcome it is to make your interests wilder.
(3)副詞的用法
　　○目的　He came to Heidelberg to learn German.
　　○結果　I woke to find a burglar in my room.
　　　　　（「眼が覚めると，部屋の中に強盗がいた」）
　　○程度　He had a little money, enough to live on in those days.
　　　　　He was too selfish to do anyone a good turn.
　　○原因　I was delighted to see him.　（「彼に会えて嬉しかった」）
　　○理由・判断の根拠　How vain you are to be setting a price upon your
　　　　　　　　　　　friendship!（「自分の友情に値段をつけるなんて，きみ
　　　　　　　　　　　はなんと傲慢な男なんだ」）
　　○条件・仮定　To look at her you would never guess she was so old.
　　　　　　　　（「彼女を見たら，そんな歳とはとうてい思うまい」）

＊「wish＋仮定法帰結節」
　仮定法が過去形　　「(現在の現実に反して)〜すれば［であれば］よかったのに
　　　　　　　　　　と思う［願う，祈る］」
　　　　　　　　　　I wish (that) it were（口語では was）morning.（「朝であれ
　　　　　　　　　　ばいいのに」）
　仮定法が過去完了　「(過去の現実に反して)〜していれば［であったら］よかっ
　　　　　　　　　　たのにと思う，願う」
　　　　　　　　　　I wish that I had had someone to direct my reading.
＊「of＋名詞」が形容詞句的に使われることがある。「性質・状態」を表して「〜の
　（性質を持つ)」の意味となり，その名詞の抽象化が進むと，「属性」を有するとい
　うことで，その名詞の形容詞に相当する。

Fortunately I had a man of good sense to direct my reading.（性質・状態）
Those books were of no great profit to me.（属性）
* 複合関係代名詞 **what(ever)** の形容詞用法。「what(ever)＋N（＋S＋V）」は「(SがVする) すべてのN」と訳す。
What little guidance I had I owe to a young man.
* ある種の他動詞は再帰代名詞を目的語にとることによって**自動詞化**する。
She prided herself on her skill in cooking.（「彼女は料理の腕を<u>自慢していた</u>」）
He amused himself with thinking about it.
He decided to devote himself to literature.
* **doubt** は「(〜) ではなかろうと思う」こと，対して **suspect** は「(〜) であろうと思う」こと。
I doubt that he ever got to the end of it.
I suspect that he got to the end of it.（「彼は最後まで辿り着いたのではないかと思う」）
* 準動詞の完了形は主節の動詞の時制を過去に一段ずらす働きをする。
Having wasted his small fortune, he found it difficult to make both ends meet.
(＝ As he had wasted his small fortune, he found it difficult to make both ends meet.)
* **無生物主語の構文**は主語の無生物を副詞的に訳す。
Illness prevented her from coming.（「病気のために彼女は来られなかった」）
Self-satisfaction enabled him to endure poverty with resignation.（＝Because of self-satisfaction he was able to endure poverty with resignation.）
* **関係代名詞**は前の節やその一部，あるいは句の内容を先行詞とすることがある。その場合はかならず**連続（非制限）用法**。
If he had known he was dying, which mercifully he didn't, he would have looked upon his life as well-spent.
* 日本語の動詞一語を英語では「**make（have, take, give, get）＋名詞**」のかたちで分析的に表現することがある。
He had a real appreciation of literature.
We took a long walk together over the hills of Heidelberg.

第七番　不定詞そのニ
... *it is essential for us to try to decide* ...

「英文通り」で顔を合わせることの多い「不逞氏」さんとのつき合い方を深めるため，さらにこいつを自由に読みこなす練習を続けるとしよう。

Television now plays such an important part in so many people's lives that it is essential for us to try to decide whether it is a blessing or a curse. Obviously television has both advantages and disadvantages. But does the former outweigh the latter?

⁵ In the first place, television is not only a convenient source of entertainment, but also a comparatively cheap one. For a family of four, for example, it is more convenient as well as cheaper to sit comfortably at home, with practically unlimited entertainment available, than to go out in search of amusement elsewhere. There is no ¹⁰ transport to arrange.

They do not have to find a baby-sitter. They do not have to pay for expensive seats at the theater, the cinema, or the ballet, only to discover, perhaps, that the show is a rotten one. All they have to do is turn a knob, and they can see plays, films, operas, and shows of every ¹⁵ kind, not to mention political discussions and the latest exciting football match. Some people, however, maintain that this is precisely where the danger lies. The television viewer need do nothing. He does not even use his legs. He takes no initiative. He makes no choice and exercises no judgment. He is completely passive and has everything ²⁰ presented to him without any effort on his part.

(International Engineering Consortium: *Annual Review of Broadband Communications*)

単語

such+名詞+that〜＝大変な（名詞）なので〜。「so+[形容詞（副詞）]+that〜」(「大層…なので〜」）に相当／**play a part (role) in**〜＝〜に役割を演じる（役を果たす）／**essential**(a.) 絶対必要な，きわめて重要な；本質的な／**blessing**(n.) （動詞bless[祝福する，恵む，聖別する]から）恩恵，慈悲；祝福／**curse**(n.) 呪い；災禍，災いの元／**advantage**(n.) 有利な点，利点；優位／**disadvantage**(n.) 不利な点（状態，立場），損失。advantage and disadvantage は日本語でいう「プラス面とマイナス面」に当たる／**the former**〜，**the latter...**＝前者は〜，後者は…。（＝the one〜，the other... や that〜, this...）／**outweigh**(v.) 物理的に「〜より重い」から，それが比喩的に転じると，「〜よりまさる，重大だ」。Cf. The advantages of having male friends far outweigh the disadvantages（「男の友人をもつプラス面はマイナス面をはるかに上まわっている」）／**not only**〜**but also**...＝〜であるだけでなく…も／**source**(n.) （物事などの）もと，源，根源；水源／**comparative**(a.) 比較の（による）；比較的な，相対的な。（動詞compare[比較する]からcomparativeとcomparable[比較できる]の形容詞）。ここはcomparatively (adv.)[比較的に]の形で使われている／**〜as well as...**＝（うしろから）…と同様に〜，…に加えて〜；（前から）〜および…，〜に加えて…／**practically**(ad.) ほとんど，実質的に／**available**(a.) 利用（しよう）できる，求めに応じられる／**transport**(n.) 輸送，輸送機関／**arrange**(v.) 配列（配置）する，取り決める，（〜することを）前もって準備する／**rotten**(a.) （動詞rot[腐る]から）腐った；（道徳的に）腐敗した；《口》不愉快な，イヤな／**knob**(n.) （ドア・抽斗などの）ノブ，握り；（ラジオ・テレビなどの）スイッチ，つまみ／**not to mention to**〜＝〜は言わずもがな，〜は言うにおよばず（＝to say nothing of〜, not to speak of〜）／**latest**(a.) 最近の，最新の／**maintain**(v.) 維持する，継続する；主張する／**precisely**(ad.) ここは「正確に」という語修飾の副詞ではなく，句や節にかかって「まさに」（＝exactly）の意／**initiative**(n.) 先駆けて事をおこなう才能，創業の才，独創性；手はじめ，率先／take an initiative＝率先してやる，自発的に手を打つ／**exercise**(v.) 運動させる；（を）行使する，及ぼす

解説

[1-3] Television now plays such an important part in so many people's lives that it is essential for us to try to decide whether it is a blessing or a curse.

「いまやテレビは多くの人の生活においてあまりに重要な役割を果たしているので」と，suchがthat以下へとつながる。吾輩の知人は，定年退職したあと，やることもないのか，日がな一日，酒を飲みながらテレビに見入っておる。ま，ここまで極端ではなくとも，生活の多くの時間の過ごし方をテレビに頼っている人は，われわれ自身もふくめ非常に多いわな。ことほどさようにテレビはわれわ

れの生活の中でじつに重要な役割を果たしておる。だからどうだと筆者は言うのか？

　that の節の中，形式主語の **it** が真主語の **to** 以下の句を指していることはわかったとして，問題は to 句の前についている **for** の句。準動詞は，動詞的な意味をふくむわけだから，その動詞的な意味の「意味上の主語」(sense subject) とか目的語を記す必要が生じてくる。動詞的なものである以上，目的語はそのままその動詞的なもの（つまり準動詞）の後に置けばいいのだが，意味上の主語となると，準動詞の前にそのまま置くわけにはいかぬ。だから準動詞の場合には，意味と用法の他に，意味上の主語の表し方も重要になってくる。不定詞の場合，それは準動詞すべてに言えることだが，意味上の主語が特定できない「一般的な人」である場合には，意味上の主語を書くべきところは空白にしておく。つまり，書かない。

　　　　　　It is good to get up early.
において，「早起きするのは誰にとって良いことなの？」とバカなことを訊くやつはおるまい。受動態のとき，行為者が一般的な人の場合には省略しただろ，あれと同じ原理。で，意味上の主語が一般的な人ではなく，特定の人である場合にはどうするかというと，不定詞の場合には，不定詞句の前に意味上の主語を「for＋人」で表す。他にも，「形容詞＋不定詞」のイディオム的用法やある種の副詞的用法においては，不定詞の意味上の主語は主節の主語に一致するし (Everybody was anxious to know her name「誰もが彼女の名前を知りたがった」，I got up early to catch the train「ぼくは電車に間に合うようにと早起きした」)，第五文型や第四文型では目的語が意味上の主語になる (I felt someone touch my hand「ぼくは誰かがぼくの手に触るのを感じた」，Can I rely on you to be punctual?「君が時間を守ることは信用してていいかな？」)。しかし，それ以外の不定詞は，ちゃんと for で意味上の主語を表す。それは名詞的用法の場合でも形容詞的用法の場合でも副詞的用法の場合でも同じ。I stood aside for her to enter.（「ぼくは彼女が中へ入れるようにと，わきに立った」）。

　練習題の **for us** は，だから，「一般的な人」が意味上の主語ではない。だったら，この句は書かれてなかったはず。**whether it (＝television) is a blessing or a curse**（「テレビが恩恵なのであるか害悪であるのか」）を **decide**（「決める，断を下す」）のが **essential**（「きわめて重要なこと」）だと言っているのだから，この us は，ただダラダラとテレビに頼り切っている人たちではなく，テレビのありがたさを理解しながらもそれに流されてしまうことなく自分の有意義な生活の中におけるテレビの位置づけを自覚的に考えることのできる，特定の「われわれ」ということであろう。そういう自覚的な生活を送る人間というのは，ま，「一般的」ではないわな。困るのは，for 句が不定詞句の意味上の主語を表すの

ではなく，前の動詞にかかる副詞句のことだってありうる場合なんだよな。早い話が，練習題でも，「われわれにとって（きわめて重要）」と解することだってできる。そう取りうるときは，どっちでもいい。It is good for you to get up early は，「君にとって早起きは良いことなんだよ」でも，「君が早起きするってことが重要なんだ」でも，日本語にしたら同じだろ？　そのくらい，ここはいい意味でいい加減に考えてもよい。でも吾輩は，不定詞の話をしてるという理由からではなくて，ここはあくまでも不定詞の意味上の主語にきちんと取ったほうがいいと思うぞ。「まずわれわれが，果たしてテレビは神さまからの贈りものか，それとも悪魔の罠か，ちゃんと断を下すこと」こそが重要なんだろ。「酒は百薬の長」と言うけど，酒に飲まれてしまったら，逆に健康を害しちゃうよな。テレビはわれわれの生活を娯楽面でも教養面でも楽しく高めてくれる文明の利器ではあるが，テレビに"飲まれ"てしまったら，生活の質そのものを破壊してしまうものにもなる。

[3-4] **Obviously television has both advantages and disadvantages. But does the former outweigh the latter?**

　この Obviously は文全体にかかる副詞。It is obvious that television has both advantages and disadvantages.「もちろん，テレビには良い面も悪い面もある。しかし良い面が果たして悪い面を上まわっているだろうか？」

[5-6] **In the first place, television is not only a convenient source of entertainment, but also a comparatively cheap one.**

　この練習題は，不定詞の練習題としてもいいが，相関語句の練習題にもいいな。さっきの so (such)〜that... だけでなく，ここの **not only〜but (also)...** も相関語句の基本的な重要語句。しかし，いまさら英文解釈の"黒帯"に詳しい説明は必要あるまい（とか言いながら，第二十三番で相関語句はまとめるけどね）。それと，**one** の用法も大丈夫だな。前に出た不定の名詞（「the＋名詞」ではなく「a＋名詞」）の代わりをする「代用語」としての不定代名詞。じつはこの用法，前に出たことがある。あのときは，ややこしいので黙ってたがな。ブラウンなる人物を論じたモームの文章で，I doubt if he ever got to the end of one というやつ。この one が，その前の文の中にある Greek works を受けて，a work の代用となっている。それで a work の a の感覚を活かして，「最後まで翻訳し終えたものが一冊でもあったかどうか疑わしい」と訳してみたわけじゃ。ちょっとややこしかった先の不定代名詞 one の用法に比べたら，ここの one は簡単。a source のくり返しを避けておる。

　むしろ問題は，**convenient** と **cheap** の訳語。「便利な娯楽の源であるばかりでなく，比較的安い源でもある」でも文句はつけられないけど，ここの convenient とは「手軽に手に入る（楽しめる）」と日本語では言うし（「便利」といっ

ても，何が便利なのかわからん），cheap も「お金がかからない」というわな（「安い」は絶対的なものだが，相対的な場合には，「金がかからない」という）。じつは，これもさっき言わなかったけど，a blessing と a curse も，訳語に工夫が欲しい。ただ「祝福」と「呪い」じゃ，つまらん。英文の"意味"をよく読み込んで，その文意にもっとも適合したわれわれの母国語からの訳語を考える。その"訓練"，楽しいぞ。

[6-9] For a family of four, for example, it is more convenient as well as cheaper to sit comfortably at home, with practically unlimited entertainment available, than to go out in search of amusement elsewhere.

　カンマがあって文章の外に置かれている句は副詞句。**For a family of four, for example** なら，「たとえば四人家族にとって（四人家族の場合）」。この for 句が，ずっとうしろの to 不定詞句の意味上の主語になるなんて，そんな「義経の八艘飛び」みたいな真似，できるわけない。**it** は，もちろん，**to sit** 以下を示す形式主語として，**as well as** のイディオムはどう訳す？　普通は後ろから訳して A as well as B なら「B だけでなく A も」となる，つまり not only B but also A に相当する言い方なんだけど，その原則どおりに訳すと，ここは「金がかからないだけでなく手軽に楽しめる」となっちゃって，その前の（「手軽に楽しめるだけでなく金もかからない」）と，一致しないよな。だから，ここの as well as は，前から訳す not only～but also... と，まったく同じ形で使われていると理解すればいい。英語って，「同じ語句のくり返しを非常に嫌う」んじゃ。

　さて，ネクサス（意味上の主語・述語関係）の一環として，**with practically unlimited entertainment available** のかたちをここで完全に理解しておこう。ここの with は「付帯状況」を表す。付帯状況というと「～しながら」と機械的に覚えていて，「彼は走りながらやってきた」でも He came along with running と英訳してしまう学生をたくさん見てきた。いいか，ここで声を大にしていうぞ，「付帯状況」の with 構文はネクサスを含む！　第五文型 S+V+O+C は，O と C との間に O+(be)+C という主語・述語関係を含むことは前に述べた。with 構文も「with+O+C」の形をかならず取り，その O と C との間に，O が C の意味上の主語というネクサスを含む。たとえば「君がそこに立っている」(you are standing there) という状況のもとでは「ぼくは字が書けない」(I cannot write) ということを述べたいとする。付帯状況の with を使ってこの内容を書くと，I cannot write with you standing there となる。He came along with running なんて文はありえない。with は要らない。なぜなら running の意味上の主語は文の主語 He と一致するから（主節の主語と異なる意味上の主語が来るから with が必要になるのだ）。いいな。まとめると——

　「付帯状況」を表す with 構文。「with+O+C」の形を取り，O と C の間に

「O+be+C」というネクサスを含む。
　Cが「前置詞+名詞」の形容詞句の場合：
　　He was sitting with his back against the wall.（「彼は壁にもたれて座っていた」）
　Cが現在分詞の場合：
　　They danced in a circle with a bonfire blazing in the center.（「かがり火が真ん中に燃えさかる中，彼らは輪をなして踊った」）
　Cが形容詞の場合：
　　Don't speak with your mouth full.（「口にものをいっぱいに頬張ってしゃべってはいけません」）
　Cが過去分詞の場合：
　　She was sitting with her eyes closed.（「彼女は眼を閉じて座っていた」）
　Cが名詞の場合：
　　With history the final judge of our deeds, let us go forth to lead this land we love.（「われわれの行動を最終的に判断するのは歴史にまかせつつ，我らが愛するこの国をともに導いていこうではありませんか」。これ，ケネディ大統領の就任演説の中の一節じゃ）
　　＊CがN（名詞）の場合には，「with+C+N」と名詞が列挙されて読みにくいので，CとNの間にasを入れて「with+C+as+N」の形を取ることがある。

　しかし，「ほとんど無限の娯楽を楽しむことができて坐る」なんて訳，日本語をしゃべる日本人として容認できないな。「ほぼ無限といえる娯楽を楽しみながら我が家にいる」，つまり「我が家に居ながらにして，ほぼ無限の娯楽を享受する」くらいに訳そう。

[9-10]　**There is no transport to arrange.**
　構文的には，**to arrange** の不定詞句が **transport** を意味上の目的語として形容詞的にそれにかかっておる。しかし，「取り決めるべき輸送もない」なんて訳して澄ました顔をしていてはダメ。こういうときこそ，transport が arrange の意味上の目的語であるということ，つまり「V+O」（arrange transport）という構造がそこに含まれているということをきちんと理解して，「前もって交通手段の手はずを整えたりする必要もない」と訳そう。

[11]　**They do not have to find a baby-sitter.**
　ここの they は，先ほどの「四人家族」の例の延長線で話を進めているから，その四人の家族員のことをさしているのだろう。本当は前の文，There is no transport for them to arrange と意味上の主語を書いといてくれれば，この they もすっきりと分かっただろうのにォ。意味は簡単──「彼らはベビー

シッターを見つけてくる必要もない」。これは簡単だが，ここで一般に，不定詞が動詞の目的語になっているように見えて，動詞と目的語の不定詞とが一体となって一語の動詞みたいな意味をなしてくる形をまとめておこう。たとえばlearn to ski なら，to ski は learn の目的語だから，そのまま「スキーを習う」と訳せばよろしい。learn to like tomatoes ならどうなる？ 「トマトが好きになることを習う」？ おい，おい，「トマト食べ方教室」なんて学校があるのか？（そういう学校があればいいのにと思わせるような子どももいるが。）そうではなくて，ここは動詞 learn と不定詞 to〜とが一体となって，「〜するようになる（〜することができるようになる）」の，動詞と不定詞とが一体となった一種のイディオムとなる。「トマトが好きになる」。こういう動詞と不定詞とが一体となって別の一語の動詞相当の意味を表す表現を copula（連辞）と呼ぶことがあるようだが，名称なんてどうでもいい。重要な形をまとめておこう。

　be to〜（これは用法が多い。「予定」「可能」「義務」「運命」の他に If 節の中の「意志・願望」なんてのもあったぞ。例文はもういいな），have to〜（「〜せねばならない」），come to〜（「〜するようになる」），happen to〜（「たまたま〜する」），fail to〜（「〜することを怠る，〜できない」。「〜することに失敗する」は fail in〜ing しかない。without fail の fail は fail to〜の名詞形。だから「失敗することなしに」ではなく，「かならず〜する」の意。），prove (turn out) to〜（「〜と分かる，判明する」），manage to〜（「首尾よく，辛うじて〜する」），presume to〜（「厚かましくも〜する」），choose to〜（「〜することを好む（ほうを選ぶ）」），trouble to〜（「わざわざ〜する」），condescend to〜（「へりくだって〜する」）など，など。

[11-13] They do not have to pay for expensive seats at the theater, the cinema, or the ballet, only to discover, perhaps, that the show is a rotten one.

　不定詞の副詞的用法に「結果」があることは前回の［文法の要点］で触れておいた。主節の動詞をおこなったことの「結果」を述べる不定詞のわけだから，前から「〜して…する」と訳す。と言っても，めったやたらに何でも「結果」を表すときにこの不定詞を使えるわけではなく，形としては，live to be〜（「生きて〜になる」＝live and become〜），grow up to be〜（「大きくなって〜になる」＝grow up and become〜），〜(only) to find...（「〜して，…であることを知る」，「〜したが，…するに終わっただけだ」＝〜and [only] find...），〜, not (never) to...（「〜したが，［決して］…することはなかった」＝〜, and do not [never] ...）くらいに限られるから，そう心配することはない。例文としては，たとえば，処女作の『チャイルド・ハロルド』が出版と同時に爆発的に売れたときの喜びを，One fine morning I woke up to find myself famous （「ある朝，眼

が覚めたら有名になっていた」）と巧みに表現した英国のロマン派詩人バイロンの文句が有名だな（＝I woke up and found myself famous）。

さて、「結果」の不定詞にちゃんと気づいたとして、この文を「彼らは劇場や映画館やバレー会場の高価な切符を買う必要もなく、おそらくはショーはじつにくだらないものだったと気づくだけである」(**at the theater, the cinema, or the ballet** が **pay** にかかる副詞句ではなく **seats** にかかる形容詞句であることや、**one** が **show** のくり返しを避ける不定代名詞であることもちゃんと理解できているにもかかわらず）と訳した人よ、その訳文はいったい何を言わんとしているのじゃ？　どこがおかしいのだろう？　まず次の有名な諺を訳してみてくれ。

You cannot eat your cake and have it.

これを「あなたは自分のケーキを食べることも、それを手に持つこともできない」と訳したら、その「あなた」なる人物はどういう人なんじゃ？　事故で両腕を切断され、さらに口の中いっぱいに口内炎ができてモノが食べられないという、気の毒なことこの上ないお方か？　残酷な訳をするんじゃない。まず you は「あなた」ではなくて、一般的な人を表す代名詞。そして、たったいま「結果」の不定詞を説明するときに、そのつど and という従属接続詞を使って書き換えたことに注意しろ。そうすれば、eat your cake and have it（「ケーキを食べちゃって、なおかつそれを手許に残す」）とつながることがわかる。「食べることも持つこともできない」なら You cannot eat your cake or have it だろ。したがって not は eat your cake and have it のひとまとまりにかかって、「ケーキを食べてしまって、なおかつそれを手許に残すことはできない」の訳となる。つまり、何か"おいしい"ことをやれば、それに伴うある程度の犠牲はやむをえない、「両方いいことはない」ってこと。したがって本文の訳も、pay　for　expensive tickets～and only discover that ... の全体に do not have to（「～する必要はない」、つまり「～したりすることもなくなる」）がかかって、「わざわざ劇場や映画館やバレー会場の高価なチケットを買い求めて出かけても、大体はじつにくだらない演し物だったという結果に終わることもなくなる」となる。

[13-16] **All they have to do is turn a knob, and they can see plays, films, operas, and shows of every kind, not to mention political discussions and the latest exciting football match.**

もう、「彼らがしないといけないすべては、ノブをまわすことである」と訳した人はいないだろうな？　前にやった「All＋関係詞節＋is to～」の形が本当は何を表現したいのかってことがまだわかってないし、何だよ、その「ノブをまわす」ってのは？　「やらないといけないすべてのことが～すること」ってことは、「～しさえすればよい」ってことだろ。つまり They have only to～と同義なんだが、ところが have to はその直前にもう二度も使っているから、そのくり返しを

避けたわけ。だからといって,「ノブをまわすだけでいい」では,ラチがあかないよな。ここの knob は,テレビのチャンネルのこと。テレビのチャンネルをまわしさえすれば,チケットを買ったりすることもなく家にいながらにして目の前に,おもしろい芝居や映画やバレエが楽しめるってわけだ。

　turn a knob の形にも注意してほしい。口語では,この All (the only thing, etc.) S+do の構文の際などには,補語に to のつかない原形不定詞を使うことが多い。The best thing I could do was make my both ends meet.(「かつかつ生きていくのが精一杯だった」)。

[16-17] **Some people, however, maintain that this is precisely where the danger lies.**

　where は先行詞 the place の省略された関係副詞で,「危険が横たわっている場所」。それを **precisely** が強め,「まさに危険が横たわっている場所」。しかし,物理的に「危険が横たわる場所」と訳すのではなく,もっと比喩的に,「(テレビの) 危険性が存在する点」の意味に取ろう。英語の語や句や節は,文字どおりの物理的肉体的な意味のほかに,精神的比喩的な意味を含有することがあるということは,この「道場」での稽古開始のいちばん先に言ったことだな。<u>「まさにそこにテレビの危険なところがあると主張する人もいる」</u>。テレビは,ほとんど金もかからず (cheap),じつに手軽に (convenient),家にいながらにしてトーク番組やスポーツの試合,ニュースはもちろん,映画や芝居やバラエティショーなど,何でも楽しむことができる。しかし,まさにそこがテレビの「ヤバイところ」だという。何がヤバイ?

[17-20] **The television viewer need do nothing. He does not even use his legs. He takes no initiative. He makes no choice and exercises no judgment. He is completely passive and has everything presented to him without any effort on his part.**

　この辺りの **he** はぜんぶ **the television viewer** を受けた代名詞。だからといって「彼」の訳語はダメ。一般に「the＋普通名詞」は,その名詞の「類全体」を総称することがある。たとえば The dog is a useful animal と言うときの the dog は,およそ地上にいるすべての犬を指しているだろうが,ここの the television viewer も,世の「テレビ愛好家」すべてを指している。だから he は,訳すなら「彼」ではなくて,「彼ら」。

　テレビ愛好家,つまり「彼ら」は,**does not use his legs** (「足を使うことすらしない」?「手を使う」とか「頭を使う」ってのは聞いたことがあるけど,「足を使う」? 要するに「歩くこと」,「運動すること」だな),**takes no initiative** (「自発的に自分から何かをやることをしない」),**makes no choice** (make a choice は「選ぶ」という動詞になる。「選ぶことをしない」とは,映画ひとつ

採っても，たくさんの宣伝や人の映画時評，噂を聞いて，自分でどの映画を観るのか「決める」のではなく，そのときテレビでやっている映画しか見ることができないものな)，**exercises no judgment**（「判断力を行使しない」とは，何かに対して，これはどうだ，あれはどうだと，みずから推論し，分析し，判断すること）。吾輩の記憶はたしかではないが，テレビを見はじめて10分もすると，人間の意識が覚めていて緊張したときに現れるベータ波という脳波も，深い睡眠状態のときに現れるシータ波の波形に変わってくるとか，何かで読んだことがあるぞ。脳波の種類はまちがっているかもしれんが，とにかくテレビを観ている間は人間の意識が本来の人間的な活発で知的な活動をおこなわずに，眠っているときと同じ，すべての情報を受け入れ無批判にそれに従う passive（「受け身」）の状態に陥ってしまうことは確か。本で活字を追っているときは，推論の過程を自分の思考で追いつつ自分で考えたり，場面を想像によって頭の中に映像化して人物の心理を追ったりと，能動的に積極的に精神は働いておる。ところがテレビを観るというのは，画面に映っていることをただそのまま受け入れるだけで，精神は眠っているのと同じ状態。いまの日本，一億2千万全員が"眠って"るぞ。テレビがあると，**need do nothing**（「なにもやる必要がなく」），何も考えることもなく，ただひたすら passive だからな。バカになるいちばん手っ取り早い方法，それはテレビを見つづけることじゃ。

　(He) has everything presented to him の構文に注意しよう。まず文型的には使役動詞 have の第五文型（S+V+O+C）。となると，もちろん，OとCの間にはネクサス関係があるので，ある行為を主節の主語が意図して「させた」場合には，「(OがCする，Cである状態に）してもらう」と訳すし，主語が意図せずにその行為を「受ける」場合には，「(「(OがCする，Cである状態に）される」と訳すということ。さらに，「OがCであるという状態」を have（「もっている」）という意味で，「OをCしている」と，「状態」の意を表すことがある。They had a map spread on the table. （「彼らはテーブルの上に地図を広げていた」）。本文もこの「状態」にとるのが一番いいんじゃないか。なにせご本人は完全な「受け身」（passive）状態で，何かを「意図」してやろうとすることがないから，「すべてが（自分に）与えられている」。

　テレビは本当にありがたい便利なモノだ。だが，それは功罪相半ばするモノでもある。最初にもどろう。Does the former outweigh the latter?——テレビの"功"（advantages）は果たして"罪"（disadvantages）よりも大なるか？　それぞれ，おのが胸に問うてみてくれ。

　訳例　テレビはいまやじつに多くの人びとの生活と切っても切り離せない関係にあるため，まずわれわれは，テレビが果たして神の恵みであるか，それとも悪

魔の罠であるのか，自分なりに決めておこうとすることがいかにも重要なこととなってくる。言うまでもなくテレビには長所もあれば短所もある。しかるにその長所は短所を上まわるものなるか？

　まず第一に，テレビは娯楽をきわめて手軽に与えてくれるのみならず，比較的お金がかからずにすむ。たとえば四人家族の場合，我が家に居ながらにして無限ともいえる娯楽を楽しむほうが，家の外に娯しみを求めて出かけるよりも，手軽であるばかりではなく金もかからずにすむのではなかろうか？　交通手段の手はずを前もって整える手間も要らない。

　ベビーシッターを見つけてくる必要もないし，劇場や映画館やバレー劇の高価なチケットをわざわざ買い求め，出かけてみれば愚劣きわまりないものを見せられたという結果に終わることもない。かたやテレビのスイッチを入れさえすれば，政治討論やもっとも新しい胸躍るフットボールの試合は言うにおよばず，芝居であれ，映画であれ，オペラであれ，ありとあらゆる娯楽が自由に楽しめるのである。しかしながら，だからこそテレビは危険な罠となりうると主張する人もいる。テレビを観る人は，それこそ何もやる必要がない。足を動かすこともなければ，自発的に何かをやることもなく，自分から何かを選びとることもなければ，判断力を使うこともない。完全に受け身の状態にあり，何かを得ようと自分で努力することなく，文字どおりすべてがむこうから与えられてくるのだ。

文法要点

◆**不定詞の意味上の主語**
(1)第五文型。(OがCの意味上の主語となり，ネクサスを含む)
　It enabled him to endure poverty with resignation.
(2)知覚動詞や使役動詞の第五文型。(OがSの意味上の主語だが，Cに原形不定詞を使う。過去分詞や形容詞の場合，beも落ちる)
　He has everything presented to him without any effort on his part.
(3)その他の文型においては前置詞forを使って意味上の主語を表す（ただし意味上の主語が一般的な人の場合には省略）。
　It is essential for us to try to decide whether it is a blessing or a curse.
◆**不定詞の副詞的用法**には，「目的」「原因・理由」「程度」「判断基準」などのほかに「結果」がある。
　They do not have to pay an expensive ticket only to discover that the show is a rotten one.
◆**不定詞の副詞的用法は独立の語句**として使われることがある。
　They can see plays, films, operas, and shows of every kind, not to mention

political discussisons.
To tell the truth, I am not a religious man. (「じつをいうと，わたしは神を信じる人間ではありません」)
Such behavior, to say the least (of it), is unusual. (「そういう行動は，いくら大目に見ても［控え目に言っても］，異常なものだ」)
◆不定詞の名詞的用法は補語の場合に**原形不定詞**となることがある。
All they have to do is turn a knob.
◆「連辞」。不定詞はある種の動詞の目的語となって一種イディオム的な「連辞」を作る。
They do not have to find a babysitter. (have to～は「～せねばならない」だが，その否定形 do not have to～は「～する必要はない」の意となる)

＊相関語句。
so＋...（形容詞・副詞）＋that～＝「大層…なので～」，such＋...（形容詞＋名詞）＋that～＝あまりに…なので～」
not only...but (also)～＝「…だけでなく～」，...as well as～＝「～だけでなく…も」あるいは「…だけでなく～も」
＊「付帯状況」をあらわす副詞句。
「with ＋O＋C」（OとCの間に O—be—C のネクサスを含む）
They sit comfortable at home, with practically unlimited entertainment available.
＊ and は語・句・節を対等に結ぶので，**not A and B** は（AとB）×not の形に「AとB［AをしてB］をすることはない」と訳し，対するに not A or B は「AでもないしBでもない」と訳す。
They do not have to buy expensive ticket and discover that the show is a rotten one.

第八番　不定詞その三
... the best way to do this is by writing in it.

なにしろ，「不逞やつ」だからな。こいつと親しくつき合えるためには，その練習はまだまだ続くぞ。

You know you have to "read between the lines" to get the most out of anything. I want to persuade you to do something equally important in the course of your reading. I want to persuade you to "write between the lines." Unless you do, you are not likely to do the most
5　efficient kind of reading.

　There are two ways in which one can own a book. The first is the property right you establish by paying for it, just as you pay for clothes and furniture. But this act of purchase is only the prelude to possession. Full ownership comes only when you have made it a part
10　of yourself, and the best way to do this is by writing in it. An illustration may make the point clear. You buy a beefsteak and transfer it from the butcher's icebox to your own. But you do not own the beefsteak in the most important sense until you consume it and get it into your bloodstream. I am arguing that books, too, must be absorbed
15　in your bloodstream to do you any good.

　Confusion about what it means to own a book leads people to a false reverence for paper, binding, and type — a respect for the physical thing — the craft of the printer rather than the genius of the author. They forget that it is possible for a man to acquire the idea, to possess
20　the beauty, which a great book contains, without staking his claim by writing his name inside the cover. Having a fine library doesn't prove that its owner has a mind enriched by books; it proves nothing more

than that he, his father, or his wife, was rich enough to buy them.
(Mortimer J. Adler: *How to Mark a Book*)

単語

read between the lines＝言外の意味を読み取る，行間を読む（読み取る）／**get the most out of〜**＝make the most of〜＝（機会・能力・有利な条件などを）できるだけ利用（活用）する，最大限に活用する／**persuade**(v.) 説きつける，説得する，勧めて〜させる／**in the course of〜**＝ 〜のうちに (during)／**be likely to〜**＝〜しそうだ，ありそうに思われる／**efficient**(a.) 能率的な，効率のよい；有能な，敏腕な／**own**(v.) 所有する（所持する）／**property right**＝所有権。(property(n.) 所有，所有本能；財産，資産。)／**furniture**(n.) 家具，調度／**purchase**(n.) 買い入れ，購入，買い物／**prelude**(n.) 前奏曲，序曲／**possession**(n.) (possess(v.)「所有する，占有する」から) 所有，所持，占有；所有物，所持品／**ownership**(n.) (前出 own(v.)の名詞形) 所有者たること，所有権 (property right)／**〜only when...**＝…してはじめて〜する（＝後出 not〜until...)／**illustration**(n.) (illustrate v.「[本など] に挿絵［説明図］を入れる，図解する；［実例・図・比較などによって］説明する，例証する」から) 実例，引例，例証／**not〜until...**＝…してはじめて〜する／**transfer**(v.) 移す，動かす，運ぶ／**in〜sense**＝〜な意味において。(in a sense＝ある意味で，in a strict sense＝厳密な意味で)／**consume**(v.) 消費する，使い尽くす／**bloodstream**(n.) 血流／**reverence**(n.) (revere(v.)「崇敬する，あがめる，敬う」から) 崇敬，尊敬，敬愛，畏敬／**binding**(n.) 製本，装幀／**type**(n.) ［印］活字，字体，印字体／**physical**(a.) 物質的な，物理的な／**craft**(n.) 技能，技巧，技術，わざ／**genius**(n.) 非凡な創造的才能，天才（資質），天稟，異才／**stake (out) a (or one's) claim**＝(〜に対する) 所有権を主張する，(〜を) 自分のものと主張する／**cover**(n.) (本の) 表紙。(日本語の本のカバーは jacket)／**library**(n.) 蔵書，収集図書，文庫／**nothing more than...**＝…にすぎない，…でしかない

解説

[1-2] You know you have to "read between the lines" to get the most out of anything.

あまり日本語の参考書では触れられないけど，ここに出てきた相関語句は重要だったな。「〜せねばならない」の意を表わす表現 (must〜, have to〜, it is necessary to〜) と不定詞の「目的」を表す (in order, so as) to... が相関して，「…しようと思ったら〜せねばならない」のニュアンスとなる，いわば，あることを実現させるための必要条件を述べる相関語句じゃ。Cf. You have to go there to get the ticket.「チケットを手に入れたいんだったら，そこに行かない

といけない」(You have to go there if you are to get the ticket.) そこで本文の訳は,「何事もそこから最大の意味を引き出してこようと思ったら,"行間を読む"ことが必要であることはご存知のとおりである」。**read between the lines** は人口に膾炙したイデイオム（慣用句）だから引用符が付されておる。**to get the most out of anything** と, anything が使われているから, ここは狭義の (in a narrow sense) 読書のことだけを言っているのではあるまい（次の文において in the course of reading［読書する際に］と断っていることからも, このことは明らか）。つまり, 読書だけに限らず, たとえば誰かの発話の中にその人の真意を探るときとか, ある事件や出来事の中にその事件のほんとうの意味を求めるときなどにも, 表面だけを見ないで比喩的に「行間を読む」ことが必要なのは周知のとおりだと言っておる。

[2-3] **I want to persuade you to do something equally important in the course of your reading.**

最初の **I want to persuade you to do〜** を「あなたに〜するよう説得したいと思う」などと稚拙な訳はやらないように。「あなたを説得して〜させるようにしたい」とは, つまりは「〜するようにお勧めしたい」の意だろ。**equally important** 以下は **something** にかかる形容詞句。ここの箇所が something as important と書かれていても意味はまったく同じであることを理解してくれ。つまり equally とは, 同等比較 as〜as...（「…と同じく〜」）の, 比較の対象 as... 以下が, 内容上明らかなために省略されたもの。something as important (as to "read between the lines")「それと［行間を読むのと］同じくらいに重要なこと」。「読書の際にもこれと負けず劣らず重要なことを実行することをお勧めしたい」。

[3-4] **I want to persuade you to "write between the lines."**

write between the lines とは, 「行間に書き込みをおこなう」のことだろうし, まさにそのことがこの筆者の勧めていることでもある。だから, そう訳していけないわけはないはずだよな。「あなたがたに書物に書き込みをすることをお勧めしたい」って。しかし, この表現は read between the lines というイディオムを踏まえて, 筆者が機転をきかせたつもりで write between the lines という表現を創り出したんじゃろが。確かにそれは「書き込み」の意味だけど, そう訳したんじゃあ, 日本語の慣用句を使えば「身も蓋もない」ってことになる。ここは筆者の機転を活かし,「行間を読む」と対比して「行間に書く」と訳してやろう。そうなればこそ, 引用符も生きてくる。

[4-5] **Unless you do, you are not likely to do the most efficient kind of reading.**

do は **write between the lines** の代動詞。「これをおこなわないかぎり, もっ

第八番　不定詞その三　97

とも効率的な読書は望むべくもない」。you は「一般的な人」だから，なるべく訳文には出さないようにしよう。

　言ってることの意味は分かるな。ほんとうに「効率的な読書」，つまり書物の内容を「血肉と化する」ような本の読み方をしようと思ったら，「書き込み」をしろと言ってるんだ。だからまず，図書館から借り出して本を読むってのはダメ。通り一遍眼を通しておくのが必要な程度の本だったら，わざわざ買わなくとも図書館の本で読めばいいだろう。しかし，著者の思想と対決し自分の精神の深化の糧にしようと思ったら，本に赤線を引いたり自分の感想や反論を書き込んだりが必要となるから，図書館の本ですませるわけにはいかないことになる。むかし吾輩はカーライル著『衣装哲学』（ドレスやファッション関係の本じゃないぞ）の夏目漱石の蔵書を見たことがあるが，いやあ，すごかった。何種類かの鉛筆を使い，共感したり示唆や霊感を受けたりした箇所は線を引き，共感した所以や反論の内容をことこまかにわきに書き込んで，まさに精神と精神との戦いの場に居あわせたような強烈な印象を受けた。ほんとうに本を読むということ——本を「自分のものにする」ということはこういうことなんだなと，大いに感動したもんじゃったよ。

[6]　There are two ways in which one can own a book.

　この文を「書物を所有できる二つの方法がある」なんて訳していても不十分。「所有」という日本語には物理的な「所有する」の意味しかないんじゃないかな？　精神的にその本を「所有」するときは，本を「自分のものとする」と言うだろ。いまその表現を使ったばかりじゃないか。夏目漱石はまさに『衣装哲学』を自分のものとしていたよ。「本を自分のものとする方法には二つある」。

[6-8]　The first is the property right you establish by paying for it, just as you pay for clothes and furniture.

　「最初のは，衣服や家具にお金を払うのとまったく同じように本にお金を支払って確立する所有権である」で訳としてはいいわけだが，the first 「最初のは」は the first way のことだから，ここは具体的に「最初の方法は」と訳したほうが日本語として分かりやすいだろう。「確立する所有権」の訳もちょっと生硬すぎる。「最初の方法は，衣服や家具を買うときとまったく同じように書物を買うかたちで自分のものとする方法である」くらいか。

[8-9]　But this act of purchase is only the prelude to possession.

　ここも「しかし，この購入の行為は所有への前奏曲にすぎない」なんて訳をしていたらダメ。possession は「所有」と抽象的に訳したのでは訳文が生硬で不自然になると思ったら，そう，名詞構文にとって，「所有すること」，つまり，ここだったら「自分のものとすること」と訳そう。「しかし，本を買うという行動は，その本を自分のものとすることの第一歩でしかない」。

[9-10] **Full ownership comes only when you have made it a part of yourself, and the best way to do this is by writing in it.**
　英語はくり返しを嫌うから，いま使った possession をこんどは ownership と言い換えてあるぞ。つまり，full ownership は「十分な所有」という抽象的な訳語では十分でなかったら，「完全に自分のものとすること」（＝to fully own it or to own it fully）くらいに名詞構文的に訳そう。**Full ownership comes only when you have made it a part of yourself** は，Full ownership doesn't come until you have made it a part of yourself（＝You don't own it fully until you have made it a part of yourself）と書き換えてもまったく同じ文意。あとでまた「～してはじめて…する」の表現をおこなうときには，また英語はくり返しを避けて，only when の形は使わずに，いま書き換えに使った not～until... の相関語句を用いておる。make it a part of yourself（「それを自分自身の一部分とする」）とは，「それを自分の精神の一部分とする」「完全に自分のものとしてしまう」「自分の血肉と化する」くらいの意味じゃな。「書物を自分の血肉と化したときにはじめてその本を十分に自分のものとしたことになる」。
　the best way to do this において，to do this という不定詞句は way にかかる形容詞的用法。節に書き換えたら，the best way in which you do this となるのだろうが，最上級の形容詞のついた先行詞に関係詞の which はよろしくないので，関係副詞の that を使って the best way (that) you do this がいいだろう。do this は to make it a part of yourself（「本を自分の血とし肉とすること」）を指しておる。「<u>それを行うもっとも良い方法</u>は本に書き込みをすることである」。
[10-11] **An illustration may make the point clear.**
　ここも，「ある例証が重要点を明確にする」なんてシラ～ッと訳すのではなく，自分の日本語の訳文の流れとかリズムをもっとよく考えろ。（「本を自分のものとする一番いい方法は，その本に書き込みをすること」という文につづくのだから）「このことを明確にするために，ひとつの例を挙げてみよう」とか訳す。
[14-15] **I am arguing that books, too, must be absorbed in your bloodstream to do you any good.**
　この文を，「私は，書物もあなたに何かの益をなすためにあなたの血流の中に吸収されねばならないと議論しつつある」と訳した場合の，いけない点を指摘してみようか。まず **I am arguing** は，「議論しつつある」と単なる進行形の行為を述べているのではなく，（「わたしの言いたいことはここなんだよ」の進行の形を強めて）「～と言っているのである，～と言いたいのである」という感覚。もうひとつは，さっき解説した **must** と不定詞 **to do** 句の相関。「何かの益をなすために」ではなく，「何かの益をなすためには」と，せめて「は」がないとならぬ。「書物もまた，読んで何らかの意味があるためには自分の血流の中に採り入

れないといけないということを言っているのである」。

[16-18] Confusion about what it means to own a book leads people to a false reverence for paper, binding, and type — a respect for the physical thing — the craft of the printer rather than the genius of the author.

　what 節の中の it は to 句を指す形式主語だから，「本を自分のものと<u>すること</u>が何を意味するか」。で，「本を自分のものとすることが何を意味するかに関する<u>困惑</u>は，紙質や装幀や活字に対する誤った尊敬へといたる」という訳文をでっち上げたとしたら，「困惑が尊敬へといたる」という日本語はおかしくないか？　そう，無生物主語の構文の処理を考えよう。もうひとつは，この「困惑」はあまりに抽象的すぎて，日本語としていささか不自然ではないか？　そう，名詞構文の感覚を活用しよう。「〜以下の困惑」とは，「〜以下に関し困惑していること（その意味がはっきり分かっていないこと）」。そうすると，「本を自分のものとすることがいかなる意味なのかに関する<u>理解がはっきりしていないがために</u>，紙質や装幀や活字に対する誤った尊敬<u>を生むことになる</u>」といった訳文が可能になるはず。(= As one is confused as to what it means to own a book, one comes to have a false reverence for paper, binding, and type.)

　いるだろう，本を見る際に，上質の紙を使っているか，装幀が立派か，活字が読みやすいかなど，本の"外見"だけを最重要視する人が。あるいは初版本とか稀覯本ばかり後生大事にする人が。そういう人はいかにも本好きに見えはするけれど，ほんとうの「本好き」ではない。本を真に自分のものとするということがどういうことなのか（what it means to own a book），そこがよくわかっておらん（confusion）がために，本の"外見"ばかりを重宝がる（reverence）ことになってしまっておる。「これ，〜の初版本だよ」と自慢したいがために，高額の金を本に支払うなんて，愚の骨頂だよ。

　「同格」は，それぞれの語句が長いときはカンマではなくダッシュで表すことがあったな。しかもここの「同格」はややこしいぞ。どれとどれが同格か？　内容からよく考えると，a false reverence for paper, binding, and type と **a respect for the physical thing**（「物理的なもの［物質的なモノ，精神ではなく物質，精神ならざるモノ］に対する尊敬」）とが同格であり，さらにその中の the physical thing と **the craft of the printer rather than the genius of the author**（「作家の精神ではなく印刷工の技術」）とが同格であると分かる。ややこしいなあ。それをバカ正直に，「作家の精神ではなく印刷工の技術である，物理的なものに対する尊敬である，紙質や装幀や活字に対する誤った尊敬」などと訳した日には，この訳文を読む人の頭がおかしくなってしまうぞ。いささか説明調の長ったらしい訳文になってしまうが，「本を自分のものとするということの意味を正確に認識していないがために，紙質や装幀や活字に対する誤った尊敬が

生まれることになる。紙質や装幀や活字はしょせんは物質的なモノであり、これを尊敬するとは作家の精神よりもむしろ印刷工の技術に重きを置くことになってしまう」とやるしかない。

[19-21］They forget that it is possible for a man to acquire the idea, to possess the beauty, which a great book contains, without staking his claim by writing his name inside the cover.

　もちろん，**for a man** は **to acquire** の不定詞句の意味上の主語を表し，その for a man to acquire というネクサスを形式主語の it が受けておる。しかし，「<u>人が概念を獲得すること</u>は可能である」と，構造的には正しくとも内容的に何を言ってるのかよくわからない訳文を作成してもダメだぞ。内容的にどういう意味か？

　筆者も **to acquire the idea** だけでは意味が不分明と感じたのかな，その句を **to possess the beauty** と言い換えておる。いいか，言い換えてるんだぞ。言い換えているのではなく，二つの「別物」だったら，to acquire the idea, and to possess the beauty と，and で結ばれているはず。もう分かったな。

　AとBとが句か節で，AとBとがandがなくてカンマだけでならべられている「A, B」の構文を，「同格」の一種ではあるが，吾輩は「並置」(Apposition) と呼んでおったぞ。つまりAとBとが句や節の場合の「A, B」の形は，AとBとは同一の内容でありながら，AをBがより具体的に，敷衍(ふえん)して説明する形となっておる。本文のこのふたつ，**to acquire the idea**「概念を獲得する」と，**to possess the beauty**「美を所有する」をようく見てみろ。ideaは「概念」なんて意味ではなく，書物に記されている作家の「思想」だろ。小説だって，そこに記されているのは，人生や人間に関する小説家の広い意味での「思想」だぞ。その「思想」とは，その書物の「美」，精神的な「美」だよ。同じことを，言い換えて言っとるんじゃ。そして，acquire（「獲得する」）と possess（「所有する」）も，言い換えながらも同じ意味で使われておる。だったら，「自分のものとする」と「我がものとする」くらいに，異なりながらも同じ意味の訳語を考えるくらいの，高級な"工夫"をしろ。「作家の思想を自分のものとし，書物の美を我がものとする」とな。とにかく，ありもしない and（「そして」）の訳語だけは入れるなよ。「並置」されておるんだから，日本語も訳文もただ羅列しとけばいいんだけど，それぞれの句や節が長いようだったら，「つまり」とか「すなわち」の語でもってつなげ。そうすれば，一方が他を敷衍しただけで，内容的に同じものである関係が通じる。ただ，あまり多用すると，訳文が説明的に過ぎて，日本語として死んじゃうこともあるけどな。

　この「並置」の感覚をよく理解すると，関係代名詞 **which** 節の両脇にカンマがある理由もわかってくる。連続用法か？　だったら連続用法の原則に従って，

前から訳してみろ。できっこないだろ。ここのカンマは連続用法をつくるだけのカンマではなく，先行詞がその前のbeautyだけではなく，並置をなしているから要するに内容的には同じ意味のはずのideaとbeautyの両方にかかっていることを示すためのカンマとわかるはず。「書物に含まれているはずの概念を獲得し，その美を所有する」と，うしろから限定用法的に訳す。それでも，「概念」とか「美」の意味がまだ明瞭ではない。「書物に述べられている<u>作家の思想を自分のものとし，その精神の美を我がものとする</u>」。すると，**without staking his claims〜**（「表紙の裏に名前を書いて自分の所有物であることを示すことなしに」）が，並置をなしている句の中の同意味の動詞 acquire と possess の双方にかかってゆく副詞句であることも明確になってくるわけじゃ。

[21-23] Having a fine library doesn't prove that its owner has a mind enriched by books; it proves nothing more than that he, his father, or his wife, was rich enough to buy them.

　Having a library は文の主語となっている動名詞。だからって「立派な図書館を所有すること」なんて訳すなよ。どこの個人が図書館を所有しているんだよ？　ここは「立派な書庫を持っていること」。いるだろ，書斎や客間に「××全集」ってのを何セットもずらっとそろえている人が。あれを見て，「わぁ，この人はこれをぜんぶ読破して，さぞや古今東西の思想に通じた最高に深い豊かな精神を持ってるんだろうなぁ！」と感心するか？　その蔵書の一冊を取り出して，中をめくってみろ。どのページも何の書き込みもなく，新そのもの。読んじゃいないんじゃよ。花瓶みたいな調度，飾りもの。ほんとうに自分のものとした本は，書き込みだらけ，とてもじゃないが飾りものなんかになるしろものじゃないぞ。

　enriched by books は **a mind** を修飾する過去分詞。「書物によって<u>豊かとされた精神</u>」。**it proves nothing more than that〜** は「〜ということ以上のことは意味しない」。つまり，「それは，〜ということでしかない」とやってもいいだろう。要するに，**he, his father, or his wife, was rich enough to buy them**（「彼が，あるいはその父親が，あるいはその細君が，それだけの書物を買えるだけの金持ちだった」）ということにすぎない。「父親が金持ち」というのは高額の遺産が転がり込んだことを指しているのだろうし，「細君が金持ち」というのは，「ギャクタマ」のご身分だっただけだろ，ってこと。（もちろん，**enough to buy** は「程度」を示す不定詞の副詞的用法。書き換えると，〜was rich enough to buy them＝〜was so rich that he or she could buy them）

訳例　何事にせよ最大限にその価値を引き出すためには「行間を読む」ことが必要なことはご存知のとおりである。そこでわたしは，読書においてもこれと同

じように大切なことをお勧めしたいと思う。「行間に書く」ことをお勧めする。これをやらないかぎり，読書に最大の効果を上げることは望みえない。

　書物を自分のものとする方法には二つある。ひとつは，衣服や家具を買うときとまったく同じようにお金を払って購入する形である。しかし，これは本を自分のものとする第一歩でしかない。本は，それを自分の血とし肉としたときにはじめて自分のものとなるのであって，それをやる最もよい方法は書き込みをすることだ。このことをはっきりさせるために，ある例を挙げてみよう。たとえばステーキ用牛肉を買ってきて，それを肉屋の冷蔵庫から自宅の冷蔵庫へと移したとする。しかし，その牛肉を食べて消化し，血流の中の栄養分に変えないかぎり，最も重要な意味で牛肉を自分のものとしたとは言えないはずだ。書物もまた，何らかの効果を上げんがためには血流の中に採り入れねばならないということを言っているのである。

　書物を自分のものとするということがいかなる意味なのか曖昧なため，紙質とか装幀とか字体といったものに誤った重きをおく人もいる。紙質，装幀，字体などは所詮はモノであり，モノに重きをおくというのは作家の精神よりもむしろ印刷工の技術のほうをありがたがるに等しい。人間は，表紙の裏に名前を書いて自分のものであることを主張したりせずに，書物に含まれる作家の思想を自分のものとし，精神の美を我がものとすることができるのだということを，そういう人は忘れてしまっている。立派な書庫を持っているということは，その人が書物によって豊かになった精神の持ち主であることを意味したりはしない。ご本人が，あるいはそのお父さんが，もしかしたらその奥さんが，それだけの書物を買うだけのお金持ちであったということにすぎない。

文法要点

◆不定詞を使った相関語句。「義務・必要」の表現と，副詞的用法「目的」の to 不定詞が相関すると，「～しようと思ったら（～したいんだったら）…しないといけない」という必要条件を表す表現となる。

　One must [have to]...to～
　It is necessary (for one) to...to～
　　You have to "read between the lines" to get the most out of anything.
　　Books must be absorbed in your bloodstream to do you any good.

＊ only は when 節を修飾して，「～してはじめて…する」の意味となる。同様に，until は否定語といっしょになって「～してはじめて…する」の表現を作る。

Full ownership comes only when you have made it a part of yourself. (= Full ownership does not come until you have made it a part of yourself.)
You do not own the beefsteak until you consume it and get it into your bloodstream. (=You own the beefsteak only when you consume it and get it into your bloodstream.)

＊現に行っている動作を**強調**するために**進行形**を使うことがある（読むときはbe 動詞に強勢を置く）。
I am arguing that books must be absorbed in your bloodstream to do you any good.
（参考）もうひとつの注意すべき進行形として，二つの動作の同時性を示す場合がある。そのときは進行形の箇所を「〜していることになる」と訳す。
If you stop my going, you are helping me a lot. （「もしぼくが行くのを止めてくれるんだったら，ぼくはとても助かることになる」）

第九番　分詞構文——見分け方のコツはカンマ
Accepting ... occurred, the folk were ...

　次に準動詞と呼ばれる不定詞・分詞・動名詞の二つ目，分詞の練習をやることにする。といっても，分詞（現在分詞と過去分詞）が進行形や完了形を作ったり，名詞を修飾したりする用法は，いまさらくだくだしく述べる必要もあるまい。この章は，分詞の用法でもやや難しい分詞構文の練習をやる。とにかく基本は，現在分詞は動作を行う（能動）意味を含み，過去分詞は動作を受ける（受動）の意味を含むということじゃ。

　　　Leisure, and the problem of using it, are new things in our society. I do not mean that the older people never had any spare time. There were, doubtless, many hours when they eased off, to smoke their pipes and drink their beer and be jolly; only, such hours were, so to speak,
5 a by-product of living, not the usual and expected consummation of every day. Accepting them by no means unwillingly when they occurred, the folk were still wont normally to reduce them to a minimum, or at least to see that they did not occur too often, as if spare time, after all, was only a time of waiting till work could be conveniently
10 resumed. But the modern labourer's employment, reduced as it is to so much monotony, and carried on for a master instead of for the man himself, is seldom to be approached in that spirit. The fruition of living is postponed during the hours in which the living is being earned; between the two processes a sharp line of division is drawn; and it is
15 not until the clock strikes, and the leisure begins, that a man may remember that he is a man, and try to make a success of living. Hence the truth of what I say: the problem of using leisure is a new one in our society. Deprived, by the economic changes which have gone over them, of any keen enjoyment of life while at work, the labourers must

²⁰ make up for the deprivation when work is over, or not at all.
(Frank Raymond Leaves & Denys Thompson: *Culture and Environment: The Training of Critical Awareness*)

> [!単語]
> **spare time**(n.) 余暇／**doubtless**(ad.) 確かに，なるほど（しばしばbutと呼応して譲歩を表す）／**ease off**(v.) 和らぐ，緩む；ゆったりと動く，くつろぐ，のんびりする／**jolly**(a.) 上機嫌の，浮き浮きした，陽気な／**so to speak**＝言ってみれば，いわば／**by-product**(n.) 副産物／**consummation**(n.) （consummate(v.)［完了する，完成する，成就する］から）仕上げること，完成；達成，成就；終結，終焉／**by no means**＝決して〜でない，まったく〜でない／**unwillingly**(ad.) （unwilling a.［気が進まない，嫌々ながらの，不本意の］から）不承不承に，嫌々ながら／**be wont to〜**＝〜し慣れて，〜するのを常としている（be accustomed to 〜）／**reduce**(v.) （範囲・大きさ・数量など）を小さくする，減少する；（程度など）を下げる，低くする／**minimum**(n.) 最小の量（数），最低限（度）／**resume**(v.) （一度止めた仕事・話などを）再びはじめる，再開する／**see that S＋V〜**＝（〜するように）取りはからう，配慮する，確実に（間違いなく）〜する，（〜されるように）気を配る／**employment**(n.) （employ(v.)［雇う，雇用する］から）雇用，勤め；職，職業／**be reduced to〜**＝〜（ある悪い状態）になっている，陥っている，落ちぶれている／**monotony**(n.) 単調さ，変化のないこと／**carry on**＝（事業などを）経営する，（仕事などを）行う，進める，こなす（performの口語表現）／**approach**(v.) 近づく，接近する；（問題・研究などに）手をつける，取り組む，取りかかる／**fruition**(n.) 達成，実現，成就；（達成・実現から得る）喜び，楽しみ，享受／**postpone**(v.) 〜を延期する，後回しにする／**draw**(v.) （線を）引く，（一線を）画する，〜を明瞭にする／**make 〜of...**＝…を〜にする／**hence**(ad.) このことから推して，この故に，したがって。（consequentlyやthereforeより堅い表現。しばしば動詞を省略する）／**deprive**(v.)〜of...〜から（…を）奪う，剥奪する，取り上げる；〜に（…を）与えない，許さない，拒む。その名詞形が／**deprivation**(n.) 剥奪，没収，奪取；喪失，損失／**at work**＝仕事中／**make up for〜**＝〜を補償する，償う，埋め合わせをする，（不足を）補う

> [!解説]
> [1-2] Leisure, and the problem of using it, are new things in our society. I do not mean that the older people never had any spare time.
>
> 「レジャー」と「それをいかに使うかの問題」とが文の主語。だったら，Leisure and the problem of using itと並べて書けばいいわけで，なにも二つ目の主語をカンマでくくりあげる必要はないよな。ま，ここは「レジャー」自体より

も、「それをいかに使うかの問題」のほうがより new things in our society であると，こっちを強めたいからカンマをつけたんじゃろう。「レジャーと，それをいかに使うかの問題は，現代社会の新しい現象である」。「新しい現象」といっても，**I do not mean that the older people never had any spare time**（「昔の人に［余暇］がなかったなどと言っているのではない」）。ここが現代のレジャー論の重要なところ。昔だって，仕事の合間に，あるいは仕事を終えたあとで，くつろぐという意味での「余暇」はあった。しかし現代の「レジャー」はそういう意味の「余暇」ではなく，もっと積極的な，言うならば，もっと人間的な意味を有しておる。だから現在では，leisure を「余暇」と訳すのは，むしろ間違いといってもいいだろう。

[2-6] There were, doubtless, many hours when they eased off, to smoke their pipes and drink their beer and be jolly; only, such hours were, so to speak, a by-product of living, not the usual and expected consummation of every day.

doubtless は一見形容詞に見えるが（形容詞として使うこともなくはないが），多くは文修飾（sentence adverb）の副詞として，certainly や without doubt と同じ意味を有する副詞。この場合，doubtless は It is true, I admit, Indeed, to be true などと同じように but と呼応して，「なるほど〜だが，しかし…」（＝It is true〜, but...）と「譲歩」を表しておる。ただし本文では but を使わずに，その代わりにセミコロン（;）を使っておるな（セミコロンに込めた but のニュアンスを強調するために，接続詞の **only** を使ってるが）。このセミコロンの中に but の意味を感じ取って，「なるほど(確かに)〜だが，しかし」の相関の感覚を感じ取らないといけないぞ。

　以下の不定詞句の用法は何だろう？ 「煙草を喫い（pipe「パイプ，煙管」なんて昔懐かしい単語を使っているから，「タバコ」じゃなくて「煙草」と訳してみた），麦酒を飲み（「麦酒」は「ビール」でいいんだけどね），愉快に過ごすためにくつろぐ」と，「目的」に訳しても構わないのだが，「結果」に解して，「仕事の手を休めてタバコを喫い，麦酒を飲み，愉快に過ごす（多くの時間）」とやってもいいだろう。ここはどっちでもいい。訳すと，「確かに，仕事の手を休めては煙草を喫ったり，麦酒を飲んだり，仲間と楽しくやる時間はたっぷりありはしたが，それらはいわば生活の副産物であって，日常生活の通例の予期された完成ではなかった」となるかな。う〜ん，「日常生活の通例の予期された完成」ってのが，意味がすっきり通じんなあ。「毎日恒例の，予定の仕上げ」「一日の仕上げとして日々の予定に組み込まれているもの」くらいでいいか。

[6-10] Accepting them by no means unwillingly when they occurred, the folk were still wont normally to reduce them to a minimum, or at least to see that they did not occur too often, as if spare time, after all, was only a time of waiting till work could be conveniently resumed.

　Acceptingと分詞ではじまって，しばらくするとカンマが打たれているから，この箇所は分詞構文とわかる。いいな，分詞構文を見分けるコツは，原則として，カンマの有無だ。分詞構文ってのは，副詞節（「接続詞＋S＋V〜」）の「接続詞＋S」の部分を取っちゃってVを分詞にしちゃう構文のことだから，その分詞構文の句が名詞にかかる形容詞句ではなく，主文全体（とくにその中の動詞）にかかる副詞句であることを明確にするためには，カンマが必要になる。分詞構文が使われるときには，次の三つのうちのいずれかの形で使われる——

　　　分詞（現在分詞-ingか過去分詞-ed）〜, S＋V...
　　S, 分詞〜, ＋V...
　　S＋V..., 分詞〜

　さらに，本格派の諸君らにとってはいまさらながらのことではあろうが，分詞構文の基本的な用法を簡単にまとめておこう。そもそも分詞構文というのは，いまも言ったように分詞（現在分詞と過去分詞）が中心となって主節全体（局部的には主節の動詞）を修飾する副詞句のことである。過去分詞の場合，その前にbeingが省略されているという便宜的な説明がおこなわれることもあるが，なにも現在分詞で統一させることはないよ。要するに現在分詞は能動的な，過去分詞は受動的な意味をもっているだけで，あくまでも分詞形で書きはじめられる句ということじゃ。

*　「理由」Being a child, I could not understand what my mother said.「子供だったので，母の言っていることが理解できなかった」（分詞構文の副詞句を従属接続詞を使った副詞節に書き換えると，As I was a child, I could not understand what my mother said.）

*　「時」Left to herself, the little girl began to cry.「独りっきりにされると，その女の子は泣き出した」（When she was left to herself, the little girl began to cry.）

*　「譲歩」Wounded and tired, he continued to work.「傷を負い疲れてはいたが，彼は仕事をつづけた」（Though he was wounded and tired, he continued to work.）

*　「条件・仮定」Born two hundred years ago, he would have succeeded to the throne.「200年前に生まれていたら，彼は王位を継承していたことであろう」（If he had been born two hundred years ago, he would have succeeded to the throne.）

* 「同時動作」I went around the room looking for my key.「ぼくは鍵を探しながら部屋を歩きまわった」(この用法のときにはカンマが付されないことが多い。さらに，この用法のときには従属接続詞を使った副詞節に書き換えることも不可能。だから分詞構文の用法に含めるよりも「主格補語」という分類のほうが合理的で統一的ではあろう。要するに文法なんて英文を正確に読むための"道具"なんだから，吾輩はこれを強引に分詞構文の用法に含める。)

* 「連続動作」He went back home, playing tennis.「彼は帰宅すると，テニスをやった」(「連続」の動作を示すのだから，書き換えるときは従属接続詞ではなく，前から訳す等位接続詞を使って書き換える。He went back home, and played tennis.) この「連続動作」と上の「同時動作」を合わせて「付帯状況」と呼ぶお方もいるな。

さて，本文の分詞構文の箇所を訳してみよう。by no means は位置からして accept にかかって「決して受け入れるのではなく」とはならず，unwillingly にかかって，「決して嫌々ながらではなく」の意。また they occurred の they は hours のことだから，「それら（時間）が起こったとき」なんて日本語はないぞ。「そういう時間が持てたとき」。主文は「いつもはそういう時間を最小限に抑えるようにした」だから，「そういう時間を決して嫌々ながらではなく受け入れつつも（受け入れてはいたけれど）」と，分詞構文は「譲歩」だな。じつは，分詞構文の「譲歩」の用法は，副詞 still の中にすでに込められておる。というのは，still は単独に「まだ」なんて意味ではなく，譲歩の接続詞の if や though と相関して（「If (Though)〜, still...」），「（たとえ〜でも），なおかつ…」のニュアンスになる語なんじゃよ。その still が主節の中で使われておるということは，逆に言うと，分詞構文の用法は「譲歩」ってこと。さっきの only といい，この still といい，正確に感覚をつかまないとな。「そういう時間が持てたときは嫌な顔ひとつせずに娯楽に興じたりはしたけれど，なおかつそういう時間は普段は最小限に抑えるようにした」。

see that は see to it that（「必ず〜するようにする」）のイディオムの中の to it の部分が落ちた形と理解してくれ。they did not occur too often もさっきと同じで，「それらがあまりに頻繁に起きないようにする」では意味がすっきりしないから，「それら（そういう時間）はあまり頻繁には持たないようにする」と訳す。as if 節の中の時制は was と直説法になってるな。were の仮定法にすべきじゃないのかと，騒がないでくれ。as if は，話し手が事実と逆のことを述べて「まるで〜のように」と言うときには仮定法を取るが，事実であることを示唆する場合には直説法を取るんだ。たとえば He walks as if he is drunk と言えば，彼なる男，ちゃんと酔っ払っていて，歩き方もその酔っぱらいらしい千鳥足で歩

いているってことで，酔っ払ってもいないのに酔っ払ったような歩き方をしている he walks as if he were drunk とは違うってこと。本文の場合も，昔の人は仕事の合間や仕事の後にくつろぐ時間帯を文字どおりの「余暇」として実際に**a time of waiting**「仕事までの待ち時間」といった案配に過ごしていたのに対し，現代の「レジャー」は，仕事とは別個の，それ自体で有意義な時間帯なのである。せっかくの休みを，テレビの前に寝転がってダラダラ過ごすというのでは，あまりにもったいないということらしい。

　ところで，**till work could be conveniently resumed** の conveniently はどう訳す？　現代の日本では，便利なコンビニが異常発達しているから，「便利な，都合のいい」の意味の convenient は誰でも知っている単語だろう。だからって，ここ，「仕事を便利に再開できるまで」って訳でいいか？　「いやあ，おかげさまで昨日は便利に仕事が再開できましてねえ」なんて言う日本人がいるか？　何度も言うけど，英文を日本語に訳すときは，タテのものをヨコにするだけではなく，また辞書の訳語を何も考えずに使うのではなく，日本人としてこの訳語は適切か，人間としてこの言動は自然か，考えながら訳せよ。「便利に」とは，「仕事をふたたび行う身体にとって便利に，好都合に，つまり相応しい状態で」「いい具合に」ってことだろ。「元気よく仕事にもどる」とか，いっそのこと，「リフレッシュして仕事にもどる」くらいに訳しちゃえ。

[10-12]　But the modern labourer's employment, reduced as it is to so much monotony, and carried on for a master instead of for the man himself, is seldom to be approached in that spirit.

　さっき英文において分詞構文が起きる三つの形をまとめたけど，ここは二つ目の「S, 分詞〜, +V...」って形で分詞構文が使われておるな。つまり，**reduced 〜and carried on...** と二つの分詞構文の句が来ておる。最初の句 **reduced as it is to so much monotony** の as it is は何だろう？　これは分詞構文の句を節に書き換えた，As it is reduced to so much monotony の，その as it is が省略されることなくそのまま分詞のうしろに置かれた形と理解してくれ。そもそも分詞構文は用法が多いため，即座に用法を判別することが困難なこともあるが，こうすることによって「理由」の用法が強調され，意味が通じやすくなる。Living <u>as I do</u> in the suburbs of the city, I can enjoy pretty much of an urban life.（「郊外に住んでいる<u>ので</u>，かなりの都会生活が楽しめます」）　本文は be 動詞だが，一般動詞の場合には as I live とはせずに代動詞 do を立てて as I do とする。「現代の労働者の仕事は，あまりに単調なものとなってしまっている<u>ので</u>」。

　同じように，**carried on** は「理由」の分詞構文で，as it is carried on（「行われるので」）の意。**for a master** は，「主人のために」ではなく，現代の労働者のことを言っているのだから，「雇用主のために」がいい。**instead of for the** man himself は面白い形をしているな。for the man himself という副詞句をひとつのまとまった名詞句として，それが instead of の目的語となっておると理解してくれ。前置詞が前置詞句を目的語に取ることがある。たとえば，A cat ran out of under the table (「猫がテーブルの下から飛び出てきた」)。「(仕事が) 労働者自身のためにではなくて雇用主のために行われるので」。

　現代の仕事は昔の仕事と同列に論ずる (approach in that spirit) ことはできないという (be to の「連辞」は，予定・義務・可能・運命のうち，「可能」だな)。どうしてか？　昔の仕事は，手工業が大部分だから，仕事には何かを創りあげる喜びと充足があった。だから仕事に疲れたら，煙草を喫って，仲間と語らって，また「創造」である仕事に元気にもどっていけばよかった。仕事をすることが人間にとって「生きる」ことの意味であり「目的」であったよ。しかるに現代の「仕事」はどうか？　現代の労働論でよく言われることだが，現代の仕事は分業化と機械化が過度に進んでいるため，たとえば自動車工場で一日中，それこそ一日中ネジを巻きつづける仕事をしたり，チェインのレストランで一日中同じハンバーグを焼きつづけたり，銀行で他人の金を一日中数えたりせねばならぬ。それほど極端でなくとも，現代人の仕事というのは大なり小なり似たようなものじゃよ。「仕事を通して自己を高める」なんて夢を若者はもつことがあるが，業績を上げることでやり甲斐につながったり，仕事の苦労を通して人間性が磨かれたりすることぐらいならあるだろうけれど，なかなか自己確立にまではいたらないことが多いんだよな。現代では，仕事は，"食う"という意味での「生活」にはつながっても，「生きる」ということに直結するのは難しくなっておる。それなら現代は昔よりもそれだけ人生がつまらないものとなっているのか？　ところがどっこい。ここに，現代における「レジャー」なるものの意味がある。

[12-16] **The fruition of living is postponed during the hours in which the living is being earned; between the two processes a sharp line of division is drawn; and it is not until the clock strikes, and the leisure begins, that a man may remember that he is a man, and try to make a success of living.**

　三つの節 (the fruition of living 以下の節と，between the two processes 以下の節と，and it is not until 以下の節) がセミコロン (；) によって結ばれておる。セミコロンはコロン (：) ほどではないが，結ばれている語句や文の間に，説明や理由や敷衍などの緊密な関係がある (もっとも区切りの強いのは，もちろん，ピリオド)。本文を見ると，最初の文と二つ目の文は and で結ばれてないから，いわば「並置」の関係。「生きて在ることの充実感は，生活の資を得るための労働の時間中には先延ばしされている」ということと，「両者 (生きる充足感と労働時間) との間にははっきりと一線が画されている」ということとは，同じことを別角度から補足した内容だろ。ところが二つ目の文と三つ目の文との

間には，and が置かれておる。内容的には「別物」だ。二つ目の文（レジャーと労働とは一線で画されている）の結果，招来されることを，and（「そして」）として三つ目の文が述べておることになる。

さて，その三つ目の文の構造だが，まず前に述べた only when〜と同じ意味の相関語句 not〜until...（…してはじめて〜する）は，強調構文の It〜that... でくるときには，**It is not until〜that...** の形となる。You do not own the beef-steak until you consume it の強調構文は It is not until you consume it that you own the beefsteak になるってこと（とくに具体名詞と代名詞を入れ替えて，It is not until you consume the beefsteak that you own it とやることもない）。「時計が鳴り，レジャーがはじまってはじめて，人は自分が人間であることを思い出す」。「時計が鳴る」というのは，「5時から男」って言葉が前にあったが，要するに今風に言ったら「終業のベルが鳴る」こと。「レジャーがはじまる」というのは，居酒屋にしけ込んで上司の悪口を言い合ったり仕事の愚痴をこぼし合ったりすることじゃないぞ。「人は自分が人間であることを思い出す」という意味も分かるな。仕事の間は，それこそ食わんがため家族を養わんがため，仕事に専念するしかない。しかし現代の仕事はあまりに単調で，自分を伸ばすというよりも雇用主とか会社の利益のために働かされている部分が多い。そこには，一個の人間として生きて在ることの悦びや充足が感じられることもなく，ロボットとして社会の抽象的な機能を果たすことの意味しかないこともある。俺はロボット人間，「社会の歯車」じゃない，なによりも人間なんだということを思い出し，自分の人間的な興味や関心や好奇心を満たし，自己を精神的に高める時間，それが現代におけるレジャーの意味ということになる。夜な夜な居酒屋でオダを上げても，それは自己を高める人間的な時間としてのレジャーにはならぬ。「自己を高める」といったが，**make a success of living** という表現はそのことを言っておる。文字どおりには「生活を成功にする」ということだが，この「成功」というのは，ロボット人間として"機械"に徹した生活のことではなく，人間らしい精神的な意味のあるものくらいのことだろう。「生きることを意味あるものとする」くらいの訳でいいんじゃないか？

[16-18] Hence the truth of what I say: the problem of using leisure is a new one in our society.

「それゆえわたしの言うことの真理性」と訳しても日本語にはならないわな。**hence** の次には動詞を省略することが多いけど（たとえば Hence the conclusion なら，「それゆえこういう結論［が生じる］」），あくまでも接続詞的に使われているのだから，その次には「S＋V」の内容が来ることになる。とすると，その名詞のなかに動詞（あるいは形容詞）的な意味を読み込んで節として訳せばいい。そう，名詞構文じゃ。the truth に動詞形はないから，形容詞形の to be true

(「真実であること」)の意味を読み取り，何が真実であるか，of がその意味上の主語を表していると解して，この **the truth of what I say** の句のなかに what I say is true のネクサスを読み込む。「したがって，わたしの<u>言っていることが正しい</u>ということになる」。何度も言うが，「名詞構文」はいずれちゃんとまとめるから，いまは徐々にその感覚に慣れていこうな。**a new one** は，もちろん前出名詞のくり返しを避けて a new problem のこと。

[18-20] Deprived, by the economic changes which have gone over them, of any keen enjoyment of life while at work, the labourers must make up for the deprivation when work is over, or not at all.

　分詞構文とは，分詞（現在分詞か過去分詞）を中心として主文全体を修飾する構文のことだった。さっきの二つは現在分詞。そしてこんどは **deprived** と過去分詞。be deprived of〜は「〜を奪われている」）という意味で，ここはそれを分詞にした being deprived の being が省略されているという説明を特にすることもない。過去分詞を使った分詞構文だってこと。過去分詞だから，要するに受動態の形に訳せばよろしい。「any keen enjoyment of life を奪われているために」。さて，そして **any keen enjoyment of life** を「生活のあらゆる鋭い享受」と訳したのでは通じないぞ。抽象名詞をそのまま訳して通じないのなら，そう，名詞構文。抽象名詞 enjoyment の中にその動詞形 to enjoy のニュアンスを読み取り，何を楽しむのか，of がその意味上の目的語を示して，「(どういう形にせよ) 深く生活を楽しむこと」。**while at work** (while they are at work の省略形) は enjoyment の中に込められた動詞的意味 enjoy にかかる副詞句となる（形態的には形容詞句だが）。「仕事をしている間はどういう形にせよ深く生活を楽しむことができないため」。**by the economic changes which have gone over them** の「行為者」を表す句は挿入句となっておる。どうしてか？　本来の位置に Deprived of any keen enjoyment of life while at work by the economic changes which have gone over them と書き換えたらすぐに分かるとおり，「行為者」を表す by the economic changes と受動態の (being) deprived との関連性が希薄になっちゃってわかりにくいだろ。だから受動態のすぐ次に置くべく挿入句としたわけ。**the economic changes which have gone over them** (「彼らの上にやって来た経済的変化」→「彼らを襲った経済機構の変化」) とは，先に述べた機械化（オートメーション化）とか分業化を指しておる。

　the deprivation も，ただ「欠落」とか「剥奪」と訳したのでは，「剥奪を埋め合わせる」などと，イマイチ訳がすっきりしない。抽象名詞がそのままの抽象的な訳語ではダメとなったら，またもや名詞構文。さっき抽象名詞の中に動詞ではなく形容詞のニュアンスを読み取る構文があったが，さらに名詞構文は「〜すること」と動詞的なだけの訳ではなく，「〜するもの」と what (=that which

〜）の意味になることがある。ここは「奪うこと」ではなくて「奪われたもの」(what has been deprived) の意味。「奪われていたものを取り戻す」。名詞構文の感覚を広げてくれ。**not at all** は，そのまま「少しもない」とだけ訳しておさまってるんじゃないぞ。この not は，前に出た，先行する文全体の否定形を代表する not だったな。つまり not at all の中に the labourers must not make up for the deprivation at all という否定文を読み込まなくてはならぬ。「労働者は失った時間を仕事が終わってから取り戻すか，それともまったくそれをなさないままでおわるしかない」。

<u>訳例</u>　レジャー，およびレジャーをいかに使うかの問題は現代社会に新しく生じたものである。といっても，なにも昔の人間に余暇がなかったなどと言っているのではない。まちがいなく昔も，仕事の手を休めて煙草をくゆらし，麦酒を飲んで，仲間と楽しくやる時間はたっぷりとあったが，ただ，そういう時間帯はいわば生活の副産物であって，日常生活の中に組み込まれた一日の仕上げとして存在するものではなかった。そういう時間が持てれば彼らも決して嫌がらずにその時間を享受しはしたが，なおかつ彼らは普段はそういう時間帯を最小限に抑えるようにするか，少なくとも，余暇というのは気分をすっきりさせて仕事にふたたび取りかかる前の待ち時間に過ぎないかのごとくに，あまり頻繁にはそういう時間が生じないように配慮していたものだ。ところが現代の仕事は，じつに単調きわまりないものとなってしまい，自分自身のためというよりも雇用主のためにおこなうものとなってしまったがため，昔と同列に論ずることはまず不可能である。生きて在ることの充足感は，生活の糧を得んがために働く労働時間の間はあと伸ばししておくしかなく，生きることと仕事との間には画然と一線が画されているものの，いったん終業のベルが鳴り，レジャーがはじまったとなると，人は自分が機械ならざる人間であることを思い出し，人生を意味のあるものとなす努力をはじめる。かくて，わたしの言わんとすることは正鵠を得ていることとなる──いかにレジャーを使いこなすかの問題は，現代社会になって生じてきた新しい問題なのだ。現代になって出現した経済形態の変化のために仕事の間はいかなる形にせよ生きて在ることを深く楽しむことができないがため，労働者は失われた時間を仕事の終わったあとに取り戻すか，それとも生きていることをまったく楽しむことができずに終わるか，二つに一つしかないのである。

<u>文法要点</u>

◆分詞（現在分詞と過去分詞）を中心として文全体を修飾する句を**分詞構文**という。分詞構文には，「時」「理由」「条件・仮定」「譲歩」「同時動作」「連続動作」

などの用法がある。
> Accepting them, they were wont to reduce them to a minimum.
>
> The modern labourer's employment, carried on for a master, is seldom to be approached in that spirit.
>
> Deprived of any keen enjoyment of life, they must make up for the deprivation.

◆分詞構文の「**理由**」の用法のときは，分詞の次に「as S+V（be動詞か代動詞））」を置いて「理由」のニュアンスを強めることがある。
> The modern labourer's employment, reduced as it is to so much monotony, is seldom to be approached in that spirit.

＊「(抽象) 名詞構文」は，動詞形のない場合には名詞の中に形容詞の意を読み込んだり，動詞ではなくてその動詞の動作の対象（「～するもの」）を表すこともある。

Hence the truth of what I say. (=Therefore, what I say is true.)

the usual and expected consummation of everyday (=what consummated everyday in a usual and expected way)

They must make up for the deprivation. (They must make up for what has been deprived or for the keen enjoyment of life of which they have been deprived)

＊相関語句 **not～until...**（「…してはじめて～する」の強調構文は It is not...that ～の形を取る。

A man may not remember that he is a man until the leisure begins.→ It is not until the leisure begins that a man may remember that he is a man.

第十番　分詞構文その二
Asked if we want life for our children ...

　分詞構文自体はそう英文に頻出する構文ではないかもしれぬが，他の用法の分詞とまちがえてしまうこともあるし，さらにあと二題ほど，この構文の出てくる英文を読んでみよう。えっ，どこに出てるって？　まあ，まあ，まずは読んでみてくれ。

　The truth that men seek to evade is that this small planet cannot survive a nuclear exchange; that conflict in support of either national passion or differing ideology is grimly absolute; that those sheltered up within the mountain would last for only a few weeks longer than the possibly more fortunate in the town outside.

　We do not yet confront this truth. Asked if we want life for our children and grandchildren, we affirm that we do. Asked about nuclear war, the greatest threat to that life, we regularly dismiss it from mind. Man has learned to live with the thought of his own mortality. And he now has accommodated himself to the thought that all may die, that his children and grandchildren will not exist. I suspect that our minds accept the thought but do not embrace the reality. Our minds can extend to a war in some distant jungle and set in motion the actions that reject it. But not yet to "the nuclear holocaust."

　A commitment to this reality is now the supreme test of our politics. None should accept the easy evasion that the decision is not ours. The Russians are no less perceptive and no more inclined to a death wish than we. Their experience of the death and devastation of war is far more comprehensive than ours. We must believe, for it is true, that they are as willing as we are to commit to this reality, to the existence of this threat to all life and to its elimination.

(J. K. Galbraith: *The Age of Uncertainty*)

[単語]

seek(v.) 探し求める，得ようとする。これが seek to～の連辞の形になると，「～しようとする（努める），試みる」／**evade**(v.) （ずるく，巧みに）逃れる，免れる，よける。あとで出る名詞形は／**evasion**(n.) 逃れること，裏をかくこと，回避，忌避／**planet**(n.) 惑星；(the planet) 地球→ earth／**survive**(v.) （ある人の死後に，または事故，事件のあとに）生き残る，生き延びる，存続する。＊ outlive とほぼ同義だが，outlive は他動詞としてのみ用いるに対し，survive は自動詞としても他動詞としても用いる／**nuclear**(a.) 核の，核兵器の，核を保有する。(nucleus n. 核，原子核；中心部分)／**conflict**(n.) 闘争，戦い，争い；衝突，不一致／**in support of**～＝(副詞句なら) ～を支持して，(形容詞句なら) ～を支持する N／**ideology**(n.) イデオロギー，観念，観念形態／**grim**(a.) 厳しい，容赦のない；恐ろしい，気味の悪い，ぞっとする／**shelter**(v.) ～の避難所となる，(悪天候・危険・攻撃などから) ～を保護する，かばう／**affirm**(v.) 断言する，主張する，言い張る／**regularly**(ad.) 定期的に，正規に；普通は，通例／**dismiss**(v.) 解散（散会）させる；解任（免職）する；(考えなどを念頭から) 追い出す，棄てる，忘れてしまう／**mortality**(n.) 死すべき運命，死を免れないこと。(mortal a.死を免れない，死すべき運命の，必滅の)／**accommodate**(v.) (人・物事を)～に適応させる；《再帰的に》～に順応する，適応する／**embrace**(v.) 肉体的に「(愛情表現として両腕に) 抱く，抱擁する」から，精神的に「(主義・教義・思想などを) 受け入れる，信奉する，選び取る」／**set (or put)～in motion**＝～を始動させる，スタートさせる／**holocaust**(n.) 大惨害，大破壊，全滅；(ユダヤ人の) 大虐殺，(一般に) 大量虐殺／**reject**(v.) 拒絶する，断る，辞退する，認めない／**commitment**(n.) (commit(v.) 「《再帰的》(問題・質問に対して) 自分の立場（意見）を明らかにする（表明する，明言する）；(事に) かかわる，専心する，コミットする」から）(～への) 関わり合い，参加；(主義・運動などへの) 傾倒，献身，強い関心／**supreme**(a.) 最高の，最大の，至高の，究極の／**no more～than...**＝…と同じく～でない，～でないのは…と同じ／**no less～than...**＝…と同じに～で，…に劣らないほど～で／**perceptive**(a.) (perceive(v.)「(五感によって事・物に) 気づく，知る，感知する」から) 洞察（理解，直感）力の鋭い，鋭敏な，敏感な／**be inclined to～**＝～する傾向がある，たちである；～に気が向く，心が傾く，したいと思う／**devastation**(n.) (devastate v.「荒廃させる，徹底的に破壊させる」から) 破壊，荒廃／**comprehensive**(a.) 精神的に「理解力のある，理解力が広範囲にわたる」から，物理的に「広範囲にわたる，包括的な」／**be willing to～**＝～するのをいとわない，～しても構わない，～する気がある（積極的にしたいという気持ちというより相手の意を汲んで～する感じが強い）／**elimination**

(n.) (eliminate(v.)「除く，除去する，排除する」から) 除去，削除，排除．

解説

[1-5] **The truth that men seek to evade is that this small planet cannot survive a nuclear exchange; that conflict in support of either national passion or differing ideology is grimly absolute; that those sheltered up within the mountain would last for only a few weeks longer than the possibly more fortunate in the town outside.**

　最初の **that men seek to evade**（「人類が見てみぬ振りを決め込もうとしている［真理］」）の that が関係代名詞であり，**that this small planet cannot survive～**（「この小さな地球は核戦争のあとも生き延びることはできないということ」）の that が補語の名詞節を導く接続詞であることは問題あるまい．that に導かれたその補語の名詞節が，さらにそのあと二つ続いているという形になっておる．問題はその三つの that 節が that～, (and) that～, and that～と and で結ばれているのではなく，and がなくて that～, that～, and that～（本文の場合には，それぞれの that 節が長いので，セミコロンを使って that～; that～; that～）と並べて置かれておることである．しかも最初の that 節を，二つ目の that 節がより具体的に内容を敷衍し，さらに三つ目の that 節はもっと具体的にそれを敷衍していることに注意してくれ．そう，並置だ．並置というのは，この道場でしか使わない"門外不出"の文法用語だが，英文ではじつによく出てくるだろ．

　本文の形をよく見てみよう．「この小さな地球は核戦争が起きたあとも生き延びることはできないということ」と，「国粋主義的な情念にせよ相異なるイデオロギーにせよ，それを護るための戦いは地球全体を巻き込んだ凄絶な結果に終わるということ」と，「山岳の中のシェルターに逃げ込んだ者も，外部の街部で即死というおそらくはもっと幸運な死に方をした者たちよりもせいぜいが数週間長く地上に生き残るだけだということ」とは，まったく同じ意味内容を述べながら，「地球は核戦争のあとも存続はできない」ということを，「核戦争は人類全体を死滅させる壮絶な結果を引き起こす」と，さらに具体的に，より生々しく説明し，さらにその内容を，「核シェルターに逃げたって，即死した連中よりもせいぜいが数週間長く地球に生き残るだけ」と，もっと生々しく核戦争の脅威を印象づけておる．食物の育たない，生き物の棲息しない，文字どおり焦土と化した地球の荒廃のさまに呆然と立ちつくしながら，間近に迫った確実な死にむかって，わずかの食料で露命をつなぐ人類の残余者が眼に見えるようではないか．

　in support（**of either national passion or differing ideology**）は副詞句ではなく，名詞 **conflict** にかかる形容詞句．また **the possibly more fortunate** は，

もちろん「the＋形容詞」で，複数普通名詞となり，「おそらくはもっと幸運であった者たち」の意。その意味は分かるな？　核爆発で一瞬のうちに死んでしまった多くの人間たちのほうが，せこく核シェルターの中に逃げ込んで，同じく滅びの運命をたどる前のほんの数週間，絶望の裡に地球最後の惨状を見とどける人間よりも，「おそらくは」（いや，まちがいなく）「より幸運」だよな。

　20世紀は第二次大戦のあとの「冷戦」にはじまり，朝鮮戦争，キューバ危機，ベトナム戦争，中東戦争を経て東西両陣営の緊張は高まり，まさに一触即発の状況にあったよな。20世紀の三分の二の間，人類は核戦争の勃発による人類の滅亡という脅威のもとに生きていたと言える。映画化されて世界中にヒットしたネビル・シュートの小説「渚にて――人類最後の日」は，まさに人類のこの不安と戦きを赤裸に描いたものだった。ソ連（現ロシア）とNATO（北大西洋条約機構）加盟諸国との交戦はソ連と中国との戦争を引き起こし，ついに全面核戦争である第三次世界大戦が勃発して，北半球は放射能で壊滅，南半球の一部の地域だけがかろうじて無事だったが，しかし放射能は刻々と南下，オーストラリアの人々にも最期の時が近づいてくる。小説の扉に掲げられているT・S・エリオットの詩（『荒地』 The Waste Land 所収の「空洞の人間」"The Hollow Men" より）が人類最後の悲哀と絶望を美しく謳っておる。日本語の名訳とともに英詩の一編を読んでみようか――

　　In this last of meeting places
　　We grope together
　　And avoid speech
　　Gathered on this beach of the tumid river
　　This is the way the world ends
　　This is the way the world ends
　　This is the way the world ends
　　Not with a bang but a whimper.

（このいやはての集いの場所に／われら，ともどもに手さぐりつ／言葉もなくて／この潮満つる渚につどう／かくて世の終わり来たりぬ／かくて世の終わり来たりぬ／かくて世の終わり来たりぬ／地軸くずれるとどろきもなく　ただひそやかに　［井上勇・訳，『渚にて』，1965年，創元SF文庫］）

　この人類の悪夢は1991年のソ連崩壊とともに終わりを告げたか？　吾輩もあのときはそう思った。これからはイデオロギーの対立もなくなり，IT革命の進展とともに人類は相互扶助の平和的なステージに移行できるんじゃないかと，淡い夢をもったよ。しかし現実はそうではなかったじゃないか。9.11で幕開けした21世紀を見よ。たしかにIT革命の進展による繁栄と平和的な交流の一面もありはするが，また一方では，前世紀のイデオロギーの対立とは異なる民族と民

族の対立，宗教と宗教の対立という，より観念的でない，より人類の原始の血に直結した，生々しい紛争と戦争の時代となっておるかに思えるじゃないか。その中にあって，かなりの国は，国際的なパワーと発言力の見えざる根源は核兵器にありといわんばかり，核兵器の開発に余念がないかのごとくじゃ。核の抑止力？そんなきれい事のお題目，信じられるか？　或るものを使用しないためにその或るものを開発する叡智など，これまで人類は有したことはないぞ。開発しちゃったものは，ある日，使いたくなるんだよ。20世紀の人類滅亡の悪夢は，新しい世紀に入っても，いまだ人類の潜在下にうごめき横たわっておる。人類はどうして，自分たちの滅亡を招きかねないような危険な"おもちゃ"を鎧の下から見え隠れさせながらでないと相手より有利な立場に立てないのか？　肌の色こそ違え，同じ人間だし，同じように死にたくはないじゃないか。これは，中学生の訴えそうな，センチメンタルな幼い意見か？　人類は，ナイーブに思えて真実の，この当たり前の基盤に立ち戻るしかないぞ。ガルブレイスの意見をもっと聞いてみよう。

[6-8] **Asked if we want life for our children and grandchildren, we affirm that we do. Asked about nuclear war, the greatest threat to that life, we regularly dismiss it from mind.**

　そら，出てきたぞ，分詞構文。分詞が前に出た句，**asked if we want life** 以下が分詞構文の句だ。being の省略などという説明をやれば，意味がより明確になるかもしれぬが，とにかく接続詞や主語を省略して分詞（現在分詞か過去分詞）を前に出したのが分詞構文。能動か受動かの意味のちがいこそあれ，現在分詞でも過去分詞でも，どちらでも句頭に来ることができるわけだ。ここは過去分詞だから，訳は「〜される」と受動の感覚になる。用法は「時」か「条件」だろうな。つまり節に書き換えたら，<u>If (When) we are asked</u> if we want life for our children and grandchildren となる（「自分の子どもや孫の代も地上に生きていてほしいかどうかと<u>問われれば</u>」）。**we do** の do は「代動詞」，ここは want の代わりを果たしている（「<u>生きていてほしいと断言する</u>」）。

　そして，同じように **Asked about nuclear war** が分詞構文（「核戦争について<u>問われれば</u>」）。その句の中の nuclear war が，カンマでもってそれにつづく **the greatest threat to that life** と，ほら，「同格」（「その命にとって<u>最大の脅威である核戦争</u>」）。

　ところで分詞構文を含んだ最初の文 Asked if we want life〜, we affirm that we do と，同じく分詞構文を含んだその次の文 Asked about nuclear war, 〜we regularly dismiss it from mind とは，内容的にどういう関係にあるだろうか？ようく考えてみてくれ。「子どもや孫にこの世に生きていてもらいたいかと問われれば，生きていてもらいたいと即答する<u>くせに</u>，その命を脅かす最大の脅威た

る核戦争のことを問われれば，普段はそんなこと，忘れてしまっている」と，"逆接"の関係で内容的に結ばれているだろ。一般に，日本人が英文を書くと，But や However を多用するけれど，英米人の書く英文は，前の文と"逆接"的に次の文がつながっているときも，But や However を使わないことが多い。しかし，日本語の訳を，たとえばこの箇所，「われわれは子どもや孫にこの世に生きていてもらいたいかと問われれば，生きていてもらいたいと即答する。その命を脅かす最大の脅威たる核戦争のことを問われれば，普段はそんなこと，忘れてしまっている」と，原文どおりにただ羅列するだけで訳出してみろ。訳文がとたんに"死んで"しまうだろ。そういうときは，「しかし」とか「だが」を，適宜，補えばよろしい。要は，毎度同じことだが，英文の論旨の流れを正確につかみながら読み進めることに尽きる。

[9]　Man has learned to live with the thought of his own mortality.

　まず **learned to live** は，「生きることを学ぶ」ではなく，連辞にとって「生きるようになった」と訳す。それから，**the thought of his own mortality** は，「彼自身の死ぬ運命の思考」と訳した人，いるか？　なんだ，その「死ぬ運命の思考」ってのは？　抽象名詞をそのまま訳したのでは意味が通じないか，おかしかったら，その抽象名詞の中にその名詞の動詞形（ときには形容詞形）のニュアンスを読み取ってみる感覚の練習をつづけているんだったな。mortality には動詞形はないから，形容詞形の to be mortal（「死すべき存在であるということ」）の意味を読み取れ。そしたら，his がその意味上の主語を表していることになる（名詞構文は，動名詞と同様，所有格が意味上の主語を表すことが多い）。すると of は例によって「同格」だから，この句を節に書き換えると，the thought that he himself is mortal（「自分自身が死すべき存在なのだという考え」）。つまり子どもや孫の代ではなくて，「自分自身が核兵器によって殺されるという考え」のことじゃ。

[9-11]　And he now has accommodated himself to the thought that all may die, that his children and grandchildren will not exist.

　ほら，今度は同格が of ではなくて，節を導く that で表されてるぞ。**the thought that all may die** の節を逆に句に書き換えると，ちょっと苦しいが，the thought of the possible death of all of us くらいになるか。この the thought that all may die と，次の節の **that his children and grandchildren will not exist** との関係やいかん？　二つの節がカンマもなく並べられてるぞ。そう，（「同格」というよりも）「並置」だ。「すべての者が死ぬかもしれないという考え」をもっと詳しく，具体的に敷衍したら，「自分の子どもや孫はもうこの世に存在していないかもしれない（という考え）」となるだろう。訳すときは，「すべての者が死ぬかもしれないという考え，つまり，自分の子どもや孫はもうこの世

に存在しないという考え」となる。「つまり」なんて副詞を入れると，訳文が説明調になるとか理詰めになってしまって面白くないと考える人は，「つまり」を省いて，日本語も羅列しておけばよろしい。

[11-12] I suspect that our minds accept the thought but do not embrace the reality.

「～ではなかろうと思う」の doubt に対し，suspect は「～であろうと思う」と，いぶかりながらも肯定的な内容を「思う」ことだったな。**our minds accept the thought** は「われわれの精神はこの考えを受け入れている」でいいだろうが，では（**our minds**）**do not embrace the reality** はどう訳す？「（われわれの精神は）この現実を抱きしめてはいない」とやった？「現実との抱擁」，なんか格好いいけど，チンプンカンプン，よくわからんなぁ。たとえばわれわれはいつかはかならず死ぬと分かっている。「その考えは受け入れている」。なにせこの地上にいままで何千億人の人間が生まれてきたかは知らないが，その何千億もの人間の中で死に損なった人間はただの一人も，そう，ただの一人もいない。だから，われわれもまちがいなくいつかは死ぬ。しかし，そう観念的に分かっているだけで，自分がいつかは死ぬという「現実」を，本当に肉体的に，現実的に，想像体験するくらいに真剣に考えたことはないだろう？　いつかは死ぬけど，少なくともそれは今日ではないと，どこかで考えておる。自分のまちがいなくやって来る死の現実を，いまの自分の現実にそのまま重ねてみるということはなかなかやらない。自己の必然の死の現実を，現在の自分の現実としてそれに重ね合わせるということ，それが embrace the reality ということの意味だ。人間，そこまで真に迫った想像力はなかなか持てないものじゃ。

[12-14] Our minds can extend to a war in some distant jungle and set in motion the actions that reject it. But not yet to "the nuclear holocaust."

いまわれわれは自分の死というものを観念的には理解できるが，しかしまさに自分の現実としてそれを「想像」することはなかなかできないということを言ったな。そういう感覚をちゃんと英文に読みとれば，**our minds can extend to ～**（「われわれの精神は～に広がることができる」という表現も，「（観念ではなく）現実のものとして想像することができる」の意味だと理解できるはずだぞ。**in some jungle** は **a war** にかかる形容詞句（「どこかのジャングルの中の戦争」）。「われわれの想像力はどこかのジャングルの中の戦争にまでおよび，その戦争を終わらせる運動を起こすことはできる」。**not to "the nuclear holocaust"** の not は全文で述べた内容を否定する文全体を表すから，この箇所は our minds cannot extend（to "the nuclear holocaust"）と書き換えることができる（「[しかしその想像力は] 核戦争による大量虐殺にまでおよぶことはない」）。

[15]　A commitment to this reality is now the supreme test of our politics.

　A commitment to this reality を「この現実への傾倒」とか訳して澄ました顔をしている人はもういないだろうな。抽象名詞がそのまま訳して意味がすっきりしないときは，その名詞の中に名詞の動詞形（あるいは，さっきのように形容詞形）のニュアンスを込めて「〜すること（〜であること）」と訳せる感覚をつねに磨いておくようにするんだぞ。そう，名詞構文。ここは，「この reality に commit すること」と訳すよりも，それが test といってるんだから，「この reality に commit できるかどうか（が，現代の政治の至高の試金石である）」と訳そう。

[16]　None should accept the easy evasion that the decision is not ours.

　また「同格」の that が出たな。その「同格」はもういいとして，同格節の中の訳，「決定はわれわれのものではない」と訳しても，なんかピンとこないぞ。「決定はわれわれのものではない」って，どういうことだ？　いまいちピンとこなかったら，decision を「決定」なんて抽象名詞に訳さず，動詞のニュアンスを込めて「決定すること」と訳そう。すると ours がその意味上の主語を表すから，この節 the decision is not ours は to decide is not for us to make とか it is not for us to decide, it is not up to us to decide など，不定詞を使って書き換えることができる。「われわれの決定すべきことではない」といって，相手が折れて出るのを待つ。自分はあくまでも国益なるものを最優先させて，意地を張り，見栄を張り，虚勢を張る。国際政治といっても，しょせんは猿山の喧嘩と同じ power politics で，人間らしい叡智の要素が基調になることは，まず滅多にない。譲歩は相手がすべきで，自分のほうから譲歩すべきではない——それを筆者は the easy evasion（「安易な逃げ」）だといっておる。恫喝したり威嚇したりしてくる相手だって，死ぬのはいやなんだよ。

[16-18]　The Russians are no less perceptive and no more inclined to a death wish than we.

　比較構文はいずれちゃんとまとめるから，ここはポイントだけ押さえておいてくれ。重要なのは比較級の前の否定語。「not＋比較級＋than〜」であれば，普通に「〜より（比較級）ではない」と訳せばいいが，否定語 no は情緒的な否定であり，「以下」でも「以上」でもなく「同じく（〜でない）」の意味となる。「no＋比較級＋than〜」は，したがって「と〜と同じく（比較級）ではない」の意。no more〜than... ならば「…と同じく〜でない」，no less〜than... なら「…と同じく〜である」の意味となる。いいな。「ロシア人もわれわれと同じように死には（死ぬことに対しては）敏感であり，われわれと同じく死にたくないと思っている」。

第十番　分詞構文その二　123

[18-19] Their experience of the death and devastation of war is far more comprehensive than ours.

　もうひとつここで比較構文のポイントを上げておくと，比較級や最上級はその前に far, much, by far などを置いて強める。訳は，「ずっと，はるかに，ずば抜けて」。「彼らロシア人の死と戦争の惨禍の経験は，われわれアメリカ人よりもはるかに包括的である」とは，アメリカは自国に攻め込まれたことはただの一度もないが（真珠湾の奇襲や 9.11 のテロ攻撃は「攻め入られた」とは言えぬわな），それに対しロシアは，たとえばナポレオンのロシア遠征ではロシア軍に 4 万 4 千人の死者が出ているし，第二次大戦におけるナチス・ドイツのレニングラード侵攻やドイツ軍とのベルリンの戦いなどでは，なんと約 600 万人の犠牲者を出しておる（第二次大戦のアメリカ軍の犠牲者は，「たったの」という表現は語弊があるが，ロシアに比べたら 20 分の 1 の，たったの 30 万人。民間人の死者はほとんどいないに等しい）。まさにロシアのほうがアメリカよりも「死と戦争の惨禍の経験」ははるかに悲惨で悲劇的なのだ。そのロシア人が死にたがっているわけがない。個人も国も，犬や猿と同じく，恐がっているやつほど強がって出る。同じ惑星に，たまたま同じ時期に生まれ合わせた地球人として，もっと胸襟を開き，広い視野で，おたがい交渉し合うということ，できないか？（こういう言い方は，政治の何たるかを知らない幼稚なセンチメンタリスト呼ばわりされるのがオチじゃが，本当は"複雑ぶって"る政治家や学者のほうがおかしいんだよ。）

[19-21] We must believe, for it is true, that they are as willing as we are to commit to this reality, to the existence of this threat to all life and to its elimination.

　またもや **for it is true** は挿入節。for が等位接続詞なればこそ，文全体にかかる挿入節になりうる。We must believe that they are willing〜 とつづき（「われわれは彼らも〜したがっていると信じなくてはならない」），その内容に対し for it is true（「なぜならそれ（彼らも〜したがっているということ）は正しいことなのだから」と受ける。ちょっと珍しい挿入節なので，「われわれは彼らも〜したがっていると信じないといけない（なぜなら，それは正しいことなのだから）」と，括弧(かっこ)を使って訳そうか。

　英語は「A と B と C」というとき，「A, and B, and C」とやらずに，「A, B, and C」と書くな。だからって，**to this reality, to the existence of this threat to all life and to its elimination** の箇所は，「この現実と，すべての生命に対するこの脅威の存在と，その除去とに対し」という訳になるか？　and to its elimination の前にカンマがないじゃないか。ということは，to this reality と to the existence of this threat to all life と to its elimination の三つが列挙されているのではなくて，to this reality と to the existence of this threat to all life and to its elimination とが「並置」ということだ！「この現実に対し，(つまり) あらゆる生命とその絶滅の脅威の存在に対し」。to all life and to its elimination という，やや長い句全体が this threat にかかる形容詞句ということじゃ。

訳例 現在の人びとが見て見ぬ振りを決め込もうとしている真実，それはこの小さな惑星たる地球は核兵器の応酬のあとも存続していることはできないということ，(つまり，)国家主義的な情念，あるいは相異なるイデオロギーを護るための戦争は壮絶な最終的結末をもたらすということ，(つまり，)山岳部のシェルターに逃げ込んだ者たちも，外の都市部で即死という，おそらくはもっと幸運な運命に遭った者たちよりもほんの数週間長く地球に生きながらえることができるだけだということである。

われわれはまだこの真実を正面から見すえることを避けている。子供たちや孫たちに生きていてほしいかと問われれば，われわれは生きていてほしいと即答するが，その命にとっての最大の脅威である核戦争について問われれば，普段はその核戦争のことは頭から失念してしまっている。いまや人類は，自分自身が核のために死んでしまうかもしれないという考えとともに生きるにいたった。そして，人類すべてが消滅してしまい，自分の子供も孫もこの世に生きてはいないという考えに慣れっこになってしまっている。だがわれわれは観念でもってこの考えに慣れっこになってはいても，この現実を肌で感じるにはいたっていない。われわれはどこか遠くのジャングルでの戦争に想いをいたし，その戦争をなくすための運動を起こすことはできるが，しかし，その想像力が「核戦争による人類滅亡」に及ぶまでにはいまだいたっていないのだ。

この現実に正しく対処できるか否かが現代政治の最大の試金石である。なんびとも，決断を下すのは自分たちではないという安易な逃避を受け入れるべきではない。ソ連邦の人間も，われわれと同じように死に対しては敏感であり，われわれと同じように死にたくはないと思っている。死と戦争の大惨禍に対する彼らの経験は，われわれの経験をはるかに凌駕しているのだ。彼らもこの現実，(つまり，)あらゆる生命とその消滅に対するこの脅威の存在に向かいあっていこうとしていると，われわれは信じねばならない（なぜならそれが真実だからである）。

文法要点

◆分詞（現在分詞と過去分詞）。分詞が名詞を修飾する際は，単独で使われているときは名詞の前に置き，分詞に他の語句が伴うときは名詞の後に置く。

The conflict in support of differing ideology is grimly absolute.
Those sheltered up within the mountain would last only a few weeks longer.

* **逆接の接続詞**。英文においては，上に述べたことから予想されること以外の結末が示されるのに，その文を but や however などの逆接の接続詞で書きはじめることのないことが多い。日本語の訳文においては，意味上のつながりを明らかにするために，「しかし」や「だが」などの逆接の接続助詞の補足が必要になる。

Asked if we want life for our children and grandchildren, we affirm that we do.

Asked about nuclear war, we regularly dismiss it from mind.

* **not** は，前に述べた句や節の否定内容を代用することがある。

Our minds can extend to a war in some jungle. But not yet to "the nuclear holocaust."

Would you like to make a class presentation? If not, you don't have to.（「クラスで発表をしたいかい？　もししたくないんだったら，しなくても構わないけど」）

* 比較級の前の no は「同じく～でない」の意味の否定形となるので，**no more ～than...** は「…と同じく～でない」，**no less～than...** は「…と同じく～である」の意味となる。

The Russians are no less perceptive and no more inclined to a death wish than we.

第十一番　分詞構文その三
... *taking the large view, the life* ...

さらに"ダメ押し"で分詞構文の出てくる3題目の練習題。もちろん，他の文法事項や構文も正確に把握する練習は怠らないぞ。

Why were we born? That's very interesting question, and I'm not sure I can answer it myself. But I know what my brother, the climber, thinks. When we take, he said to me once, the life of the individual, with its tiny circumscribed area in space and time, and measure it against the geological epochs, the gigantic movements of history and the immensity of the universe, we are forced, I think, to the conclusion that, taking the large view, the life of the individual has no real existence or importance apart from the great whole; that he is here indeed but to serve for his brief moment his community, his race, his planets, his universe; and then, passing on the torch of life undiminished to others, his little task accomplished, to die and be forgotten.

(W. H. Auden and Christopher Isherwood, *Ascent of F.6*)

単語

tiny(a.)　とても小さい，ちっぽけな／**circumscribe**(v.)　～の周囲に線を引く，線で取り囲む；(ある限界内に) 封じ込める，激しく制限する／**against**(prep.)　～と比較して．Cf. the advantage of flying against going by car (「車で行くことと比べての飛行機で行くことの利点」)／**geological**(a.)　(geology(n.)「地質学」から) 地質学の，地質学的な／**epoch**(a.)　(顕著な性格や出来事などで特徴づけられた) 時代，時期／**gigantic**(a.)　巨人のような；巨大な，厖大な，莫大な／**immensity**(n.)　(immense(a.)「広大な，巨大な；計り知れない，かぎりのない」から) 広大，巨大，莫大；無限／**apart from**～＝～は別として，はさておき；～のほかに，さらに／**serve**(v.)　仕える，～のために働く，奉仕する，尽くす／**torch**(n.)　たいまつ；《比喩的》光り，光明，希望の光／**undiminished**(a.)　(diminish(v.)「小さくする，減らす，減少させる」から) 減じていない，小さく

なっていない／accomplish (v.) 成し遂げる，果たす，成就する

解説

[3-11] When we take, he said to me once, the life of the individual, …… to die and be forgotten.

　またもや挿入節の he said to me once が来ておる。しかしこれは等位接続詞 for などのついてない普通の挿入節だから，「(主文全体)と，かつて彼はわたしに話してくれたことがある」と訳せばよろしい。ところが，その主文なるものが when we take から to die and be forgotten まで，やたら長い。こういうときは挿入節の訳を主文全体の訳の後ろにもってくるのではなく，「彼がかつてわたしに話してくれたことだが，(主文全体)」と，主文の訳の前に置いて訳出するようにしよう。I think も挿入節だが，この挿入節の受ける主文はそう長くないので，「(we are forced to the conclusion〜) とわたしは思う」と普通に訳せばいいだろうな。ところでこの挿入節の中の「I」(「わたし」) だが，これはこのエッセイを書いた筆者のことか？　When we take からはじまって to die and be forgotten までの 8 行にも及ぶ長い主文は，最初の挿入節にあったように「彼がかつてわたしに語ってくれたこと」なのだから，その「語ってくれた」内容である 8 行に及ぶ長い内容を書いているうちに，筆者は，「彼」が語ったときの直接話法的な内容を書いている気になっちゃって（錯覚に陥っちゃって），「自分」ではなく「彼」のことを思わず「わたし」と書いてしまったんだろう。面白いね，この"錯覚"。しかし日本語はじつに便利だから，この箇所は「(we are forced to the conclusion〜) と思う」と，「わたし」を入れないで訳せばいい。あるいは「わたし」を入れながら，間接話法の箇所を直接話法であるかのように訳すといいだろう。

　挿入節のポイントのほかに，この長い文にはもうひとつ重要なポイントがあるぞ。**that the life of the individual has no real existence or importance〜**の節と，**that he is here indeed but to serve〜**の節との関係。もう分かったな？　二つの節とも，ともに **the conclusion** にかかる「同格」の that 節になっとるが，その節内容は「別個」のものではなく，最初の that 節の内容を，その次の that 節の内容が，別の角度から，より具体的に述べているだけの，そう，またもや「並置」なんだよ。ようく見てみろ。後ろの節の，「人間がこの世に存在する目的はただひとつ，〜するためである」という内容は，「人間一個の生命は，大宇宙とは別個の真の存在性や重要性をもたない」という最初の節と同じ内容であって，最初の節内容を，逆の観点から，より具体的に述べただけだろう？　ところで同じことは，**the geological epochs, the gigantic movements of history and the immensity of the universe** の箇所にも言えるな。異なる三つのも

のが列挙されて，「地質学的年代と歴史の永遠の流れと宇宙の広大無辺さ」とつづいているんじゃないだろ（ここも，and the immensity of the universe の前にカンマがないぞ）。the geological epochs と，the gigantic movements of history and the immensity of the universe とが「並置」（「同格」）なんだ！ 「滔々たる歴史の流れと広大無辺の宇宙<u>という</u>地質学的な年代」。今回の練習題は，二題とも，分詞構文の読解練習のためであると同時に，「並置」の感覚の練習のためでもあるな。ようく「並置」の感覚に慣れていってくれ。

それでは，この8行に及ぶ長い文のそれ以外のポイントを，最初から見ていこう。まず **with its tiny circumscribed area in space and time** の箇所。一見たしかに「付帯状況」を表す句のような外見をしておるな。しかし，もし「付帯状況」の句ならば，その中にネクサスを含むはず。its tiny circumscribed area is in time and space（「そのちっぽけな限定された部分は時間と空間の中にある」）なんてネクサスが成り立つか？ 「外見」にごまかされるな。ここは in time and space が area にかかる形容詞句で，「時間と空間とにおけるちっぽけな限定された一部分」を with（「持った」）となって，その with 句がさらに **the individual** にかかる形容詞句となっておる。だから with の前に余計なカンマなどないほうが構造が取りやすいのだが，ま，ここは文のリズムを整えるために，またもや作家が恣意的にカンマを打ってしまったんだろう（area に its [＝the individual's] がついているから，この with 句は take にかかる副詞句ではなく，individual にかかる形容詞句だってことがわかるんだがな）。訳は「時間と空間におけるごく限られた一部分を持つ一個の人間の生命」となるから，「時間的空間的にあまりにちっぽけな一点でしかない人間一個の生命」くらいに訳せばよろしい。

そして，**taking the large view**。やっとこの章のポイントの分詞構文のお出ましだ。この用法は「条件」がいいだろう。「大きな眼で眺める<u>ならば</u>」（＝if we take the large view）。「大きな眼」に定冠詞 the がついているのは，「時間的空間的にあまりにちっぽけな一点であるにすぎない一個の人間の生命を，滔々たる歴史の流れや広大無辺なる宇宙などの地質学的年代」という，前述の（既出の），内容的にすでに既出の限定された視点を指しているから定冠詞がついとる。

時制にも気をつけろよ。8行に及ぶ主文の内容を he said to me once（「彼はかつてわたしに語ってくれたことがある」）と言っているのだから，「時制の一致」（sequence of tense）の原則により，長い主文全体はすべて過去形で書かれていなくてはならないはずじゃ。ところが主文は現在形で書かれておる。わかるな？ 「彼」（＝登山家の兄）の言った内容を，筆者は「一般的真理」と感じているんだよ。従属節が「一般的真理」を表しているときは，「時制の一致」の原則は適用されなかっただろ。ここで筆者は「人生の意味」「生きることの目的」を，普遍的な真理と観じて述べておる。

第十一番　分詞構文その三　129

「地質学的年代」というものの具体的な意味は分かるな？　130 から 150 億年前に，いわゆるビッグバンってやつによって宇宙が誕生した。隕石同士の衝突，超新星爆発による核融合，核分裂などにともなって主要元素や化合物が生成されていって，やっと 46 億年前に我が地球が誕生した。34 億年前に単細胞生物が発生し，さらにそのあと先カンブリア時代，24 から 22 億年前にかけての大氷河時代，次いで古生代，そしてペルム紀，中生代，三畳紀とつづく。三畳紀に入ってやっと鳥類が発生，哺乳類が出現して，ついでに恐竜も出現した。ジュラ紀から白亜紀にかけて，恐竜は 1 億 6500 万年ほど地球上に君臨したもんだよ。ところが 6500 万年前，小惑星または彗星が一億年かかって地球に到達し（考えてみてくれ，一億年かかってるんだぞ），高さ 4000 m というとてつもない津波が襲ってきて，1000 年間，塵が太陽光をさえぎって氷河期が到来する（地上を我が物顔に闊歩していた恐竜たちもこの時期にほぼ死滅しちゃったらしい）。次の新生代にはいって哺乳類が繁栄し，やっと 2300 から 1500 万年前に人間とオランウータンの先祖の進化が分かれた。450 万年前にアフリカ大陸で猿人が出現し，約 15 万年前，突然変異によるものか，現人類の祖先ホモ・サピエンスが生まれてきた。この数千人のホモ・サピエンスの集団がのちに 67 億人になって，その後の長〜い，といってもそれ以前の地質学的年代に比べたらあまりに短〜い人類の歴史がはじまることになる。どうだ，the geological epochs と，the gigantic movements of history and the immensity of the universe が「同格」だってこと，ようく分かっただろ。

　he is here の here は「ここ」，つまり「この地球上」を指している。**but** は only の意味の副詞で，**to serve** 以下の句にかかっておる。つまり「句修飾」の副詞。「〜するだけのために」。serve（「仕える，奉仕する」）の目的語はどれか？　**for his brief moment** なんて副詞句が中に割り込んでおるが，目的語が **his community, his race, his planets, his universe** であることは取れたな？「一個の人間は，ほんの束の間，自分の社会，自分の民族，自分の惑星，自分の宇宙の役に立つだけのためにこの世にいる」。ただし，この but は to serve だけでなく，同じく「目的」を表す不定詞の副詞的用法 **to die and be forgotten** にもかかっておるので，訳としては，「一個の人間は〜の役に立ち，そしてあとは死んで忘れ去られるだけのためにこの世にいる」，あるいは主節の「主語＋動詞」に対して「目的」の副詞句二つがあまりに長すぎるから，前から，「一個の人間がこの世におる目的はただひとつ，ほんの束の間，〜のために何らかの役を果たし，そしてあとは〜したあと，死んで忘れ去られることにある」と訳してもいいじゃろう。

　passing on the torch of life は，もちろん，分詞構文。用法は「時」がいいかな。「命のたいまつを伝えたとき（伝え終えたら）」。その次の **undiminished**

は何だろう？　torch にかかる過去分詞の形容詞的用法で,「減ぜられることのない松明」？　過去分詞が名詞にかかるときは,一語ならその名詞の前に置かれるんだったから,だったら the undiminished torch of life となっておるはずだろうが。じゃあ何だろう？　「命の松明を他者へと伝える」,その「伝える」とき「松明」が undiminished の状態のまま,ってことじゃないか？　そう,これは目的格補語なんだよ！　「命の松明を火勢を減ずることなく他者へと伝えたら」。人間は何のために生きているのか？　「ほんの束の間」(悠久の宇宙の時間と比べたらあまりに短いほんの 70, 80 年の時間)を,我利我欲だけにしばられた欲望に生きるのではなく,どんなにわずかでもいい,他人のために生き,そしてその生きた証し,その「命の松明」を子どもに,周囲の人間に伝えたら,あとは死んで忘れ去られていけばいいじゃないか。諸君の子ども,諸君の配偶者,諸君の知り合いの胸に残る,「ああ,あの人にはこんなことをしてもらったなあ」という想い出が,記憶が,それが諸君がこの世に生きたことの「意味」なんだよ。他者へ遺すその「生命の松明」を,内村鑑三は「後世への最大遺物」と呼んでおる。

　次の **his little task accomplished** は何であるか？　そう,またもや分詞構文。accomplished がその分詞構文 (being が省略されているという説明でもいいが,要するに,受動の意味をもった過去分詞で書きはじめられた分詞構文ってことじゃ)。分詞構文の意味上の主語は,分詞で書きはじめられて主語が明示されていないときは主節の主語と一致するが,意味上の主語が主節の主語と一致しないときは,分詞の前に新たに書き加えるんだった。主節の主語たる he とは異なる his little task が,(being) accomplished の意味上の主語であるということ。用法はその直前の分詞構文と同じはずだから,「時」。節に書き換えれば,when his little task is accomplished となる。「自分のささやかな任務を終えたら」。(この his little task accomplished の箇所は,「付帯状況」の構文にも取れる [付帯状況の with 句においては with が省略可能だから]。ほら,ちゃんと,his little task が accomplished の意味上の主語となって,ネクサスも存在しているじゃろ。しかし「付帯状況」だと,「ささやかな任務が成就された(状態で)」の感覚となるから,ここははっきりと「時」を表してくれる分詞構文と解するほうがいいだろうな。)

　訳例　われわれはどうして生まれてきたのか？　これは非常に興味ある問題であるが,しかし私自身はそれに答える自信がない。だが,登山家の我が兄の考えなら知っている。かつて兄がわたしに語ってくれたことであるが,時間的空間的にあまりにちっぽけな一点でしかない一個の人間の命を採りあげ,それと滔々たる歴史の流れとか広大無辺の宇宙という地質学的な年代と比べてみたら,大きな眼で見るとき,一個の人間の命など,広大な宇宙と切り離された別個の存在の意

義や重要さを持ってはいないということ，(つまり，)人間がこの世に存在している目的はただひとつ，束の間，自分の社会，自分の民族，自分の惑星，自分の宇宙のためになにがしかの役に立ち，そして生命の松明を炎の勢いを減ずることなく他者へと伝え，おのがささやかな務めを果たし終えたら，あとは死んで忘れ去られるのみだという結論に達するしかないということだった。

文法要点

> ◆分詞構文において分詞の意味上の主語と主節の主語とが一致しないときは，その異なる意味上の主語を分詞の前に添える。この場合，分詞構文の中に含まれる意味上の「主語＋動詞」は主節の「主語＋動詞」からは独立してしまうので，これを「独立分詞構文」（Absolute Participial Construction）と呼ぶことがある。
> His little task accomplished, man is to die and be forgotten.

* **Apposition**（「同格」または「並置」）。「A, B」（A と B は語か句か節）の形を取り，B は A を言い換えたもの，あるいは A の内容をより具体的に敷衍し補足するものである。（A と B とが長すぎるときは，カンマをセミコロンやダッシュに変える）

語の場合　I know what my brother, the climber, thinks.

句の場合　We measure it against the geological epochs, the gigantic movement of history and the immensity of the universe.

節の場合　The truth that men seek to evade is that this small planet cannot survive a nuclear exchange; that conflict in support of either national passion or differing ideology is grimly absolute.

We are forced to the conclusion that the life of the individual has no real existence or importance; that he is here indeed but to serve for his community for his brief moment and to die and be forgotten.

＊挿入語句は大体において句読符号（主としてカンマ）によって区切られているので見分けがつく。

実質的には主節に相当する節が挿入される場合。

We take, he said to me once, the life of the individual and measure it against the geological epochs.

副詞節が挿入される場合。

We must believe, for it is true, that they are as willing as we are to commit to this reality.

第十二番　動詞的意味をもつ名詞だから動名詞
... you feeling no chemistry while someone else ...

　これまで準動詞の中の不定詞と分詞との練習をやってきた。残るひとつは動名詞。不定詞，分詞，動名詞と，だんだんと名詞に近づいてくるな。最後の動名詞にいたると，動詞的意味と名詞的意味とがほぼ半々。目的語を取ったり，意味上の主語を持ったり，時制を表したりと動詞と同じ機能を果たしながら，しかも用法は「〜すること」と名詞の用法しかない。「不逞（ふてい）やつ」の不定詞に比べると，たったひとつしかない用法の中で懸命に頑張っている「健気（けなげ）なやつ」だよ。

　Samuel Johnson once said, "I look upon every day to be lost, in which I do not make a new acquaintance." Good thought. For from where else can friendships spring? One meets someone new, pleasantries are exchanged, conversation leads to rapport, and a friendship often begins with a "Let's have lunch sometime" as the friendly catalyst. Incidentally, never extend that invitation unless you mean it, for lack of follow-through is often interpreted as shallow thinking.

　From such chance meetings in life sprout the very basic genes of friendship, with human nature automatically letting you know whose company you prefer on your private Friendship Trail. Nothing is as fruitless or as frustrating as trying to cultivate a friendship with someone who feel no chemistry between himself and you. Only thing worse is you feeling no chemistry while someone else is fervently attempting to befriend you. But be gentle on such occasions. If the pursuit of friendship is genuine, it means someone has found something about you he admires. So don't blame him unduly for seeking a closer friendship with you.

　Being liked by someone you respect and admire cannot help but bolster your confidence for it signifies you in turn are being respected, admired, sought out for conversation or companionship. One of the nicest feelings or compliments is being invited to attend something with a person or couple you admire—especially if it is for a special occasion or an intimate get-together.

　Sir William Osler has a few words for you: "in the life of a young man the most essential thing for happiness is the gift of friendship." Truer words were never spoken. For what more could you ask than comradeship during the peaks and valleys of life? To whom else but a close, valuable friend can you brag about your success and whine about your failures or losses?

(G. K. Ward: *Letters of a Businessman to His Son*)

単語

look upon～＝～を（…と）見なす，考える（as...）／**pleasantry**(n.)（会話の始めまたは話を円滑に進めるために言う）儀礼的な言葉，挨拶／**rapport**(n.)（調和的・共感的な）関係，接触／**catalyst**(n.)　触媒；(触媒のように事態を引き起こす) きっかけ，刺激／**incidentally**(ad.)（文全体を修飾して）ところで，ちなみに，ついでながら；(incidental(a.)＝「偶然の・偶発の・副次的な」から）付随的に，偶然に／**extend**(v.)　伸ばす；広げる；(祝辞・謝意などを人に) 述べる／**follow-through**(n.)　フォロースルー（テニスやゴルフなどで，打球後にラケットやクラブを完全に振り切ること）；（計画などの）遂行／**sprout**(v.)　芽を出す，発芽する；生じる，急に出現する／**gene**(n.)　遺伝子／**automatic**(a.)　自動式の，自動性の；無意識の，機械的な，反射的な／**trail**(n.)　小道，踏み分け道，けもの道；跡，足跡／**fruitless**(a.)　無益な，無駄な，成果のない。(Cf. fruitful(a.) 好結を果生む，有益な，実りのある）／**frustrating**(a.)（frustrate(v.)＝「挫折させる・挫く・失望させる」から）がっかりする，失望させられる，期待に反する／**cultivate**(v.)　耕す；養う，伸ばす，育てる／**chemistry**(n.)　化学；(人と人との間の) 相性，共通点／**fervent**(a.)　熱心な，熱烈な，熱意のある／**befriend**(v.)　友人（味方）になる，世話をする，助ける／**pursuit**(n.)（pursue(v.)＝「追いかける・追跡する・追究する」から）追跡，追撃；追求，続行／**genuine**(a.)　まがい物でない，本物の；真正の／**unduly**(ad.)（due＝「正当な・当然な・適当な」から）過度に，度はずれに，甚だしく；不適当に，不当に／**cannot help but**～(動詞の原形)＝～せずにはおれない。(主として米口語。cannot help doing と cannot but do の混合形)／**bolster**(v.)　枕で支える；支える，支持（支援）する／**confidence**(n.)　信用，信頼，信任／**signify**(v.)　示す，知らせる，意味する／**in**

turn＝交替で，順に；同様に，今度は／**seek**(v.) 探し求める，訪ねる（out）；見出そうとする，探し出そうとする／**companionship**(n.) （親密な）交わり，交際，仲間付き合い／**compliment**(n.) 賛辞，褒め言葉，お世辞；（言葉・行為による）敬意；鄭重な挨拶／**get-together**(n.) （通例，少人数の非公式の）集まり，つどい，社交の会／**Sir William Osler,**（July 12, 1849—December 29, 1919）「現代医学の父」と称されることのあるカナダの医師・教育者・歴史家・著述家／**brag**(v.) 自慢する，誇る，誇らしげに言う／**whine**(v.) めそめそ愚痴を言う，ぶつぶつ泣き言を言う

|解説|

[1-2] Samuel Johnson once said, "I look upon every day to be lost, in which I do not make a new acquaintance."

　18世紀のイギリスの批評家・詩人のサミュエル・ジョンソンは，なによりも英国最初の学問的な英語辞書をたったの独りで作成したことで知られる。彼に腰巾着のように付き従っていた弟子のボズウェルの著した『サミュエル・ジョンソン伝』は，数々の警句で知られるこの文学者を活き活きと描いておる。その警句の中で吾輩のもっとも好きな警句は，Patriotism is the last refuge of a scoundrelってやつ。「愛国心は悪党の最後の拠り所」とは，辛らつなことを言うもんだ。ちゃんとものを考えることのできない奴に限って，愛国心の真に何たるかも理解せずに，安易に愛国心，愛国心と唱えるものな。そのジョンソン博士の警句の中に，"I look upon every day to be lost, in which I do not make a new acquaintance"というものもあるらしい。**look on (upon)〜as...** は regard 〜as...（「〜を…と見なす」）と同じ意味と用法で，普通は He looks on the matter as settled（「彼はこの問題はすでに解決済みだと考えている」）のように使う。この訳文の「問題は解決済み」にうかがえるように，the matter と settled との間に the matter-be-settled（問題は解決している）のネクサス（意味上の主語・述語）が存在するので，この as は，第五文型のときの to be に置き換えることができる。たとえば I think of him <u>as</u> honest（「ぼくは彼のことを正直者だと考えている」）は I think him <u>(to be)</u> honest のことだし，「〜と思う」の意味の take を使った You shouldn't take the remark <u>as</u> an insult（「君はあの言葉を屈辱と受け取る必要はないよ」）という文も You shouldn't take the remark <u>to be</u> an insult と書き換えることが可能だ。とすると，本文の I look upon every day to be lost は，「私はすべての日を失われた一日と見なす（考える）の意味となる（every day is lost のネクサス）。「失われた一日」というのは，たとえば「失われた10年（The lost decade）」が，ある国あるいは地域の経済が約10年という長期にわたって不況と停滞に見舞われた時期のことを振り返って総称的に指す言葉として使われとるように，人間的な「不況と停滞に見舞われた」，「無駄に過ぎ

た一日」くらいの意味で使われているのだろうな。

　ところでその day にかかる **in which I do not make a new acquaintance** という関係代名詞の節だが（ほら，カンマは例によって文のリズムを整えるために恣意的に打たれているぞ。こんなカンマは無視して，day にかかる「限定用法」に取ろう），前置詞の in はなんだろう？　day にかかる前置詞は on じゃないだろうかって？　それは「～する日に」と特定の日を表す場合の前置詞であって，ここの in は「～（日の）うちに」と「時間の経過」を表す前置詞。ほら，有名な諺に Rome was not built in a day （「ローマは一日にして成らず」）というのがあるじゃないか。すると，この箇所の訳は「新しい知人のできなかった（日）」とつながる。「友人のできなかった日はすべて無駄な一日」？　そりゃあジョンソン博士みたいな人付き合いのうまい社交家ならいいだろうけど，話し下手で友人のできにくい，（たとえば吾輩のような）シャイな人間はどうしたらいいというのだ？　俺の人生，毎日が無駄かよ？　とまあ憤りたくもなるが，ここはジョンソンは，そのくらい人生に友人というのは必要不可欠ってことを言いたいんだろう。筆者はそういう考え方を **Good thought** （「すばらしい考え方」）と言っておるが，ま，吾輩もそう思わなくはない。

[2-3]　**For from where else can friendships spring?**

　「というのは，それ以外のどこから友情が生ずるというのであろうか」？　「それ以外のどこから」というのは，つまりは「a new acquaintance 以外のどこから」ということだろう。人生のすばらしきものとして，最初の練習題で読んだように友情と愛情があった。しかし，愛情においては，（かつての）日本のようにお見合いというのがあって，愛の対象を選ぶことのできる場が他者によって設定されることがある。しかし友情に関しては「お見合い」というのはないよな。男と男，あるいは女と女がかしこまって対座し，あとで「申し訳ないが友情をお断りしたい」とか，「友情を前提としてお付き合いしたい」なんて返答するなんて「友情見合い」，あるわけない。親同士の取り決めた結婚とか，政略結婚（戦国時代だけとは限らない）なんてものもある。だがつねに友情は自然発生的に生じるしかないってこと（多くの愛情もそうだけど）を言った修辞疑問。

[3-6]　**One meets someone new, pleasantries are exchanged, conversation leads to rapport, and a friendship often begins with a "Let's have lunch sometime" as the friendly catalyst.**

　構文的には何ら問題はない。"Let's have lunch sometime" という科白(せりふ)をあたかも一語の「語」（word）のごとく見なし，不定冠詞 a をつけて前置詞 with の目的語に用いているのが面白いくらいか。「しばしば友情は，『今度飯でもいっしょに食べましょう』という言葉でもってはじまる」。rapport の訳語は，ただ「関係」でいいだろうか？　「会話は関係へといたる」？　何かいやらしくない？

as the friendly catalyst は begins にかかる副詞句だろうか？「友情の触媒としてはじまる」？ ちょっと日本語として不自然だなあ。むしろ一語の単語に相当する a "Let's have lunch sometime" という「名詞」にかかる形容詞句として，「友情の触媒（きっかけ）としての（きっかけとなる），『今度お昼でもごいっしょにどうですか』という言葉」と訳したほうが，きれいにつながるな。

[6-7] **Incidentally, never extend that invitation unless you mean it, for lack of follow-through is often interpreted as shallow thinking.**

mean という単語，ただ「意味する」と訳したんじゃ通じないぞ。英英辞書を引くと，「genuinely intend to express something」の説明がある。だから，When she said that, she meant it なら，「ああ言ったとき，彼女は本気だったんだ」と訳すし，Do you mean what you say? ならば「それ，本気なの？」と訳す。「本当にその気がないのならば，（「今度お昼でもごいっしょに」という）その言葉を多用するな」。**for**（なぜかというと），「遂行の欠如は浅薄な思考と解釈されることが多いから」。吾輩の知り合いにも，会う人ごとに「今度おいしいステーキでも食べに行きましょうや」と言いながら，ついぞそれを実行することのなかった人がいる。じつにいい人なんだけど，「なんだ，あいつ，（人間的に）軽いやつだなあ」と思われてしまう。「浅薄な思考と解釈される」とは，そういうこと。つまり **lack of follow-through** とは，名詞構文的に訳して，「それを実行しないこと」。

[8-10] **From such chance meetings in life sprout the very basic genes of friendship, with human nature automatically letting you know whose company you prefer on your private Friendship Trail.**

「副詞句＋S＋V」の文においては「倒置」の起きないことのほうが多いが，とくに「強意」のために副詞句が文頭に来ている場合には「副詞句＋V＋S」と倒置が起きる。本文の場合には，The very basic genes of friendship sprouts from such chance meetings において，副詞句 **from such chance meetings**（「そういう偶然の出逢いから」）が強意のために文頭に来たため，SとVが倒置されたものじゃ。主語の **the very basic genes of friendship** を「友情のまさに根本的な遺伝子」と訳したのでは，「友情の遺伝子」という発想が日本語のメタファーとして馴染まないなあ。そういうとき日本語は，「友情の芽」と言うんじゃないのか？

with 以下の箇所はどういう構文だろう？「友情のまさに基盤を成す"芽"が偶然の出逢いから生じる」として，その「友情の芽」が生ずるときに付随しておこなわれている状況がそこに述べられておるだろ？ そう，「付帯状況」の with 構文じゃ。この with 構文はネクサスをふくむんだったな。human nature automatically lets you know〜という主語・述語の関係。「人間性が（我が人生の友

情道にいかなる友人を加えたいかを）自動的にあなたに知らせる」。「人間性が教える」というのは日本語として変。そう、「無生物主語の構文」だから、「人間性からわかる」と訳す。しかし、この訳もちょっと変だなあ。human nature「人間性」というのは、「人間として生まれつき具えている性質」のことだけど、ここの「人間性」は、「およそ人間ならば誰しも普遍的に具えている性質」のことではなく、「一般的な人」you が個人的に生まれつき具えている「性質」のことだろ？　「生まれついての性」だ。そういう「生来の性質」は日本語では、「生まれつき」という意味で「本能」というのじゃないのか？　「誰を友人として選ぶかは本能的にわかる」。これだよ。本書の冒頭1章の友情論では、「誰を友人にするかはその天与の才能に任せねばならない」と記してあったぞ。同じことだ。それぞれすべての人に友人をつくる「天与の才」が与えられておる。その「才」を「人間性」とは言わないわな。

　ここの「付帯状況」のかかり方は、普通の副詞句のように、「誰を自分の友情リストに加えるかを本能的に探りながら、友情の根幹的な"芽"はこの偶然の出逢いから生じてくる」と訳せばいいのだが、ちょっと付帯状況の箇所が長すぎるな。そういう場合には、主節で切って、「こういう偶然の出逢いから友情の根幹をなす"芽"が生まれてくるのであり、その際に自分の友情リストにどういう友を選ぶかは（直感的に）<u>本能で見きわめがつく</u>」とでも訳そうか。with の前にカンマが打たれているのも、そういう文のリズムを整えるためだろうな。

[10-12] **Nothing is as fruitless or as frustrating as trying to cultivate a friendship with someone who feel no chemistry between himself and you.**
　動名詞は、動詞的な意味を内にふくんだ、あくまでも名詞。だから機能としては、文の主語とか補語とか目的語など、名詞の働きしか務められない。まずここに出た **trying to cultivate** が、同等比較 as〜as... の目的語となっている動名詞。「友情を結ぼうと努めること」。いま同等比較といったが、劣等比較 not so〜as...（「…ほど〜ではない」）は、同等比較の否定形という形で not as〜as... と書いても同じ。

　「自分とあなたとの間に chemistry を感じてない人と友情を深めようと<u>努めることほど</u>、実りなき（無駄な）、あるいは挫折感の深いものはない」。さあ、この **chemistry** をどう訳す？　まさか「化学」と訳して収まり返っているような人は、この「道場」の道場生にはいないだろうな？　辞書にも出ている「相性、つながり、共通点」などの訳語を当てればよろしい。しかし人間としての「共通点」にどうして「化学」の意味の chemistry を使うんだろう？　文豪ゲーテは、（「友情」でこそないが「愛情」における）男女の複雑な心の動きを描き出した『親和力』という著書を遺しておるが、その「親和力」というのは化学の用語で、元素どうしの引き合って結合する力のことを指すんだ。とすると、ここの chemistry の最適な訳語は「親和力」だと吾輩は思うぞ。

[12-14] Only thing worse is you feeling no chemistry while someone else is fervently attempting to befriend you.

　only thing worse とは、「これよりも（つまり、自分との親和力をなんら感じてない人と友人になろうと懸命に努めることよりも）もっと悪い（つまり実りがなく気の滅入る）唯一のこと」の意。「それよりも悪い唯一のこと」、それが **you feeling no chemistry** であるという。ついに出ました、動名詞の意味上の主語じゃ！　you が動名詞 feeling の意味上の主語だよ。「それよりも悪いたった一つのことは、あなたが相手に親和力を感じない<u>ということ</u>」。

　動名詞は動詞の意味を内蔵しているのだから、その内蔵されている動詞の主語（つまり意味上の主語）は常にある。まず意味上の主語が「一般的な人」であるか、主節の主語と一致するとき（あるいは内容上明らかなとき）には、意味上の主語は省略される。Seeing is believing（「見ることは信じることである」→「百聞は一見に如かず」）において「見ること」と「信じること」の主語が記されてないのは、「一般的な人」が意味上の主語だからだし、He is not shamed of being poor の「貧乏であること」の動名詞に意味上の主語が記されてないのは、主節の主語 he と一致して、「彼は（自分が）貧乏であることを恥ずかしがってはいない」の意味だからじゃな。それ以外のときには動名詞の意味上の主語は別個に明示する。どうやって明示するかというと、意味上の主語である名詞や代名詞の所有格か目的格で示す。たとえば、「彼は<u>父親が貧乏であること</u>を恥ずかしいこととは思っていない」だったら、He is not shamed of <u>his father('s)</u> being poor か He is not ashamed of <u>his (or him)</u> being poor となる。所有格か目的格か、まぎらわしいからはっきりしろと言われても困る。もともと原則的には、（代）名詞の所有格で表すのだが、いまははっきりしない。あまり穿鑿(せんさく)しないでくれ。代名詞の場合には目的格よりも所有格のほうがいまだに多い気がするし、名詞の場合には目的格のほうが多い気がしないでもないが、それもあくまでも「気がする」だけだから、当てにはならぬ。ただし、代名詞と名詞を問わず、所有格による意味上の主語の表し方は文語的であり、目的格のほうは口語的であることは確か。現実に本文でも、目的格の you が使われており、所有格を使った your feeling とはなっていない。「それ以上に困る唯一の場合とは、誰かが君と真剣に友人となりたがっているのに、君のほう<u>が</u>その人になんら親和力を感じない場合である」。

[14-16] If the pursuit of friendship is genuine, it means someone has found something about you he admires.

　「the pursuit of friendship 友情の追求（つまり、友人になりたがる気持ち）が genuine（本物、真実）である」とは、相手が美しいからとか、お金持ちだから

とか，社会的影響力が大きいからとかいう reason（理由づけ）ではなく，純粋に，理由もわからずどうしようもなく人間的に惹きつけられるから，だからこの人と友情を結びたいと，真摯(しんし)に思うこと。ところで，**he admires** は関係代名詞が省略された形容詞節であることはもちろんとして，これが修飾する名詞，すなわち先行詞はどれであろうか？　省略された関係詞は，whom か，はたまた which か？　you を先行詞として「彼の賛美する君」と訳した人，代名詞 you が関係詞の先行詞となるのはちょっと無理だなあ。絶対にありえないとは言わぬが，そのときはせめて you, whom he admires と，カンマが入るだろ。ここは something にかかって，「彼の賛美する何か（賛美するもの）」の意（something which he admires）。about you の **about** は「（君に）ついて」ではなく，「～の身辺に，～の全体にぼんやりと人間的に（used to describe a quality apparent in a person）」の意。There is something mystic about her（「彼女にはどこか謎めいたところがある」）など，there is 構文で使うことが多い。本文の someone has found something だって，there is something found by someone の意に解すればいい。「君のなかに何か賛美せざるをえないものを見つけたということ」。

[18-20] **Being liked by someone you respect and admire cannot help but bolster your confidence for it signifies you in turn are being respected, admired, sought out for conversation or companionship.**

　ここでは動名詞が文の主語を表しておる。**Being liked by someone (whom) you respect and admire**「君が好きで尊敬している人間から好かれるということ」。「好かれるということ」の意味上の主語は誰か？　ここは「一般的な人」が主語ではなく，「君が尊敬している者から（君が）好かれることは，君の自信を増す」のだから，「好かれる」の意味上の主語は「君」(you)。つまり，ここは意味上の主語が内容上明らかだから省略された例。

　「cannot help but＋動詞の原形」（〜せざるをえない）とは妙ちきりんなイディオムだなあ。昔は，「〜せざるをえない」の表現には「cannot help＋〜ing」（help は「避ける」の意だから，「〜することを避けることはできない」→「〜せざるをえない」）と，「cannot but＋動詞の原形」（but は except の意で，「〜することを除いては何もできない」→「〜せざるをえない」）の二つがあるからと，吾輩などその区別を懸命に暗記したもんだが，いつの間にかネイティヴ・スピーカーのほうが両者を混同してしまって，両者を足して二で割ったような，「cannot help but＋動詞の原形」という表現が定着してしまった。そういうことは日本語でもあるな。（この前，一流新聞にも「関係性」という言葉が使ってあったと，怒っていた知人がいた。「関係」と「関連」とは意味が類似しているから，本来「関連性」としか使わない「性」が「関係」のほうにも移っちゃったんだろうな。いずれ日本語として定着するんじゃないか？）

for は，その前にカンマがないけれど，筆者が横着してカンマを省略しているだけで，ちゃんと等位接続詞として前から「というのは」と訳そうな。**signifies** の目的語が **you in turn are respected...** であることを理解して，it signifies that you in turn are respected...の構文に取らないと，意味がまったく通じないことになってしまうぞ。ところで問題。ここの **being respected** と，次の文の中の **being invited** とは，文法的に用法がどう違う？　まずここの being respected は，受動態の進行形（「尊敬されている（尊敬されつつある）」）だから，respected は受動態をつくる過去分詞。「（自分の尊敬する人間から君が好かれているということは），逆に君が，話し相手として，あるいは付き合う相手として，むこうから尊敬され，すばらしいと思われ，求められていることを意味している」。

[20-23] **One of the nicest feelings or compliments is being invited to attend something with a person or couple you admire—especially if it is for a special occasion or an intimate get-together.**

　ここの **being invited** の文法的な用法は何かというと，主語「なによりも嬉しい感情あるいは言葉のひとつ」が，「招待されるということ」なのだから，これは受動態になっている動名詞。主語の補語となっている動名詞じゃな。**a person or couple you admire** の couple は「あなたの尊敬する人間あるいは夫婦」と，「夫婦」の意味に取るのがいいんじゃないかな。あまり夫婦単位で行動することの少ない日本の言語に「夫婦」という言葉は厳然と存在しておるが，とかく夫婦単位で行動することの多いアメリカでは，a (married) couple という以外，「夫婦」に当たる単語は存在しない。日本語にも「家族ぐるみの付き合い」といった表現はあるが，アメリカなど，「夫婦ぐるみの友情関係」ってのが多いようだ。吾輩なども，われわれ夫婦と食事をともにするアメリカ人夫婦がいるが，まさにその夫婦というカップルがあたかも一個の人間であるかのごとき友人といった趣だね。

[24] **Sir William Osler has a few words for you**

　「ウィリアム・オスラー卿が君のためにいくつかの言葉を持っている」なんて訳すんじゃないぞ。ようく考えると（英文を読むときは，日本語の文化に置換しながらようく考えつつ読めと，何度も言っただろ），「いくつかの言葉」というのは「短いけれど素敵な言葉」くらいの意味で使われていることがわかる。「短く巧みな表現」（『大辞泉』）を日本語では「警句」という。

[26] **Truer words were never spoken**

　「より正しい言葉はかつて話されなかった」って訳じゃつまらん。もちろん truer words were never spoken than that (=than the witty remark above)の than 以下が省略された形だから，「こんな正鵠を得た言葉も珍しい」とか「およそこんな的確な言葉がかつて人の口から発せられたことはない」くらいの意味

（比較級の否定文が内容的な最上級を表す構文は 15〜17 章の「比較」でやる）。

[26-27] **For what more could you ask than comradeship during the peaks and valleys of life?**

　ここの **could** は何だろう？　どうして過去形なんだ？　まず what more could you ask は修辞疑問（Rhetorical Question），つまり「反語」であるということ。what more could you ask than〜は，一見疑問文の形を取ってはいるが，内実は you could ask nothing more than〜の否定文と同義であるということじゃ（たとえば，How can I jump so high?なら，「ぼく，そんなに高くは跳べるわけないじゃないですか」）。とすると，もう分かるな。否定の意を強める仮定法の could じゃないか！　訳すときは現在形に訳せよ。「(友情以上の) いったい何を求めることができるというのであろうか」。**the peaks and valleys of life** も「人生の山頂と渓谷」じゃつまらん。というか文化的に日本語に置換しえてない。ここでいう「人生の山頂」というのは人生の絶頂期，得意満面のいちばんいいとき，「人生の渓谷」というのは人生のどん底，最底辺，失意絶望のときのことだろ。だったら「人生，山あり谷あり」のあの「山」，あの「谷」に当たるじゃないか。「人生の山において，また人生の谷において，およそ友情以上に望ましいものがほかにあるでしょうか」。

[27-29] **To whom else but a close, valuable friend can you brag about your success and whine about your failures or losses?**

　この文も疑問文の形を取っておるが，修辞的に疑問文なだけであって，内容的には否定文。そして修辞疑問というのは，上に述べたように日本語にもまったくそれと同じ「反語」という修辞法がある。だからこの文も，「親しい，価値ある友人に対して以外，いったい誰に〜することができようか」と反語に訳していればいいのであって，無理して「親しい，価値ある友人に対してしか〜することはできない」と否定文に訳すことはない。表現の形式美である「修辞」を壊してしまってはつまらん。

　この練習題は，『あるビジネスマンの息子への手紙』から採った。だから訳文も手紙調にしてみよう。

<u>訳例</u>　かつてサミュエル・ジョンソンは，「私は新しい出逢いのなかった一日は無為に過ごした一日と見做（みな）す」と述べたことがある。すばらしい考え方だね。なぜって，新しい出逢い以外のどこから友情が生まれうるというんだね？　誰かとどこかではじめて出逢い，挨拶の言葉を交わし，言葉を交わすことから親しい結びつきが生まれ，結びつきのきっかけとしての「こんど昼食でもご一緒にいかがですか」の言葉でもって，しばしば友情が芽生えてくる。ただし，本当にその気がないときにむやみとこの約束をしたりするんじゃないよ。実行する気のない

言葉は浅薄浅慮と受け取られることが多いからね。

　こういう人生の偶然の出逢いから，友情のまさに根幹というべき"芽"が生じてくる。自分の人生の友情という道程にいかなる友を選ぶか，それはきみの本能が直感的に教えてくれるよ。自分と君とのあいだに何の親和力も感じていない人間と友人になろうと努めることほど意味がなく，またそれ以上に空しいこともない。これ以上に空しいことといったら，君と友人になりたいと躍起になっている当の人に君がまったく親和力を感じないことくらいだろう。だが，そういうときにも，相手に対するやさしさを忘れちゃいけない。友だちになりたいという気持ちが真摯なものであるということは，つまりは相手は君のなかに何かすばらしいものを感じ取ってくれているということだ。そういう人を，自分と親しくしたがっているからと無下に責めたりするもんじゃない。

　君が敬い尊敬する人から好かれれば，自分に対する自信も増してくる。そういう風に好かれるということは，逆に君自身が，会話や交際の相手として敬われ，尊敬され，求められているということだからね。なによりもありがたい相手の気持ち，または言葉というのは，君の尊敬する人間あるいは夫婦から何かの会への招待——とくに何か特別の行事とかとくに内輪の集いなどへの招待を受けるということだ。

　ウィリアム・オスラー卿が君のための警句を遺してくれているよ——「若者の人生において幸福を得るにもっとも重要なものは，友人をつくる才能である」と。これほど正鵠を得た言葉もないね。人生の山において，また人生の谷において，友情以上に求めるべきものがほかにあるだろうか？　自分の成功を喜び合い，自分の挫折や喪失を嘆き合う相手として，心の通い合った尊敬に値する友人以外のいったい誰がいるというんだね？

文法要点

動名詞
◆動名詞は動詞（「～する」）の意味を内蔵した名詞（「こと」）。「～すること」。したがって機能としては文の主語か補語か，動詞や前置詞の目的語となるしかない。

　　主語として　　Being liked by someone you respect bolsters your confidence.
　　補語として　　One of the finest feelings is being invited to attend something.
　　目的語として　Nothing is as fruitless as trying to cultivate a friendship.

◆**動名詞の意味上の主語**。他の準動詞の不定詞や分詞と同じく，意味上の主語が「一般的な人」か，主節の主語と一致するときか，内容上明らかなときには省略する。

> それ以外の場合には，(代)名詞の所有格か目的格で表す。
> Only thing worse is <u>you feeling</u> no chemistry.

* 強意のために副詞句が文頭に来る際は，「V＋S」と**倒置**の起きることが多い。
  <u>From such chance meetings</u> sprout the very basic genes of friendship.
* **劣等比較**の **not so〜as...**（「…ほど〜ではない」）。not as〜as...は主に口語で使われる。
  <u>Nothing</u> is <u>as</u> fruitless <u>as</u> trying to cultivate a friendship.
* 比較構文において，比較の対象が内容上明らかであるか文脈上必要ないときには than 以下は**省略**される。
  Truer words were never spoken.
* **修辞疑問**（Rhetorical Question）。反語となる疑問文を修辞疑問と呼ぶ。
  <u>Who knows</u> what will happen tomorrow?（「明日どうなるか，誰が分かるものか」）
  <u>What more could you ask</u> than comradeship?
  <u>To whom else but a close friend can you brag</u> about your success?

第十三番　動名詞そのニ
... prejudices about flesh being pink and apples yellow or red.

　第十二番の稽古でもう動名詞は大丈夫か？　しかし我が道場では，動名詞との"乱取り"はまだまだ続くぞ。準動詞三種のそれぞれに均等に三番の稽古を当てたいから，動名詞も稽古を三番やる。まあ，武道の様式美じゃよ。

　　We are all inclined to accept conventional forms or colors as the only correct ones. Children sometimes think that stars must be star-shaped, though naturally they are not. The people who insist that in a picture the sky must be blue, and the grass green, are not very
5 different from these children. They get very indignant if they see other colors in a picture, but if we try to forget all we have heard about green grass and blue skies and look at the world as if we had just arrived from another planet on a voyage of discovery and were seeing it for the first time, we may find that things are apt to have the most
10 surprising colors. Now painters sometimes feel as if they were on such a voyage of discovery. They want to see the world afresh, and to discard all the accepted notions and prejudices about flesh being pink and apples yellow or red. It is not easy to get rid of these preconceived ideas, but the artists who succeed best in doing so often produce the
15 most exciting works. It is they who teach to see new beauties in nature of whose existence we had never dreamt. If we follow and learn from them, even a glance out of our own window may become a thrilling adventure.

　　　　　　　　　　　　　　　(E. H. Gombrich: *The Story of Art*)

単語

be inclined to do＝〜したいと思う (be willing to do)，する傾向がある (have a tendency to do), しがち (be apt to do)／**conventional**(a.) (convention(n.)「因襲・しきたり・慣習」から) 慣習的な, 伝統的な；紋切り型の, 型にはまった；月並みな／**natural** (a.) 自然な, 自然の；生まれつきの, 生得的な；道理にかなった, 当然の／**insist**(v.) 強く要求する；強く主張する, 言い張る／**indignant**(a.) 怒った, 慣慨した／**be apt to～**＝～しがち／**surprising**(a.) 驚くべき, ビックリさせる, めざましい；予期しない／**afresh** (ad.) 新たに, 改めて, いまさらのように／**discard**(v.) 棄てる, 処分する, 見捨てる／**notion**(n.) 概念, 観念, 考え；意見／**prejudice**(n.) 偏見, ひがみ；先入観, 先入主／**flesh**(n.) (人間・動物の) 肉；(特に色・外見に関し) 人体の表面, 肌／**get rid of～**＝～を脱する, 免れる；～を取り除く, 追い払う, 厄介払いをする／**preconceived**(a.) (preconceive(v.)「～をあらかじめ考える, [先入観をもって] 予想する」から) 先入観的な／**exciting**(a.) (excite(v.)「興奮させる」から) 興奮させる, 刺激的な, ワクワクさせる, 好奇心をそそる／**dream of～**＝～を夢見る, 夢に描く／**glance**(n.) ちらっと見ること, 一瞥。一見／**thrilling**(a.) ワクワク (ぞくぞく) させる, 感激 (興奮) させる, スリル満点の, 胸の高鳴る

解説

[1-2] We are all inclined to accept conventional forms or colors as the only correct ones.

まず We と all は「同格」。「われわれ誰しも～する傾向がある」。ones は複数名詞のくり返しを避ける不定代名詞で, ここは forms or colors のこと。「伝統的な色や形を唯一正しいもの (色や形) として受け入れる (傾向がある)」とは, どういうことだろうか？ 昔むかし, 吾輩がまだウミボウズみたいにとってもかわいい小学校上学年の頃, ある「図工」の時間に学校の外に写生にいくことになり, ウミボウズみたいに可愛かった坊主頭の吾輩は学校の外の土手に腰をおろし, 晩春の田園風景を見ながら鉛筆で素描をし, 空の部分を空色のクレヨンで塗りはじめた。そこに担任の先生が見回りにきて, 吾輩に,「筒井, 空は本当にそういう色をしているか？」と訊いてきた。はてな？「空は空色ですけど」と幼い吾輩。「ほんとうか？ ようく見てみろ。あの空はほんとうにそういう空色か？」先生はのたまった。ようく見ないまでも言われてみれば, 吾輩の眼にしている空が吾輩のクレヨンの空色一色ごときで表現できるものではないことはすぐにわかるが, かといって, 複雑なその空の色を吾輩がいかに多数のクレヨンを使っても, その色をあるがままに画用紙に再現できそうにないことも明らかに思えた。「よくわかりません」「ようく見たとおりに描いてみろ」と先生。幼い吾輩の思考はそこで停止してしまったよ。空は空色に決まっとるじゃないか。「見たとおりに描いてみ」ようと, 何本ものクレヨンを配合して空を描こうとしても, だんだんと黒ずんだヘンテコな色彩になっていくばかり, 我が画用紙に描かれた

空は，目の前に見る現実の空の色とはますます懸け離れてゆく。小学校5年生の吾輩は，空色という空の伝統的な色を，空の「唯一正しい色」と思い込んでおって，あるがままの空の色を見ることはなかったんじゃな。空色という既成概念の色眼鏡を通して空を見ているだけで，時々刻々に，それどころか毎秒ごとに，変化する神秘的な，驚くべき空の色をそのあるがままの色において見ることはできなかった。いま吾輩は"前期高齢者"。長い年を経て，さぞかし今は空をそのあるがままの色において見ることができるようになったか？　あやしいものである。「見る」というのは難しい。

[2-3]　Children sometimes think that stars must be star-shaped, though naturally they are not.

いま事物の「色」のことを話したが，「形」においても，たとえば星が五角形の星形をしているなんてことがないことは，夜空を見上げればまさに一目瞭然だよな。**naturally** は文修飾の副詞で「当然のことながら」の意。**they are not** の次に star-shaped という語が省略されておる。「星が星形をしていないのは当然である」。そして，「当然のことながら星は星形をしていたりはしていないのに，ときどき子供は星は星形をしているにちがいないと思い込んでいる」。小学校5年生の吾輩に夜空の星を描かせたら，ばっちりと五角形の星を真っ黒の夜空に金色で描いたことだろうよ。

[3-5]　The people who insist that in a picture the sky must be blue, and the grass green, are not very different from these children.

ことは子どもだけではない。この文，主語の **the people** が **not very different from children**「子どもたちと大差ない」と書いてあるのだから，people とは「大人」と訳すべきだろ。もちろん，**the grass** と **green** の間には must be が省略されておる。「緑の草原」なんて訳して気取ってんじゃないぞ。それを言うなら，green grass だろ。「絵においては空は青色，草は緑色でないといけないと言い張る大人は，そういう子どもと大差がない」。

[5-10]　They get very indignant if they see other colors in a picture, but if we try to forget all we have heard about green grass and blue skies and look at the world as if we had just arrived from another planet on a voyage of discovery and were seeing it for the first time, we may find that things are apt to have the most surprising colors.

「そういう大人たちは絵のなかに他の色が使われているのを見ると怒り出してしまうが，しかし"緑の草原"とか"青い空"といった言い方で耳にしてきたすべてのことを忘れ去り，まるで別の惑星から宇宙発見の旅でやって来て，はじめて見るときのような眼でもってこの地球を眺めてみたら，地球の風景がこの上なく驚くべき色彩をしていることを知るのではなかろうか」。この程度の英文なら，

諸君らはとくに訳出に苦労することはないだろ。二箇所だけ説明しておく。**were seeing** の進行形，see というそれ自体の中に「〜している」と「状態」の意をふくむ動詞は，進行形にはしないのではなかったかと疑問に思ったムキもいることだろう。事実，ある辞書で see を引くと，他動詞 20 個，自動詞 9 個の訳語の最初に，すべて，「通例，進行形不可」と書いてあった。ご苦労なことだ。しかし，ここは別の惑星からはじめて地球に到着したばかりの異星人の立場を仮定して書いてんだろ。だったら see は「見ている」という状態の意はふくまず，まったく look（at〜）と同じ「見る」の動作の動詞として使われていることになる。辞書にも「通例」と書いてあるとおり，ここは「通例」ではない「異例」のこととして see を進行形にしたのだろう。

　もうひとつは **as if we had just arrived** の形。文全体は現在形なのだから，as if の節の中の仮定法は仮定法過去になるはずだよな。ところが had arrived と，仮定法過去完了。おかしいか？　しかし，ようく考えてみろ。ここは現在完了の「完了」で「地球に着いたばかり」we have just arrived と想定されていた文が，仮定法過去にするために have を過去形 had に書き換えた文だろ？　つまり現在完了形の仮定法過去の形ってことだ。はじめてこの読むときも，as if にさしかかった瞬間，この節の中は仮定法過去のはずだと予想しながら，we had arrived の中に現在完了形の「完了」のニュアンス we have arrived をすばやく読み取る感覚がほしいぞ。

　文章の言っていることは分かるな？　われわれは，「オギャ〜ッ！」とこの世に生まれてきて以来，眠っているときをのぞいてそれこそずっと，空とか木とか海とか川とか大地とか花とか地球の事物を見てきているもんだから，すっかりそれらに慣れっこになってしまって，地球上のモノ一つひとつが「この上なく驚くべき色彩」をしていることを忘れてしまっとる。「どんな美人と結婚しても，2 年もすれば飽きる」と俗に言うが，じつはわれわれは度肝を抜かれるような，とんでもない「美人」である世界の中で，その外界の事物とともに住んでおるのに，贅沢この上ないことながら，すっかりそれに「飽き」ちゃっておる。まだ幼いとき，自分が生まれきったこの世界の美に感嘆し，驚異の念に打たれた記憶，ないか？　あまりに不思議なもんだから，「お父ちゃん，あれなぁに？」「これ，なぁに？」と，いっしょに散歩しているお父さんがうるさがるほど矢継ぎ早の質問を浴びせただろ？　それも記憶にないか。記憶にないんだったら，想像してみよう。月面のような地表と灰色の建物の林立しかない，どこか遠くの殺風景な惑星から諸君がワープを使ってはじめてこの地球にやって来たとしよう。地球のあの山，あの海，あの花一本，それこそあまりに美しくて，異星人の諸君は「極楽に来ちゃった！」と，腰を抜かすぞ。あるいは諸君が生まれついての盲目という不幸な人だったとして，30 過ぎに驚異の医学のおかげで手術の結果，眼

が見えるようになったとしよう。「はい，どうぞゆっくり眼帯を外してください」と医者に言われて，君は恐る恐る眼帯を外し，そして光にあふれたこの世界を見る。これまでも「緑の草原」とか「青い空」という表現は耳にし，「空ってどんなだろう？」「花ってどんな色をしているんだろう？」「一番星ってどんな星？」（これは昔の歌謡曲のタイトルだ）と，想像してきた。しかし，いま眼にした空は，花は，一番星は，君のどんな想像もはるかに上まわっているはずだ。なに，これ！　君は自分が生きることを許されたこの世界の奇跡のごとき美しさがただただありがたく，涙を流すにちがいない。

[10-11]　Now painters sometimes feel as if they were on such a voyage of discovery.

　文の冒頭の Now は「今や」じゃないぞ。話の切り出し，話題の転換を誘って，「さて，ところで，では」の意味だったな。「ところで画家は，まるで自分がそのような宇宙発見の旅の途次にあるかのように感じることがある」。セザンヌを，ルノアールを，ゴーギャンを，たくさんの画家たちの絵を思い出してもらいたい。彼らは，地球をはじめて見る異星人の眼でもって，生まれてはじめて世界を見る人の眼でもって，世界を見ているではないか。われわれは彼ら偉大なる画家の絵を通して，モノを「見る」ということを教わる。吾輩はハーヴァード大学のフォッグ美術館でゴッホの「靴」という絵を見たときのショックが忘れられない。「あ，靴って，こうなんだ。俺はいままで靴を見たことがなかった！」と強烈に思った。

[11-13]　They want to see the world afresh, and to discard all the accepted notions and prejudices about flesh being pink and apples yellow or red.

　彼ら画家は，see the world afresh「世界を新しい眼でもってみる」。大学時代に吾輩が話をしたことのある（残念ながら「付き合う」にまではいたらなかった）美大の女子学生は，「絵を描いていると，モノを見ることができるようになります」と言ったことがある。彼女が言わんとしたことは，絵を描くことによって事物を仔細に見つめ，これまでのような「慣れ」という色眼鏡を通してではなく，「慣れ」を追い払ったあとに顕わにされてくる本来の事物を，地球をはじめて見る異星人のごとき「新しい眼」でもって見る訓練になるということだったのだろう。われわれは，世界をいつも見ているようで，じつは何も見ていない，見えていないのじゃ。

　内容も大事だが，構文，とくに flesh being pink and apples yellow or red の箇所は取れたかな？　ここが動名詞とその意味上の主語。名詞目的格 flesh が動名詞 being pink の意味上の主語，名詞目的格の apples が省略されている being yellow or red の意味上の主語。「身体は肌色であり，リンゴは黄色か赤ということ」。

[15-16] It is they who teach to see new beauties in nature of whose existence we had never dreamt.

　強調構文の it is〜that は，it is と that でくくり上げて強められているものが「人」の場合には **it is〜who** の変形を取ることがあったな。「自然界に新しい美を見ることを教えてくれるのはそういう画家である」。関係代名詞所有格 **of whose existence** の先行詞は，nature ではなくて **beauties**。読み取り方はもう大丈夫だな。「美――その美の存在を――われわれは夢見たことがなかった」→「これまで夢想だにしなかった美」となる。抽象名詞 beauty が本来なるはずのない複数形 beauties となっているのは，事物の具体的な「美」という意味で具象化されて普通名詞化されているから。ここは「美しい色彩」のことだが，たとえば a beauty が「美人」の意となることもある。

　teach to see は変な形だな。分かるか？　第五文型 teach us to see の意味上の主語 us が，準動詞の規則に従って「一般的な人」だから省略されとる。

[16-18] If we follow and learn from them, even a glance out of our own window may become a thrilling adventure.

　「彼らに **follow** する」とは，彼ら画家の絵をたくさん見て，世界を見る彼らの「眼」でもってモノを見るよう心がけることだろう。そうしたら，世界の美に驚嘆するためにわざわざ海外旅行などに出かけたりする必要はないぞ。「窓の外をちらと見るだけで，胸躍る冒険となりうる」と筆者は言っておる。「冒険」だぞ。イギリスの神秘主義的な詩人ブレイクは，「木の葉一枚の意味を知る者は宇宙の意味を知る」と述べたことがある。木の葉一枚を見つめ，そこに顕れている玄妙な世界の美に真に驚嘆するとき，我々は神秘の感に打たれ，その美のかなたに美しき世界を実在たらしめている，ある大いなるものを望見することがある。この霊的な「望見」が，世界を発見する「冒険」だ。べつに宗教臭いことを言うつもりはないが，「野の花がどのように育つのか，注意して見なさい。働きもせず，紡ぎもしない。しかし，言っておく。栄華を極めたソロモンでさえ，この花の一つほどにも着飾ってはいなかった。今日は生えていて，明日は炉に投げ込まれる野の草でさえ，神はこのように装ってくださる」（新約聖書マタイ伝6章）というキリストの言葉の意味が見えてくる。

訳例　われわれ誰しも，既成の伝統的な形や色を唯一の正しい形や色として鵜呑みにしがちである。ときどき子どもは，星は星形をしていないといけないと思い込みがちだが，当然，実際の星はそんな形をしてはいない。絵において空は空色，草は緑色をしていなくてはならないと言い張る大人たちも，そういう子どもと大差はない。そういう人は絵の中にそれとは違う色を見ると，非常に腹を立てたりするが，しかしこれまで耳にしてきた「緑の草原」とか「青い空」といった

表現をすべて忘れ，世界を，まるで宇宙発見の旅ではじめて地球にやって来た異星人の眼でもって見るならば，モノというのはこの上なく驚くべき色をしていることに気づくはずだ。ところで画家というのは，ときどき自分がこのような宇宙発見の旅の途次にあるかのように感じる人のことである。彼らは世界を新しい眼でもって見つめ，肌は肌色とか，リンゴは黄色か赤といった既成の概念や先入主をすべて捨て去ろうとする。そういう先入観的な観念を捨て去るのは容易ではないが，往々にしてそれに最も成功した画家が最もすばらしい作品を残すことになる。われわれが夢想だにしなかった美を自然界に見ることを教えてくれるのは，そのような画家である。彼らに倣い，彼らから学ぶならば，家の窓からちらと外を眺めやるだけでも，戦慄せんばかりの「冒険」となりうるのだ。

文法要点

◆動名詞の意味上の主語を再度確認する。
 We must discard all the accepted notions about <u>flesh being pink and apples yellow or red</u>.

*重複を避けるための**省略**（Ellipsis）。
 ・補語の省略。
 Children sometimes think that stars must be star-shaped, though naturally they are not△.
 ・動詞の省略。
 They insist that in a picture the sky must be blue, and the grass △green.
 We must discard all the accepted notions about flesh being pink and apples △yellow or red.
***現在完了形の仮定法過去** 現在完了形「have＋過去分詞」の have が仮定法過去の had になった形。一見，仮定法過去完了に見えるが，全体の時制の感覚から鋭く見分けろ。
 Try to look at the world as if you had just arrived from another planet.
***強調構文の変形** 強調構文 It is＋N＋that〜は，強調される N が「人」の場合には It is＋N＋who〜の変形をとることがある。
 It is they who teach to see new beauties in nature.

第十四番　動名詞その三
... instead of everything coming to an end, ...

「様式美」のために動名詞も均等に稽古数が三番なんてことを言ったが，むろん，そんな表面的な形式美にこだわっとるんじゃない．実質的にも，動名詞ってやつは，意外と見誤りやすい準動詞なんじゃよ．それでもう一番，とどめを刺すための稽古をやっておこう．

"There is now a theory that when the fifty billion years are up, instead of everything coming to an end, instead of all the light going out because of all the energy fizzling away, gravity will take over. The force of gravity," he repeated, as though it were the familiar name of one of the beloved grandchildren up in South Orange. "Just at the edge of the end, the whole thing will begin to contract, will begin to rush back toward the center. Do you follow me? This too will take fifty billion years, until it's all pulled down inside that original egg, into this compressed droplet that it all began with. And there, you see, heat and energy build up again, and bang, another stupendous explosion, and out it'll all go flying, a brand-new roll of the dice, a brand-new creation unlike any that's been. If the theory is correct, the universe will go on like this forever. If it's correct —and I want you to hear this, this is what I want you to listen to very carefully, this is what we all want to tell you—"

"That's the ticket," said Mr. Metz.

"If it's correct, the universe has been going on forever: fifty billion years out, fifty billion years back. Imagine it. A universe being reborn and reborn and reborn, without end."

(Philip Roth: *Zuckerman Unbound*)

単語

billion(n.) （米）10億／**be up**(a.) （一定の時間・期間が）終わった，終了した，切れた／**fizzle**(v.) （特に弱く消えてしまうような）シューッという音を出す；(途中で）頓挫する，ぽしゃる／**gravity**(n.) 重力，（地球）引力／**take over**〜＝（〜から，として）引き継ぐ；（前のものに代わって）支配する，優勢になる／**contract**(v.) 収縮する，縮まる，狭くなる，短縮する／**pull down**＝壊す，解体する；しまう，たたむ／**compress**(v.) 圧縮する，押しつける，締めつける，詰め込む／**droplet**(n.) 小さな滴り。(-et は名詞につく指小辞で「小さい，小型の」の意。booklet, ringlet, kitchenette など）／**begin with 〜(N)**＝〜でもって始める。(begin by〜ing＝〜することでもって始める）／**there**(ad.)《しばしば感嘆詞的に用いて》（文頭に置き眼前の状況・物・人などに注意を惹く）そら，ほら，あれ，それ／**build up**＝集まる，積み重なる，終結する／**bang**(n.)《間投詞的にも》バン（ドン，ドカン，ズドン，バタン）という音，轟音／**stupendous**(a.) 驚くほど大きい，巨大な，厖大な；ビックリ仰天させるような／**explosion**(n.) （explore(v.)「爆発する」から）爆発／**roll**(n.) 丸いもの，円筒状のもの／**dice**(n.) さい，サイコロ，（小さな）立方体／**brand-new**(a.) 真新しい，新品の，できたばかりの。（brand は鍛冶場の炉 forge のこと。brand-new は「出来たてのホヤホヤ」という感じ）／**the ticket**(n.) 適切な（望ましい，おあつらえ向きの）こと（もの），必要なもの。That's (just) the ticket! は「まさしくそれだ，そのとおり，それがいい」

解説

[1-3] "There is now a theory that when the fifty billion years are up, instead of everything coming to an end, instead of all the light going out because of all the energy fizzling away, gravity will take over.

that が同格の名詞節を導く接続詞 that であることは，もういいな。「現在，〜という理論が出されている」。when the fifty billion years are up「500億年が経ったら」と，気の遠くなるような時間のことが語られておるが，ここは宇宙の寿命のことを言っておる。この宇宙はどうやって発生したものか，知っておるな？　およそ137億年前，宇宙の時空構造もその内容物もすべて含めた，無限小の超稠密な一点の核があり，それが放射性崩壊と同じメカニズムで爆発し，それ以来ずっと膨張しつづけて現在の宇宙があるというガモフのビッグバン理論（1948年）は，ビッグバンの余熱にほかならないマイクロ波の発見などによって，もはや宇宙発生論としては定説となっておる。では，宇宙はとめどなく膨張をつづけているとして，この先，宇宙はただ無限に膨張をつづけて終わるのだろうか？　膨張のあとには崩壊があるという説（シャプリーの「バン・バン・バン理論」）もあるが，だが宇宙のサイクルがそこで終わりになるという理由もないわな。1958年にイギリスの学者ゴールドは「時間対称宇宙」モデルを唱え，宇

宙はある時点において膨張から収縮に転じ，収縮すると時間の向きも反転して，宇宙は完全に初期状態にもどってしまい，そこから再びビッグバンと，未来にしか向かない「時の矢」の膨張をくり返すと説いた。この練習題で作家が採りあげている「理論」は，その「時間対称宇宙」モデルのことを述べておるようなんじゃ。「500億年が経ったら」というのは，「宇宙創生のビッグバンから500億年が経ったら」ということで，いまから約350億年後のことになるかな（そのときにはおたがいこの宇宙にはいないから，「そんなの，関係ない」？）。この「時間対称宇宙」論は，20世紀の宇宙論の最大スターであるホーキングも90年代半ばまで支持しておったそうだが，現在ではこの説にも賛否両論あるらしい。ダライ・ラマはこの学説を聞いて，「それがもっとも真実に近いでしょう」と即座に述べたらしいけど，素人の吾輩も，そんなものかもしれないなあとは思っておる。

　instead of everything coming to an end は coming を現在分詞に取ると，everything を修飾することになって，「終末に近づきつつあるすべてのものに代わって」の訳となるが，「すべてのものに代わって」じゃなくて，「すべてのものが終末を迎えること（という現象）に代わって（つまり，そういう現象が起きるのではなくて）」ってことだろ？　そう，この coming は動名詞で，everything はその意味上の主語を表しているのだ。どうじゃ，動名詞は意外と見誤りやすいじゃろ？　同じことが **instead of all the light going out**（「消えつつあるすべての光に代わって」ではなくて，「すべての光が消滅するのではなくて」）と，**because of all the energy fizzling away**（「シューッと消えてゆくすべてのエネルギーのために」ではなくて，「すべてのエネルギーがシューッと消えてしまうがために」＝because all the energy will fizzle away）についても言える。ちなみに instead of〜と without〜の違いだが，取りうる可能的な二つの動作 A と B があって，B をやらずに A をやったというときは「A instead of B」を使い，ひとつの動作 A において別動作 B が付随していなかったというときは「A without B」という。He went out to play baseball instead of working at home （「彼は家で勉強せずに外に野球をやりに出た」）と，He went out to play baseball without taking a glove with him（「彼はグラブを持たずに外に野球をやりに出た」）。

　gravity will take over 「重力が取って代わることになる」。吾輩もよくわからんのだが，アインシュタインの「一般相対性理論」によると，加速度（もちろん，宇宙はただただ一次元の時間線の上を未来にむかって突き進む「時の矢」のエネルギーでもって，かつ秒速約30万kmの光の速度でもって膨張しておるわけだ）と重力は，現象としてはたがいに見分けがつかないとされておるらしい。だが，空間内を直進する性質を持っているはずの光も，加速度のある宇宙の系か

ら見ると，その軌跡が曲がって見える。ということは，宇宙の多量の物質が作り出す重力場は空間（時空）を曲げてしまうものであるらしいな。その重力が未来に向かって直進するだけの光に取って代わったら，膨張をつづけてきた宇宙は，瞬間に反転して収縮を開始することになるのだろう。くり返すが，どこかの解説書（日本文芸社刊，金子隆一他著『面白いほどよくわかる宇宙の不思議』2006年 など）を又借りしてこんな解説をおこなっておる吾輩もよくわからん。時間の逆転など，人間の頭脳に具体的に想像できるわけないじゃないか。

[5-7] **"Just at the edge of the end, the whole thing will begin to contract, will begin to rush back toward the center. Do you follow me?**

Just at the edge of the end というのは，ビッグバンから500億年が経過して宇宙が終末（the end）を迎えるときの，その時間の先端（the edge）において，ということ。宇宙ってのは，それこそ宇宙のどの地点から眺めても，ただ茫漠とした半径137億光年の広がりに見えるだけで，「中心」というものは存在しない。だから **rush back toward the center**（「中心にむかって逆転」）というのは意味を成さないんだけど，そもそも時間の逆転というのが，未来だけにむかう「時の矢」しか想像できないわれわれの理解を超えておることなので，「もと来たほうにむかって逆行」くらいにイメージ的に理解しておけばいいだろう。SF小説の「時間浮游」とか，「バック・トゥ・ザ・フューチャー」って映画もあったけど，あんなの，三次元に住む人間のリアリティ認識を無視した"空想"にすぎん。

[7-9] **This too will take fifty billion years, until it's all pulled down inside that original egg, into this compressed droplet that it all began with.**

これまでにやってきたいろんな文法的な要点がきちんと把握されているかな？まず前にカンマの付された従属接続詞 until の訳し方。そしてカンマだけで羅列されている inside that original egg という句と into this compressed droplet という句の関係。そして the droplet that it all began with（＝the droplet with which it all began）という「前置詞＋関係代名詞」の訳し方。

等位接続詞化された〜, until...は前から訳して「〜し，そしてついに…」だったな。「これがまた500億年かかって，そしてついには…」。**inside that original egg**（「あの原初の卵の中へと」）と **into this compressed droplet**（「その圧縮された小点の中へと」）とは，同じことを別角度から述べた「並置」。「原初の卵」とは，ビッグバンを起こして今ある宇宙を創り出した元となる，「宇宙の時空構造もその内容物もすべて含めた，無限小の超稠密な一点の核」のことじゃ。これと「この圧縮された小点」とは同一のものを指しておる。「圧縮」も圧縮，ビッグバンを起こしたその「卵」とか「小さな核」というのは，10の33乗分の1センチの"大きさ"だったんだぞ。「無限小の超稠密な一点の核」なんて言葉ではとうてい表現できないわな。10の33乗分の1以下の「サブ・プランク・ス

第十四番　動名詞その三

ケール」というのは，従来の"科学"など通用しない，時間も空間も定義できない，人間の「言葉」を超えた領域だ。そして，**the droplet that it all began with**（＝the droplet with which it all began）の関係詞節は，読んだ瞬間に頭の中で，「小さな滴——その滴——それ（宇宙）すべては（その滴とともに）はじまった」と考えて，「宇宙すべてのはじまりの元となった小さな滴」と訳すんだったな。「この過程がまた500億年かかって，ついには宇宙すべてがあの原初の卵への中へと，宇宙すべてのはじまりの元であった小さな核の中へと，引きずり込まれてゆく」。

[9-12]　And there, you see, heat and energy build up again, and bang, another stupendous explosion, and out it'll all go flying, a brand-new roll of the dice, a brand-new creation unlike any that's been.

　bang は "Bang, bang! You're dead!"（「バン，バン！お前，死んだよ！」と言うときの間投詞的な bang で，この名詞 bang（「バ～ンッ」）と **another stupendous explosion**（「もう一回のすさまじい爆発」）とが「同格」。同格の名詞二つが列挙されておるが，「バ～ンッ，もう一回すさまじい爆発が起きて」くらいに動詞を入れて訳そう。

　out it'll all go flying は It'll all go flying out の out が強意のために文頭に出たもの。とくに out を強めたいときには，Out will it all go flying のように「倒置」が起きることもあるが，ここはとくにそれほど強めてはいないのだろう。it と **a brand-new roll of the dice**（「真新しい球状のサイコロ」）や **a brand-new creation unlike any that's been**（「これまでになかったような真新しい創造物」）は，カンマが置かれておるし，「同格」と取ってもよかろう。しかし，ここのカンマは文のつながりを明らかにするために打たれた恣意的なカンマにすぎず，むしろ主語 it の状態を述べる「主格補語」と取るほうが自然かな。ただし，それぞれ主格補語である a brand-new roll of the dice と a brand-new creation unlike any that's been とは，「同格」。「それ（宇宙）は，「真新しい球状のサイコロ，これまでになかったような真新しい創造物<u>となって</u>，すべてが飛ぶように広がってゆく」。

[13-15]　If it's correct —and I want you to hear this, this is what I want you to listen to very carefully, this is what we all want to tell you—"

　何度も使われている **this** は，これから述べることの内容を指しておる。だからといって，「もしこの理論が正しいものならば，わしはあなたがたに次のことを聞いてもらいたい，次のことがわしがあなたがたに非常に注意深く聞いてもらいたいことだ，次のことがわしたちみながあなたがたに聞いて…」と，「次のこと」を連発したんじゃ，うるさくてかなわん。うまく工夫しよう。なお，**this is what I want you to listen to** は，I want you to listen to this の強調形。this

やthatなどの一語の代名詞を強めるんだったら，わざわざIt is this that I want you to listen to とやる必要はない。

[17-19] "If it's correct, the universe has been going on forever: fifty billion years out, fifty billion years back. Imagine it. A universe being reborn and reborn and reborn, without end."

そして最後の A universe being reborn and reborn and reborn, without end にも，動名詞とその意味上の主語が来ておる。「宇宙が，際限なく何度も，生まれてはふたたび生まれ，またふたたび生まれてきているということ」と，「体言止め」。つまり imagine it の it は，「宇宙」という名詞ではなく，「宇宙が際限なく生まれ変わりをつづけている」という事実を指しておる。

どうだ，「もしこの理論が正しいならば」，複雑な想いにとらわれてしまわないか？　なんともはや我々は，想像を絶するなどという形容も愚かな，もうメチャクチャな無限の時間の中，メチャクチャ無限の空間の中に，ごくごく一瞬の束の間，不可思議な「生」を与えられて生きておるという驚愕すべき玄妙不可思議な事実に想いをいたさざるをえないよな。我々の日常のぐちゃぐちゃした悩みって，この宇宙の中にあっては，いったい何なんだろうね？　つまらないことをぐちゃぐちゃ思い煩っている自分が，あまりにいじましく，アホらしくなっちゃうわな。

訳例　「現在のある宇宙理論によりますとね，500億年が経ったら，すべてのエネルギーが消滅して光りがすべてなくなり，宇宙が終わってしまうのではなく，重力がそれに取って代わることになるということですぞ。重力の力ですな」と，彼はまるでサウス・オレンジの愛する孫たちの一人の愛しい名前であるかのように重力ということばを繰り返すと，「宇宙の終結の先端のところまで来ますと，宇宙全体が縮小をはじめ，中心にむかってすごい勢いで縮みはじめますのじゃ。おわかりかな？　これにまた500億年の時間がかかりまして，ついには宇宙の始まりの小さな卵状にまで小さくなり，宇宙始原のときの凝縮された点にまで縮みますのじゃ。そうすると，さよう，熱とエネルギーがふたたび創り出されて，バーンと，またもやすさまじいビッグバンが起こり，すべてがまたどんどんと拡大をはじめ，これまでになかったような，まったく新しいサイコロの回転が，まったく新しい宇宙創造がおこなわれることになる。この理論が正しいとするならば——いいですかな，ここのところをよく聞いてもらいたい，これこそが我々がみなさんにお伝えしたいことなのですが——」

「ここが重要ですぞ」メッツ氏が相槌を打った。

「この理論が正しいとするならば，宇宙は永遠につづいてきたということになりますな。500億年かかって拡大し，500億年かかって縮小。思ってもくだされ，

宇宙は際限なく，未来永劫に生まれ変わり，また生まれ変わり，さらにまた生まれ変わりをつづけているのですぞ」

第十五番　比較その一
「比較」とは何と何の比較か？
... a thousand times more anxious that they ...

　英語では日本語以上に「比較」の表現が発達しておるように思える。「比較」という以上、他との比較があるわけだが、誰と誰を、何と何を比較しているのか、英語では日本語以上に正確に述べられる気がするんだ。改めて「比較」の基本的な感覚を確認するとしよう。

　　Being poor is a mere trifle. It is being known to be poor that is the sting. It is not cold that makes a man without a greatcoat hurry along so quickly. It is not at all shame at telling lies—which he knows will not be believed—that makes him turn so red when he informs you that
5 he considers greatcoats unhealthy, and never carries an umbrella on principle. A poor man is despised the whole world over; despised as much by a Christian as by a lord, as much by a demagogue as by a footman, and not all the copy-book maxims set for ink stained youth will make him respected. Appearances are everything, so far as
10 human opinion goes, and the man who will walk down Piccadilly arm in arm with the most notorious scamp in London, provided he is a well-dressed one, will slink up a back street to say a couple of words to a seedy-looking gentleman. And the seedy looking gentleman knows this—no one better—and will go a mile round to avoid meeting
15 an acquaintance. Those who knew him in his prosperity need never trouble themselves to look the other way. He is a thousand times more anxious that they should not see him than they can be; and as to their assistance, there is nothing he dreads more than the offer of it. All he wants is to be forgotten; and in this respect he is generally fortunate
20 enough to get what he wants.

第十五番　比較その一

(Jerome K. Jerome: *Idle Thoughts of an Idle Fellow*)

単語

trifle(n.) つまらない（くだらない，無価値な，些細な，重要でない）もの（こと）／**sting**(n.) 刺すこと，刺し傷；刺すような傷み，傷つけるもの，苦痛／**greatcoat**(n.) 《主として英》厚地の外套／**turn**(v.) （形容詞を補語にとって，木の葉などを）[〜色の状態に] 変える，変色させる／**on principle**＝[principle(n.) 「公理，原理，原則」から]（個人的な）信念から，主義として／**despise**(v.) 軽蔑する，蔑む，見くだす／**lord**(n.) 主人，支配者；家主；君主，領主，貴族／**demagogue**(n.) 民衆扇動者，扇動政治家，デマゴーグ／**footman**(n.) （お仕着せの服を着て，ドアの開閉，食卓の給仕などをする）召使い，従僕，下男／**copy-book**(n.) 習字手本帳，書き方帳／**maxim**(n.) 格言，金言；処世法（訓）；行動原理／**stain**(v.) 〜に染みをつける，汚す／**so (as) far as〜go**（=so [as] far as〜be concerned)＝〜に関するかぎり（関して言えば）／**notorious**(a.) （通例悪い意味で）有名な，評判の，悪名高い／**scamp**(n.) ならず者，やくざ者，ごろつき；いたずら者／**provided [providing](that)〜**(conj.) （[that 節以下のことが状況として与えられるならばという] 分詞構文から派生して接続詞的に）〜という条件で，もし〜ならば／**slink**(v.) こそこそ歩く（逃げる），こっそり動く（＝sneak）／**a couple of〜**は(1) 2つの〜，2人の〜と，(2) 2，3の，いくつかの，数人の，の二つの意味がある。(1)と(2)の区別は文脈による／**seedy**(a.) （服装などが）みすぼらしい，貧しげな；くたびれた，やつれた／**go (a) round〜**＝〜の周りを回る，（直接〜には行かずに）遠回りをする／**avoid**(v.) （望ましくない人・物・場所を）避ける，回避する；（〜することを）避ける [古文体以外は目的語は to 不定詞を使わずに動名詞 doing]／**prosperity**(n.) (prosper(v.) [繁栄する] から) 繁栄，隆盛；好況／**trouble (oneself) to〜**＝(trouble〜to do [人に〜してもらうよう迷惑・手数・面倒をかける] から) わざわざ〜する，手間を惜しまず〜する／**look the other way**＝顔をそむける；見てみない振りをする／**anxious**(a.) 心配して，懸念して，案じて（目的語の that 節の中は情緒的な should が来るか，それの省略された動詞の原形，つまりは仮定法現在が来る）；切望して，したく思う／**as to〜**＝〜に関しては，について（は）／**respect**(n.) [通例 in respect の形で] 点，箇所，事項。in this respect＝この点で（において）

解説

[1]　**Being poor is a mere trifle.**
　動名詞が主語となっておる。「貧乏であるということ（それ自体）は単なる些末事である」。「なにおっ，貧乏ってことがどうでもいいことだと！」と怒りなさんな。喰うものがなくて餓死してしまうくらいの貧乏はなによりも辛いが，かつ

かつ (「がつがつ」ではないぞ。「辛うじて」の意) 食べていける程度の貧乏だったら, 貧乏であるということ自体よりももっと辛いことがあると, 筆者は言う。

[1-2]　**It is being known to be poor that is the sting.**

もちろん, 強調構文の it is ～ that ... (「…なのは～である」)。つまり, 「the sting なのは being known to be poor (「貧乏であるということが人に知られてしまうこと」) である」という訳になる。こんどは補語に動名詞が使われているぞ。ところで the sting の語意だが, 本書の冒頭のところで, 英語の単語は物理的・肉体的な意味が精神的・比喩的な意味へと転化することが多いと述べたことを思い出してくれ。つまり, ここの sting は, 物理的な「刺すこと・刺し傷」から, 精神的な「刺し傷のような心の痛み, 苦痛, 辛さ」の意味へと転じたもの。「ほんとうに辛いのは, 貧乏であることを人に知られることである」。ホームレスにとって, 残飯を食いあさったり, 路上に寝たりすること以上に辛いのは, かつての知り合いと街で逢うことだということを, 吾輩も聞いたことがある。人間にとって, 人間としての矜持(きょうじ)を傷つけられることは, 肉体的な窮状よりももっと辛い場合もあるんだろうな。

[2-3]　**It is not cold that makes a man without a greatcoat hurry along so quickly.**

またもや強調構文だが, it is と that を取り除くと, Not cold makes a man without a greatcoat hurry along so quickly → Cold does not make a man without a greatcoat hurry along so quickly という無生物主語の構文が見えてくる。「外套を着ていない男をあんなにも足早に歩かせるのは, 寒さではない」だから, 「外套を着ていない男が走るように急いで歩くのは, なにも寒さのためではない」とやろう。外套を着ていない男が小走りに道を急ぐのは寒さを避けるためではない。自分が外套も買えない貧乏人であるということを人に知られることを避けるためなんだという。

[3-6]　**It is not at all shame at telling lies—which he knows will not be believed—that makes him turn so red when he informs you that he considers greatcoats unhealthy, and never carries an umbrella on principle.**

またまた強調構文。文もまたもや無生物主語の構文になっておるが, もう訳文は大丈夫だな？「～するときに顔が真っ赤になったりするのは, 決して嘘をつくことが恥ずかしいからではない」。何をするときに顔が朱に染まるのか？ **he considers greatcoats unhealthy** と言うとき。「～を…だと思う」関係の第五文型の文はすべて, 目的語と (目的) 補語との間にネクサスを含むんだったな。greatcoats と unhealthy との間に greatcoats are unhealthy の意の意味上の主語・述語関係がある。「外套は健康によくないと思うし, 主義として傘は持ち歩かないようにしていると言うとき (顔が朱に染まる)」。ところで, 雨が降っても

傘は「主義として」持ち歩かないなどと言ってるのではないぞ。少なくとも以前は、イギリスにおいては傘と言うのは「紳士の嗜み」だったそうで、好天のときも英国紳士はステッキ代わりに細く巻いた傘を持ち、雨が降ってもその巻き込んだ傘をなるべく開かず、濡れて歩くのが粋だったらしいんだな。つまり傘はファッションの一部であって雨具ではなかった。外套が健康に悪いとか傘を持ち歩かないのが自分の主義だというのは、もちろん、ウソ。しかし、そう言うときのその人の顔が真っ赤になるのは、「嘘をついていることの恥ずかしさ」ではなくて、寒さをしのぐ外套も紳士の嗜みとしての傘も買えないくらいに自分が貧乏であるということが相手に知られることの深い羞恥のわけだ。

[6-9]　A poor man is despised the whole world over; despised as much by a Christian as by a lord, as much by a demagogue as by a footman, and not all the copy-book maxims set for ink stained youth will make him respected.

　どうして人は自分が貧乏であるということ自体よりも、貧乏であることを人に知られることのほうを苦痛と感じるのか？　それは、貧乏な人間は軽蔑されるからだ。「軽蔑される」とは、人間的に価値が低いと思われること。「金の有る無しはその人の人間性とは関係ない」などと綺麗事を言ってもダメ。人間はすべて、本音のところでは、金のない人とは、つまりは人間的に低次の人だと見做しているところがある。とくに最近のような、物質的な価値偏重の時代はそうだ。「武士は食わねど高楊枝」という日本のゆかしい美学は、とっくにどっかに消えちまった。金持ちか貧乏人かに関係なく、すべての人を人間なるがゆえに人間として尊ぶことのできる人は、案外と少ないもんじゃよ。**the whole world over** は all over the world のこと（「all over＋場所名」＝「～中」）。「貧乏人は世界中どこでも軽蔑される」。A poor man is despised the whole world over と同じことを、もっと具体的に敷衍した形で、(he is) **despised as much by a Christian as by a lord, as much by a demagogue as by a footman** が述べておる。つまり「並置」。「(貧乏な人間は) 領主だけでなく同じくキリスト教徒にも、下男だけでなく同じく扇動政治家にも軽蔑される」。権勢や地位だけに価値をおく「領主」が、金持ちからもらう金子だけを頼りに生きていることの多い「下男」が貧乏な人間をバカにするのは、ある意味では致し方のないことかもしれぬが、普遍的な愛を信じる「キリスト教徒」が、口では万人の平等と団結を訴える「扇動政治家」が、同じように貧乏な人間を腹の底ではバカにしているというのである。ショックだよな。しかし、ショックではあると言っても、これが人間の真実だということを否定できる人がいるか？

　the copy-book maxims set for ink stained youth（「インクに汚れた若者のために用意された書き方帳の金言」とは、なにか？　諸君らが学校で習字をやるときに、お手本の文字はどんな文句だったろうか？　はるか昔の記憶をたどれ

ば，「青い空」とか「青い海」とか，そんな文句だったよな。ときには「一日一善」とか「質素倹約」なんて"金言"も，墨を付けた筆で書いたっけ。本文の「書き方帳の金言」ってのから察するに，英米人がpenmanship（書法，習字。＝calligraphy）を習うのに使う「書き方帳」には，「質素倹約」のような"金言 maxim"が載ってるようなんだ。例えば，「Don't despise a man because he is poor」（「貧乏なるをもって人を軽蔑するべからず」）というやつ。この文句をインクで手が真っ黒に（ink stained）なるほどに何度も，何度も書いた若者が，現実にみすぼらしい身なりの貧乏な人を見たとき，啓示のごとくに書き方帳の金言が脳裏にひらめき，貧乏な人間を軽蔑の眼でもって見ることを止め，貧乏人を自分とまったく同じ人間として見ることができるだろうか？　筆者は，**not all the copy-book maxims will make him respected**「書き方帳の金言は（若者がインクで手が真っ黒になるくらいに書きなぐろうとも）貧乏人を尊敬させるとは限らない」と，not all の部分否定でもって，それを否定しておる。中には習字帳の金言を，将来の自分の人生態度に活かす殊勝な若者もいるのだろう（かな？）。

[9-13] **Appearances are everything, so far as human opinion goes, and the man who will walk down Piccadilly arm in arm with the most notorious scamp in London, provided he is a well-dressed one, will slink up a back street to say a couple of words to a seedy-looking gentleman.**

　註にあるように，**so (as) far as～go**（＝so [as] far as～be concerned）とは「～に関するかぎり（関して言えば）」の意だから，**Appearances are everything, so far as human opinion goes** とは，「人間の意見に関する限り，外見がすべてである」ということ。「人間の意見に関する限り」とは，「人間は外見(そとみ)じゃない，中身が大切」だとか，「ボロは着てても心は錦」（水前寺清子の昔の歌だ。古いな）などと，建前上の言い方はあるだろうけど，そんなこと，一般のわれわれは本当に腹で思っておるわけではない。そうじゃろうが？　「人間が腹の中で思っているのは」，つまり「人間の意見に関する限り」，外見がすべてであるということ。むかし，一休さんがある村の大きな家を訪ねた。すると，彼の貧しい身なりを見て，その家の者は彼を追い返したそうだ。それで次に一休さんが豪華な袈裟をまとってその家を訪ねると，家の者に大歓迎されて豪華な食事を出された。一休さんは袈裟を脱いで，食事の前に置く。尋ねられると，「この食事は袈裟に出されたのだから袈裟にやってくれ」と言ったそうな。

　最上級は内容からいって even の省略されておることがある。**arm in arm with the most notorious scamp in London** は，「ロンドンでもっとも悪名の高いごろつきと腕を組んで」というよりも，「ロンドンでももっとも悪名の高いごろつきとですら腕を組んで（表通りを歩く）の意。最上級のまま訳したのでは意

味がすっきりしないと思えば，even の意を補えばよろしい。**provided he is a well-dressed one** は，only if he is a well-dressed scamp（「身なりのちゃんとしたごろつきでありさえすれば」）の意。if も，「もし〜ならば」と普通に訳したのではいまいち意味がすっきりしないときには，even if（「たとえ〜であろうとも」）や only if（「〜でありさえすれば」）と，even や only のニュアンスを補って読むと，すんなりと意味が通じることがあるぞ。要するに，当然のことながら，英文を読むときには「意味」を考えながら読めってこと。one は scamp のくり返しを避ける不定代名詞。要するに，「ロンドンでいちばんの嫌われ者であるごろつきでも，ちゃんとした服装をしてさえいれば，腕を組んでいっしょにピカデリーを闊歩する人間も」までが主語。Piccadilly「ピカデリー」とは，Piccadilly 街の東端にある円形広場の Piccadilly Circus から Hyde Corner を結ぶロンドンでもいちばんの繁華街の大通り。**will** は，通例二・三人称を主語として用いて，「〜することがよくある」と，「習慣・習性」を表す助動詞。ロンドンでいちばんの嫌われ者のごろつきと，ロンドンでもっとも人目に立つ大通りを仲よさそうにいっしょに歩くなんて，たいがいの人間は嫌がるだろうか？　ところがどっこい，そのごろつきがちゃんとした身なりをしてさえいれば，ロンドン最大の繁華街「ピカデリー」を，「腕を組んで」仲よさそうに歩く（ことを習性とする）人間が（意外と世の中には多く）いるもんなんだ。

　その同じ人間が，人格高潔なる知り合いと街で出逢ったとしよう。人格高潔にして清廉潔白，知り合いであることがなによりも誇らしく感じられるような紳士と街で出逢ったとする。服装がちゃんとしていさえすれば，最悪のごろつきとでも仲良く腕を組んで歩くこの男はどうするか？　件の立派な紳士が，いまは零落してみすぼらしい服装をしているならば，**will slink up a back street to say a couple of words**「こそこそと紳士を裏通りに連れこみ，早口に二言三言，言葉をかわすだけ」なのである！　**to say** の不定詞句は，「言うために」と「目的」にとるのではなく，「こそこそ裏通りに逃げ込んで，言う」と，「結果」にとるほうが自然だろう。ああ，悲しいな。「中身」がカスみたいなやつでも「外見」がちゃんとしていれば，これ見よがしに誇らしげに街中をいっしょに歩く男も，「中身」は立派なのだが「外見」がみすぼらしい知己と街で出逢うと，人目に立たない裏通りに連れこんで手短に挨拶をするだけで終わる。これが「人情」(human opinion) であり，「人間の本音」(human opinion) であるという。「そんなことはない，わたしは"外見"だけを見てその人の"中身"を判断したりはしない！」と，天地神明にかけて断言できる人がいるか？　いるとしたら，その人はよほど立派な人か（吾輩はマジにその人を尊敬する），よほどの偽善者だ（吾輩は軽蔑する）。まずいのは，自分との面識を人に知られることを嫌がっている人間に対し，「みすぼらしい服装の紳士」自体が，それを憤ることなく，納得

しちゃってることなんだよな。

[13-15] **And the seedy looking gentleman knows this—no one better—and will go a mile round to avoid meeting an acquaintance.**

「そして，貧相な服装の紳士のほうもそのことは心得ていて」(「そのことを心得ている」とは，知り合いからも面識を否定されても仕方ないと思うこと) とあって，no one better と来る。**no one better** とは，なんの省略形か？　省略とは，内容上明らかだから前出の語句を省略しておるわけだ。ここはずいぶんと派手な省略だが，no one knows this better than he (i.e. the seedy looking gentleman) の省略された形とわかる。比較の対象が the seedy looking gentleman であることにくれぐれも注意してくれ。「彼以上にそのことをわきまえている人もいない」。

一般に比較級構文においては，最上級の内容を，たんに最上級を使って表現するだけでなく，原級や比較級を使っても表現することができる。例えば「彼はクラスでいちばん頭がいい」という文意を最上級で表現すれば，

　　　He is the cleverest boy in his class.

　　　あるいは，He is the cleverest of all the boys in his class.

同じことを原級を使って，

　　　No other boy in his class is so clever as he.

　　　あるいは，He is as clever as any boy in his class. (as～as any...は「どんな…にも負けず劣らず～」)

そして比較級を使っても，

　　　He is cleverer than the other boys in his class.

　　　あるいは，He is cleverer than any other boy in his class.

　　　No other boy in his class is cleverer than he.

と書くことができる。本文の no one better は，上の例文でいうと，no other boy in his class is cleverer than he の省略された形である。

「貧相な身なりの紳士は人から避けられるということを誰よりもよくわかっているから」，**will go a mile round to avoid meeting an acquaintance**「一マイルも遠回りして，知り合いと会うことを避けようとする」！　不定詞句 **to avoid** は，「目的」にとって「知り合いと会うことを避けるために遠回り」としてもいいし，「結果」に解し，「遠回りしてでも，知り合いと会うのを避けようとする」でもいい。**avoid** という動詞は，「～することを避ける」と目的語をとるときには，不定詞ではなく動名詞をとるんだったな (to avoid to meet は不可で，本文のように to avoid meeting)。

[15-16] **Those who knew him in his prosperity need never trouble themselves to look the other way.**

knew him in his prosperity は代名詞 him にかかる形容詞句にとって「羽振りのよかった頃の彼を知っていた（人）」とやってもいいし，動詞 knew にかかる副詞句にとって「羽振りのよかった頃に彼を知っていた（人）」でもよろしかろう。羽振りのよかった頃の彼を知っていた人が，すっかり零落して貧相な身なりをしている彼を街で見かけたら，どうするか？　その人は，やさしさを発揮して，見ない振りをするか？　筆者は，「わざわざそんな配慮を示す必要はない」と言う。つまり **look the other way** は，ここは嫌悪感から「顔をそむける」ことではなく，零落した姿を見られたという羞恥を相手に感じさせないため，配慮してその人を見ないようにする，見て見ない振りをすることを指しておる。もちろん，look は「（〜と）見える，思える」の意の不完全自動詞ではなく，「（〜を）見る」の意の完全自動詞。the other way は「他の方向を」の意の副詞句。

[16-18] He is a thousand times more anxious that they should not see him than they can be; and as to their assistance, there is nothing he dreads more than the offer of it.

　「〜の何倍」と倍数を表すときには，同等比較の as〜as の前に倍数の数詞を置き，N times as〜as...（「…の N 倍」。ただし N は「2倍」のときのみ two times ではなく twice を使う）というのが原則だったな。例えば He has five times as much money as you have（「あの人はきみの5倍はお金を持っているよ」）。ところが，本文は a thousand times more anxious と書いてあって，a thousand times as anxious as〜とは書いておらん。なぜか？　a thousand times as anxious as〜ならば，「〜の千倍願っている」の意味になるが，「願っている」などの眼に見えない願望が，「千倍」などと正確に計量できるか？　ということは，ここの a thousand times は正確に「千倍」と言っているのではなく，漠然と a great deal と同義に比較級を強めているにすぎないとわかる。比較級を強めるには，much, (by) far, a great deal などの副詞（句）を使い，「はるかにより〜」と訳す。You are a thousand times more beautiful than she（「きみは彼女なんかよりもずっときれいですよ」）。

　また願望・命令・提案・要求・当然などを表す that 節の中では，特に訳す必要のない情緒的な should を使う。そういう that 節を目的語ないしは主語にとる動詞あるいは形容詞としては，感情的な判断を主体とした suggest, propose, recommend, request, require, desire, ask, insist, urge, be proper（形容詞としては他に necessary, natural, important, anxious, natural, right）などがある。これはイギリス英語に多い語法で，米語の場合は should のない仮定法現在を使う。She was particularly anxious that her daughter have good table manners.（米語に多い。that 節内の動詞が仮定法だから，時制の一致には拘束されない。「彼

女は自分の娘がテーブル・マナーをちゃんと身につけることを特に望んでいた」）イギリス英語では She was particularly anxious that her daughter should have good table manners. となることが多い。したがって，**He is a thousand times more anxious that they should not see him** は「彼（＝みすぼらしい服装の紳士）のほうが，彼ら（＝自分の羽振りのよかった頃を知っている人たち）と顔を会わせないことをはるかに願っている」の訳になる。

　比較の対象 than they can be がちょっと意味がとりにくいな。they can be は，もちろん they can be anxious (that they should not see him) の省略形。「彼らが（かつてと違ってすっかり落ちぶれてしまった）彼と会うことを願うことができる」って？　う〜ん，おかしい。ここの can は，「〜ができる」の「能力」の意味ではなく，「〜することがある」の「可能」の意だろう。そうすると，わかる。世の中の人，かつては羽振りがよかったが今はすっかり貧乏になってしまった知己と，気の毒のあまり街で逢うことを願わない人ばかりではないぞ。零落してしまった知己と街で偶然に逢ったら，近寄って肩を叩いてやりながら，慰め，励ましてやりたい，できたら助けてやりたいという「習慣や習性」(will) の人だってたくさんおる。まさに，「世の中，十人十色」。ということは，「顔を会わせないことを願うことがあるとしても，それよりも（何倍も）」くらいの感覚になるな。

　そうすると，**as to their assistance**（「彼らの援助に関しては」）というのは，「できたら助けてやりたい」という，その「助け」のことだ。ところで **there is nothing he dreads more than the offer of it** の構文だが，先ほどの比較級を使った最上級的な意味の表現のパターンを使えば，「時間以上に大切なものはない」(Time is the most precious thing of all) は比較級を使って，Nothing is more precious than time と書けるし，これを there is〜構文を使って書き換えれば，There is nothing (which is) more precious than time となる。つまり，「彼が the offer of it 以上に怖れているものはほかにない」の意。the offer of it (=the offer of the assistance) は，「援助を申し出ること」。(the) offer の中に「offer すること（申し出ること）」と，動詞の意味を含んだ名詞の意をとり，it がその意味上の目的語を表していると理解する（＝不定詞句 to offer it, 動名詞句 offering it）。そう，名詞構文じゃ。「彼にとって，助けてやろうと言われること以上に怖れているものはない」。粗末な服装をし，食うにも窮している人が，金銭的な援助をなによりも怖れる？　怖れるどころか，他人の援助をなによりも欲しがるんじゃないだろうか？　などと思う人は，まだ人間ってものをよくわかっとらん。ドストエフスキーの永遠の名作『罪と罰』の中で，妻子を路頭に迷わせんばかりになっている貧乏のどん底にある男に，その男の娘を愛しはじめていた青年ラスコーリニコフが苦労して工面した金を用立ててやろうとすると，喉

から手が出るほどにその金が欲しいはずの男が、泣いてそれを拒否する場面がある。あの場面、感動したなあ！　いいか、すべての人間には人間としての矜持（プライド）があるんだ。その矜持を侵すことはなんぴとたりとも赦されない。本人もその矜持を侵されることを何ものよりも怖れておる。臆面もなく、他人からできるだけ多くのものをもらうことを願っている人間ってのは、最近多いかもしれんが、人間的には下等だぞ。

[18-20]　All he wants is to be forgotten; and in this respect he is generally fortunate enough to get what he wants.

　「All＋…(形容詞節)＋is〜」は、「…するすべてが〜である」と訳して悪いわけではないが、「〜しか…しない」と、onlyの意味に訳すと訳文としてすっきりするんだったな。It was all I could do to keep from laughing は、「笑わないでいることがぼくにできるすべてであった」などの訳は、直訳調のぎこちなさが逆説的に奇妙なセンスをかもし出しているところがないわけではないが、「笑わないでいるのがやっとだった（精一杯だった）」とやるほうが、日本人としてきわめて自然じゃないか？　本文も、「彼は世に忘れ去られることしか願っていない」。

　in this respect（「この点において」、つまり、世間から忘れられたいと願う点において）、**he is generally fortunate enough to get what he wants**（「普通彼は幸運にも自分の願いのものを叶えられるのである」）。つまり、貧乏なるがゆえに世間から忘れられた存在となっていくというのだ。fortunate は、もちろん、皮肉。世間から忘れられた存在になることが「幸運」なわけないが、しかし他人の憐憫や軽蔑や憎悪や好奇の眼にさらされることの人間的な屈辱に較べたら、人間的な矜持を保持できる忘れ去られた存在でいることのほうが、まだしも「幸運」だというのじゃ。金の多寡（たか）がそのままその人の人間的な価値評価に直結する、今のような浅薄な物質主義の時代にあっては、とくに「貧乏」であるというのは辛いよなあ。

　訳例　貧乏であるということ自体はさしたることではない。貧乏が耐えがたいのは、貧乏であることを人に知られてしまうことだ。ちゃんとした外套を着ていない人間がいかにも先を急いでいるかのように小走りに歩き去るのは、なにも寒さのためではないし、その人が外套は健康によくないし、自分は主義として傘は持ち歩かないことにしていると言うとき、顔が真っ赤に染まってしまうのは、そもそも相手に信じてもらえないことなどわかりきっているウソをつくことに対する恥ずかしさでは決してない。貧乏人は世界中どこに行っても軽蔑される。貴族のみならずキリスト者にも軽蔑されるし、従僕と同様に扇動政治家にも軽蔑される。若者がペン習字帳に載った金言をインクにまみれて練習しようとも、そのために彼が貧乏人を尊敬するようには必ずしもならない。およそ人間の本音から言

えば、外見がすべてである。きちんとした服さえ着ていれば、たとえロンドンでいちばんの嫌われ者であるごろつきであろうとも、ともに腕を組んでピカデリーを闊歩する人間も、みすぼらしい服装の知り合いを見かけたとなると、裏町に連れこんで、早口で二言三言ことばを交わすのみとなる。そしてまた、みすぼらしい服装の男のほうも、そのことをよく心得ていて（本人以上にそのことを骨身に沁みて知っている人間がどこにいようか？）、知った人間と逢うことを怖れて一マイルも遠回りをしたりする。羽振りのよかった頃の男を知っている人たちも、わざわざ眼をそむけて見て見ぬ振りを決め込んでやる必要もない。落ちぶれた男のほうが、見ない振りとしようとするかもしれない彼らよりももっとはるかに、彼らに見られたりしないことを願っているし、金銭の援助となると、そんなことを持ち出されること以上に貧乏人の恐がっているものはない。貧乏人の願うこと、それは世間に忘れられることのみ。そして、その点においてなら、たいがいの場合さいわいなことに、貧乏人はお目当の願いを叶えてもらえるのである。

文法要点

◆比較
(1) 原級による比較
同等比較 as～as...（「…と同じくらい～」）
　A poor man is despised <u>as</u> much by a Christian <u>as</u> by a lord.
not so～as...（「…ほど～ではない」）　not as～as...は主に口語で使われる。
　These oranges are <u>not so</u> sweet <u>as</u> I expected.（これらのオレンジは思ったほど甘くない）
as～as possible（＝**as～as one can**）（「できるだけ～」）
　Thaw meat <u>as</u> quickly <u>as possible</u>, then cook immediately.（肉はできるだけすばやく解凍して、すぐに調理しなさい）
as～as any...（「どの…にも劣らず～」）
　He is <u>as</u> clever <u>as any</u> boy in his class.
as～as ever（「以前と同じように～，以前に変わらず～」）
　He is <u>as</u> idle <u>as ever</u>.（彼は相変わらずブラブラしている）
not so much～as...（「～よりはむしろ…」）
　He has succeeded <u>not so much</u> by talent <u>as</u> by energy.（彼の成功は才能によるというよりもむしろファイトによるものだ）
not so much as～（「～すらない，～さえしない」）
　He couldn't <u>so much as</u> write his own name.（彼は自分の名前すら書けなかった）

N times as〜as...倍数の表し方。(「…のN倍の〜」。ただし「2倍」の場合のみ twice as〜as...)

When they got to the grave they found they had about <u>a hundred times as</u> many shovels <u>as</u> they wanted. (お墓に着いたとき，彼らは埋葬用のシャベルを<u>必要数の百倍も</u>もってきたことに気づいた)

(2) 比較級に関する注意

● 比較の対象である than 以下が内容上明らかだからと<u>省略</u>されていることがある。文意からいかなる than 以下の内容が省略されているか，正確に判断する。

Bill is clever, but Robert is much <u>cleverer</u>. (ビルは利口だが，ロバートはもっとはるかに利口だ。cleverer 以下に than Bill が省略)

<u>No one</u> <u>better</u>. (彼以上にそれをよく知っている人は誰もいない。内容から No one knows it better <u>than he</u> の省略形)

● 「**less＋形容詞（副詞）**」の比較級は，「より〜でない」と訳す。

This book is <u>less large</u> than that. (この本はあの本ほど大きくはない)

She spoke <u>less eloquently</u> than usual. (彼女はいつもより雄弁ではなかった)

● 比較級を使った最上級的表現。「Aほど〜なもの（名詞）はない」の最上級的な意味を，比較級を使った「No other＋単数名詞＋is＋比較級＋than A」や「A is＋比較級＋than any other＋単数名詞（または than the other＋複数名詞）」の表現で表すことができる。

<u>No other mountain</u> in Japan is <u>higher than Mt. Fuji</u>.
Mt. Fuji is <u>higher than any other mountain</u> in Japan (<u>higher than the other mountains in Japan</u>) (日本で富士山ほどに高い山はない)

<u>No one</u> better. (＝No one knows it <u>better than he</u>.)
There is <u>nothing</u> he dreads <u>more than</u> the offer of it.

(3) 最上級に関する注意

● 最上級は内容から **even** を補って解するべき場合がある。

The man will walk down Piccadilly arm in arm with <u>the most notorious scamp</u> in London, provided he is a well-dressed one.

● 「**the least＋形容詞（副詞）**」の最上級は，「もっとも〜でない」と訳す。

He is <u>the least skillful</u> carpenter here. (彼はここでは<u>いちばん腕の悪い大工</u>です)

＊**部分否定**。all, both, every など，さらには always, altogether, necessarily などを含む否定文は，完全否定とはならず部分否定となる。

<u>Not all</u> the copy-book maxims will make him respected. (全否定は，<u>None of</u>

copy-book maxims will make him respected.)

＊提案・命令・願望・要求・当然などの意を含む動詞や形容詞に導かれた **that** 節の中では，訳出の必要のない情緒的（emotional）な should を用いる。ただしアメリカ英語では，should を使わずに仮定法現在（動詞の原形）を用いる傾向が強い。

He is a thousand times more <u>anxious</u> that they <u>should</u> not see him than they can be.

＊形容詞や節に修飾された単独の **all** が**主語**や**補語**となっている文は，主語や補語の名詞が「それのみ」「だけ」（only）であることを表す。

<u>All</u> you have to do is <u>to go</u>.（君は行きさえすればいい。＝You have <u>only</u> to go.）
<u>All</u> he wants is <u>to be forgotten</u>.
<u>To keep from blurting it out</u> was <u>all</u> I could do.

第十六番　比較そのニ
... is no less manifest in public life than ...

比較級を使った重要構文がいくつもある。英文の中でそれが急に出てくると，けっこう戸惑うよな。今回はそれを完全に理解してしまおう。

　　Thinking is as unnatural and laborious an activity for human beings as walking on two legs is for monkeys. We seldom do more of it than we have to; and our disinclination to think is generally greatest when we are feeling the most comfortable. Since this human antipathy to
5　the labor of thought is no less manifest in public life than it is in private affairs, mankind does not do very much of its historical thinking in easy and prosperous times. In such times we are mostly content just to live through history without realizing that we are traveling down its stream; and, though in the past the periods of
10　anything like general well-being in human affairs have usually been short, they have also usually been long enough to lull people into the delusions that history is something disagreeable that is never going to overtake their own generation, though they know quite well that, in other times and places, other people have sometimes met with histori-
15　cal disasters.

　　　　　　　　　(Arnold Toynbee, *Greek Historical Thought*)

単語

laborious(a.)　(labor (n.) [労働，労作，骨折り] から) 骨の折れる，困難な，辛い／**disinclination**(n.)　気が進まないこと (=unwillingness)，(～することに対する) 嫌気 (to do)。Cf. inclination (n.) (～したいという) 気持ち，意向；傾向，性向／**antipathy**(n.)　(anti- [反] +-pathy [感情] から) 嫌悪，反感／Cf. **sympathy**(n.) (sym- [ともに，同] +-pathy [感情，意識] から) 同情，共感，共鳴／**manifest**(a.)　(見て，考えて

明らかな，はっきりした／**prosperous**(a.) 繁栄している，(経済的に)成功している；順調な／Cf. **prosper**(v.) 栄える，成功する／**lull**(v.) (小児などを)寝かしつける；(疑い，不安などを)静める；〜(人)を…(ある状態)にさせる[lull〜into...の形で]／**delusion**(n.) 間違った信念，思い違い，錯覚，妄想(illusion は誰もが陥りそうな感覚上の思い違い，delusion は[通例個人の]誤った思い込み)／Cf. **delude**(v.) (人の)心(判断)を惑わせる，欺く／**overtake**(v.) (〜に)追いつく，(〜を)追い越す；(〜の)身に降りかかる，(〜を)不意に襲う／**disaster**(n.) 災害，大惨事，大災難

解説

[1-2] **Thinking is as unnatural and laborious an activity for human beings as walking on two legs is for monkeys.**

　同等比較の as〜as... がきているが，この as は副詞であり，次には形容詞か副詞しか来られない。だから，「…と同じくらいに不自然で努力の要るものである」という表現であれば，as unnatural and laborious as... と書けるが，「…と同じくらいに不自然で，努力の要る活動である」という表現だと，an unnatural and laborious activity という「(形容詞＋)名詞」に as〜as... という同等比較をもってこないといけない。さあ，どうする？　as の次には形容詞か副詞しか来られないんだから，as an unnatural and laborious activity as... なんて「不自然な」英語はダメだぞ。そのときには，an unnatural and laborious activity という「形容詞＋名詞」の形の中から，副詞 as が「おまえ，こっちに来い！」とばかりに自分の牽引力でもって，形容詞句の unnatural and laborious を引っ張り出し，残った an activity をうしろに回して，as unnatural and laborious an activity (as...) という英語になる。もちろん，walking on two legs の次には unnatural and laborious という形容詞が省略されているから，全文の訳は，「考えるということは，猿にとっての二本足歩行と同じくらいに人間にとっては不自然な，努力の要る行為である」となる。

　「えっ？」と思わないか？　猿が二本足で歩くというのは，そういう器用なマネをする猿もときどきいるけれど，本来の猿にとってはいかにも不自然だし，さぞや苦労していることであろうと思う。しかし人間が「考える」ということが，そんなに不自然だし，努力の要ることか？　かのパスカルは『パンセ』の中で人間のことを「考える葦である」と定義したんだぞ。その人間にとって「考える」ということが，どうして猿が二本足で立って歩くときみたいに不自然で，努力を要することなんだよ？

　その疑問ももっとも。しかしパスカルが人間のことを「考える葦」といったとき，それは小林秀雄も指摘しているように，「考える」のほうよりも，脆弱な「葦」のほうにはるかに力点を置いて言った表現であった。もし，自分が直面し

ている状況や事件の本質，さらにはそういう自分自身の本質を探り，解き明かそうとする営為というふうに「考える」ということを解釈するのであれば，われわれ人間は，毎日，「考える」ということをほとんどやってないよな。われわれはこの宇宙に生きているわけだけど，この宇宙って，なんだ？ 光の速度で拡大しつつある無限の空間？ 無限？ 無限などというものが存在しうるのか？ こうやって我らは生きておる。肉体と精神の合体から成る，この複雑怪奇な「自分」という存在が，何十年か前，とつぜん「無」から生じたなんてことがありうるか？ 我らはどこから来たのか？ こうやって80年か90年か，決められた人生という時間を生きているわけだけど，この「生きる」って，なんのためだ？ わけのわからない人生を生きて，さて死んだらどうなる？ 死の瞬間，この意識が消滅して「無」へと帰する。「無」がもしあるのならば，それは「有」であって「無」ではないじゃないか。

　我らのまわりに生起しているたくさんの社会的な，あるいは政治的な事件やできごと。これだって，その事件やできごとの真実の性格や意味ををきわめようとおもったら，それこそ無数の資料や無数の人に会い，思考に思考を重ねて，なおかつできごとの"真実"に行き当たることができるものではない。周囲の世界がわかるどころか，この自分ってのもわけがわからない。吾輩なんか，もう67年間も自分と付き合っていて，いまだにこの自分ってのがわからない。自分がイヤになって自己嫌悪に頭をかきむしることもあれば，「あれっ，俺って意外といいじゃないか」と，自分に思わずニンマリすることもある。とにかく自分でありながら，この自分ってのが本当のところわかってない。ましてや，長年いっしょに生活してきた妻や，血を分けた肉親や，「刎頸の友」なんて思っている親しき友人や，仕事や趣味などで付き合っているたくさんの人たちも，日々に新しい，知らなかった一面を発見して，驚いたり，愛したり，憎んだり，好意をもったり忌避したりしている。周囲の世界，そこに生起しているできごと，それを経験している自分，自分の知り合いの大勢の人，それらのなにも我らはわかっちゃいない。本当にその本質を「わかる」こと自体を放棄しておる。わかろうとすること，つまり考えることを，放棄しておる。

　でも，それにも良い面があるぞ。ふだん生活しているときに，いちいち自分のやっていることの意味を立ち止まって考えていたのでは，生活じたいが成り立たなくなっていく。子として，親として，学生として，社会人として，いろんなことを「する人」として，その「する」ことを能率的に，機能的に，やることができなくなってしまう。生きるのではなく，「機能する」ためには，考えないほうがいいんじゃよ。能率的に生活しているとき，我らは，自動車が自分の走っている周囲の世界を意識していないのとまったく同じように，周囲や自己を意識してはおらん。つまり，考えてはおらん。

[2-4] We seldom do more of it than we have to; and our disinclination to think is generally greatest when we are feeling the most comfortable.

「考える」ということが人間にとってはいかにも不自然な，努力を要する行為であることを真実に理解したら，ここの文の意味もすんなりと納得がいくはずだ。more of it の it は thinking を指す。ここの構文だが，まず目的語や補語の「(much, a little, little, something, nothing) of N」は，N の「程度」を表しておる。例えば，He is (much, a little, something, little, nothing) of a merchant なら，「彼は商人的なところが（大いに，少しは，いくぶん）ある，商人的なところが（ほとんど，まったく）ない」。本文は，(than 以下よりも) more of thinking（より多く［程度に］考えることを）おこなう，の意。「われわれは必要以上に考えることをおこなうことはほとんどない」。

同一人（物）についての比較の最上級は原則として the をつけない無冠詞を用いるんだったな。例えば，「この池はこの箇所がいちばん深い」であれば，ほかの池との比較はなく同一の池の中でのことだから，This pond is deepest at this point と，deepest は the のつかない最上級となる。同じように，人間のやりたくない傾向のもの (disinclination) が多々ある，その同一の inclination の中で，inclination to think が最大のものというのだから，**greatest** と無冠詞になっておる。その点はわかる。ところが，**when we are feeling the most comfortable** では，the most comfortable と，the がついておるぞ。同一人 (we) の中での気分がいちばんいい (most comfortable) というのだから，the most comfortable でなくて無冠詞の most comfortable でいいのじゃないのか？　なるほど。だが，よく見てほしい。see, hear, smell, feel などの知覚を表す無意志動詞は進行形を作らないのじゃなかったか？　なのに，**we are feeling** と進行形になってるぞ！　しかし，例えば進行形を作れない be 動詞でも，「（作為者の意図した）一時的な状態であること」を強調するときには，He is being very kind today（「（いつもと違って）彼は今日はとても親切であろうとしている」）と進行形になる。feel の知覚動詞も同じ。She is feeling better today なら，同一の「彼女」という人間の中でも，今日と昨日とか，日によっての状態の違いがあり，「（他の日と較べて）今日は気分が良いようです」の意となる。本文も，同一人の中での，ほかの日とか状態のときと比較して，「もっとも快適と感じる」ときのことを強調しているのだから，the のついた最上級が使われておるのじゃ。「なるべく考えたくないという人間の傾向は，普通，もっとも快適に生きているときにもっとも強く現れてくる」。

吾輩，自分の人生を思っても，同じことに思いいたるぞ。たしかに吾輩の人生でも，毎日が楽しくてしかたなく，まさにルン，ルンの気分で生きていた時期もある。大学の3年生のときだったか，寮の屋上から沈む夕日を眺めつつ，「俺,

こんなに幸せでいいのかなあ？」と思ったことが忘れられん。たしかにあの数年間，吾輩の人生は「快適」であった。しかし，その時期に関してはっきりと言えることがひとつある——吾輩は，なんにも考えずに日々を生きていた！　それと裏腹に，「人類はじまって以来，今のこの俺のような苦しさに遭った人間なんて一人もいないはずだ」と，大げさな自己憐憫の念に浸りつつ苦しみ，もがいた時期もある。苦しかった。死ぬ勇気はなかったけれど，死ぬことばかり考えていた。でも，ああいう時期に関してはっきりと，伊達や酔狂ではなく自信をもって，言えることがひとつだけある——「こんなに苦しみながら生きてなんになる」，「生きるって，一体どういうことなんだ」，「世界や人間を創った神さまなるものがいるのなら，神さまってのはとんでもなく残酷なバカ者だ」と，生きることについて，世界について，必死で考えた。考えざるをえなかった。もしいまの吾輩に世界や人生に関し少し見えてきたものがあるとするならば，その根幹はすべてああいう苦しかった時期に発していることだけは断言できる。つまずいたとき，人は考えるんだよ。「ラク」ばかり求める昨今の日本の状況はヤバイぞ。「いちばんラクしているとき，人間はいちばん考えない」のだから。

　しかし歴史家トインビーの言いたいことは，そういう「苦しみ」の中における人間の「考える」行為のことではない。民族一般，人類一般の，「ラク」している時代における，「考える」ことに関する意識のあり方を述べておる。「個人的生活」に言えることは，「民族的生活」についても言えるのだ。戦後60有余年，奇跡的な経済復興により快適な，ラクな時代の中に生きているどこかの民族は，「平和ぼけ」なんて言われてるけど，ホント，ヤバイぞ。

[4-7] Since this human antipathy to the labor of thought is no less manifest in public life than it is in private affairs, mankind does not do very much of its historical thinking in easy and prosperous times.

　ここで否定の比較級の重要構文をすべてまとめておこう。まず否定の比較級なのだから，「not＋比較級＋than〜」と「no＋比較級＋than〜」の二つの形がある。not のついた否定の比較級「not＋比較級＋than〜」は，not が素直な否定だから，「〜より…ではない」と訳すのに対し，no のついた否定の比較級「no＋比較級＋than〜」は，no が情緒的な否定で，「〜より」以下とか以上ということを言わず，その中間の「同じく」の意味を含んで，「〜と同じく…ではない」の意味となるんだったな。いいな。これが大原則。これを踏まえて，以下の否定の比較級を使った重要構文を含む例文すべてを訳してみよう。

① He has not more than ten books.
② He has no more than ten books.
③ He has not less than ten dollars.
④ He has no less than ten dollars.

⑤ Cleopatra is not more beautiful than she.
⑥ She is no more beautiful than Oiwa-san.
⑦ She is not less beautiful than her sister.
⑧ She is no less beautiful than her sister.

①の not more than～は,「～より多くはない」だから,「～と同じか以下」ということ, つまり「せいぜいが（多くて）～」（＝at most）の意.「彼はせいぜい 10 冊の本しか持っていない」。②の no more than～は,「～と同じく多くはない」だから,「～にすぎない, わずか（たったの）～」（＝only）の意.「彼はほんの 10 冊の本しか持っていない」。③の not less than～は,「～より少なくはない」だから,「～と同じか, それ以上」, つまり,「少なくとも～」（＝at least）の意.「彼は少なくとも 10 ドルは持っている」。④の no less than～は,「～と同じく少なくはない」だから,「～ほども多くの」（＝as many [much] as～）と, 予測していた以上に数・量が多いことを強調する.「彼は 10 ドルも持っている」。

次に⑤の not more～than...は,「…よりも～ではない」だから, 主語に誰もが認める肯定的な価値を持つものが来て, than 以下の肯定的な意味を強める言い方.「クレオパトラとて彼女以上の美人ではない」。⑥の no more～than...は,「…と同じく～ではない」だから, than 以下に誰もが知っている否定的な価値（あるいは否定的な意味）のものが来て, 主語の否定性を強める言い方. A whale is no more a fish than a horse is という例文が有名で, 某予備校から発した「鯨の公式」という名で呼ばれておるやつだ（「馬が魚でないのと同様に鯨は魚ではない」）。「彼女はお岩さんと同じく美人ではない（お岩さんと同様の醜女である）」。お岩さんって, 鶴屋南北の「東海道四谷怪談」の主人公じゃろ。子ども時代に観た映画「四谷怪談」のお岩さんの幽霊, 恐かったなあ！ この「鯨の公式」（あるいは「お岩さんの公式」）の練習のために Some people believe that plays are no more suited for silent reading than musical notes って英文を訳してみよう。そう,「戯曲は楽譜と同じように黙読には適していないと信ずる人もいる」。⑦の not less～than...は,「…より～でないということはない」（less～than...は「…より～ではない」の意味だったな）だから,「…にまさるとも劣らないほど～である」の意.「彼女は姉さんにまさるとも劣らない器量よしである」。⑧の no less～than...は,「…と同じく～でないということはない」だから,「…と同じく～である」の意. Man is no less a product of evolution than the lower forms of life を訳すと,「人間は下等動物と同じように進化の結果生まれたものである」となる。

だから, **this human antipathy to the labor of thought is no less manifest in public life than it is in private affairs** は,「考えるという努力に対する人間のこの嫌悪感は個人の場合と同じように国全体にもはっきりと認められる」の訳

となる。Since は「理由」。一個の人間が快適な生活を送っているときは考えるということをしないのと同様に，国全体も，**mankind does not do very much of its historical thinking in easy and prosperous times**「経済的に栄えた安逸な時代には，歴史的思考というものをあまりやらない」。「歴史的思考」というのは，いまわれわれの生きている時代というのは，真実，いかなる時代なのだろうか，自分たち民族はいかなる存在か，世界にあってどのような役割を果たすべきなのだろうか，この国と時代はいかなる方向に向かっていくべきものなのだろうか，など，個人が自分と自分の周囲の世界や人生に考えをいたすのと同じように，自分の国や時代について，その本質をさぐろうとする営為のことだろう。いま日本が一番やってないものってこと。

[7-9] **In such times we are mostly content just to live through history without realizing that we are traveling down its stream**

「いまわれわれの生きている時代というのは，真実，いかなる時代なのだろうか」ということを考えることなしに時代のなかに生きるというのが，**without realizing that we are traveling down its stream**（「自分たちは歴史の潮流に棹をさしているのだということを認識することなく」）の意味のはずだろ。快適な生活を送っているときの個人が，自分の生きているこの人生とは一体何であるのかということを考えないように，経済的に豊かな安逸の時代にあっては，一つの国の国民全体が，自分たちの生きているこの時代が一体いかなる時代であるのかを考えないというのだ。歴史はそれ独自の性質や傾向を有する「流れ」(stream) を成しているのに，その具体的な「流れ」を生きているという自覚もなく，ただ漠然と「歴史」というわけのわからない時間の中を無自覚に流されておるだけ。快適な生の中にある個人の無自覚な，思考停止の生き方と同断じゃ。その無自覚の状態を「平和ぼけ」という。

[9-15] **though in the past the periods of anything like general well-being in human affairs have usually been short, they have also usually been long enough to lull people into the delusions that history is something disagreeable that is never going to overtake their own generation, though they know quite well that, in other times and places, other people have sometimes met with historical disasters.**

最初の「譲歩」の though 節 **though in the past the periods of anything like general well-being in human affairs have usually been short** の中の anything は「すべてのもの」ではなく，if 節や though 節など「条件」や「譲歩」の節の中では anything は something に該当するから，「なにか，あるもの」の意。「過去において，人間事象における国民的な幸福といったものの時期はたいがいは短いものであったけれど」。into は「変化の結果」を表す。drink a person into talk なら,「人に酒を飲ませてしゃべらせる」。したがって, **they have also usually been long enough to lull people into the delusions that~**は,「それら（国民全体の幸福がつづく時期）は，人々を（that 以下という）錯覚に陥らせてしまうくらいには十分に長かった」の意。国民の 300 万人が死亡し，国土が焦土と化した大戦のあと，日本は驚異的な経済復興を果たし，国民全体として，まあまあ幸福といえる時期がつづくことになった。この 60 余年というのは，何千年もの滔々たる歴史の流れの中では「短いものであ」るけれど,「同格」の that 以下という「錯覚に国民全体を陥らせるくらいには十分に長かった」と言える。どういう「錯覚」か？ **history is something disagreeable that is never going to overtake their own generation**。そのまま訳せば,「歴史とは，われわれ自身の世代に襲いかかることのない不愉快な何か（不愉快なもの）である（という錯覚）」。もちろん，このままの訳でよろしいが，意味をとって,「歴史という不愉快な現象は，自分たちの世代には決して起こってこない（という錯覚）と訳してもいいだろう。ここでいう「歴史」とは,「日常性」の反意語として，戦争とか動乱とか疾風怒濤を指しておる。この前の戦争（ほんの 65 年前の話）でも，300 万人もの同胞の戦死や死亡，空襲，特攻隊，玉砕，原爆投下など,「不愉快なもの」としての歴史を日本国民は身をもって経験したのに，そのあとの 60 有余年の経済復興と国民生活の向上の中で，日本人は，もうああいう悲劇は自分たちの生きている間には起きないだろう，こののんべんだらりとした無風状態がいつまでも続くだろうと思い込む錯覚に陥っているかのようじゃ。歴史とか，民族とか，政治とかを直視して考えるということを，ほんとうのところ怠っているからだよ。いまだ人類の歴史は，残念ながら，戦争がないという意味でしかない「平和」と，そしてその「戦争」との繰り返しなんだよな。日本という国を舵取りするはずの政治家たちに，現代という時代や時代の趨勢に対するヴィジョンや哲学がいかばかり欠落していることか。

> **訳例** 考えるということは，猿にとって二本足歩行が困難であるのと同じくらいに，人間にとって不自然な，困難な行為である。われわれは必要以上に考えるということをやることは滅多になく，考えることを忌み嫌うわれわれの傾向は，一般に，もっとも快適な生活を送っているときにもっとも強大なものとなってくる。考えるということを嫌うこの人間の傾向は，個人の場合と同様に国民生活においてもはっきりと顕れてくるものであるから，人類も経済的に豊かな安逸な時代には，歴史についての思考をおこなうことはあまりない。そういう時代にあっては，われわれはたいがいは，歴史という流れに棹さしている存在であるということを自覚することなく歴史の中を漫然と生きることに甘んじてしまう。過去において，人間的事象における国民規模の幸福とでもいうべきものが続いた時期は

比較的短いものであったことは承知しているものの，同時にそういう時期は，歴史という不愉快な現象が自分たちの生きている間には決して起こってこないという錯覚に国民を陥らせてしまうくらいには十分に長かったのである。他の時代，他の場所において，他の国民がときどき歴史の大災難に遭ってきたということは，十分に知りぬいているはずなのに。

文法要点

◆**比較級中心の重要構文**

not more than～＝(数詞を伴って) せいぜい (多くて) ～。
no more than～＝(数詞を伴って) ほんの，わずかの～。
not less than～＝(数詞を伴って) 少なくとも～。
no less than～＝(数詞を伴って) ～ほども多くの。
not more～than...＝「(Sといえども) …以上に～ではない」
no more～than...＝「…と同様に～ではない」
not less～than...＝「…に負けずとも劣らず～である」
no less～than...＝「…と同じく～である」

This human antipathy to the labor is no less manifest in public life than it is in private affairs.

第十七番　比較その三
... are neither the better nor the worse for ...

　比較構文やそれを使った重要なイディオムについてはすべてまとめたが、もう少しこれまで出てこなかった「比較」の重要構文がある。もう一題、「比較」の練習をやっておこう。以後、どんな「比較構文」が英文の中に出てこようとも、うろたえたり間違えたりするでないぞ。

　There are persons who cannot make friends. Who are they? Those who cannot be friends. It is not the want of understanding or good nature, of entertaining or useful qualities, that you complain of: on the contrary, they have probably many points of attraction; but they have
5　one that neutralises all these—they care nothing about you, and are neither the better nor the worse for what you think of them. They manifest no joy at your approach; and when you leave them, it is with a feeling that they can do just as well without you. This is not sullenness, nor indifference, nor absence of mind; but they are intent
10　solely on their own thoughts, and you are merely one of the subjects they exercise them upon. They live in society as in a solitude; and, however their brain works, their pulse beats neither the faster nor the slower for the common accidents of life. There is something cold and repulsive in the air that is about them—like that of marble. In a word,
15　they are *modern philosophers*; and the modern philosophers is what the pedant was of old—a being who lives in a world of his own, and has no correspondence with this. It is not that such persons have not done you services,—you acknowledge it; it is not that they have said severe things of you—you submit to it as a necessary evil: but it is the cool
20　manner in which the whole is done that annoys you—in short, the utter

absence of the partiality of friendship, the blind enthusiasm of affection, or the delicacy of common decency.
(William Hazlitt: "On Disagreeable People," *The Monthly Magazine*, Aug., 1827)

単語

be (keep, make) friends with〜＝〜と友人である（友人をつづける，友人となる）／want(n.)（必要なものの）欠乏，不足（lack は単なる「欠如」の意でも用いる）；必要，入用／**complain of (about)**〜＝〜について（同情を引くように）不平を言う，ぶつぶつ言う，文句を言う；〜について訴える／**neutralize**(v.) 中立にする；〜を無効（無力）にする；を中和させる．Cf. neutral(a.) 中立の；はっきりしない，どっちつかずの／**manifest**(v.) 明らかにする，証明する；〜を表す／**do well**＝うまくいく，成功する／**sullenness**(n.) ムッツリすること，不機嫌．Cf. sullen(a.) ムッツリした，すねた，不機嫌な／**absence of mind**＝放心（状態），うわの空／**be intent on**〜＝（眼・心が）（〜に）しっかり向けられた，集中した；（人が）〜に専念（没頭，専念）している／**solely**(ad.) 単に，もっぱら；ただ一人で，単独に／**subject**(n.)（医学・心理学などの）実験材料になる人（動物），（〜の）被験者，患者／**exercise**(v.)（精神力などを）働かせる，（能力などを）発揮する，（権力・権利などを）行使する，遂行する／**pulse**(n.) 脈拍，心拍，鼓動／**repulsive**(a.) 大変嫌な，嫌悪感を起こさせる，胸の悪くなる．repulse(v.) 追い返す；拒否する；（通例受け身）嫌悪感（不快感）を持つ／**marble**(n.) 大理石／**pedant**(n.) 学者ぶる人，衒学者，空論家．of old＝昔の；昔は，昔から／**do**〜**a service, do a service to**〜＝〜（人）の手助けをする，〜の役に立つ／**submit to**〜＝〜に服従する，屈服する，（を）甘受する，（を）受ける；（他人の意見などに）従う，従順である／**annoy**(v.)（人を）イライラさせる，悩ます；苦しめる／**utter**(a.) まったくの，完全な，徹底的な，断固とした／**partiality**(n.)（〜に対する）えこひいき，不公平；偏愛，好み，一辺倒．Cf. partial(a.) 部分的な；えこひいきする；（〜が）とても好きな

解説

[1-2] There are persons who cannot make friends. Who are they? Those who cannot be friends.
　「友人のできない人がいる。どういう人であるか？　誰かの友人となることのできない人である」。

[2-3] It is not the want of understanding or good nature, of entertaining or useful qualities, that you complain of:
　もちろん，It is 〜that の強調構文。want は「〜が欠如していること」と名詞

構文に解して，そのまま訳せば，「人が苦情を言うのは，理解力や良い性格をしていないとか，人を楽しませたり役に立ったりする性質を有していないということではない」となる。しかし，この「苦情を言う」というのが，訳文としてすっきり意味が通じない。なんの苦情を言うのか？ 先に「誰かの友人となることのできない人」というのが世の中にはいると書いた。どうしてそういう人がいるのか？ 誰かの友人となることができない，その理由とはなにか？ その，「友人のできない理由」というのが，「あの人はこういう面があるから友人ができないんだ」と，その人に関し「苦情を言う」ことだろ。だとしたら，ここは「苦情を言う」などの，辞書からそのまま抜き出してきたような訳語は使えず，意味をとって，「誰かの友人となれないのは，(理解力に欠けるとか，性格面に欠けるところがあるとか，人を楽しませたり人の役に立ったりする性質がないとかいったことではない)」という訳になる。

[4-6] **on the contrary, they have probably many points of attraction; but they have one that neutralises all these—they care nothing about you, and are neither the better nor the worse for what you think of them.**

「それどころか (on the contrary)，そういう人には，恐らく，魅力的な面がたくさんある。しかし，彼らはそういう魅力すべてを neutralise してしまう一つの性格を持っているのである」。さあ，この neutralise をどう訳す？「それらを中立化してしまう一つの性格」なんて訳して，おさまっているんじゃないだろうな。なんだよ，その，「すべてを中立化してしまう性格」ってのは？ 誰かの友人となるのに相応しいような長所や美点がたくさんあっても，それら長所や美点をすべて「ご破算にしてしまう（帳消しにしてしまう）」性格がひとつあるというのだろう。ここはよく内容を考えて，辞書にはないだろうけど，「帳消しにする，台無しにする，無意味なものとしてしまう」などの，意味の通じる訳語を工夫しろよ。たくさんの美質があっても，それ一つでもって友情を不可能にしてしまう性格ってなにか。それがダッシュで結ばれておる **they care nothing about you** という性格。これも「あなたのことを気にしない」なんて訳すなよ。オギャーと生れて，もう人間を何十年もやってんだろ。人間として意味の通る訳文を考えろよ。要するに，「相手のことを何とも思ってない」，自己中心的な，自分のことにしか興味のない人間のことじゃ。

そして，この練習題の文法的ポイントである **(they) are neither the better nor the worse for what you think of them** という文。まず形容詞や副詞の比較級の前についた定冠詞 the は，「それだけ」の意味の指示副詞か，その指示副詞と相関的に用いられ，「～すれば（であれば）それだけますます…」の意の関係副詞となる。後者の場合には，有名な「The＋比較級～, the＋比較級…」（「～すればするほどますます…」）の構文となる。ここは単独で用いられた

「the＋比較級」の構文。この構文の場合には,「それだけ」というのが「どれだけの分」なのかを,「the＋比較級」の後ろ（ときには前）に「理由」を表す句や節を付し,

the＋比較級＋「理由」 $\begin{cases} \text{の句（for, because ofなど）} \\ \text{の節（since, becauseなど）} \end{cases}$

の形で,「〜なだけにそれだけ一層…」の意を表す。

I love him <u>all the better</u> <u>for</u> his faults (<u>because</u> he has faults).（allは強めだから訳さない。「ぼくは欠点があるからかえって彼が好きだ」）

none the less（＋「理由」の句や節）は, the less「その分だけより〜でない」がnone（ことはない）のだから,「〜なるにもかかわらず（やはり）の意となる。

I love him <u>none the less</u> <u>for</u> his faults (<u>because</u> he has faults).（「彼は欠点があるけどなおかつぼくは彼が好きだ」）

(they) are neither the better nor the worse for what you think of them なら,「あなたが彼らのことをどう考えるかということの分だけ, それだけ一層よくなったりすることはないし, また悪くなったりすることはない」の意。普通は, 周囲の人間から,「あのひとはこういうところがすばらしいなあ」と思われているとわかれば, そういう自分の長所を伸ばそうと,「それだけ（思われてるだけに一層）良い人間になろう」と努力したりするし,「あの人は大嫌いだ」と思われているとわかれば,「この野郎, お前こそ」と,「一層（さらに）その人を憎んだり, 邪険にあつかったりする」ものだろ。そういうふうに普通の人間なら, 周囲の人たちが自分のことをどう考えているのかに敏感に反応するもんだよな。それが人情だ。ところが, こういう「相手のことを何とも思ってない」, 自己中心的な, 自分のことにしか興味のない人間は, 相手が自分のことをどう思っているのかなど, 屁の河童, いっこうに気にしない。

[6-8] They manifest no joy at your approach; and when you leave them, it is with a feeling that they can do just as well without you.

最初の文の中の **at** は,「本源・感情の原因」を表して「〜から, 〜より；〜を見て, 聞いて, 考えて」の意の前置詞。そう, I was surprised at the news の at (to hear the news)。**They manifest no joy at your approach** は, They manifest (＝show) no joy to see you approach (＝when you approach them) の意に解す。そう, 名詞構文じゃ。「あなたが近寄っていっても, なんら嬉しそうな様子は見せない」。人間, 誰からでも好かれれば悪い気はしないものだ。ところがそういう人間（彼ら）は, 親しくなろうと近寄っても, いっこうに嬉しそうなふうは見せない。

じゃあ, 人が自分から去っていったときは（**when you leave them**）, そうい

う人間はどうするか？　普通の人間だったら，ガックリするだろう。吾輩など，「ぼく，おじちゃんのこと，嫌い」などと4歳のガキにでも言われてみろ，しばらく落ち込んでしまうぞ。「4歳のガキに俺の良さなどわかるわけがない」などと平気でいることなど，到底できない。ところが，自分のことにしか関心のない人間は，人が自分のことを嫌って去っていっても，**it is with a feeling that they can do just as well without you**。まず it～that の強調構文などという構文の取り方はしなかっただろうな。it はいわゆる「状況」の it で，「it (離れていくとき) は，with a feeling「感情を伴っている」。しからば，どういう「感情」かというと，その感情 (feeling) に同格の that がついて，感情の内容を説明してくれとる。「(人が去ってゆくときも)，～という感情が拭えない」。

　その「同格」の that 節の中の as　well も，「なお，その上 (too)，おまけに (besides)」の意のイディオムにとってるようじゃダメ。前課で，「比較の対象をはっきりと理解して英文は読め」と言っただろ。そのことは原級の同等比較についても言えるぞ。**as well** は，イディオム do well の well に同等比較の as～as...がついたかたち (they can do just as well without you as with you。just は同等比較 as～as...の強め。「彼らは，あなたといっしょにいるときとまったく同じようにあなたがいなくても元気にやっていくことができる」) から，内容上明らかだからと，as with you が省略された。「人が去っていっても，そういう人間は，人がいてもいなくてもいっこうに関係ないという感覚が拭えない (つきまとう)」。

[8-11]　**This is not sullenness, nor indifference, nor absence of mind; but they are intent solely on their own thoughts, and you are merely one of the subjects they exercise them upon.**

　文頭の **This** は，前に述べた内容を指す前方照応的な this であるが，この場合にはどういう内容か？　そう，よく考えればわかるが，全文の内容すべてを指しておるな。つまり，「そういう人間は，人が親しげに近づいてきてもいっこうに嬉しそうな顔をしないし，人が去っていっても，いてもいなくても自分とはまったく関係ないという顔をしている」ということ。自己中心的な人間のそういうあり方 (This) は，is not sullenness, nor indifference, nor absence of mind (「不機嫌さや無関心さや注意力の散漫さなどのためではない」)。次の but は前文の not と相関して，「～ではなく，(そうではなく) …」の意の but。but they are intent solely on their own thoughts (「(そうではなくして) そういう人間は自分の考えていることしか念頭になく」)，you are merely one of the subjects they exercise them upon。そのまま訳せば，「あなたは，そういう人間が自分の考えていることを行使するときの被験者たるにすぎない」。you は「一般的な人」だから，「あなたがた」ではなく，この場合は「周囲の人間，他人」くらいの訳語

がいいだろう。subjects (which) they exercise them (=their own thoughts) upon も,「人間が自分の考えていることを行使するときの被験者」という訳で悪くはないが,いまいちピンとこない。ま,「自分の考えを実行に移す際の"道具"でしかない」くらいに訳しておこう。「他人とは,自分の考えを実行に移すときの"道具"("実験材料")でしかない」。

[11-13] They live in society as in a solitude; and, however their brain works, their pulse beats neither the faster nor the slower for the common accidents of life.

「そういう人間は孤独の中にあるように社会の中で生きている」とは,「(他人の存在が自分のあり方になんらの影響も与えることのない)孤独の状態にあるときと同じような形で社会のなかに生きている」ということ。そしてまた例の,「the＋比較級」の構文の their pulse beats neither the faster nor the slower for the common accidents of life。「彼らの鼓動は人生の普通の偶発事のためにより速く打ったり,より遅く打ったりすることはない」。「人生の普通の偶発時」とは何か？ 「普通」でない人生のできごととは,例えば戦争や天変地異などの「偶発事」。そういう大事件のときには,そういう自己中心の人間も,自分の命に関わることであるから,「感情的な激しい反応を示す(＝鼓動がより速くなったり,より遅くなったりする)」だろうが,「日常生活の中で普通に起きてくるできごと」,つまり,他人と出会ったり,共同の仕事をやったり,緊密な人間関係をむすんだり,愛情を感じ合ったりなどの,社会生活の中での普通のできごとのこと。the common accidents of life は,「他人との出逢いのような人生の普通のできごと」のこと。こういう人間は,頭脳の理性的な働きがどうであれ(however their brain works),他人との出逢いのような人生の普通のできごとのために感情面が左右されることはまったくない」ということ。唐の「貞観の治」を支えた名臣・魏徴(ぎちょう)が「述懐」という詩の中で詠った,「人生,意気に感じては,功名誰かまた論ぜん(＝人生意気に感じれば,功名や利得などは問題外。最大の価値は人生意気に感じられる(＝鼓動が速くなったり遅くなったりする),その手ごたえにある)」は,そういう人間にとっては,まさに「唐人の寝言」。彼らには,「自分の考えていること」,つまり自分の「功名や利得」のことしか頭にはないんだよな。

[13-14] There is something cold and repulsive in the air that is about them—like that of marble.

この関係代名詞の that はどこにかかってゆくだろうか？ 普通は直前にある語 air を先行詞として,「自分の周囲にある空気」。しかし,空気が自分の周囲にあるってのは,当たり前のことだろうが。ここの about は,「～の周囲」なんて意味ではない(「～の周囲に,のまわりに」では,今日だったら (a) round を使

うほうが普通だろうな)。ここの about は「(人)の身辺に, (物事)には」と, 人や物の周囲に漠然とただよう気配・様子を示すときに使うもので, 通例 There is 構文とともに用いられる。例えば, There is something about him that I don't like なら,「あの人にはどこか好きになれないところがある」。そう, 関係詞節 that is about them は something を先行詞として,「彼らには(どこか冷ややかな, 人を寄せつけない)ところがある」の意。in the air は, 文字どおり「人や物の周囲に漠然とただよう」, その漠然たる「空気(=雰囲気)」を指していると考えられる。後半の that は, 前に出た名詞のくり返しを避ける指示代名詞の that。この場合は something (cold and repulsive) を指しておるから,「大理石のそれ(=冷ややかで, 人を寄せ付けないようなところ)」の「それ」は省略し(訳語としては出さず),「大理石のような」と訳しておけばよろしい。「そういう人は, 雰囲気として, 大理石のような, どこか冷ややかな, 人を寄せつけないものを感じさせる」。

[14-17] In a word, they are modern philosophers; and the modern philosophers is what the pedant was of old—a being who lives in a world of his own, and has no correspondence with this.

「ひと言で言うと (**in a word**), 彼らは現代の哲学者である」。「そして, 現代の哲学者とは **what the pedant was of old** である」。なんだろう, この節 what the pedant was of old? そうか, what+S+is はその人 S の「人格・人となり」を表すんだった (what+S+has はその人の「財産・富を表す」。例えば, What a man is (=a man's character) contributes much more to his happiness than what he has (=his wealth) (「人の人格はその人の富よりもずっとその人の幸福に関わってくる」)。what the pedant was は「衒学者の人となり」。of old は副詞句じゃ。the pedant of old とつながっておるわけじゃないぞ。「現代の哲学者とは, 昔の衒学者のごとき存在(人となり)」くらいの訳でいいか。どういう「意味」の存在か, 同じ人となりのものかというと, ダッシュ以下で説明されていて,「自分だけの世界に生きている存在(人)ってこと。自分だけの世界に生きていて, **has no correspondence with this** な人。この this はどういう意味かな? 「これとの通信をまったく持たない」と言ったって,「これ」ってのが何やら皆目わからない。this は単独で「これ」という意味ではなく,「この~」の意味の指示代名詞で, その「~」が省略されているんじゃなかろうか。例えば, 第一番の「文法要点」に There is practically as much water in stale (bread) as in new bread (ひからびたパンにも焼きたてのパンと同じくらいの水分が含まれている) という例文を挙げておいたぞ。本文も, a world of his own の前出名詞を受けて, this world の world がダブるので省略して, this となったわけだ。「彼らは自分だけの世界に生きて, この<u>世界</u>(この<u>世</u>)とはなんら交信を持たない」。

「自分の世界」と「周囲の世界」とが対比されておるから，その「世界」の重複を省略で避けることができる。「交信」とは，周囲の人間との付き合いや交際や触れ合い，交情（すぐエッチなことを考えるなよ。ここは「情交」のことではなく「交誼」のこと）などを指す比喩的な語として，このまま訳語として使っていいと思う。つまり「哲学者」のことを，自分の抽象的な理論の構築ばかりに没頭して，実世界との接触のない人と言っておるわけだ（本当の哲学者とはそういうものではないと思うが，空理空論だけの哲学者ってのはたしかに世に多いわな）。

[17-19] It is not that such persons have not done you services, —you acknowledge it; it is not that they have said severe things of you—you submit to it as a necessary evil:

　it is that〜という言い方は，it がそのときの「状況」を指す代名詞であるから，「実情は〜ということである」の意となる。It is that I have my own business to attend to（「実はわたしにはやらないといけない自分の用事があるのです」）。すると，It is not that〜だと，「だからといって〜ということではない」の意味となる。ただし，この it is that の形は it が漠然とその時の「状況」を指しているのではなく，前文の具体的な状況を指していることもあるから，その時は that は軽い because と同じ意味になる。not 〜but... の相関で使われることが多く，「〜だからではなくて…だからだ」の意となる。If I find fault with you, it is not that I dislike you, but that I want you to improve（「きみのことを悪く言うとしても，それはきみのことが嫌いだからではなく，きみにもっと立派な人間になってほしいからだよ」＝It is not because I dislike you but because I want you to improve that I find fault with you.)。ここの it は漠然とその時の「状況」を指す it でいいじゃろう。だからといって，「それはなにもそういう人間があなたにサービスをしてくれなかったということではない」と，客に愛想の悪いレストランに入ったときみたいな訳をしていてはダメだぞ。「サービスをしてくれなかった」とは，サービス産業のことを言ってるのか？　ここの service は，狭い物理的な「接客，もてなし方」の意味ではなく，もっと比喩的なふくらみを持った，「貢献，奉仕，世話，骨折り」の意味だろ。つまり，ふだん接していても，そういう人間からなんら役に立つような恩義を受けたことがないってこと。そして **you acknowledge it** の acknowledge も，単に「認める」ではなく，「(署名・主張など）を法的に有効だと認める，認知する」の意の，もともとは法的用語。すなわち，ああいう人間から，金を貸してもらうとか，飯をおごってもらうとか，やさしい励ましや慰めの言葉をかけてもらうとか，そういったいいこと (service) を何にもしてもらったことがなくとも，ああいう冷ややかな，人を寄せつけない人間だから，「ま，それも仕方ないか」と（人間論的に有効であると）認めている，の意。

また，だからといって，**it is not that they have said severe things of you**（「彼らがあなたに関して辛らつなことを言ったわけでもない」）。それに対し，**you submit to it as a necessary evil** とは，どういう意味だろうか？　よく考えろよ。「あなたは必要悪としてそれに屈する」では，よく内容を具体的に把握した人の訳文とは言えないな。「必要悪」とは，「よくないことではあるが，組織や社会にとって，やむをえず必要とされること」(『大辞泉』)だ。つまり，ああいう冷ややかな，付き合いの悪い，自分のことにしか興味のない人間だから，俺のことをけなしたりしているのも，「ま，しかたないか」と，「それに屈する」，つまり「甘んじて受け入れる」ことだろ。そのくらいに世間の人たちは，たとえ周囲に迷惑をかけていても，生まれついた自分に徹底してなりきっている人間には，「ま，ああいう人間もいるか」と，けっこう寛大なものだよ。大目にみて寛大に赦してはいる。しかし，人間的に，人間として，赦せない面もある。

[19-22] **but it is the cool manner in which the whole is done that annoys you—in short, the utter absence of the partiality of friendship, the blind enthusiasm of affection, or the delicacy of common decency.**

　文頭の but は前の二つの not と軽く相関していて，「(〜ではなく，また…でもなく)，そうではなくして」の意味を表している。**it is the cool manner in which the whole is done that annoys you** の構文はもうまちがいなくとれただろうな？　強調構文の it is〜that... と，「前置詞＋関係詞」in which との組合せだ。「annoys you させるのは，the whole is done されるときの cool manner である」。annoy は「当惑させる」ではなく「苛立たせる，憤らせる」のほうだろう。要するに，そういう人間をみると，広い世の中だからああいう人間もいるだろうと寛大に認めはするが，しかし人間としては「アタマに来る」んだよ。**the whole is done**（「すべてのことがなされる」）とは，他人と温かい関係をむすんだりせず（「しない」ということが「なされる」），他人を無視したり，軽蔑したり，悪口を言ったりなど，そういう人間の言動すべてが「なされる」ってことじゃ。manner は「やり方，方法；態度，物腰，扱い方」のこと。「前置詞＋関係詞」の構造もいいな。「彼らは彼をひどいやり方で扱った」なら they treated him in a poor manner だから，「彼らが彼を扱ったときのひどいやり方」なら a poor manner in which they treated him となる。以上をまとめると，「腹立たしくてならないのは，そういう人間の言動すべてがなされるときのいかにも冷ややかな態度である」。

　ダッシュ以下がその「冷ややかな態度」を具体的に述べて，**the utter absence of the partiality of friendship, the blind enthusiasm of affection, or the delicacy of common decency** と挙げておる。きみたち，親友がちょっとヘマやミスをやったりして周囲の非難を浴びているときには，敢えて友人のヘマや

ミスをかばったり擁護したりするだろ。そのときの「擁護」は，純粋に客観的な視点からしたら論点の間違いや詭弁も含まれるかもしれん。しかし，人間的な「情」の通った人間なら，そうするだろ。それが the partiality of friendship 「友情の持つえこひいき（不公平さ）」ということ。それが，自己中心的な，自分のことにしか興味関心のない人には the utter absence of the partiality of friendship「完全に欠けている」というのじゃ。あるいはまた，普通の人間なら，人生，一度は激しい恋をしたことがあるだろ。あの恋愛感情を思い出してみろ。「恋は盲目」（Love is blind）というけれど，いまから思うと，「バカじゃないの」としか思えないような，**the blind enthusiasm of affection**「恋愛の狂おしいほどに激しい情熱」だよな。the utter absence につながって，自分のことにしか関心のない冷ややかな自己中心の人には，そういう胸焦がす「恋愛の狂おしい情熱」も「完全に欠落」しているんだって。そして，**the delicacy of common decency** も「完全に欠落」。これ，ちょっと訳しにくいけど，「普通の人間の品格のもつ上品さ」くらいに訳そうか。なにも度はずれた品性高雅な人でなくとも，同じ人間同士として，人間らしい思いやりや温かさをもって，普通の人はおたがいに接し合ってるじゃないか。そういう人間通常の人間的な「品」も，そういう人間には「まったく無い」んだって。いるよな，そういう人間。イヤだねえ。そういう人間にだけはなりたくない。

訳例　友人となることのできない人間がいる。どういう人間であるか？　友人たることのできない人間である。友人たることができないのは，理解力や善良なる性質が欠けているとか，人を楽しませたり役に立つ資質がないためではない。それどころか，恐らくそういう人間には魅力的な面がたくさんあるのだが，しかし，たったひとつ，数ある魅力的な面をすべて帳消しにしてしまう特徴がある——周囲の人たちのことをまったく意に介せず，周囲が自分のことをどう思おうが，そのために対し方が変わってくるということがいっさいない点だ。人が自分に近寄ってこようが，そういう人間は嬉しそうなふうはまったくなく，人が去っていっても，人がいてもいなくても自分の生き方にはまったく関係がないという感をうかがわせる。それはつむじが曲がっているとか無関心とか注意力の散漫とかいうものではなく，自分の考えていることだけにしか関心がなく，他人というのは，自分の考えを実行に移すさいの"道具"でしかないということである。彼らは孤独の裡（うち）にあるがごとくに社会の中に生きている。そして，頭が理知的にどのように働いているにせよ，人生の日常的なできごとのために呼吸が速まったり遅くなったりの感情的な変化はいっさいない。彼らには，雰囲気として，まるで大理石のごとくにどこか冷たく，人を容れないところがある。ひと言で言えば，彼らは「現代の哲学者」であり，現代の哲学者とは，いにしえの衒学者，つまり

は自分だけの世界に棲み，この世界とは交渉をまったくもたない存在のことである。といっても，そういう人間がわれわれに優しいことをしてくれたことがないということではなく，それはいわば当然のことであり，かといって，われわれのことを厳しく責めたというのでもなく，それはそれとしてやむをえざることと受け入れざるをえないのであるが，そうではなくて，われわれが憤りを覚えるのは，そういう人間の言動すべてが行われるいかにも冷ややかな態度——友人の不当な擁護とか，愛という感情への耽溺とか，人間通常の品格のもつ優しさなどが，完全なまでに欠落している面である。

文法要点

◆原級の同等比較 as～as... および劣等比較 not so～as... においては，あとの as... 以下が内容的に明らかな場合には**省略**されることがある。

You are rich, but he is three times as rich (as you are). (「きみは金持ちだが，彼はきみの3倍も金持ちだよ」)

When you leave them, it is with a feeling that they can do just as well without you (as with you).

◆「**the＋比較級**」the は「それだけ（その分だけ）」の意の指示副詞。

(1)（「それだけ」）に，「どの分だけか」と呼応する語句を「理由」で表し，「the＋比較級」の後に（ときには前に）置く。「the＋比較級＋〔理由〕の句 (for, because of) か節 (because, since)」。「～なだけに一層（ますます）…」。

I like him (all) the better for his frankness (because he is frank). (彼がさっぱりとした性格なだけにますます彼のことが好きだ)

They are neither the better nor the worse for what you think of them. Their pulse beats neither the faster nor the slower for the common accidents of life.

(2)「The＋比較級～, the＋比較級…」 後ろの the が「それだけ」の意の指示副詞で，前の the は「どれだけ」かの程度を示す関係副詞。「～すればするほど，（ますます）…」。

The later you have lunch, the shorter the working hours in the afternoon are. (昼食をとる時間が遅ければ遅いほど，[それだけ] 午後の労働時間は短くなってしまう)

＊前置詞 at は，感情を表す動詞・形容詞・名詞とともに使われて「～を見て（聞いて，知って）」の意味を表すことがある。

They were filled with envy at her reputation.（「彼らは彼女の名声ぶりに羨ましさに一杯になった」）

They manifest no joy at your approach.

＊**前置詞 about** が，通例 There is～構文とともに用いられて，「(人) の身辺に，(物・事) には」と，漠然とその人または物の周囲にただよう**気配・様子**を表すことがある。

There is something cold and repulsive in the air that is about them.

＊**It is that～の it** は「**状況**」を表す（It is＋形容詞＋that～の構文における it は形式主語）。It が前文で述べた漠然とした「状況」のときは「実情は～ということである」と訳し，とくに it が前文の特定の具体的な「状況」を指しているときには，「(それは) ～だからである」の意に訳す。その場合，that は軽い because（「原因・理由」）の接続詞に相当する。

If I find fault with you, it is that I want you to improve.（「ぼくがきみのことを悪く言うとしても，それはきみによくなってもらいたいからだ」）

第十八番　ぼくら日本人の苦手な仮定法
Sometimes I have thought it would be ...

　現代の日本語には，仮定法というのがない。「もし今日が雨だったら，こんなところに出てこなくてもすんだのに」という「仮定」と，「もし明日雨だったら，運動会は中止になります」という「条件」とが，まったく同じ助動詞の「たら」で表現されとる。これが英語だったら，同じ if を使っても，If it <u>rained</u> today と If it <u>rains</u> tomorrow と，時制がまったく違ってくる。しかるに，いにしえの日本語には，「ましかば〜まし」の助動詞があって，「これほどの詩を作りたら<u>ましかば，名をあげてまし</u>」なんて事実に反する想念である「反実仮想」を述べておった。中世の日本人はさぞや「反実仮想」の感覚が研ぎ澄まされておったと思うのだが，「条件」も「仮定」も一緒くたになってしまっとる現代の日本人は，どうもこの，事実に反する想念を述べる「法」(Mood) に弱い。とくに仮定条件の If 節がどこかに隠れている仮定法が出てくると，とたんに「仮定法」に気づかずに読み過ぎちゃう。つまり読み間違えてしまうってことになっちまう。

　以下に仮定法が頻発しているヘレン・ケラーの名文を読むことによって，「仮定法」なるものの感覚を研ぎ澄ませておくことにしよう。三重苦に生涯苦しめられたケラーが，ここまで正確できれいな英文を書けるようになった「奇跡」を思えば，仮定法ごときが読みとれないなんて，あまりに恥ずかしいぞ。

　　Sometimes I have thought it would be an excellent rule to live each day as if we should die tomorrow. Such an attitude would emphasize sharply the values of life. We should live each day with a gentleness, a vigor, and a keenness of appreciation which are often lost when time
5　stretches before us in the constant panorama of more days and months and years to come. There are those, of course, who would adopt the epicurean motto of 'Eat, drink, and be merry,' but most people would be chastened by the certainty of impending death.

　　I have often thought it would be a blessing if each human being were
10　stricken blind and deaf for a few days at some time during his early

adult life. Darkness would make him more appreciative of sight; silence would teach him the joys of sound.

Now and then I have tested my seeing friends to discover what they see. Recently I was visited by a very good friend who had just returned from a long walk in the woods, and I asked her what she had observed. 'Nothing in particular,' she replied. I might have been incredulous had I not been accustomed to such responses, for long ago I became convinced that the seeing see little.

Oh, the things that I should see if I had the power of sight for just three days!

Naturally in those three short days I should not have seen all I wanted to see. Only when darkness had again descended upon me should I realize how much I had left unseen. But my mind would be so overcrowded with glorious memories that I should have little time for regrets. Thereafter the touch of every object would bring a glowing memory of how that object looked.

(Helen Keller: "Three Days to See", *Atlantic Monthly*, 1933)

単語

emphasize(v.) 強調する，力説する，重要視する／**appreciation**(n.) 理解，鑑賞，感謝／**panorama**(n.) パノラマ（次から次に繰り広げられる光景，次々に展開するできごと）／**epicurean**(a.) 快楽主義の，エピキュリアンの／**chasten**(v.) （苦難などが人を）鍛錬（矯正）する，（精神を）鍛える，（感情を）和らげる／**impend**(v.) さし迫る，今にも起ころうとしている／**stricken**＜**strike**(v.) 打つ，（人を）～(の状態）にする／**be appreciative of～**＝appreciate～。Cf. **appreciate**(v.) （正しく）理解する，鑑賞する，感謝する／**seeing**(a.) 眼が見える／**incredulous**(a.) 容易に信じない，疑い深い／**be accustomed to～**＝～に慣れている／**the seeing** 「the＋形容詞」で複数普通名詞。「目の見える人々，目明き」／**crowded (with～)**(a.) 混み合った，（～が）ぎっしり詰まった／**glow**(v.) 白熱して輝く，光を放つ，輝く

解説

[1-2] I have thought it would be an excellent rule to live each day as if we should die tomorrow.

　もちろん，it は to 以下を指す形式主語として，しからば it would be an excellent rule の助動詞の過去形 **would** は何であろうか？　普通だったら，主節の時制 have thought（時制的には過去形扱い）に合わせての「時制の一致」の過去形と考えるべきだろう。ところが，次の文（内容的には現在形）の時制も Such an attitude **would** emphasize と過去形になっておる。とすると，これは仮定法ではないか！　仮定法は時制の一致の原則を受けないから，would は現在の事実に反する仮想を述べておることになる。でも，仮定条件を表す if 節がどこにも見あたらないぞ。さて，いきなり難しい仮定法が出てきおった。

　本格派の諸君に仮定法の基礎をまとめるのはいまさらとも思われるが，とにかく仮定法とは，時制を過去に一段ずらして表現するものだったから，現在の事実に反する反実仮想は，現在を一段過去にずらした過去形を使って，仮定法過去は

　　If＋S＋過去形～，S＋助動詞の過去形…（「もし～ならば，…だろう」）。

　また過去の事実に反する反実仮想は，動詞は過去を一段さらに過去にずらした過去完了形を使えばよろしいが，助動詞の過去完了形は，助動詞の過去形に，さらにその過去形を一段過去にずらす完了形（have＋過去分詞）を使って，「助動詞の過去形＋have＋過去分詞」で表すから，仮定法過去完了は

　　If＋S＋had＋過去分詞～，S＋助動詞の過去形＋have＋過去分詞…（「もし～だったならば，…だっただろう」）。

　これが仮定法の基本形。ところで，英語の仮定法とは，古典文法「ましかば～まし」の「まし」に当たる「…だろう」や「…だっただろう」の箇所を仮定法というのであって，「ましかば」に当たる仮定条件はどうでもいい。どうでもいいことはないけれど，つねに節で表すとは限らず，節以外の句や語の中に隠れてしまったり，しまいには，内容から明らかだろうからと，省略されてしまうことがある。ここが大切。まず一つの例文を見てみよう――

　To attempt a thing like that would be quite crazy. （＝It would be quite crazy to attempt a thing like that.）

　文章の内容は現在なのに，would と過去形が使われているのはおかしい。そう，まずこれは仮定法だぞと気づく。仮定条件がないということは，どこかに隠れとるんだな。ここは，主語の to attempt a thing like that という不定詞句の中に，「to attempt するならば」と，仮定条件が隠れておる！　if we were to attempt a thing like that と同じニュアンスの“仮定”の意味が主語の名詞句の中に隠れとることになる。だから訳すときは，「そんなことをやるとしたら，非常に気違いじみているよ」となる。（じつは本書の最初，1章に to give it as the reward of virtue would be to set a price upon it という，この形の仮定法が出ておった。そのときと説明がダブるかもしれないが，ここで改めて根本から説き起こしたわけだ。）普通は節によって表現される仮定条件が句や語のなかに隠れている形を，吾輩は「隠れ仮定法」と呼んでいるのであるが，これはふたたび本書の中だけで通用する"門外不出"の文法用語であって，道場外では使わないように。

次に **as if we should die tomorrow** の箇所だが，（as）if の節の中に should が使われておるときは，その実現の可能性が非常に薄いことを表わし，「仮に（万一）〜なら」の意となる。例えば，If I should make a fortune, I'll give you half of it. （「仮に大金ができたら，きみに半分あげよう」）。またここでは出ていないが，if 節の中に were が使われた if＋S＋were to の形は，if＋S＋should よりもさらに実現の可能性の薄さが強調されるか，あるいは実現の可能性を念頭に置いていないときなどの仮想などに用いる。what would you do if war were to break out? （「もし戦争が起きたら，きみ，どうする？」）。

以上をまとめると，「あたかも明日はもう死んでいるんだという心づもりで日々を生きるとしたら，すばらしい習慣（生活法）だ」の意となる。吾輩は以前どこかで，「あなたが生きている今日という日は，昨日死んだ人たちが生きたくてならなかった一日なのだ」という言葉を読んで，なるほどなあと感動したことがある。どうもわれわれは，生きて在ることの喜びを嚙みしめつつ充実感を身いっぱいに感じることなく，毎日をなんとなく惰性だけで生きとることが多い。

[2-6] **Such an attitude would emphasize sharply the values of life. We should live each day with a gentleness, a vigor, and a keenness of appreciation which are often lost when time stretches before us in the constant panorama of more days and months and years to come.**

そう，最初の文の would も仮定法。しからば，If 節の内容はどこに"隠れて"おるのか？　もうわかるな。先ほど，「まるで明日はもう死んでいるんだという心づもりで日々を生きるとしたら」と論を起こしたから，ここでは，「もしそう生きるとしたら」という仮定の内容の中で，その帰結を述べておることになる。いったんあることを仮定して，その仮定の中での帰結を述べるときは，当然のことながらすべてその文の「法」（Mood）は仮定法を使うことになる。「（もしそう生きるとしたら）そのような生きる姿勢は，生きることの価値を大いに高めてくれることだろう」。

したがって次の文，**we should live** 以下の文の should も単純未来の助動詞 shall の，仮定法なるがゆえの過去形ということになる。「〜すべき」ではないぞ。一人称の単純未来の shall ってのは，ちょっと文語形で，いまはもう使わないな。「（まるで明日はもう死んでいるんだという心づもりで日々を生きるとした

ら,)われわれは with a gentleness, a vigor, and a keenness of appreciation（やさしさと厳しさと深い感謝の念でもって）日々を生きることになるだろう」。「やさしさをもって生きる」とは,生きることを許されたこの一日に対する,愛おしむようなやさしさのことだろうし,「厳しさをもって生きる」とは,一日の一瞬一瞬たりともあだや疎(おろそ)かにはしないぞという克己の「厳しさ」のことだろう。そして「深い感謝の念でもって生きる」ということについては,生きて在(い)ることに対する感謝を,わが国の歌人の西行は,「なにごとの　おはしますかは　知らねども　かたじけなさに　涙こぼるる」と詠ったことがあるぞ。

　この「やさしさと厳しさと深い感謝の念」に, which 以下のかなり長めの形容詞節がかかっておる。この一日を生きるときの「やさしさと厳しさと深い感謝の念」は are often lost（「しばしば失われる,持てないでいることが多い」）。どういう状態のときにそういう気持ちが持てないかというと, to come は more days and months and years にかかる不定詞の形容詞的用法だから,「時間が来たるべきより多くの日や月や年の絶えざるパノラマの状態で眼前に広がっているとき」。まあ,こう訳せればいいけれど,どうもあざやかに意味が伝わってくる訳文とは言いがたい。「パノラマ」とは［単語］にあるように,「次から次にくりひろげられる」景観のこと。ここは日が,月が,年が,次から次へと未来永劫にわたって眼前に伸びていることを指す。要するに普段のわれわれが,いずれは死ぬと観念的に分かっていながらも,なんとなくこのままずっと,いつまでも生きているように感じている状態のことだ。「未来にわたって日や月や年がいつまでも延々と続いているかたちに時間が眼前に広がっているときは」くらいの意味。

　死のまぎわにいたることを日本語では「臨死」というが,自分の生の最終先端にいたった精神もそれまでとは異質の状態にいたるとして,ある哲学者は,そういう状態を「生のまぎわに臨む」という意味で「臨生」と呼んでおる。そして「臨生体験や臨生する精神こそ,はじめてこの世この生のリアルな姿を発見する通路」だと言うんだよ。どういうことかというと,"ただごと" にしか見えない森羅万象が,ひいてはこの世界の存在やぼくたち自身の存在が,"ある種の眼差(まな)し" で濾(ろ)過されるとき,とんでもなく《ただごとならないこと》として実感されてくるということであ」り,"ある種の眼差し" とは何か。平べったくいえば,それは末期(まつご)の眼,つまり "死に逝(ゆ)く者のまなざし" である」（古東哲明著『他界からのまなざし——臨生の思想』,講談社選書メチエ）と説明されておる。ヘレン・ケラーの,「あたかも明日はもう死んでいるんだという心づもりで日々を生きるとしたら」というのは「もしわれわれが,日々,"末期の眼" でもって生きることができたとしたら」ということだし,そうしたら,生きているというこのこと自体が「とんでもなく《ただごとならないこと》として実感されて」きて,生きるときの姿勢がおのずから変わってくるだろう,「すばらしい習慣（生活

法)」となることだろうと言っておることになる。

[6-8] There are those, of course, who would adopt the epicurean motto of 'Eat, drink, and be merry,' but most people would be chastened by the certainty of impending death.

　この文における二つの would も,「まるで明日はもう死んでいるんだという心づもりで日々を生きるとしたら」という仮定条件の中での帰結を述べたもの。those who would adopt the epicurean motto of 'Eat, drink, and be merry'「『食べて,飲んで,楽しくやろう』という快楽主義的なモットー（生き方）を採る人たち」。明日は死ぬ,はかない命と知ったなら,当然,「食べて,飲んで,浮かれさわぐ」という快楽主義の生き方を選び取る人もおるだろう。しかし,大部分の人間は,それほど獣(けもの)に近い生き物ではない。most people would be chastened by the certainty of impending death「ほとんどの人は,さし迫った死の確実性によって（死の近いことが確かとなったら）,鍛錬（矯正）されるだろう（精神を鍛えられるだろう,感情を和らげられるだろう）」。う〜ん,この chasten が訳しにくいなあ。この動詞と語源が同じ形容詞 chaste が,「(精神・行動が) 慎み深い,控え目な;（趣味・様式などが）上品な,簡素な」の意味だから,「ほとんどの人は,死の近いことが確実になったら,精神が浄められる（高められる）のを覚えることだろう」くらいにやろうか。要するに,「生きているというこのこと自体がとんでもなく《ただごとならないこと》として実感されて」くることだ。

[9-11] it would be a blessing if each human being were stricken blind and deaf for a few days at some time during his early adult life.

　ここでやっと仮定法の基本形（仮定法過去）が出てきたぞ。「隠れ仮定法」なんかのあとでは,なんだか懐かしいくらいに易しいものに感じられるな。it は「状況」の it だから,訳出の必要はない。「すべての人が,大人になって間もない頃のある時期,数日間,急に眼が見えず耳が聞こえなくなるとしたら,（その状況は）どんなにすばらしいだろうことか」。成人式の式典の日に会場で騒いだり来賓の祝辞を妨害したりする不心得ものの"甘ちゃん"は,「成人の日」から数日間,「急に眼が見えず耳が聞こえなくな」りゃいいんだよ。そうすれば,こうやって生きておるってこと自体がいかにありがたいことか,身に沁みて分かるだろうよ。

　以下,「すべての人が大人になって間もない頃のある時期数日間,急に眼が見えず耳が聞こえなくなるとしたら」の仮定の中での帰結を述べられているから,すべて仮定法が使われておる。

[11-12] Darkness would make him more appreciative of sight; silence would teach him the joys of sounds.

無生物主語の構文。**Darkness would make him more appreciative of sight**「darkness が人に sight を感謝させる」とは，「何も見えない闇に閉ざされたとき，人は眼が見えることがいかにありがたいことかわかるだろう」の意。同様にして，**silence would teach him the joys of sounds** は，「なにも聞こえない沈黙に閉ざされ，人は音が聞こえることの悦びを知ることだろう」。

[13]　**Now and then I have tested my seeing friends**

　seeing とは，「視力をそなえた」という意味での，「眼が見える」。visible は「可視の」という意味での「(眼に) 見える」。**Now and then I have tested my seeing friends** とは，眼の見えないヘレン・ケラーが「眼の見える友人たちに，何を見ているか，テストしてみた」というのだ。面白いなあ，眼の見えない人が眼の見える人に"視力"検査をやるってんだぞ。室生犀星の小説『杏っ子』の中で，犀星の娘の杏子がお見合いの相手を軽井沢の雲場ヶ池に案内し，軽井沢の美しい景色になんの感動も示さない青年にガッカリして，「どんな景色を見ても，なんとも仰有らない方は，とても」と，おつきあいを拒否する場面がある。森の中の散歩ひとつ取っても，自然の美に感動することのない人間などといっしょに生活したら，心の豊かさのない寒々しいものとならざるをえないと，杏子は直感したんだろうな。青年は杏子の「テスト」に一発で"落第"したわけじゃ。

　「最近も，わたしは森の中の長い散歩からもどってきたばかりの非常に親しい友人の訪問を受けたことがある」。美しい森の中を，しかも長いあいだ散歩してきたのである。さぞや森の中の樹や草花や小鳥たちなど，美しい情景にいろいろと眼を奪われたことだろう。ヘレン・ケラーは，「どんなものが眼にとまったのと訊いてみた」。「『とくに何もなかったわよ』というのが友の答えであった」！ヘレン・ケラーはほんとうにびっくり仰天したんだよ。気障や衒いで驚いてみせてるんじゃないぞ。

[16-17]　**I might have been incredulous had I not been accustomed to such responses**

　仮定法では，仮定節を，接続詞 If を使わずに主語と助動詞（の過去形）を倒置することによって表すことができる。**I might have been incredulous had I not been accustomed to such responses** は，I might have been incredulous if I had not been accustomed to such responses とまったく同義。「わたしはそういう返事に慣れっこになっていなかったら，とても信じられない思いになっていたことだろう」。確かにこれは文語の語法だが，現代英語でもよく出てくるので，正確に構文がとれるように。例えば，Many a murderer would have remained innocent had he not possessed a knife or a gun なら，Many a murderer would have remained innocent if he had not possessed a knife or a gun と同義だから，「多くの殺人者は，犯行のとき手許にナイフや銃がなかったならば，罪を犯すこ

ともなかっただろう」の意。

[17-18] **for long ago I became convinced that the seeing see little.**

　for は等位接続詞だからと，前から「というのは〜」と訳せばいいのだが，しかしこの場合はそれで意味が通じるか？「わたしは，そういう返事に慣れっこになっていなかったならば，とても信じられない思いがしたかもしれない。というのは，とうの昔にわたしは，眼の見える人はその実ほとんど何も見えていないということを確信していたからだ」。なんか，おかしくないか？「とても信じられない思いがしたかもしれない」ということの「判断の根拠」が，「眼の見える人はその実ほとんど何も見えていないということを確信していたから」になるか？　ここのところをよく考えると，仮定法というものの奥深い感覚が見えてくるぞ。何度も言うようだが，仮定法とは，事実に反する仮想のことだったな。つまり，「わたしは，そういう返事に慣れっこになっていなかったならば，とても信じられない思いがしたかもしれない」という，"反実"でもって述べられておる，あるいは裏に含まれておる"事実"のほうは，「わたしは，そういう返事に慣れっこになっていたから，とくに驚きもしなかった」ということだろ。仮定法で述べられていることの裏にこの仮想でない事実のほうを読み取れば，「とくに驚きもしなかった。というのも，眼明きの人は見えていないと，とっくの昔にわたしは確信していたから」と，「判断の根拠」がきれいにつながる！　だが，だからといって，仮定法の文を直説法に訳し直せというのではないぞ。仮定法はちゃんと原文どおりに仮定法に訳しながらも，for の訳し方に工夫をしてみよう。「とても信じられない思いになったかもしれない。しかし，わたしは眼の見える人は現実にはほとんど何も見えていないということをとうの昔に確信していたのだった」とか。

　「the＋形容詞」は複数の普通名詞になるんだったから，**the seeing** は「眼の見える人たち」。**the seeing see little** と現在形になっていることに注意しよう。「時制の一致」の法則によれば，ここは主節の I became convinced の過去形に一致させて，the seeing saw little と過去形で書かれるべきだ。しかし，ほら，「不変の真理」を述べるときには，時制の一致の法則は受けないという例外があったな。だから，the seeing see little は，ケラーの個人的な思い込みではなくて，古今東西変わらざる「不変の真理」として述べられているということだ。ヘレン・ケラーって人は，改めてすごいなあと思うよ。わが国の江戸時代の盲目の大学者，塙 保己一も，行灯がないと暗闇では何も見えない the seeing（目明き）を見て，「目明きの人は不自由じゃのう」と笑ったというが，ここはもう一歩踏み込んで，ケラー女史みたいに，「目明きの人はじつは何も見えておらんなぁ」と言ってほしかったかも。

[19-20] Oh, the things that I should see if I had the power of sight for just three days!

　もちろん，この should も，一人称の単純未来 shall の仮定法の過去形 should。現代英語では，この should も，このあとの三つの should も，すべて would と書き換えるほうが自然だろう。「ああ，もしほんの3日間でもいい，眼が見えさえしたらわたしの見ることができるはずのいろんなものたちよ！」。このケラーの詠嘆の言葉，胸に突き刺さらないか？　むかし，デューク・エイセスが盲人の少年を歌った歌謡曲の一節に，「♪一番星はどんな星？　見せてと母に泣いたのも，ああ，この白い杖だけが知っている」というのがあったっけ。

[21-22] Naturally in those three short days I should not have seen all I wanted to see.

　文のはじめの Naturally は，「当然のことながら」と，文全体にかかる副詞。not all は「部分否定」。should have seen は，まさか「〜すべきであった」などの「非実現」の用法にとった人はいないだろうな。もう仮定法の should であることはわかっているはず。では，これは仮定法過去完了か？　「見たいと思ったすべてを見なかっただろう」？　なんか少しおかしくない？　形だけを見て，「助動詞の過去形＋have＋過去完了」，あっ，仮定法過去完了！　などと即断しているようじゃ，まだまだ未熟じゃのう。ここは，I have seen all I wanted to see（「私は見たいと思っていたものすべてを見てしまった」）と現在完了の文があって，その現在完了形 have seen に仮定法を作る助動詞の過去形 should（〜だろう）がついて should have seen となったものと理解すべきだろ。第十三番に同じ構文があったぞ。「当然のことながら，わずか三日の短い間では，見たいものすべてを見てしまうことはできなかっただろう」。

[22-23] Only when darkness had again descended upon me should I realize how much I had left unseen

　まず only when〜は「〜してはじめて…する」の意（つまり not...until〜と同義）。We know the value of health only when we lose it＝We don't know the value of health until we lose it（「健康のありがたみは健康を失ってはじめてわかる」）。それで本文の Only when darkness had again descended upon me should I realize how much I had left unseen も，もともとは，いま説明した I should realize how much I had left unseen only when darkness had again descended upon me（「ふたたび暗黒に閉ざされてはじめて私は，いかに多くのものを見ないままにしてきたかを知ることだろう」）という構文だったのだが，この only when で始まる節が強調のために文頭に出たため主語と述部が倒置されておる。一般に副詞句または副詞節が文頭に出たとき，その副詞句または副詞節を強調したいときには，「S＋V」が倒置され，「V＋S」のかたちとなる。

Only slowly did he begin to understand the whole situation.（「遅まきながら彼はことの全容のすべてがわかってきた」）。「何も見えない暗黒がふたたびわたしの上に降りかかってくる（わたしの身を包む）ときになってはじめて，わたしは〜と気づくことだろう」。

　I had left unseen の部分だけを見て，unseen を主格補語などに解し，「私は人に見られないまま去っていった」なんて訳を作った人はいないだろうな。だったら，「多くのこと（もの）」の意の **much** という不定代名詞を先行詞とする関係詞は，主格なの（I という主語があるぞ）？　目的格なの（leave が自動詞なら目的語をとらないぞ）？　much の文中での働きがなくなるだろ。そう，much は，left の次に来るべき目的語。その much が先行詞として I had left の前に出た形じゃよ。本来は第五文型の I had left much unseen（「私は多くのものを見ないままにしておいた」。much was unseen のネクサス［意味上の主語・述部関係］）の形があったはず。その much　が，感嘆文の従節を作るために前に出て，一見 left と unseen がくっついているように見えちゃったというわけだ。「じつに多くのことをわたしが見ないままにしてきてしまったということ（に気づく）」。

[23-26]　But my mind would be so overcrowded with glorious memories that I should have little time for regrets. Thereafter the touch of every object would bring a glowing memory of how that object looked.

　もちろん，最初の文は so〜that...の相関。「わたしの心は輝かしい想い出で（あまりに）一杯**なので**，（後悔する暇などほとんどないことだろう）」。regrets, 何を後悔するのか？　むろん，「多くのものを見落としてしまったこと」だろ。全盲のピアニストの辻井伸行さんは 2009 年 6 月 7 日，アメリカで開催されたヴァン・クライバーン国際ピアノコンテストで優勝したとき，いちばんの望みを訊かれ，「お父さん，お母さんの顔を見てみたい」と答えた。それを聞いたとき，吾輩は涙が出そうになったよ。一度でいい，辻井青年に，並々ならぬ愛情と理解をもって彼を愛しみ，育てたご両親の顔を——ついに一生彼が見ることはないであろうもっとも近しい肉親の顔を，見させてあげたい。それは，もっとも「輝かしい想い出」として彼の心を占めつづけることだろう。この世に生まれきた人間が，自分を生んで育ててくれた親の顔をただの一度も見ることなしに一生を終えるなんて，なんと残酷なことだろう。三日といわず，一日でもいい，辻井青年にご両親の顔を見せてあげたい。もしそれができたなら，彼はそのあとふたたび永遠に闇の中に閉ざされることになっても，「両親の顔以外のものをあまり見ることができなかったことを後悔することもなく」，一日だけ見たご両親の顔という「輝かしい想い出」をつねに思い出しつつ，生きていくことができるかもしれない。しかし，自分を産んでくれた人の顔を見るという，生き物にとってはあまりに当然すぎる願望も，彼には，ついに果たされることはない。これは

すべて事実に反する仮想でしかない。仮定法の"残酷さ"が，骨身に沁みてわかってくる。

「したがって，（あの三日間で見た）すべての物を触ってみるたびに，その物がどんな様子をしていたか，輝かんばかりの想い出として甦(よみがえ)ってくることでしょう」。

仮定法というものの"感覚"がわかってもらえたかな？　『奇跡の人　ヘレン・ケラー自伝』に，そして映画「奇跡の人」に描かれているように，「物には名前があるんだ！」という，人間なら赤ん坊のうちからいつしか無意識に誰でも認識していく原始的な言語学的な約束事を，家庭教師アン・サリバンの水車小屋のかたえでの苦労によってやっと理解した三重苦のヘレン・ケラーが，一体いかなる血のにじむ努力によって，仮定法を含むここまでの言語感覚とその能力を身につけていったのか，吾輩など驚嘆のあまり想像もつかない。ケラー女史の困難を思ったら，「隠れ仮定法」ひとつ見のがしているような暇はないぞ！

<u>訳例</u>　わたしは，「明日死ぬかもしれない」という気持ちでもって毎日を生きるようにしたら，すばらしい生き方ができるのではと思ったことが何度もあります。そのような姿勢は，生きて在ることのありがたさを鋭く心に刻んでくれることでありましょう。そうなれば私たちは，一日，一日を，やさしさと，活力と，深い感謝の念でもって生きるようになります。こういう気持ちは，時間が何日，何ヶ月，何年という途絶えることのない長い帯となって目の前に広がっているときには，とかく忘れがちなものです。もちろん，「食べて，飲んで，楽しくやろう」とエピクロス主義的なモットーを実践する人もいるでしょうが，しかし大概の人は，死が確実に目の前に迫っているということになれば，生き方を正すのではないでしょうか。

すべての人が大人になって間もないある時期の数日間，急に眼が見えず耳が聞こえない状態になるとしたら，どんなにすばらしいことかと，わたしは何度も考えたことがあります。暗黒のなかに閉ざされて人は眼が見えることのありがたさを知るでしょうし，沈黙のなかに閉ざされて人は音が聞こえることの歓びを改めて知ることでしょう。

ときどきわたしは，眼の見える人はふだん何を見ているのかを知るためにテストをしてみたことがあります。最近も，森のなかの長い散歩からもどってきたばかりの親友の訪問を受けたことがありまして，わたしがどんなものが眼にとまったかと訊いてみますと，その友人の答えは，「あら，べつになにもなかったわよ」というものでした。こういう答えに慣れっこになっていなかったら，とうてい信じがたい思いになっていたことでしょう。しかし，わたしはとうの昔に知っていました，眼の見える人はほとんど何も見えてはいないということを。

ああ，三日間でいい，ものを見る力があたえられたら，いかに多くのものを見るであろうことか！
　もちろん，三日間などという短い間ではわたしは見たいと思っていたすべてを見てしまうことなどできないでしょう。ふたたび暗黒の世界にもどったときになってはじめて，いかに多くのものを見ないままにしてきたかを知るはずです。しかし，わたしの心は輝かしい想い出でいっぱいになっているでしょうから，見ないできてしまったもののことを後悔する暇などないことでしょう。以後は，すべての物に触れるたびに，これはこういう風に見えたなあという光り輝くばかりの想い出が，よみがえってくるはずです。

文法要点

仮定法（Subjunctive）
(1)基本形
　仮定法過去（現在の事実に反する仮想を述べる）
　　　　　If＋S＋過去形〜，S＋助動詞の過去形＋動詞の原形…
　　It would be a blessing if each human being were stricken blind and deaf for a few days at some time during his early adult life.
　　Oh, the things that I should see if I had the power of sight for just three days!
　仮定法過去完了（過去の事実に反する仮想を述べる）
　　　　　If＋S＋had＋過去分詞〜，S＋助動詞の過去形＋have＋過去分詞…
(2)仮定節の if の**省略**。if を省略し，主語と（助）動詞の位置を逆にする**倒置**。
　　I might have been incredulous had I not been accustomed to such responses.
　　Everybody declared an enormous desire to look after the child, and would have done so with the greatest pleasure, were it not for the fact that their apartment was too small.
　　（誰しもその子供の面倒を見てやりたいと熱烈に思ったし，もし自分のアパートがあまりに狭いものでなかったならば，嬉々として面倒を見たことであろう）
(3)「**as if** や **as though**＋仮定法」「まるで〜である（あった）かのように」。
　　It would be an excellent rule to live each day as if we should die tomorrow.
　　There are some people who speak slightingly of hobbies as if they were something childish and frivolous. But a man without a hobby is like a ship

without a rudder.

(世の中には，趣味のことを子供じみた，くだらないものであるかのようにバカにする人がいる。しかし趣味をもたない人間なんて，方向舵のない船のようなものだ)

(4) **仮定節**に相当する語句。

とにかく主節の「助動詞の過去形」,「助動詞の過去形＋have＋過去分詞」の部分が仮定法という「法」(Mood)。仮定節の部分は，節以外の語句のなかに隠れていたり，内容上明らかだからと省略されていることがある。仮定法をすばやく見抜く感覚がたいせつ。

(a) 主語の名詞（句）の中に隠れている場合。

<u>It</u> would be an excellent rule <u>to live</u> each day as if we should die tomorrow.

I like people, but <u>it</u> would <u>have been</u> very difficult <u>to invite</u> anybody into my flat.

(真主語 to invite の中に if I were to invite の意の仮定節が込められている。「私は人間が好きではあるが，私の狭いアパートに誰かれかまわず人を招待<u>するとなると</u>，大変なことになろう」)

Most people, when they are left free to fill their own time according to their choice, are at a loss to think of anything sufficiently pleasant to be worth doing. And whatever they decide on, they are troubled by the feeling that <u>something else</u> would have been more pleasant.（名詞 something else の中に，if they had decided on something else, it (would have been more pleasant) の意の仮定節が隠れている。「たいていの人は，自分の好きなように時間を潰していいとなると，やり甲斐のあるくらいに充分楽しいことを思いつかず途方に暮れてしまう。そして，何をやると決めたにせよ，他のことを<u>やっていたら</u>，もっと楽しかったろうにという思いに悩まされるのである」)

(b) 「前置詞＋名詞」の副詞句の中に隠れている場合。

Certainly the economic miracle achieved in Japan since the Second World War would not have been possible <u>without the long, hard hours of work</u> done by countless Japanese.（without the long, hard hours of work の副詞句の中に if it had not been for the long, hard hours of work の意の仮定節が隠れている。「たしかに第二次大戦のあとに日本で実現された奇跡的な経済発展は，無数の日本人の行った長時間におよぶ苛酷な労働が<u>なかったならば</u>不可能であっただろう」))

(c) otherwise などの副詞の中に隠れている場合。

Through him I was able to get into easy contact with a lot of persons whom <u>otherwise</u> I would have known only from a distance. (otherwise 一語の中に，if I had not gotten into contact with them の意の仮定節の内容が隠れている。「彼を通して私はたくさんの人と簡単に知り合いになることができたが，<u>そうでなかったら</u>それらの人は遠くから眺めるだけの存在のままであったことだろう」）

(d) 仮定節相当の語句もなく，明らかな内容の中にそれが隠れている場合。

There was a dead silence, during which a pin might have been heard to drop. (そんなところにたまたま針がぶら下がっているわけはないけれど，もしその場に針があって，if it [＝the pin] had dropped ということ。「あたりは水を打ったような静けさで，<u>針一本落ちたならば</u>，その音も聞こえそうなくらいであった」)

It would be an excellent rule to live each day as if we should die tomorrow. Such an attitude would emphasize sharply the values of life.

It would be a blessing if each human being were stricken blind and deaf for a few days at some time during his early adult life. Darkness would make him more appreciative of sight.

Oh, the things that I should see if I had the power of sight for just three days!

Naturally in those three short days I should not have seen all I wanted to see.

What would happen if all the children in the world learned another language along with their own? Not just another language, but the same language? In thirty years there would be no need for interpreters. (there would be no need と仮定法が使われているのは，if all the children in the world learned another language—not just another language, but the same language—along with their own という仮定の中での仮想だから。「もし世界中の子供たちが母国語のほかに外国語をひとつ学ぶとしたら，それも単に外国語というだけでなく世界共通の言語を学ぶとしたら，どういうことになるであろうか。　そうなったら，三十年のうちに通訳というのは必要なくなることだろう」)

第十九番　仮定法その二
... had they an ensured income of five-and-twenty ...

「目明き」の君らは，言葉を習得せんとする血の滲むような超人的なケラー女史の辛酸を思えば，仮定法の真実の感覚も身についただろうな。ここは「ダメ押し」の練習としてさらにあと2題，仮定法の文を含むエッセイを読むことにする。

"Sir," said Johnson, "all the arguments which are brought to represent poverty as no evil, show it to be evidently a great evil. You never find people laboring to convince you that you may live very happy upon a plentiful fortune."

⁵ He knew what he was talking of, that rugged master of common sense. Poverty is of course a relative thing; the term has reference, above all, to one's standing as an intellectual being. If I am to believe the newspapers, there are title-bearing men and women in England who, had they an ensured income of five-and-twenty shillings per ¹⁰ week, would have no right to call themselves poor, for their intellectual needs are those of a stable boy or scullery wench. Give me the same income and I can live, but I am poor indeed.

You tell me that money cannot buy the things most precious. Your commonplace proves that you have never known the lack of it. When ¹⁵ I think of all the sorrow and barrenness that has been wrought in my life by want of a few more pounds per annum than I was able to earn, I stand aghast at money's significance. What kindly joys have I lost —those simple forms of happiness to which every heart has claim —because of poverty! Meeting with those I loved made impossible ²⁰ year after year; sadness, misunderstanding, nay, cruel alienation,

arising from inability to do the things I wished, and which I might have done had a little money helped me; endless instances of homely pleasure and contentment curtailed or forbidden by narrow means. I have lost friends merely through the constraints of my position;
25 friends I might have made remained strangers to me; solitude of the bitter kind, the solitude which is enforced at times when mind or heart longs for a companionship, often cursed my life solely because I was poor.

(George Gissing: *The Private Papers of Henry Ryecroft*)

単語

represent(v.) 表現（描写）する；表明（提示）する，（〜だと）述べる／**labor**(v.) 働く；骨折る，努める／**plentiful**(a.) たくさんの，豊富な，たっぷりの／**rugged**(a.) でこぼこ（高低）のある，ごつごつした；(顔つきが) いかつい，男らしい，丈夫な，忍耐強い／**reference**(n.) 参考，参照；関係，関連。Cf. refer to〜＝〜に言及する；(＝apply to〜) 〜に関連している，当てはまる／**standing**(n.) 身分，地位（status)／**title**(n.) 肩書（爵位・学位・官職名など）／**shilling**(n.) シリング（1971年以前のイギリスの貨幣単位。＝1/20 pound。新制度では1 pound＝100 pence となり，shilling は廃止)／**stable**(n.) 馬小屋，厩舎，畜舎／**scullery**(n.) 食器洗い場（台所に隣接し，食器類をしまう），流し場。scullery maid＝皿洗い女中，おさんどん／**wench**(n.) 娘，女，女の子；女中，田舎娘／**barrenness**(n.) （barren(a.) [不妊の，不毛の；味気ない，無益な，虚しい] の名詞形で）不毛さ；無益さ，虚しさ／**wrought**＝work(v.) の [古・文] 過去・過去分詞形／**work**(v.) 働かせる；（労力を用いて）作る，細工する，（変化・効果・影響などを）生ずる，引き起こす／**aghast**(a.) 恐がって，ひどく驚いて，肝を潰して (at)／**claim**(n.) 要求，請求；要求する権利（資格)／**alienation**(n.) 心理的な隔離，離反；のけ者状態，孤立／**homely**(a.) 家庭的な；質素な，地味な，素朴な／**curtail**(v.) 切り詰める；短縮する；（費用などを）削減する／**means**(n.) （複数形で）方法，手段；資力，財産；中間，中庸／**constraint**(n.) 制限（強制，束縛）する（される）こと（＝restrain)。Cf. constrain(v.)〜を押し込める，束縛する。抑制（規制）する／**enforce**(v.) （人に）押しつける，強要する (on, upon)／**curse**(v.) 呪う；祟る，わざわいする，苦しめる。

解説

[1-2] "Sir," said Johnson, "all the arguments which are brought to represent poverty as no evil, show it to be evidently a great evil.

　受動態 brought の現在形 **bring** は bring the arguments とつながるから，ここでは bring forth the argument (「議論（論拠）を持ち出す（引き合いに出す）」) の意味で使われていることになるな。「貧乏は悪ではないということを示すために引き合いに出されるすべての議論は」。その動詞が **show**。主語 arguments に関係詞節 which 以下がついて主部がやや長くなっているので，述部とのつながりを明確にするためにカンマ (,) を打っておる。**show it to be evidently a great evil** は第五文型。it と to be an evil のあいだに it is an evil の意のネクサス (意味上の主語・述語関係) があって，「(議論は) 貧乏が明らかに大いなる悪であることを示している」。

[2-4] You never find people laboring to convince you that you may live very happy upon a plentiful fortune.

　普通は You never find people laboring〜は第五文型に解する。しかし，ここは目的語 people と補語 laboring のあいだにネクサスを見て，「人々が〜しようと努力しているのを見る（ことはない）」と訳しても，なんか変だな。むしろ第三文型 You never find people にとり，目的語 people を laboring 以下の現在分詞が修飾していると見て，「〜しようと努力している人を見かけることは決してない」ととったほうが文意にかなうんじゃないか。何度も言うが，"見かけ"にごまかされるな。英文は，人間としての"心"で読め。

　happy は第一文型 **you may live** の主語 you の主格補語。「幸福に（幸福な状態で）暮らせる」。だからとくに動詞を修飾する happily を使う必要はない。may は，ここは軽い「可能」を示して，「〜できる」の意にとればよい。**upon** (=on) は，知っとるな，Cattle live <u>on</u> grass (「牛は草で [草を食べて] 生きる」) のように「〜によって」と，「依存」を表す前置詞だった。「たくさんの財産があれば幸福な人生を送れるということを説得するために懸命の努力をする人など見たことがない」。たしかに，見たこと，ないわな。ということは，「金があれば幸福な人生が送れる」ということが真実だからだ。逆に言うと，懸命に「金は悪ではない，金がなくとも人は幸福になれる」と言いつのるということは，それがウソだからということになる。吾輩がそう言ってるんじゃないぞ。かつて日本の英学生の中でも有名な名著であった『ヘンリー・ライクロフトの手記』の著者ジョージ・ギッシングがそう言っておる。青臭い連中が，よく，「金で幸福は買えない」と言う。「本当にそうか？」と，このいささか偽善的な建前に，ギッシングは疑義を呈しておる。

[5-6] He knew what he was talking of, that rugged master of common sense.

　He というのは，先に引用に出した Johnson (Samuel Johnson) のこと。個

人での編纂は無理だと考えられていた「英語辞典」2巻を1755年に完成させたイギリスの18世紀の文学者。30歳年下の忠実なる"弟子"ジェイムズ・ボズウェルの『サムエル・ジョンソン伝』に活写されているように，機知に富んだ話の得意な文人だったらしく，数々の警句で知られとる。「ロンドンに飽きた者は人生に飽きた者だ。ロンドンには人生が与えうるもの全てがあるから（When a man is tired of London, he is tired of life; for there is in London all that life can afford）」はジョンソンの言葉で最もよく引用される言葉だが（「ロンドン」は，今ではむしろ「Tokyo」に書き換えたほうがいいかな），吾輩は「地獄は善意で敷き詰められている（Hell is paved with good intentions）」や，「愛国心は悪党の最後の拠り所（Patriotism is the last refuge of a scoundrel.）」というのが，好きだな。ジョンソン博士は，彼の晩年には会員35名を数えるにいたった文学クラブ（The Literary Club）に属し，週1回の夜，居酒屋（tavern）で食事のあとに談論風発の文学談義などを楽しんでいたらしいから，最初の，"Sir, all the arguments〜upon a plentiful fortune."も，そういう談義の中で発せられた"警句"であろう（ボズウェルは"師"ジョンソン博士の片言隻語までも書きとめておった）。Sir というのは，仲間の会員の一人に呼びかけた尊称と思われる。

　文頭の He と，**that rugged master of common sense** とは「外置（並置）」。He is a good man, Mr. Sato（「あの方，佐藤さんは，いい方ですよ」）。「彼，堅忍不抜のあの常識の巨匠は，自分の語っていることの意味をよくわかっていた」。「常識」というと，日本語では，万人の具えているべき共通意識といった程度の，あまり価値の高くないニュアンスがあるが，『オックスフォード新英英辞典』を引くと，common sense は「good sense and sound judgment in practical matters（現実的な事柄における良識と健全な判断力のこと）」と説明されておる。

[6-7] **Poverty is of course a relative thing; the term has reference, above all, to one's standing as an intellectual being.**

　「貧乏とは，もちろん，相対的なものである」とは，貧乏がそれ自体で絶対的に悪とか善ということはなく，その状態にある人によって，その意味は異なってくるということ。そのことをセミコロン以下の文が，具体的に説明しておる。定冠詞のついている **the　term**（「その言葉」とは，むろん，「貧乏」という言葉 [the term of poverty]）。「貧乏という言葉は，何よりも（above all），知的存在としてのその人の地位と関係がある」。「知的存在としての地位」とは，階層などによってランクづけられる社会的な地位と違って，教養や精神性や意識の高さなどによってランクづけられる精神的な地位のことじゃろ。

[7-12]　If I am to believe the newspapers, there are title-bearing men and women in England who, had they an ensured income of five-and-twenty shillings per week, would have no right to call themselves poor, for their intellectual needs are those of a stable boy or scullery wench. Give me the same income and I can live, but I am poor indeed.

　If I am to believe の中の「be+to」は軽い「可能」にとって,「もし新聞を信じることができるならば」だから,「新聞の報じるところを信じるならば」くらいの訳。there are title-bearing men and women「肩書きを持った人々がいる」(men and women=people)。title は, ここでは学位や官職名の「肩書き」のことで, 爵位は入らないだろ。つまり, 知的存在として「地位」の高い人。「ロンドンには学位をもった人たちがいる」。どんな？　had they an ensured income of five-and-twenty shillings per week が, 例の倒置によって仮定節をあらわす言い方。これは, if they had an ensured income of five-and-twenty shillings per week (「もし週給520シリングの保証された収入があったならば」) に等しい。帰結節が, would have no right to call themselves poor (「自分たちのことを貧乏人と呼ぶ資格のなくなる(人たち)」。どういうことか？　いまは学位があっても貧乏生活を余儀なくされておるが, もし週に520シリングの給料を保証されたならば, とたんに金持ち面をしはじめて, 貧乏人と言える資格のなくなってしまう連中のこと。収入が増えただけであって, その人の精神生活はビクとも動いていない。そういう連中が金持ちになるということは, 物理的な収入が増えるだけのことであって, 内面的な精神的な面の変化とはなんら関係がない。「肩書きは持っているが, 週給520シリングが保証されたとなると, とたんに自分のことを貧乏人と言える資格を失ってしまう人たちがロンドンにはいる」。for their intellectual needs are those of a stable boy or scullery wench (「というのは, そういう人たちの知的なニーズは, 厩舎係や洗濯場女のニーズと変わるところがないからだ」)。もちろん, those は前出複数名詞のくり返しを避ける those。a stable boy or scullery wench は, いささか職業的な差別のニュアンスがあるが, 要するに「知的存在としての地位」の低い例としてあげられておる。

　「命令法＋and (or)」が「〜せよ。そうすれば(さもないと)…」の意味となる構文であることは承知だろうが, ということはこの構文は, 実質的には「条件」(「もし〜するならば, …」「もし〜しないと, …」)を表していることになる。

　　　Work hard, and you will succeed.
　　　　　　　　　　　(= If you work hard, you will succeed.)
　　　　　　　　or (else) you will fail. (If you don't work hard, you will fail.)

　つまり, Give me the same income and I can live は If they give me the same income (= If I am given the same income), I can live と同じ意味ということになるな。その **I can live** だが、「わたしは生きることができる」では意味がすっきり通じないだろ。ここは、「週給520シリングが保証されれば、精神性の希薄なまま、すぐに貧乏人とは言えなくなる、肩書きを持った連中と違って、わたしは、同額の収入が得られたならば、じつに精神性豊かな生活を送ることができるのに」という意味だよ。せめて、「ちゃんと生きることができるのに」くらいの"補足"は入れておこう。**indeed** は、主としてイギリスの英語において、（通例、「very＋形容詞（＋名詞）・副詞」のあとの文末に置き）「じつに、まったく」と、very の意味を強める「強調」。That's a very good answer indeed.（「じつにいい答えですねえ」）。本文みたいに very がないのは、やや古風な文語調の言い方。

[13-14] **You tell me that money cannot buy the things most precious. Your commonplace proves that you have never known the lack of it.**

　you は「一般的な人」を表す代名詞だから、「あなたがた」などという訳語はなるべく出さない。「（お金ではいちばん大切なものは買えない）などという言い方が世間ではおこなわれている」くらい。**your commonplace** も「あなたがたの陳腐な文句」ではなく、「その陳腐な言い方」。無生物主語の構文となっているので、「その陳腐な言い方は、あなたが the lack of it を知ったことがないということを証明している」ではなく、「その陳腐な言い方からして、その人たちが the lack of it を経験したことがないことは明らか」くらいに訳そう。**the lack of it** だが、「その欠如」でも悪くはないが、仮定法の次にまとめる「名詞構文」の練習として、抽象名詞 lack の中に「欠けているということ」と、動詞の意味を含んだ名詞にとり、何が欠けているのか、of がその意味上の主語を表して、「それが欠けているということ」「お金がないこと（状態）」と訳す練習をしておこうか。「その陳腐な言い方からして、ご本人が金のない辛さを経験したことがないのは明らかである」。

[14-17] **When I think of all the sorrow and barrenness that has been wrought in my life by want of a few more pounds per annum than I was able to earn, I stand aghast at money's significance.**

　前と同様にして、**by want of a few more pounds** は「より多い数ポンドの欠如」ではなくして、「数ポンドが足りないだけのために」とやり、**money's significance** も「金の重要さ」でもいいが、「お金がいかに大切なものか」とやると、"気分"が出るな。これまでも「名詞構文」はそのつど指摘し、抽象名詞の中に「～すること」と、その名詞の動詞形（あるいは形容詞形）のニュアンスを読み込む練習をやってきたが、「名詞構文」の総まとめの前に、その練習をさらに意識的にやっておこう。「年につき、あともう数ポンド足りない」というの

は，「年収があと数ポンド足りない」ということじゃな。「わたしは現実の収入よりも年につき数ポンド足りないだけのために私の人生にもたらされたあらゆる悲しみや虚しさを思うとき，お金の大切さに（お金がいかに大切なものかということに）慄然（りつぜん）たる思いを禁じえない」。

[17-19] What kindly joys have I lost—those simple forms of happiness to which every heart has claim—because of poverty!

関係代名詞に修飾された先行詞についている **those** は，「～なあれらの N」などと指示的な機能を失い，読む者の経験や想像に訴えて，「ほら，例の」という感覚を含んだ，訳出する必要のない代名詞だったな。**heart** は「心，心臓」ではなく，普通名詞として「人」の意味もある。a sweet heart なら，「おいしい心臓」なんてドラキュラみたいな訳をせず，「恋人，愛人」と訳す。「なんという温かい喜び——人間なら誰しも求めていいはずのささやかな楽しみを，わたしは貧乏なるがゆえに失ってきたことか！」。「ささやかな楽しみ」というのが，「ああ，例えばああいう楽しみのことだな」と，頭の中に想起されたか？　親しい友とたまに会食したり酒を酌み交わしたり，美術館に行ったりコンサートを楽しんだり，小旅行をしたり読みたい本を買ったりなど，など，ただ生きるためだけに生きているのではない人間に許されてもいい，つましい生活の「喜び」のことだろ。

[19-23] Meeting with those I loved made impossible year after year; sadness, misunderstanding, nay, cruel alienation, arising from inability to do the things I wished, and which I might have done had a little money helped me; endless instances of homely pleasure and contentment curtailed or forbidden by narrow means.

この箇所は，いわゆる「体言止め」で名詞が列挙されておる。その名詞だけを列挙すると，Meeting; sadness, misunderstanding, cruel alienation; endless instances (of homely pleasure and contentment)。その名詞に，Meeting には with 以下の形容詞句と made 以下の過去分詞の句がかかり，sadness, misunderstanding, cruel alienation には arising 以下の現在分詞の句がかかって，その現在分詞句の中の名詞 things に which 以下の関係代名詞の節（その中に仮定法が来ている）がかかっており，endless instances (of homely pleasure and contentment) には curtailed or forbidden 以下の過去分詞の句がかかっておる。**with those I loved** は「愛する者たちとの（出逢い）」，**made impossible year after year** は「毎年毎年，不可能にされる（出逢い）」だから，列挙されている最初の「名詞」は，「来る年来る年かなうことのない，愛する者たちとの出逢い」。**arising from inability to do the things I wished** の inability は「～することも不可能性から生じる N」とやっても訳が不自然なので，この抽象名詞を

名詞構文にとって、「～することができないこと」(=to be unable to do～) と訳そう。したがって、**the inability to do the things I wished** は「自分のやりたいことができないこと（から生ずる）」。また、この名詞 things にかかる関係代名詞 which 節の中の **I might have done had a little money helped me,** これが仮定法だな。倒置によって仮定条件が表されておるので、had a little money helped me は if a little money had helped me（もしわずかのお金がわたしを助けてくれていたならば）と同義。したがって、二つ目の名詞は、「わたしが行いたいと思い、そしてもしわずかのお金の助けが得られさえしたならば行うことができたかもしれないことを、行うことができなかったがために生ずる悲哀、誤解、イヤ、残酷なまでの孤立」の意となるぞ。**endless instances of homely pleasure and contentment curtailed or forbidden by narrow means** は「乏しい経済のために切り詰められたり禁じられたりする」だから、最後の三つ目の名詞は、「乏しい金子(きんす)のために切り詰めたり不可能とされる、無数の数にのぼるささやかな娯楽や満足」の意じゃな。

[23-25] **I have lost friends merely through the constraints of my position; friends I might have made remained strangers to me**

　through は「原因・理由」を示して「～のおかげで、～のために」の意。その through の副詞句に merely がかかっておる。「単にわたしの逼迫した状況だけのために」。**friends** に (whom) **I might have made** がかかっておるとして、**I might have made** がわかったかな？　わからなかったら、ヘレン・ケラーに恥ずかしいぞ。そう、「助動詞の過去形＋have＋過去分詞」のかたちだから、仮定法過去完了。じゃあ、仮定条件はどこにある？　わかるな、内容上明らかだから省略されておる。明らかな内容とは、「もしわたしの状況が逼迫していなかったならば（もしわずかの金子の助けを得られたならば）」ということ。「お金さえあれば得られたかもしれない友人たちも」。**remain** は、次に補語をとったときには「～のままだ、～でありつづけた」の意味の不完全自動詞だから、「（友人たちも）赤の他人のままであった」。

　内容上仮定条件が明らかだからと If 節が省略され、眼に見えない内容のなかに隠れている仮定法は注意しろよ。むかし、むかし、吾輩がまた紅顔の美少年なりし頃、英文法の参考書に I'm so hungry that I could eat a horse（「あまりにお腹が空いたので、[もしその気になったら] 馬一頭、食べられそう」）という例文に接して、大食漢の吾輩は大いに感激。いつかこの英文を実地に使いたいものだと思っていたら、到来したよ、そのチャンスが！　長じてのち、あるアメリカ人といっしょに街を歩いていたら、急にものすごく腹が減ってきた。それで吾輩は言った、"I'm so hungry that I could eat a horse" と。そしたら、敵もさる者、ニヤッと笑って、"Yes, you can!" と返してきたね。わかるな？　「腹減ったな

あ，馬一頭食えそう」と言ったら，「おお，お前なら食える！」と返したわけだ。あの瞬間，仮定法を直説法で切り返す，きわめて文法的に高度な会話が日本の路上で交わされたことになる。

[25-28] **solitude of the bitter kind, the solitude which is enforced at times when mind or heart longs for a companionship, often cursed my life solely because I was poor.**

solitude of the bitter kind は the bitter kind of solitude と同義。この solitude と **solitude which is enforced～**が同格。「このやりきれない孤独，（つまり）心が，魂が友を憧れ求めているのにやむなく独りでいなくてはならない孤独」。先ほどの merely 副詞が through 以下の句を修飾していたように，この副詞 **solely** は **because** 以下の節を修飾しておる。「(孤独は) 貧乏だという理由だけで私の人生を呪わしいものとした」。

|訳例| 「あなたねえ」と，かつてジョンソン博士が言ったことがある。「そもそも，貧乏が悪ではないということを言わんがために持ち出される議論があるということは，すべてそれ自体で，貧乏が明らかに悪であることを示しているじゃないですか。潤沢な資産があればきわめて幸福な人生が送れるということを説得しようと骨折る人間なんて，いませんからね」。

かの頑強な良識の達人たる博士は，自分の語っていることの意味をちゃんと心得ていた。むろん，貧乏は相対的なものだ。何よりもそれは，知的存在としての人の身分の高低と関連がある。新聞の報ずるところを信ずるならば，肩書きを持っていながら，もしも週に520シリングの収入を保証されたならば，とたんに自分のことを貧乏と呼べる資格を失ってしまうような人間たちがロンドンにはいる。その知的な精神性が厩舎係や洗い場女の精神性と何ら変わるところがないからだ。わたしに同じだけの収入があれば，さぞや高尚なる生活を送ることができるものを，いかんせん，わたしは貧乏なのである。

お金では人生のもっとも大切なものは買えないという言い方がなされるが，その陳腐な言い方からして，その人がお金のない状態を経験したことがないことは明白である。わたしは年収が数ポンド足りないがためにわが人生にもたらされた悲しみや寂寞さを思うとき，お金の重要さに慄然たる思いがする。貧乏なるがゆえに，わたしはいかに多くの心温まる歓びを——人間なら誰しも味わったところでぜいたくとは言えないささやかな幸福を，味わうことができないできたことか！ 来る年来る年かなわないものとされる，愛する人との出逢い——わたしがやりたいと思い，わずかのお金の助けがありさえすればできたはずのことを，お金がないためにできなかったことから生ずるやるせなさ，誤解，いや，残酷な仲違い——経済的な困窮のために切り詰められ，あるいはあきらめてきた，数え切

れないほどのささやかな楽しみや満足。経済的な逼迫だけのためにわたしは友人を失ってきた。金さえあれば友となりえたであろう人間も、ついに赤の他人のままになってしまった。耐えがたい孤独——心を通わせる相手が欲しくてたまらないのに独りでいるしかない孤独が、しばしば私の人生を呪わしいものとしてきた。ただただ貧乏なるがゆえに。

文法要点

＊副詞は動詞や形容詞・副詞の「語」を修飾するものであるが、ときには「句」や、文全体の「節」を修飾することがある。文全体を修飾する副詞を**「文修飾の副詞」**(Sentence-modifying Adverb) と呼ぶ。

　　　句修飾の副詞　I have lost friends <u>merely</u> through the constraints of my position.

　　　　　　　　　　Solitude often cursed my life <u>solely</u> because I was poor.

　　　文修飾の副詞　All the arguments show poverty to be <u>evidently</u> a great evil.

　　　　　　　　　　<u>Unfortunately</u> he made a big blunder.（「運の悪いことに、彼はとんでもないヘマをやらかしてしまった」）

＊「命令法＋and (or)」が、実質的に「条件」(「もし～するならば、…」「もし～しないと、…」) を表わすことがある。

　　<u>Give</u> me the same income <u>and</u> I can live.（＝If I am given the same income, I can live.）

＊抽象名詞の中に、臨機応変、その名詞の動詞（動詞形がないときには形容詞）の意味を読み込んで「～すること（～であること）」の意味にとる**「名詞構文」**の感覚をさらに磨いておこう。

第二十番　仮定法その三
His wedding present to his wife would be ...

仮定法ってのは，英文のなかに唐突に，さりげなく，しかし見落したら，まったく意味を取り違えてしまうかたちで出てくるだろ？　イギリスのじつに素晴らしい小説の最後の部分を読むことによって，さらに仮定法を見逃さない練習をやっておこう。

His wedding present to his wife would be all his high hopes. Self-sacrifice! Philip was uplifted by its beauty, and all through the evening he thought of it. He was so excited that he could not read. He seemed to be driven out of his rooms into the streets, and he walked up and
5　down Birdcage Walk, his heart throbbing with joy. He could hardly bear his impatience. He wanted to see Sally's happiness when he made her his offer, and if it had not been so late he would have gone to her there and then. He pictured to himself the long evenings he would spend with Sally in the cosy sitting-room, the blinds undrawn so that
10　they could watch the sea. They would talk over the growing child, and when she turned her eyes to his there was in them the light of love.

He accepted the deformity which had made life so hard for him; he knew that it had warped his character, but now he saw also that by reason of it he had acquired that power of introspection which had
15　given him so much delight. Without it he would never have had his keen appreciation of beauty, his passion for art and literature, and his interest in the varied spectacle of life. The ridicule and the contempt which had so often been heaped upon him had turned his mind inward and called forth those flowers which he felt would never lose their
20　fragrance. Then he saw that the normal was the rarest thing in the

第二十番　仮定法その三

world. Everyone had some defect, of body or of mind: he thought of all the people he had known (the whole world was like a sick-house, and there was no rhyme or reason in it), he saw a long procession, deformed in body and warped in mind, some with illness of the flesh,
25 weak hearts or weak lungs, and some with illness of the spirit, languor of will, or a craving for liquor. At this moment he could feel a holy compassion for them all. They were the helpless instruments of blind chance. He could pardon Griffiths for his treachery and Mildred for the pain she had caused him. They could not help themselves. The only
30 reasonable thing was to accept the good of men and be patient with their faults. The words of the dying God crossed his memory:
　Forgive them, for they know not what they do.
　　　　　　(William Somerset Maugham: *Of Human Bondage*)

単語

uplift(v.)　物理的に「(物を)持ちあげる」から精神的に「(心を)高揚させる」の意味となる／**throb**(v.)　鼓動する、激しく動悸を打つ／**impatience**(n.)　せっかち、苛立ち、じれったさ／**there and then**(=then and there)＝そのときその場で、たちどころに、すぐさま／**cosy**(主に英)＝**cozy**(a.)　居心地のよい、こぢんまりした；くつろいだ／**deformity**(n.)　(身体の)畸形、不具／**warp**(v.)　歪める、曲げる；ひずませる／**by reason of～**＝～という理由で、～のために (=because of～)／**introspection**(n.)　内省、内観、自己反省／**ridicule**(n.)　嘲笑、あざけり、嘲笑い、冷やかし。Cf. ridiculous(a.)　馬鹿げた、ばかばかしい；滑稽な／**fragrance**(n.)　よい香り、香気、芳香。**sick-house**(n.)　「病院」くらいの意味だろう／**rhyme**(n.)　韻、押韻、脚韻／**rhyme or reason**＝道理、分別、良識、道筋／**languor**(n.)　衰弱、疲労；活力(気力)の無さ、気怠さ／**craving**(n.)　切望、渇望。Cf. crave for～＝～を切望(渇望する)。

解説

[1]　His wedding present to his wife would be all his high hopes.
　「妻への彼の結婚の贈り物が彼のすべての high hopes となろう」。hope に形容詞 high がつけば、There are high hopes of his success (「彼が成功する見込みは高い」) や his high hopes (「彼の大きな望み(野望)」) というようなときに使う。ましてやそれに all がついているのだから、**all his high hopes** は「彼の人

生への思いすべてを込めたもの」くらいに訳そうか。それは何か？

『人間の絆』 *Of Human Bondage* はイギリスの作家サマセット・モーム (1874—1965) の長編小説。主人公フィリップ **Philip** には生来 club-foot（蝦足）という肉体的障碍があり（小説は，生来の吃音に苦しんだ作家モームの自伝的な色彩の濃い，「人生の意味」探求の作品），学校時代から教師や級友の嘲笑の的になっていた。自堕落な，あばずれ，すれっからし（死語となったかのごとき日本語でいうと「莫連女」，文学的にいうと「宿命の女」femme fatale）の，しかし，いかに疎んじられようとも，なぜかフィリップを執拗に愛しつづけた女ミルドレッド Mildred や，その他数人の女性との関係を通して，悩み模索しながら，30歳近くになって医師の資格を得る。「跛で，平凡で，ごくつまらない，醜い男」（中野好夫訳）であるフィリップは，特定の仕事先と家庭に縛られる結婚生活などはせず，各地で医師の仕事をやりながら，スペインなど世界中を旅行してまわる独身者としての今後の生き方を考えておった。「生きること！ 彼の欲するものはそれだった」。ところが小説の最後，牧歌的な雰囲気の中，素朴で清純そのもののサリー Sally という女性と巡り会う。ある夜，あまりにロマンティックな雰囲気に溺れ，彼はサリーと肉体の関係をもってしまう。ところが，サリーは妊娠したようだと，控え目に訴える。「かりにも強い人間が，その人生の目的を曲げるなどということは，絶対に許されない」。フィリップは悩んだよ。しかし，彼に終始じつに親切だったサリーの両親に対し，「忘恩をもって報いることは不可能だった。唯一つの解決の途は，できるだけ早く彼女と結婚するよりほかにない」。彼は純朴なサリーと，自分が父親だという子供のために生きることを選ぶ（決意する）。人生は，究極的には，意味がない。人間は，かつてのフィリップのパリ時代の友人クロンショーが言ったように，なんの目的もないペルシャ絨毯の精緻な模様さながら，自分だけの，しかし，自分にとって意味のある人生模様を織りなしていけばいいんじゃよ。フィリップが織りなしていった"ペルシャ絨毯"は，医師として人のために働きながら，平々凡々な家庭の安息の中，妻サリーを愛し，家族の幸せのために生きる人生であった。（小説『人間の絆』は一部が映画化された［邦題は『痴人の愛』］。「痴人」とは，原作の意味を理解しておらん。なんという題をつけるんだよ*！*）

[2-3] Self-sacrifice! Philip was uplifted by its beauty, and all through the evening he thought of it.

「彼の人生の思いすべてを込めたもの」，それは「自己犠牲である！」という。「自己犠牲」とは，自分の利益，自分の欲望だけのために自己中心的に生きるのではなく，他人の幸福のために自分がその踏み台となる生き方をいう。人生の普遍的な意味などはないかもしれんが，愛する者のために自分を捧げようとするとき，人生はその意味らしきものをおぼろにその人に示す気がする。自分にしか興

味がなく，自分の欲望のためだけに生きる生き方は醜い。見返りを求めず，愛する者のために，その幸福のために生きる生き方は美しい。そこには，生きることの美（**beauty**）がある。「フィリップはその美しさに興奮し，夜のあいだずっと，そのことばかりを考えていた」。

[3-5] **He was so excited that he could not read. He seemed to be driven out of his rooms into the streets, and he walked up and down Birdcage Walk, his heart throbbing with joy.**

「彼はあまりに興奮していたので，本を読むこともできなかった」。**He seemed to be driven out of his rooms into the streets** とは，そのままに訳せば，「彼は自分の部屋から街路へと追い立てられたように思えた」。「drive（追う，追いやる，追い払う）される」とは，「出て行け」と，誰か人間に追い立てられるのではなく，気分があまりに高揚し，興奮してしまって，落ち着いて本も読んでいられないような，そういう高ぶった気分に「追い立てられ」るかのごとくに部屋からフラフラと出て行ったことだろ。「彼はフラフラと自分の部屋から街路へと出て行き，バードケージ通りを往ったり来たりした」。

his heart throbbing with joy という構文に注意してくれ。ここだと，まずこの句は独立分詞構文ととれる。分詞構文の分詞の意味上の主語と主文の主語とが一致しないとき，分詞にその意味上の主語を添えたかたちが独立分詞構文だったな。「彼（主文の主語）はバードケージ通りを往ったり来たり」，そのとき「彼の心臓（分詞の意味上の主語）は喜びに激しく鼓動していた」ということ。つまり，「彼は，<u>歓喜の念に心臓を小躍りさせながら，</u>バードケージ通りを往ったり来たりした」。

もう一つの理解は，これをいわゆる「付帯状況」の構文ととること。付帯状況の構文とは，要するに独立分詞構文に，とくにその分詞構文が「理由」とか「時」とか「条件」などの個別の意味を有するのではなく，ただ状況を付帯しただけ（「～しながら」ということを言わんがために，「以下の状況を伴って」の意の前置詞 with をつけた，いわば独立分詞構文の変形と理解しておけばいい。だから「付帯状況」の with 句は，必ずネクサス（意味上の主語・述語関係）を含む（「付帯状況」の with 構文は第 7 番「不定詞その 2」で詳述した）。そして，「付帯」のニュアンスを強めただけの前置詞 with は，省略できる。つまり，with his heart throbbing with joy の with が落ちた形ってこと。with を省略した付帯状況の句は，独立分詞構文の句となんら変わりはないことになるな。

[5-8] **He could hardly bear his impatience. He wanted to see Sally's happiness when he made her his offer, and if it had not been so late he would have gone to her there and then.**

「彼は自分の焦燥がほとんど我慢できなかった」とは，「彼ははやる気持ちをほ

とんど抑えることができなかった」の意。**his offer** は，his offer of the wedding present。**if it had not been so late he would have gone to her there and then** は，基本形だから，仮定法も問題ないな。「もしこんなに時間が遅くなかったならば，彼女のもとへとすぐさま行ったことだろう（＝いますぐにでも彼女のところに飛んでいきたい思いだった）」。

[8-11] **He pictured to himself the long evenings he would spend with Sally in the cosy sitting-room, the blinds undrawn so that they could watch the sea. They would talk over the growing child, and when she turned her eyes to his there was in them the light of love.**

　ほら，**the blinds undrawn** ってのが，独立分詞構文にとっても，with の省略された付帯状況の句ととってもいい箇所だ。その意味上の述語 undrawn に，「目的」を表す副詞節 **so that they could watch the sea** がかかっておるから，「海が見えるようブラインドを下ろしたりしないまま」って意味になる。「海を見る」といっても，see the sea ではなく（「シー・ザ・シー」と語呂はいいが），**watch the sea** となってるぞ。海を風景としてぼんやり眺めるのではなく，暮れなずむ大洋，地平線に沈んでゆく夕陽，暮色に映える海面，闇の中におぼろに浮かび上がる漁り火の火などを，二人して，ものも言わず，眼を凝らして見つめるのだろう。愛する二人が，押し黙って，同じ一つの美しいものを見つめておる姿ってのは，すばらしいもんじゃよ，うん。二人して話し合うときも，**the growing child** についてだと。growing up a child（「子育て」。growing は動名詞）じゃないぞ，the のついた the growing child（「大きくなってゆく子ども」growing は現在分詞）じゃ。これから結婚する二人，まだ子どももできてないのに，その子どもに定冠詞がついとる！　まだ生まれていない，これから生まれくる二人の子どもに関し，こうやって育てよう，ああやって育てようと，語り合うんだ。吾輩には経験ないが，これは愛し合う男と女の，いちばん幸せな時じゃないか。「彼女が眼を彼の眼にむけたとき（his＝his eyes），その眼には愛の光があった」。そうだろうよ。しかもこの愛の情景，すべてはバードケージを往ったり来たりしているフィリップの想像なんだよ。いい気なもんか？　ちがうぞ，ここまでの手放しの幸福感に達するまでにフィリップはどんなに苦しみをなめてきたことか。

[12] **He accepted the deformity which had made life so hard for him**

　「彼は，これまで自分の人生を過酷なものとしてきた不具の身を受け入れた」。こんなこと，とても簡単に言えたことじゃないぞ。身体の障害，それを持って生まれた者は，ごく幼い頃から，いかに多くの嘲笑を，冷遇を，無視を，軽蔑を，受けてきたことか。その苦しさは，情けなさは，怨念は，本人でなくてはわかるものではない。自分の生まれた日を呪ったことも多かっただろうよ。その苦しみ

の根源たる不具の身を,「受け入れる」！　「これでよかったのだ,わたしの今日あるはこの不具の身のおかげだ」と,そんなこと,普通の人間に思うことができるか？

[12-15] **he knew that it had warped his character, but now he saw also that by reason of it he had acquired that power of introspection which had given him so much delight.**

「彼はこの不具の身のために自分の性格が歪んでしまったことは承知していた」。そうだろうよ,それが普通だ。性格がねじれ,世間を,社会を恨んでばかりいる,いびつな狭い人間になってしまうのが普通だろう。ところが,「またこの不具の身のおかげで,じつに多くの喜びを与えてくれる内省の力を得られたことも,彼は理解したのだった」！　肉体的な障碍のおかげで,内面的な,「じつに多くの喜び」が得られる？　フィリップというのは,すごい人間だねえ。苦しみや悩みや絶望は,それに押し潰されたのでは,その人を歪んだ狭量な人間に仕立ててしまうだけだが,人生の苦しみはそれに正しく対処すれば,苦しみのない人間には見えない大いなるものを,苦しむ人に見させることがある。わが国の戦国武将,山中鹿之助は,月にむかって,「我に七難八苦を与えよ」と祈ったもんだ。人生って,面白く,深いな。悪臭を放つ泥沼が,なによりも美しい蓮の花を咲かせることがある。醜いアヒルの子が,自分をいじめていた仲間たちをはるか下方に眺めつつ,彼らには絶対に見えない精神の高みを飛翔してゆくことがある。

[15-17] **Without it he would never have had his keen appreciation of beauty, his passion for art and literature, and his interest in the varied spectacle of life.**

もう充分に練習を積んだんだ,**would never have had** を見てすぐに仮定法とわかっただろうな？　仮定条件は,そう,**without it** の副詞句のなかに隠れておる。without it＝if it had not been for the deformity (「もし不具の身ということがなかったならば」)。**his keen appreciation of beauty**（美に対する鋭い鑑識眼も),**his passion for art and literature**（芸術や文学に対する情熱も),**and his interest in the varied spectacle of life**（人生のさまざまな景観に対する関心も）決して持つことはなかったであろう。周囲の人間の「嘲笑,冷遇,無視,軽蔑」などが彼を孤立させ,いい意味で内向させて（内向型というのは,「おとなしくて陰気」などという否定的な意味ではないぞ。ユングによると,自分の心の内面の影響で動く性質の内向型人間は,他人とは違った独自の思考・感情・直感・感覚を持つにいたるという),自分だけの精神性を創り出して,自然や事物や人間の言動の「美」にいっそう敏感にさせ,芸術や文学に独自の深い理解や鑑賞を示すことを得させ,泣いたり笑ったり無数の人間がうごめき生きる人生の絵模様に対し深い人間的な関心と共感を持たせるようになった。

[17-20] The ridicule and the contempt which had so often been heaped upon him had turned his mind inward and called forth those flowers which he felt would never lose their fragrance.

　かつてわが国でも「ネアカ（根が明るい）」と「ネクラ（根が暗い）」という人間の分類がおこなわれ，「ネクラ」即「協調性のないダメ人間」的な意識があった（今もある）。ユングも，アメリカ人が自分の分類した「外向型」をただ「明るく社交性のある」人間，「内向型」を「おとなしく陰気」な人間としか理解しなかったことに腹を立て，以後，アメリカ人のことを大嫌いになったそうな。物質的な価値のみに生きる大部分の日本人にも，同種のアメリカ人的な軽薄な意識があるかも。そういう人間には，「彼の上にこれまで積み重ねられてきた嘲笑と軽蔑は，彼の心を内面へと向け，馥郁たる香気を決して失わないように感じられる麗しき花を咲き出でさせたのだった」という文の意味は，真に理解されることがないかもしれないな。**flowers which he felt would never lose their fragrance** は flowers which would never lose their fragrance とつながり（連鎖し），he felt は挿入節的（決していわゆる挿入節ではないが）に働いておる連鎖関係代名詞。もうこの構文は大丈夫だろうな。「その香りを決して失わないように感じられる花」。

[20-21] Then he saw that the normal was the rarest thing in the world.

　「the＋形容詞」は，複数の普通名詞か抽象名詞になるのだったが，ここは was と単数形が使われておるから，**the normal** は複数普通名詞（「普通の人々」）ではなく抽象名詞（「普通であること」）とわかる。「そのとき，彼は普通であるというのはこの上なく稀なることであると知った」。むかし，魅力的なアイドルグループのキャンディーズ（よかったなあ，あの三人の女の子たち！）は，人気が絶頂にかかったときに，「普通の女の子に戻りたい！」という名文句を残して解散してしまった。言わんとすることはわかるが，しかし"普通の女の子"なんているか？　ごく普通に見える女の子が，どんな悩みを，苦しみを，普通ならざることのいろいろを抱えているか，わからんぞ。

[21-26] Everyone had some defect, of body or of mind: he thought of all the people he had known (the whole world was like a sick-house, and there was no rhyme or reason in it), he saw a long procession, deformed in body and warped in mind, some with illness of the flesh, weak hearts or weak lungs, and some with illness of the spirit, languor of will, or a craving for liquor.

　構文的には難点はないな。そのまま訳文を書いておくぞ──「すべての人が，肉体か精神に，何らかの欠陥を抱えていた。彼がこれまでに出逢ってきたすべての人のことを思い返してみると（世界はまさに巨大な病院さながら，そこにはな

んの秩序も条理もなかった)、肉体的に欠けた精神的に歪んだ人々の長い行列が見えてきた。心臓が弱いとか肺臓が弱いなどの肉体の疾患を持ったものもいれば、意志が薄弱だとか酒に依存せざるをえないなどの精神の病に悩むものもいる」。いいか，意志が弱いってのは"病気"なんだぞ。

[26-27] At this moment he could feel a holy compassion for them all.

そういうふうに客観的に人間なるものが見えてきたとき，「その瞬間，彼はすべての人に対する聖なる憐れみを感じたのだった」。「聖なる憐れみ」a holy compassion とは，何だろうか？　気の毒な状態にある人を見て，かわいそうにと憐れみを感じるのは，人間的な温かみとして，それはそれで悪いことではない。しかし自分よりも憐れむべき状態にある人をかわいそうにと思う感情には，無自覚にせよ自分の優越感が隠れていることもあるし，「かわいそう！」ってのは，それほど高貴な感情とも思えない。同情や憐憫は一時の感傷であることが多い。しかし，キリストの，「自分を迫害する者のために祈れ」じゃないけれど，自分を「嘲笑し，冷遇し，無視し，軽蔑」してきた人間すべてに対し，「憐れみを感じ」るとなると，これはもう，周囲の人間たちと同じ精神のレベルにある人間にはとうていできっこないよな。周囲の人間たちを超越し，そのありのままの姿を見通せるくらいに高次の精神性にあればこそ，それができる。脱超俗的な高次の精神とは，つまり宗教的な，「聖なる」感情ということになる。絶望が，懊悩が，苦悩が，人間をここまでの精神の高みに連れゆくことがあるんじゃよ。

[27-29] They were the helpless instruments of blind chance. He could pardon Griffiths for his treachery and Mildred for the pain she had caused him. They could not help themselves.

フィリップの達した高次の精神性から，周囲の人間を見渡したとき，人間というもののあるがままの姿はどう映ったか？　彼らは the helpless instruments of blind chance (「盲目的な偶然に弄ばれる無力な"道具"」) にすぎなかった。教養のない下品な給仕女のミルドレッドはフィリップの気持ちを愚弄してはさんざんに利用し，他の男と結婚するといっては姿を消し，ロンドンの街かどで春をひさぐ女に堕落したあとも，誰が父親ともわからない子供ともども彼の下宿に転がり込み，子供が死亡して梅毒を彼に治してもらって，最後は彼の好意を踏みにじって，けばけばしい化粧のまま夜の街に（永遠に）消えてゆく。彼の友人のグリフィスは彼を裏切ってミルドレッドを寝取り，彼の出してやった金でもって（！）ミルドレッドといっしょに旅に出たりする。自分の誠実な気持ちを裏切り，食い物にした Griffiths も，さんざんいろいろな苦しみを与えてきたミルドレッド Mildred も，He could pardon 「彼は赦すことができた」。

They could not help themselves。これ，「彼らには自分を助けることができなかった（自助の力がなかった）」って意味かな？　help は can, cannot とともに

使われて，「「(物・事)を避ける，防ぐ，…をこらえる」という意味になるんだったな。例えば I cannot help it（＝It cannot be helped）なら，「それはどうしようもない」。本文も，「彼らは自分自身を（自分自身のありようを）自分で避けることはできなかった」の意から，「彼らは自分で自分がどうしようもなかった」の意。彼らは生まれついた性格や感じ方のまま動いているだけで，自分の意志でもって自分を変えたり，向上させたりすることはできない。彼らは彼らのあり方のままであるしか他に方法はない。『人間の絆』という小説のタイトルは哲学者スピノザの主著『エティカ』の中から採られたもの。『エティカ』の「情念」論の冒頭に「人間の絆について」（つまり英語に直せば Of Human Bondage）と題する章があり，スピノザは「人がその情念を支配し，制御しえない無力な状態を，わたしは縛られた状態（ボンデイジ）と呼ぶ。なぜならば，情念の支配下にある人間はみずからの主人ではなく，いわば運命に支配されて，その手中にあり，したがって，しばしば彼は，その前に善を見ながらも，しかもなお悪を逐わざるをえなくなる」と述べておる。（フィリップのように）自分で自分を生きるのではなく，情念に支配され，情念に縛られて無自覚に生きる人間。そういう人間と同じ精神レベルでそういう人間を憎んだり，恨んだり，復讐したりしても仕方ないじゃないか。じゃあ，どうするか？

[29-31] **The only reasonable thing was to accept the good of men and be patient with their faults.**

「唯一の理にかなったことは，人間の善い面を受け入れ，欠点に対しては眼をつむることであった」。**the good** は，ここも「the＋形容詞」が抽象名詞になって，「善いこと（点），長所，美点」の意。

[31-32] **The words of the dying God crossed his memory: Forgive them, for they know not what they do.**

ニーチェは「神は死んだ」と言ったが，だからって，**the dying God** は「死にかけている神」って意味じゃないぞ。キリスト教においては，神と聖霊とキリストとは三位一体とされておる。だから，「死に瀕した神」とは，神がこの世に受肉して現われたとされるキリストのこと。キリストなら，たしかに十字架に架けられて殺されておる。新約聖書のルカ伝 23 章の 32 節から 34 節においてキリストの処刑場面を読んでみようか。

32 And there were also two other malefactors, led with him to be put to death. 33 And when they were come to the place, which is called Calvary, there they crucified him, and the malefactors, one on the right side, and the other on the left. 34 Then said Jesus, Father, forgive them; for they know not what they do. And they parted his raiment, and cast lots. (Luke, 23) 「32　さて，イエスと共に刑を受ける（とも）（けい）ために，ほかにふたりの犯罪人（はんざいにん）も引（ひ）かれていった。

33 されこうべと呼ばれている所に着くと，人々はそこでイエスを十字架につけ，犯罪人たちも，ひとりは右に，ひとりは左に，十字架につけた。34 そのとき，イエスは言われた，「父よ，彼らをおゆるしください。彼らは何をしているのか，わからずにいるのです。人々はイエスの着物をくじ引きで分け合った」（『ルカによる福音書』23章）

　イエスはひと晩中引き回されて尋問を受け，激しいむち打ちにあい，十字架に釘づけられたまま六時間，血を流しつづけて息絶えた。人間に耐えられる範囲を超えたこの苦悶の中，ふと下に眼をやると，人々が「誰が何をとるかを定めたうえ，イエスの着物を分け」（『マルコ伝』）ていた。自分の死を食い物にしている侮蔑すべき人間たち。情念に「縛られた状態」にある人間たち。しかしイエスは天なる神＝父にむかって，「彼らをおゆるしください。彼らは何をしているのか，わからずにいるのです」と，その人間たちを赦すのである。人類史上，これにまさる「赦し」を吾輩は知らぬ。そしてフィリップもまた，精神の"血"を流しつづけてきたあと，自分を食い物にしてきた人間たちに対し，程度こそ異なれイエスのそれと同質の「赦し」へと達していくのじゃ。

　小説は，フィリップの結婚申込みを承諾したあと，「わたし，お昼が食べたいわ」とサリーに言わせて終わっておる。

訳例　未来の妻への結婚というプレゼントは，彼の人生すべての希望をかけたものとなろう。自己犠牲！　フィリップはその言葉の美しさに気分が高揚し，夜になってもずっとそのことに想いをめぐらしていた。興奮のあまり，読書もできない。彼は誘われるように自分の部屋から街路へと出ると，歓喜の念に心臓を高鳴らせながら，バードケージ通りを往ったり来たりした。はやる気持ちをほとんど抑えることができなかった。結婚の申込みをしたときのサリーの喜ぶ顔を見たさに，もしこんなに時間が遅くなかったら，今この瞬間，この場所から彼女のところに飛んでいきたい。海が眺められるようブラインドをあげたままの，居心地のいい居間でサリーといっしょに過ごす長い夜のことが想像されてくる。日毎に大きくなってゆく子供のことを話し合おう。彼女が眼をぼくの眼へとむけるとき，その眼には愛の光が宿っていることだろう。

　彼は，自分の人生をいかにも過酷なものとしてきた不具の身を受け入れた。このために自分の性格が歪んでしまったことは承知しているが，同時にこの不具の身のおかげで，彼の大いなる歓びの源となった内省の力が与えられたことも分かっていた。もしこの運命がなかったならば，美にたいする鋭い鑑識眼も，芸術や文学に寄せる情熱も，人生のさまざまな絵模様に対する関心も持つにいたることはなかっただろう。彼にこれまで積み重ねられてきた嘲笑と侮蔑は，彼の精神を内面へと向け，馥郁たる香気を二度と失うことはあるまいと思われる麗しい花

を咲き出でさせたのである。そのとき彼は，普通なることは世界でももっとも稀(まれ)なるものであることを理解した。すべての人間は，肉体か精神に，何らかの欠陥を有している。これまでに出逢ってきたすべての人のことを思い起こしてみると（世間はそのまま瘋癲(ふうてん)病院のごとく，そこにはなんらの美も条理もなかった），肉体に欠陥をもち精神の歪んだ，多くの人間たちの長い行列が見えてきた。心臓が弱いとか肺臓が弱いとかの，身体の病に苦しむ者や，意志が薄弱だとか酒が止められないとかの，精神の病に悩む者たち。その瞬間，彼はすべての人間に対する聖なる憐れみを感じた。彼らは盲目的な偶然にもてあそばれる無力な道具にすぎない。彼は，自分を裏切ったグリフィスを，いろいろと苦しみ悩まされてきたミルドレッドを，赦すことができた。彼らは自分で自分がどうしようもないのだ。唯一のとるべき態度は，人間の善い面は受け入れ，悪い面には眼をつむること。死に瀕したイエスの言葉が彼の脳裏をよぎった——

　彼らをおゆるしください。彼らは何をしているのかを，わからずにいるのです。

文法要点

◆仮定法
仮定節 If 節に相当する副詞語句。
without〜＝もし〜がないならば（If it were not for〜）；〜もし〜がなかったならば（＝If it had not been for〜）。

　<u>Without Jane</u> to look after his children, his life <u>would be</u> gloomy.（「子供の面倒を見てくれるジェーンがもしいなかったならば，彼の生活はさぞや暗いものとなってるだろう」）

　<u>Without it</u> he <u>would never have had</u> his keen appreciation of beauty.

＊付帯状況
（with＋）名詞＋補語（前置詞＋名詞，形容詞，現在分詞，過去分詞，名詞）
「名詞」と「補語」のあいだに「名詞」＋（be）＋「補語」のかたちのネクサス（意味上の主語・述語関係）を含む。with は省略可能。

　He saw a long procession, <u>some</u> with illness of the flesh, <u>some</u> with illness of the spirit.

　He walked up and down Birdcage Walk, <u>(with) his heart throbbing</u> with joy.

　He would spend the evening with Sally, <u>(with) the blinds undrawn</u> so that they could watch the sea.

* **help** は **can, cannot** を伴って「〜を避ける，制する，抑える」の意となる。cannot help 〜ing＝〜せざるをえない。

  They could not help themselves.
  I could not help laughing (but laugh).　（「ぼくは笑わざるをえなかった」）

第二十一番　名詞の中に動詞・形容詞の意味が…
If art were merely a record of the appearances of nature, ...

　これまでも，文章の中の抽象名詞をそのまま抽象名詞に訳したのでは訳文が堅かったり抽象的すぎたり，ぎこちなかったりしたときは，その抽象名詞の中に適宜，抽象名詞の動詞形（動詞形がないときは形容詞形）の意味を読み込んで「～すること（～であること）」と訳す練習をしてきたな。いよいよ，ここで名詞構文なる構文を徹底的にまとめておこうと思うのであるが，まず最初の練習題において，名詞構文の基礎的な概念をまとめる。

　　If art were merely a record of the appearances of nature, the closest imitation would be the most satisfactory work of art, and the time would be fast approaching when photography should replace painting. But as a matter of fact not even a savage would be deceived into
5 thinking the photograph an adequate substitute for the work of art. Most simply we might say that the artist in painting a landscape (and it is true of whatever the artist does) is not wanting to describe the visible appearance of the landscape, but to tell us something about it. That something may be an observation or emotion which we share
10 with the artist, but more often it is an original discovery of the artist's which he wishes to communicate to us. The more original that discovery is, the more credit we shall give the artist, always assuming that he has technical skill sufficient to make his communication clear and effective.

　　　　　　　　　　　　　　　　(Herbert Read: *The Meaning of Art*)

単語

replace(v.)　（～に）取って代わる／**savage**(n.)　野蛮人，未開人／**deceive**(v.)　だます，欺く。deceive oneself＝勘違いをする，思い違いをする／**substitute**(n.)　代用品，代理人，代役。(v.)　(substitute～for...)　～を…の代わりに用いる。～に…の代理をさせ

る／**be true of~**＝~に（ついて）言える，当てはまる／**give~credit**（＝give credit to ~)＝（を）褒める，推薦する／**assume**(v.)（を確かだと）思う，見なす，想定する；仮定する

解説

[1-2] **If art were merely a record of the appearances of nature, the closest imitation would be the most satisfactory work of art**

　この **a record of the appearances of nature** をどう訳すか？「自然の外観の記録」ではつまらん。「あの人の外観」といった言い方は聞いたことがあるけど，「自然の外観」ってなんだよ？　自然の「情景，景観」のことだろ。それに「記録」ってのも，芸術が観察記録か？　ここの **art** は「美術」のことをいってるようだから，「記録」とは「写生」のことだろ。それで，「自然の情景の写生」と訳せたら，良しとしよう。でも，名詞の羅列がおもしろくないと思ったら，そう，record の中に動詞の意味を読み取った名詞と解そう。名詞構文だ。何を「写す」のか，of がその意味上の目的語を表し，「自然の情景を写すこと」と訳すと，意味がすっきりとする。つまり，a record of the appearances of nature は to record the appearances of nature と同義。

　同様にして，**the closest imitation** も「最も緊密な模倣（物）」という訳語じゃつまらんな。これも名詞構文ととろう。ただし imitation は，この場合は，「模倣すること」(to imitate) ではなく「模倣したもの」(what imitates) の意味となる。名詞構文とは抽象名詞の中に動詞（動詞形がなければ形容詞）の意味を込めた名詞と解する構文をいうのだが，その名詞は「~すること」がほとんどだが，ときには「~するもの」という名詞となることもある。名詞構文の名詞を修飾する形容詞（この場合は closest）は，名詞が動詞（または形容詞）に変わるのだから，動詞または形容詞を修飾する副詞に訳す（「最も忠実に自然を写したもの」）。つまり，the closest imitation は **what imitates the appearances of nature most closely** と同義。

　ここで簡単に名詞構文の基礎概念をまとめておこう。(抽象)名詞構文とは「動詞または形容詞が名詞化されて文に組み込まれた構文」のことであったな。動詞である以上，主語や（他動詞であれば）目的語を取るし，形容詞であれば主語を取る。つまり，名詞の中に組み込まれている動詞（ないしは形容詞）的な意味は，意味上の主語や目的語を取る。その意味上の主語や目的語を所有格，ないしは of で表す。所有格や of が意味上の主語を表しているのか，意味上の目的語を表しているのかは内容から判断する。his　murder は「彼の犯した殺人事件」(his は意味上の主語）の場合もあれば，「彼が殺された殺人事件」(his は意味上の目的語）の場合もあるし，the murder of his father だと，「彼のお父さんがや

らかした殺人事件」（of は意味上の主語）か，「彼のお父さんがやられちゃった殺人事件」（of 以下は意味上の目的語）のこともある。

　また名詞を修飾していた形容詞は，動詞（または形容詞）を修飾する副詞に訳す。

　少し名詞構文の訳出の練習をしておこう。次の五つの文を訳してほしい。

> a．He married without the knowledge of his parents.
> b．At every appearance of a slight improvement in the weather they would pour out of the house.
> c．Contempt of the young for the old is natural and salutary.
> d．Enjoying things is not the evil; it is the reducing of our moral self to slavery by them that is.
> e．The reluctance of so many Japanese to speak English, especially in a public situation, reminds me of penguins in the Antarctic.

　a．knowledge が「知っていること（＝to know）」，of がその意味上の主語を表して，「彼は両親の知らないうちに結婚をした」。＝He married without his parents (his parents') knowing it.

　b．appearance が「現れること（＝to appear)」，of がその意味上の主語を示して，「天候の少しの変化でも現れるたびに，彼らは家の外に飛び出していくのであった」。＝Whenever (Every time) a slight change in the weather appeared, they would pour out of the house.

　c．ここでひとつ付け加えることがある。所有格も of 句もともに意味上の主語でも意味上の目的語でも表せるので，意味上の主語しか表せないものとして by 句を使うことがあり，また意味上の目的語しか表せないものとして for 句を使うことがある。つまり contempt は「軽蔑すること」（ただし contempt には現在は動詞形がないから，＝［形容詞の］be contemptuous of），of がその意味上の主語を表して，for がその意味上の目的語を表している。「若者が老人をバカにするのは，当然のことだし有益なことでもある」＝It is natural and salutary that the young (should) have contempt for (despise, disdain, scorn, look down on, be contemptuous of) the old. 老人の吾輩としては，この例文，気にくわないが，でもそうでなくちゃ世の中，進歩しないわな。老人ってのは，良くも悪くも，とにかく保守的だから。

　d．ちょっとややこしいかな。動名詞句 Enjoying things (「いろんなことを楽しむ」) はいいとして，it～that... の強調構文の中の ... の is の次に the evil が省略されておる。(「悪いのは～である」)。reducing が名詞構文で（動名詞ではな

いぞ。動名詞だったら，すぐに目的語を取ることができて，reducing our moral self となるし，the もつかない。「陥らせること (to reduce)」。reduce の名詞構文なら，reducing なんか使わずに reduction というちゃんとした名詞形を使うべきだと思うかもしれないが，reduction には，「(悪い状態に) すること」の意味はなく，「減少，減量；縮小；還元」などの意味しかない)。of がその意味上の目的語を示しており，形容詞句の to slavery は副詞句の役を果たす (＝to reduce our moral self to slavery)。また by はここは意味上の主語ではなく，「手段」を表す (「そのいろんなことによって」)。また that is の次には the evil が省略されておって，「悪いのは〜」とつながる。「いろんなことを楽しむのは悪いことではないが，悪いのは，それらによって<u>倫理的な自己を奴隷状態に置いてしまうこと</u>である」。例えば，酒を楽しく飲むのはいいことだが，酒に飲まれるのはダメとか。

　e. reluctance の中に (be) reluctant という形容詞が組み込まれており，of はその意味上の主語を表す。形容詞句 to speak English は形容詞 reluctant につながる。ほら，be reluctant to〜(「〜することをイヤに思う，渋る；したくない，気が進まない」) の言い方が見えてきたぞ！　「<u>じつに多くの日本人が</u>，とくに公共の場で<u>英語を喋るのを嫌がっている</u>のを見ると，わたしなど，南極のペンギンを思い出してしまう」。なんでペンギンなのか，よお分からんが。

　逆のかたちの名詞構文の練習もやっておこうか。次の英文を名詞構文を使った英文に，なるたけ多く書き換えてみてくれ。

> As the doctor examined the patient carefully, he recovered speedily.
> 　(「医者が患者を丹念に診察したので，患者はすぐに病気が回復した」)

　ヒントは，無生物主語の構文で，「<u>医者が患者を丹念に診察したことが，患者がすみやかに回復すること</u>をもたらした (bring about)」と書く。

　普通は，The doctor's careful examination of the patient brought about his speedy recovery と書くのが標準的な英文かな。

　この the doctor's の所有格は意味上の主語を表しているのだが，所有格は意味上の目的語も表せるのだからと，The patient's examination と書きはじめたら，次の意味上の主語は of ではなく（所有格と of 句のどっちが主語でどっちが目的語がわからなくなっちゃう），主語しか表せない by を使って，The patient's careful examination by the doctor brought about his speedy recovery とやることも可能。

　あるいは by と for をからませて，

The careful examination of the patient by the doctor brought about his speedy recovery.

　The careful examination of the doctor for the patient brought about his speedy recovery.

　The careful examination by the doctor for the patient brought about his speedy recovery.

　などとも書ける。これで「名詞構文」の理解は完全になっただろう。あとで「とどめを刺す」がごとくに名詞構文の訳し方の完全な練習をやろう。

[2-4]　and the time would be fast approaching when photography should replace painting.

　やや離れているけど，when を「～するとき」の接続詞に取ったりはせず，time を先行詞とする関係副詞に取れただろうな。would と should の助動詞の過去形が気になるところだが，これも仮定法のところで学習済み。前の文章が，「もし絵画というのが自然の情景を写すことにすぎないのならば，自然をもっとも忠実に写した絵が最もすばらしい美術作品ということになるだろうし」と仮定法過去の文が来ており，ここも「もし絵画というのが自然の情景を写すことにすぎないのならば」という同じ仮定条件の中での帰結を述べた箇所だから，「法」が仮定法過去となっておるわけだ。「（もしそうであれば）～な時代が急速に近づいていることになるだろう」。ところで関係副詞節の中の should という助動詞はなんだろう？　仮定法のための過去形だから，「～すべき」なんて意味ではなく，shall の過去形であることはわかる。古風な英語で，「話者の意志」を表し，「（2人称か3人称の主語を）～させる」という用法の shall が前に（第一番で）出たが，これは現在では滅多に使わない。他に shall にどんな特殊な用法があるか，ここでまとめておこう。

　① 話者の強い意志を表すとき。I shall return.（「私は必ず戻ってくる」）。これは第二次世界大戦中，日本軍のためにフィリピンを撤退することを余儀なくされたマッカーサー将軍が言った言葉として有名だな。もっとも，we と言わずに I と言ったことで一部に不評を買った言葉でもあるらしい。お前は戻ってくるだろうが，お前を戻らせるために大勢の部下が死ぬんだよ，って。まさに「一将功成りて万骨枯る」だよ。

　② 法律・規則・条約などの shall。「～(すべき)である」「～(するもの)とする」。shall not で禁止事項を表す。Passengers shall be permitted to board at regular bus stops.（「乗客は正規のバス停留所で乗るものとする」）。あるいはシナイ山でモーセが神より賜った「十戒」の中では，You shall not kill（「汝，殺すなかれ」）など，shall が「十戒」の中で「十回」使われておった（なかなか秀逸な「おやじギャグ」だろ）。

　③ 予言の shall。文語調の英語において，運命・宿命を厳かに表す。The

government of the people, by the people and for the people shall not perish from the earth (「人民の，人民による，人民のための政治が地上から消え去ることは断じてありませぬ」) という言葉でもって，南北戦争の終結前，激戦地ゲティスバーグでの演説をリンカンは締めくくった。

しからば本文の shall は上の特殊用法のどれに当たるであろうか？　そう，「予言の shall」でもって photography shall replace painting と言っていた文が，仮定法のためにその shall が should に変わったわけだ。「写真が絵画に取って代わる時代（が急速に近づいていることになろう）」。

[4-6]　But as a matter of fact not even a savage would be deceived into thinking the photograph an adequate substitute for the work of art.

　この文章もややこしいな。以下に文法上のポイントをまとめるが，これらのポイントが，英文を読んだ瞬間に頭の中で瞬時に応用され，英文を正確に読みとることができるような感覚を身につけていってくれよ。まず **would** は，もう仮定法の過去形だとわかっただろうな。しかし，どうして仮定法？　「もし絵画というのが自然の情景を写すことにすぎないのならば」という同じ仮定条件の中での帰結を述べた箇所だから？　そうか？　どこにもそんな仮定条件が働いている気配はないぞ。むしろ，思い出してくれ，仮定法の特殊用法として，「婉曲・丁寧・強い否定」などを述べるときに would を使うことがあっただろ。ここはその「強い否定」だよ。「まさか野蛮人でも be deceived されることはないだろう」と言うこと。**be deceived** を「騙される」と訳したのではダメ。「騙される」って，いったい誰が野蛮人を騙すんだよ？　能動態に書き換えてみろよ，主語の選択に困るだろ。We would not deceive even a savage なんて能動態じゃないはず。正しくは，Not even a savage would not deceive himself。ここの deceive oneself は，「自分自身を騙す」ということから「勘違いをする，思い違いをする」の意味。その能動態の文が受動態で書かれとるんじゃよ。she was deeply absorbed in reading comic books (「彼女は漫画を読むのに夢中になっていた」) だって，she absorbed herself deeply in reading comic books の，いわば受動態だろ。「まさか野蛮人でも（〜と）勘違いをすることはあるまい」。

　次の **into** はどう取る？　これもすでに学習済だぞ。「変化の結果」を示す前置詞 into だ。昔，あるイギリス人と酒を飲んでおるとき，ふだん無口の彼がイヤに饒舌なので，「お前，今日はよくしゃべるね」と言ったら，そのイギリス人，"You drink me into talk" と返してきた。You drink me（お前が俺に酒を飲ませ），into（そのため，わたしに変化が生じ，その結果が）talk（名詞構文。わたしはお喋りになる）ということ。「お前が俺に酒を飲ませて喋るようにさせてんだよ」。本文も，「(いくら無知なる野蛮人でも) 勘違いして〜と思っちゃう（ようなことはないであろう）」ということ。

何と思うのか，**think** が第五文型を取って，「the photograph（意味上の主語の目的語）が an adequate substitute for the work of art（意味上の補語である目的語）である（と思う）」。そしてこの目的格補語の **an adequate substitute for the work of art** が，「美術作品の十分な代用品」でもいいけれど，「十分な代用品」という訳語がやや生硬。そう，名詞構文に取ろう。substitute は「取って代わること」ではなく，ここも「取って代わりうる<u>もの</u>」，その動詞部分に adequate が副詞的にかかって，「十分に取って代わりうるもの」。for 以下の句は，substitute for...（「…に取って代わる」）の自動詞の for 以下が形容詞句となって置かれていた。つまり，この目的格補語は，what substitutes the work of art adequately と同義ということになる。「しかしいくら野蛮人でも，写真が美術作品にじゅうぶんに取って代わりうるとは決して思わないことであろう」。

[6-9] **Most simply we might say that the artist in painting a landscape (and it is true of whatever the artist does) is not wanting to describe the visible appearance of the landscape, but to tell us something about it.**

ふたたび出ました仮定法。might の用法は？　さっきの would と同じく仮定法の特殊用法で，断定を避け「婉曲・控え目」の意を表現する might と取ろう。「ごく簡単に，～と言う<u>こともできよう</u>」。**in painting a landscape** は「in＋動名詞」の熟語で，「～するとき（際は）」の意だから，ここの箇所は the artist, when he paints a landscape, ～と同義。**whatever the artist does** の whatever は「譲歩」（「何を～しようとも」）ではなく（コンマでくくられた副詞節ではなく），文中の中の一要素として働く関係代名詞（「～するすべてのこと・もの」＝anything which～）。**does** は「する」の一般動詞ではなく paint の代動詞。そして，もちろん **not～but...**（「～ではなくて…」）の相関語句を見落としてはならん。「画家が風景を描くさいに描こうとしているのは（風景に限らず画家の描くすべてのことに言えることであるが），可視的な風景のあり方ではなくて，その風景に関する何か（＝メッセージ）をわれわれ観る者に伝えようとしているのである（と，ごく簡単に言うことができよう）」。

[9-11] **That something may be an observation or emotion which we share with the artist, but more often it is an original discovery of the artist's which he wishes to communicate to us.**

驚いたね，**something** が不定代名詞ではなく，指示形容詞 that で修飾された完全なる普通名詞として使われておる。「(不定冠詞をつけて) あるもの」という意の名詞。例：an indefinable something（「一種名状しがたいもの」）。本文は，「その何かとは，～」。**may** は軽く **but** と相関して，「～かもしれないが（そこは認めるが），でも…」の意を表す。it～which...で強調構文 it～that...の変形と取らないように。**it** は that something の代名詞であり，**which** は discovery を先

行詞とする関係代名詞だろ。このお二人は全然"相関"してはいないぞ。**an original discovery of the artist's** のかたちについては、例の二重属格の a friend of mine（特定しない「わたしの友人」）を思い出していただきたい。my friend なら、相手が何らかの予備知識を持っている特定の「わたしの友人」。本文も、the artist's original discovery だと、われわれも知っている画家のある特定の発見ということになってしまうが、そうではなくて、ここでは不定冠詞の an を強調したいわけである。要するに、「冠詞・代名詞の所有格・指示代名詞・その他（any, some no）」は二つ並置できない、ということ。

[11-14] **The more original that discovery is, the more credit we shall give the artist, always assuming that he has technical skill sufficient to make his communication clear and effective.**

「the＋比較級, the＋比較級」の構文はいまさら説くこともあるまい。**assuming** の分詞構文は、「同時的動作」の用法にとって、「〜と思って（思いながら）」と訳そう。「常に〜と思いながら」とは、「〜と信用できるとして」くらいの意味。assuming (assume) that〜で「〜と仮定して、〜とすれば」という接続詞的な言い方があるが、ここはそれに取る必要はないだろう。もともと **assuming that〜** は分詞構文から生じた言い方であるし、ましてや本文の場合 **always** がついて元来の「分詞構文」性が強調されている。

ところで、**his communication** を、ボケッと、「彼の通信」なんて訳してるんじゃないぞ。communication は「通信」という抽象名詞ではなく、動詞的意味のこもった「伝えること、伝えるもの」の意の名詞構文。つまり、what he communicates（= what he wishes to communicate to us, the discovery which he wishes to communicate to us）の意。「その発見が独創的なものであればあるほど、われわれはその画家が自分の伝えんとすることを明晰かつ効果的に伝えるだけの専門的な技量を持っていると信用して、画家を賞賛するのである」。

the more credit we shall give the artist の **shall** は何だろう？　一人称だから、やや文語調ながら「単純未来」に取るかい？　「われわれはその画家を褒めるだろう」。ちょっとつまらない。ここは、さっきまとめた shall の特殊用法の「予言」的な趣を表す shall と取ろう。ちょっと大げさか？　イヤ、それでいいと思う。例えば、前にも書いたが（老人ってのは、くり返しが多くなる）、昔、ハーヴァード大学のフォッグ美術館でゴッホの「三足の靴」を見た瞬間、なにやら強い衝撃を受けて、思わずその絵を凝視したままその場に立ちつくしてしまった。革靴なんて、それまでも現実に何百足も見てきたよ。しかし、ゴッホの描いた、皮が剥げ擦り切れた古びた草臥(くたび)れた靴は、人間が働く、生きるということの重みを、その重みのままドシッと吾輩に伝えてきた。あの瞬間(とき)、吾輩は生まれてはじめて靴を見た、靴を知った。あるいは、スケベエ根性をまったく離れて女性

の裸身の真実の美を見るのは，ルノアールの絵を見るまではできなかったな。天才的な画家がわれわれに伝えんとする「独創的な発見」というのは，そういうもんだよ。絵画にうとい吾輩でもそう思う。そのとき，「われわれはその画家を賛美するのである」というリードの予言的な響きを，人は厳かな気持ちで真実と実感するであろうよ。

　絵画論はともかくとして，名詞構文のほうはこれで完全理解に達してもらえたかな。先ほどは短めの例文だったが，こんどはやや長めの練習題を以下に挙げてあるから，自然な日本語に翻訳してみてくれ。

---

a. The academic man is a fault-finder by profession. What is more natural than the application of this talent for detecting shortcomings to the criticism of his own conditions of employment or the behavior of his colleagues?

b. Every man is his own best critic. Whatever the learned may say about a book, however unanimous they are in their praise of it, unless it interests you it is no business of yours. Don't forget that critics often make mistakes, and you who read are the final judge of the value to you of the book you are reading.

c. Speech is so familiar a feature of daily life that we rarely pause to define it. It seems as natural as walking, and only less so than breathing. Yet it needs but a moment's reflection to convince us that this naturalness of speech is but an illusion.

d. The secret of contentment is the discovery by every man of his own powers and limitations, finding satisfaction in a line of activity which he can do well, plus the wisdom to know that his place, no matter how important or successful he is, never counts very much in the universe.

---

　a．application は名詞構文で「apply すること」(apply～to...＝～を…に適用する［応用する，当てはめる］)。なにを適用するのか，of がその意味上の目的語を表し，for detecting shortcomings はその意味上の目的語 this talent にかかる形容詞句（「他人の欠点を見つけるこの才能」）。apply～to...の to 以下に当たるのが to the criticism。この句の中の the criticism of his own conditions of his employment or the behavior of his colleagues にも名詞構文が見られる（「自分の雇用条件や同僚の行動を非難すること」）。しかし日本語にも「名詞構文」は，程度こそ劣るけど存在しており，ここは「自分の雇用条件や同僚の行動に対する非難」と抽象名詞のまま訳しても，いっこうに不自然ではない。名詞構文を訳文

に使うか否かは，日本語として自然か不自然かの判断の中で考えるんだぞ．
　「大学人は職業的なあら探し家である．他人の欠点をあばく<u>この才能</u>を自分の雇用条件や同僚の行動に対する非難に向けること以上に，大学人にとって自然なことがあろうか？」
　b．どの本をどのように読むかを教えてくれるのが批評家とするならば，筆者は「すべての人は自分が自分にとっての最良の批評家である」と言う．their praise of it＝they praise it.「in＋動名詞」＝「〜するとき（際に）」のイディオムが名詞構文にも生きて，in their praise of it＝when they praise it（「彼ら［学識ある人々］がその本を褒めるに際し」）．また「〜する人」の意の英語は，名詞構文的にその「〜する人」の中に「〜できる」の意の動詞的な意味を含む．例えば，He is a good speaker of English は「英語のよき話者」と訳すのではなく，He (can) speaks English well の意の「彼は英語を話すのがうまい」とやる．同様にして the final judge も「最後の審判官」ではなくて「最終的に判断する」と訳し，なにを判断するのか，その意味上の目的語を of 以下が表しておる．「書物を最終的に判断する」．
　the value to you of the book which you are reading の箇所において，value が名詞構文．この名詞は動詞形はないから，形容詞形の「to be valuable（価値があること）」の意が込められているが，形容詞句 to you（あなたにとって）はこの形容詞的な意味にかかるから，「価値があること」よりも，「どの程度価値があるか（＝how valuable）」の意に解したほうが自然だろう．of に導かれた the book (which) you are reading がその意味上の主語を表しておるので，ここの箇所は how valuable the book you are reading is to you と同義．
　「すべての人は自分が自分にとっての最良の批評家である．学識者がある書物について何を言おうとも，どんなに異口同音に<u>その本を賞賛して</u>いようとも，あなたがその本に興味を覚えなかったならば，その本はあなたにとって無縁の書物である．批評家だってときには間違いを犯すし，あなたが読んでいる<u>本があなたにとってどの程度に価値があるか</u>を最終的に判断するのはあなた自身であることを忘れないように」．
　c．It needs〜but an illusion の文において，it は to 以下を指す形式主語．but＝only．「〜をわれわれに確信させるには，ほんの一瞬の reflection を要する」だから，無生物主語の構文に取り，「ほんの一瞬の reflection さえあれば，〜は納得できる」．その reflection が to reflect の意（「よく考えること」）の名詞構文．名詞構文は準動詞と同様，「一般的な人」が意味上の主語のときは省略される．this naturalness of speech も名詞構文．naturalness にかかる this は形容詞（to be）natural にかかる副詞になるから，「このように」の意となる．of は意味上の主語を表すので，「言葉がこのように生まれついてのものであるという

こと」。この句は speech is thus natural の節と同義。二番目の but も only の意。
　「言葉は日常生活の切っても切れない特徴となっているので，われわれは言葉について立ち止まって考えてみることは滅多にない。言葉をしゃべるということは呼吸をすることほどではないとは言え，歩くということと同じくらいに生まれついての行動と思える。しかしながら，言葉がこのように生まれついてのものであるというのが幻想にすぎないことは，ちょっとでも考えてみればすぐに分かることである」。

　d. the discovery by every man of his own powers and limitations の句が名詞構文。discovery（「発見すること」[＝to discover]）に対し by がその意味上の主語を表し，したがって of はその意味上の目的語を表しておる。「すべての人が自分の才能と限界とを発見すること」の意味で，この句は every man discovers his own powers and limitations という節と同義。名詞構文の句の中に込められたこの節内容に対し，finding 以下の分詞構文がかかっているというかたちになっておる。つまり，The secret of contentment（「満足のいく人生を送る秘訣は」）の補語部分は，for every man to discover his own powers and limitations and to find satisfaction...と書き換えることができる。

　「満足のいく人生を送る秘訣は，すべての人が自分の能力と限界とを発見して，自分の得意とする分野での働きに満足を覚えることと，それに加えうるに，自分の働きなど，どんなに社会的に重要であり，またどんなに成功を収めたものであろうとも，空漠たる宇宙の中ではさしたる意味をもたないということを知る叡智である」。

　訳例　絵画が自然の風景の忠実なる写実にすぎないものであるならば，自然をもっとも忠実に写した絵がもっともすぐれた芸術作品ということになろうし，写真が絵画に取って代わる日が急速に近づいていることにもなろう。しかし，実際問題として，いかなる野蛮人といえども，写真を充分な芸術作品と見なす勘違いをおかすことはあるまい。画家が風景画を描くときに描かんとしているのは（そしてこれは，画家の描くすべての題材に言えることであるが），風景の可視的な形状ではなくして，その風景に関しての何らかのメッセージをわれわれに伝えることにあると，ごくおおざっぱながら言うことが可能であろう。その何かのメッセージとは，われわれが画家と共有する観察内容と感情作用ということもあろうが，もっと多くの場合そのメッセージとは，画家がわれわれに伝えんとする画家独自の独創的な発見なのである。その発見が独創的なものであればあるほど，我々は，画家が自分の伝えんとすることを明確かつ印象的に伝えることのできる専門的な技術を具えていると信じて，その画家に高い評価を与えることになる。

文法要点

◆**名詞構文**。動詞または形容詞が名詞化されて文に組み込まれた構文のこと。その名詞は、「～すること（～であること）；～するもの」と訳す。

● 動詞と形容詞は意味上の主語を、動詞も他動詞の場合はさらに目的語を取る。名詞構文においては、その意味上の主語ないし意味上の目的語を所有格または名詞句「of＋名詞」で表す。所有格あるいはof句が意味上の主語と目的語のどちらを表しているかは、文脈（context）から判断する。

At every appearance of a slight improvement in the weather they would pour out of the house.

If art were merely a record of the appearances of nature, the closest imitation would be the most satisfactory work of art.

● 意味上の主語が「一般的な人」ないしは主節の主語と一致するときには、準動詞と同じように、それは省略される。

It is the reducing of our moral self to slavery that is the evil.

● 名詞構文の名詞にかかる形容詞や形容詞句は、名詞に組み込まれている動詞（ないし形容詞）的な意味に対し副詞あるいは副詞句として働きかける。

Not even a savage would be deceived into thinking the photograph an adequate substitute for the work of art.

The reluctance of so many Japanese to speak English reminds me of penguins in the Antarctic.

This naturalness of speech is but an illusion.

● 名詞構文における by は意味上の主語を表し、for は意味上の目的語のみを表す。また「往来」の意味の動詞の名詞構文は、意味上の目的語を of 以外の to や at で表すことがある。

The secret of contentment is the discovery by every man of his own powers and limitations.

The careful examination of the doctor for the patient brought about his speedy recovery.

That was my first visit to the United States.（「わたしがアメリカへ行ったのは、それが初めてのことだった」）

* shall の特殊用法

① 話者の意志。2人称または3人称を主語として、「～を（に）…させる」。現在ではほとんど使われない。

Cf. 主語が1人称の場合は、（とくに演説や人前などで）話者の強い決意を表

すことがある。「～するぞ」「～する決意だ」。
② 法律・規則の shall。①のが拡張されたかたちで,「～せねばならない～することになっている」, 否定形で「～しないこと」。
③ 予言の shall。②に準じるかたちで,「～することになろう」「～する定めである」。

The time would be fast approaching when photography <u>should</u> replace painting.

The more original that discovery is, the more credit we <u>shall</u> give the artist.

第二十二番　名詞構文そのニ
Women are more ready to make adjustments, ...

前番で名詞構文は完全理解を果たしたはずじゃ。それ以前にも練習をやってきたが、あとは臨機応変、抽象名詞の中に「動作」（動詞的意味）や「状態」（形容詞的意味）を正しく読み込みながら、英文を正確に読み解く練習をつづけるのみ。

Because women are unselfish, forbearing, self-sacrificing, and maternal, they possess a deeper understanding than men of what it means to be human. Women live the whole spectrum of life; they don't think in terms of achromatic black and white, "yes" and "no," or in terms of the all-or-none principle, as men are inclined to do. Women are more ready to make adjustments, to consider the alternative possibilities, and to see the colors and gradations in the range between black and white. By comparison with the deep involvement of women in living, men appear to be only superficially so. Compare the love of a male for a female with the love of the female for the man. It is the difference between a rivulet and a great deep ocean. Women love the human race; men are, on the whole, hostile to it. Men act as if they hadn't been adequately loved, as if they had been frustrated and rendered hostile, and becoming aggressive they say that aggressiveness is natural and women are inferior in this respect because they tend to be gentle and unaggressive! But it is precisely in this capacity to love and unaggressiveness that the superiority of women to men is demonstrated.

(Ashley Montagu: *The Natural Superiority of Women*)

単語

　forbearing(a.) 自制心のある，辛抱強い，寛容な。Cf. forbear v. 自制する，我慢する／**spectrum**(n.) スペクトル；範囲，領域／**in terms of～** =～の点から；～に換算して／**achromatic**(a.) 収色性の，無色の。Cf. chromatic a. 色彩の，色の，着色した／**be inclined to～** =～する傾向がある，～しがちだ；～したく思う／**alternative**(a.) 二者択一の；それに代わる，代わりの／**gradation**(n.) （色彩・光などの）ぼかし，色の推移，グラデーション；(～s) [変化・推移の] 段階，過程，階級／**rivulet**(n.) 小川，細流／**hostile**(a.) 敵意（敵愾心）のある，反感をもった；冷淡な／**frustrate**(v.) フラストレーション（欲求不満）を起こさせる；欲求阻止をする，挫折させる／**render**(v.) (～に) する，させる，変える／**aggressive**(a.) 攻撃的な，侵略的な，喧嘩好きの

解説

[1-3] Because women are unselfish, forbearing, self-sacrificing, and maternal, they possess a deeper understanding than men of what it means to be human.

　「女性は自己中心性がなく，辛抱強くて，献身的であり，母性本能に富むがゆえに」と言われると，女性諸君は「そうだ，そうだ」と頷くかもしれぬが，男性諸君は「そう決めつけたもんじゃないぞ」と，いささか面白くないかもしれぬな。とにかく人間は男と女から成るわけだが，この男と女，同じ人間とは言いながら，まったく別種の生物かもしれぬ。「女を人間に分類したのは，古代の生物学者の大いなる間違いであった」という言い方があるかと思えば，「男は人間以下の存在であり，唯一の人間は女である」という言い方もある。とにかく文化人類学者アシュリー・モンターギュの意見に従って，男と女の特質の相異について考えてみよう。

　名詞構文の名詞を使うと，「make (have, take, get, give)＋名詞＋（意味上の目的を示す）of」で他動詞の動詞一語にあたる句を作ることはすでに学習済。例えば，make rapid progress＝progress rapidly, give a loud cry＝cry loudly など。**possess a deeper understanding of～**は，この構文の have a deeper understanding of～(＝～をより深く理解している) の have を，それと同義の，より文語的な possess に替えたものと理解できる。ただし倒置により，understanding と意味上の目的語を表す of 句とのあいだに **than men** が入ってきておる。本来の語順は，possess a deeper understanding of what it means to be human than men だが，意味上の目的語 what it means to be human が節になって，やや長いために，比較級 (deeper) と比較の対象 (than men) との結びつきをより明確にせんがためには，of 以下の節と比較の対象 than men とを倒置させるほうがわかりやすいのは納得してもらえるだろう。もちろん，**what it means to** be human において，it は真主語 to be human 以下を示す形式主語（「人間であるとはいかなることか」）。

「(女性は自己中心性がなく，辛抱強くて，献身的であり，母性本能に富むがゆえに) 女性のほうが男性よりも，人間であるということがいかなることであるかを男性以上により深く理解している」。

[3-5] **Women live the whole spectrum of life; they don't think in terms of achromatic black and white, "yes" and "no," or in terms of the all-or-none principle, as men are inclined to do.**

「女性が the whole spectrum of life を生きている」ということの意味を，セミコロン（；）以下の文が具体的に説明しておる。スペクトル（spectrum）とは，プリズムなどの分光によると光はその波長の長さにより紫・藍・青・緑・黄・オレンジ・赤の7色に分類されるように，人生（life）も，抽象的・論理的から感情的・情緒的，本能的から理性的，世俗的から超俗的，動物的から人間的と，いろんな局相に分類される。女性は人生のそういうすべての局相（the whole spectrum of life）を生きるが，男性は「あれか，これか」，単純な二者択一の，二元論の人生観を採りがちであるという。早い話が，女性は複雑で奥行きがあり，男性は単純で抽象的な存在だというのだろう。

セミコロンは，「即ち，つまり」くらいの感覚で，前の文の内容を具体的に説明しておる。achromatic black and white は，「無色の黒と白」ではおかしいだろ。「無色の"黒と白"」といったって，黒も白も「色」だもんな。ここの「無色の（収色の）」とは，「黒」から「白」までの色の"スペクトル"の中で，その中間の「色が無い」こと，「あれか，これか」，両極端のどちらかにすぐについてしまいということだろう。「色の彩(あや)のない"黒と白"の点から（考える）」とは，次に書いている「"イエスとノー"で（考える）」，つまり「**all-or-none** "オール・オア・ナッシング"の原理で（考える）」ということに当たるじゃないか。**they don't think** は **as men are inclined to do** につながって（したがって do は think の代動詞で），「女性は男みたいに（〜のかたちでは）考えない」。

「女性は人生のすべての局相を生きる。男性みたいに，中間色のない"黒か白か"，"イエスかノーか"，あるいは"オール・オア・ナッシング"の原理の点からのみ考えたりはしない」。サリンジャーはその世界的ベストセラーの小説『ライ麦畑でつかまえて』の中で，「未成熟な人間の特徴は，ある大儀のために高貴なる死を選ぶところにあり，成熟した人間の特徴は，ある大儀のためにつましく生きようとするところにある」(The mark of the immature man is that he wants to die nobly, while the mark of the mature man is that he wants to live humbly for one) という心理学者ウィルヘルム・シュテッケルの言葉を紹介しておるが，どうも女は人間として「成熟」しており，やれ「生命を賭ける」とか，

やれ「後世に名を残す」とか，ご大層な抽象的な生き方を選ぶ男は，人間として「未成熟」なところがあるな。歴史上，偉大な哲学者，偉大な音楽家や画家，さらには偉大な料理人にも女性は一人もいないなどという，つまらん事実を持ちだすなよ。ここは，人間としての本質論をやっておるんだ。

[5-8] **Women are more ready to make adjustments, to consider the alternative possibilities, and to see the colors and gradations in the range between black and white.**

　男が「黒か白か」の点からしか物事を考えないとしたら，女性はどういうかたちに物事を考えるかが，この文で述べられておる。**make adjustments** は，先ほどの「make＋名詞構文の名詞」の構文から，adjust という動詞に相当するが，「女性は調節する」などと訳して澄ました顔をしてるんじゃないぞ。男みたいに「イエスかノーか」と，両極端のどちらかを選び取ろうとする姿勢に対し，女性が「調整」するとはいかなることか？　「ものごとの釣り合いを取る」「ものごとの案配を考える」ということだろ。つまり，**consider the alternative possibilities**（「他の可能性を常に考える」）ということだし，そうなると **see the colors and gradations in the range between black and white** の意味もわかってくるな。between black and white は range にかかる形容詞句（「黒と白のあいだの色のスペクトル」）。「黒と白のあいだの領域のいろんな色彩と濃淡を勘案する」。

[8-9] **By comparison with the deep involvement of women in living, men appear to be only superficially so.**

　またも出ました，名詞構文！　**the deep involvement of women in living** を「生きることの中における女性の深き包含」なんて，いまだに訳しておる御仁はいないよな。つまり involvement の中に動詞か形容詞の意味を読み込むわけだが，動詞で involve in～では通じない。となると，be involved in～（「～に関わっている，関係している；熱中している」）と，形容詞的な意味を読み込めば，とうぜん of は意味上の主語を表すので，women are deeply involved in living（「女性は生きるということに深くかかわっている」）というネクサスが見えてくるだろ。**so** は，前方照応的に先行する語（句）を受けて「そのように」の意。例えば，"Did they discuss it openly and frankly?" "Anybody would discuss it so." では，so は openly and frankly を受けて，「みんな，その件は率直に，ざっくばらんに話し合いましたか？」「誰だってそういう風な話し合いをやりますよ」となる。つまり本文の so は，名詞構文 the deep involvement の中に込められている述部的な過去分詞の to be deeply involved (in living) を受けておることになる。「男性はほんの表面的にしか（生きることに）関わっていないように思われる」。「女性が生きるということに深くかかわっているのに較べると，男はごく表面的にしか関わっていないように思われる」。

[9-11] Compare the love of a male for a female with the love of the female for the man. It is the difference between a rivulet and a great deep ocean.

　名詞構文を理解して抽象名詞を動詞や形容詞の意味を込めた名詞に訳すと，たしかに訳文は読みやすい自然な訳文となることが多いが，反面，冗漫で説明臭い訳になることもまた多い。ここの the love of a male for a female と the love of the female for the man の二つの句の場合はどうなるだろう？　of が意味上の主語，for が意味上の目的語を表している名詞構文だから，それぞれ「男が女を愛すること」「女が男を愛すること」と取り，「男が女を愛する場合と，女が男を愛する場合とを較べていただきたい」と訳しても，まあ，さほど冗漫とは言えないし，逆にそのまま抽象名詞に訳して，「女に対する男の愛と，男に対する女の愛とを較べていただきたい」（日本語の助詞「の」も，意味上の主語を表す）でも，立派な日本語の文章だと思う。そのへんのところは臨機応変，自分の日本語の感覚で訳してくれ。

　「男が女を愛する場合と，女が男を愛する場合とを較べていただきたい（吾輩は，せっかく名詞構文の練習をつけているのだから，名詞構文で訳すほうを採るかな）。それは，さらさら流れる小川と，広大な深い大海ほどの違いがある」。小川と大海の違いだって！　かつてモームは，「女は恋に生きるが，男は仕事に生きる。恋に生きる男もいないわけではないが，それはよほどつまらない男だ」という意味のことを言ったことがある。確かに自分と自分の人生を賭けた女の「愛」は，大海ほどにも広大にして深いよな。

[11-16] Women love the human race; men are, on the whole, hostile to it. Men act as if they hadn't been adequately loved, as if they had been frustrated and rendered hostile, and becoming aggressive they say that aggressiveness is natural and women are inferior in this respect because they tend to be gentle and unaggressive!

　「女は人類を愛するが，男は，全体として，人類に敵意を抱いている」。このへん，異論のある人もおることじゃろうが，同じ文化人類学者のマーガレット・ミードも，「男は戦争ばかりしているから，世界の政治は本当に人類を愛している女にまかせたほうがいい」というような意味のことを述べておる。**Man act as if they hadn't been adequately loved** の文において，as if に導かれた節は仮定法を取ることが多いとしても，主節の act が現在形なのに，従属節の中の動詞が hadn't been と過去完了形なのは，おかしくないか？　よく考えてみろ。この形はすでにこれまで何度か出てるぞ。そう，もうわかったな。従節の中の文は，もともと現在完了形の they haven't been adequately loved （「彼らはこれまで充分な愛を受けてこなかった」）であり，その現在完了形の haven't が仮定法の過去である hadn't に代わったものだ。「男というものは，これまで充分な愛を受け

てこなかったかのごとき行動を取る」。

　この as if they hadn't been adequately loved という節と，次の **as if they had been frustrated and rendered hostile** の節が，カンマだけで and もなく列挙されておるということは，内容的に同じである並置だ。「まるでこれまで充分な愛を受けずに育ってきたかのごとくに」と，「まるで欲望を抑えつけられ，他者に対し敵愾心をもつようにさせられてきたかのごとくに」が，内容的に同一なものであることはわかるな。子どもに充分な愛を注がずに育ててみろ。その子は，ずっと内に抑えつけられたものを持って育ち，他者に対し愛ではなくて敵意をもった人間になってしまう。男というのは，全員がそのような育てられ方をした子どもみたいな存在なんだって！

　becoming aggressive はカンマがないけれど，分詞構文の句であることはわかったな？　原則的には aggressive の次にカンマがあるべきだろうが，いちいちカンマがなくてもわかりやすいときには作家はカンマを付さないこともある。とくにこの場合，aggressive の次にカンマをつけてしまったら，その前の等位接続詞 and の前にもカンマがあるから，逆にまるで and becoming aggressive がひとまとまりのグループのように思えてしまって，余計な混乱を（？）招きかねぬ。分詞構文の用法はなんだろう？　軽い「理由」がいいかな。ここは，前後の内容を理解して，分詞構文に込められた節内容の because they become aggressive を単に，「攻撃的になるので」とやるよりも，「自分が攻撃的になるものだから（男たちは，攻撃性は人間本来のものであり，性穏やかにして非攻撃的な女性は，この点において男に劣る，などとと言ったりする）」とやったほうがいいだろう。**inferior** の次には，もちろん，内容から明らかな比較の対象の to men が省略されておる。ここは，この比較の対象は訳出したほうが意味がすっきりするぞ。

[16-18] But it is precisely in this capacity to love and unaggressiveness that the superiority of women to men is demonstrated.

　全体は，むろん，in this capacity to love and unaggressiveness の強調構文で，その強調された部分をさらに副詞 precisely（「まさに」）が強めておる。「**the superiority of women to men** が示されるのは，まさに **this capacity to love** と **unaggressiveness** においてである」という訳の構造。不定詞句 to love は同格的に capacity にかかる形容詞的用法で，「愛するというこの能力」。そして，the superiority of women to men が名詞構文になっとるぞ。superiority は動詞形はないから形容詞の to be superior（よりすぐれているということ）の意味が織り込まれ，of が意味上の主語を表して，to men という形容詞句は be superior to〜（＝〜よりもすぐれている）につながる副詞句となる。つまりこの名詞構文の句に込められた節内容は，women are superior to men（「女が男よ

りもすぐれているということ」)。全文の訳は、「女が男よりもすぐれているということが示されるのは、まさにこの愛する能力と非攻撃性とにあるのである」となる。

> **訳例**　女性は、利己心がなく、寛容で、自己犠牲の心に富み、母性的であるために、人間であるということがいかなることであるかを、男性以上に深く理解している。女性は人生のすべての局相を生きており、男性のように、中間色のない「白か黒か」、「イエスかノーか」、あるいは「オール・オア・ナッシング」の原理などの点からのみ考えるということをしない。女性は、一方に偏しない調節を図り、他の可能性を常に考え、白と黒との領域のあいだの色彩や濃淡を見ようとする。女性が生きるということに深くかかわっているのに較べると、男性の関わりはごく表面的でしかない。男性が女性を愛する場合と、女性が男性を愛する場合とを較べてみていただきたい。それは、さらさら流れる小川と、広大にして深い大洋との違いがある。女性は人類を愛しているのに対し、男性は一般に、人類に敵意を抱いている。男性は、これまで充分な愛を注がれたことがないかのごとくに、まるで欲求を抑えつけられてきたがために敵意の固まりとなってしまったかのごとき行動を取り、自分が攻撃的なために、攻撃性は人間本来のものであり、性穏やかにして攻撃性のない女性は、この点において男性に劣る存在だなどと言ったりする。しかし、女性が男性よりもすぐれていることがはっきりと示されるのは、まさにこの愛する能力と非攻撃性においてである。

文法要点

> ◆**名詞構文**。もともと日本語は情緒的な言語であるが、それでも英語の（抽象）名詞構文に相当する表現がないわけではない。英文和訳においては、英文の抽象名詞を抽象名詞のまま訳しても日本語として不自然でなかったら、そのまま抽象名詞のまま訳せばよろしい。逆に抽象名詞を抽象名詞のまま訳したのでは訳文が日本語として生硬で不自然になると思ったら、そのときには英語の抽象名詞の中にその名詞の動詞形や形容詞形の意味を読み込んで、自然で、かつ冗漫でない日本文の作成を心がける。

第二十三番　離れていてもデキてる二人——相関語句
Some people travel on business, some in search of health.

　どうも我ながら下品な番題とは思う。「離れていてもデキてる二人」。でも，いるだろ，職場などで，ふだんはなに食わぬ顔で普通に接しているのに，じつは裏でデキてるという，いやらしい，あるいは狡猾な，あるいは巧みなカップルが？英文という場でもいるんだよ。文中で離れておかれているから，なにもつながりはないと思ったら，じつは裏で手を結んで，ひとつのまとまった表現をおこなうっていうカップルが。そういういやらしいカップルを，英語では相関語句という。「相互に関わってる」ってやつ。狡猾なカップルの"関係"を見落とすな。

　　Some people travel on business, some in search of health. But it is neither the sickly nor the men of affairs who fill the Grand Hotels and the pockets of their owners. It is those who travel 'for pleasure', as the phrase goes. What Epicurus, who never traveled except when he was
5 banished from his country, sought in his own garden, our tourists seek abroad. And do they find their happiness? Those who frequently visit tourist resorts must often find this question, with a tentative answer in the negative, fairly forced upon them. For tourists are, in the main, a very gloomy-looking tribe. I have seen much brighter faces at a
10 funeral than in the Piazza of St Mark's, Venice. Only when they can band together and pretend, for a brief, precious hour, that they are at home, do the majority of tourists look really happy. One wonders why they come abroad.
　　The fact is that very few travelers really like traveling. If they go
15 to the trouble and expense of traveling, it is not so much from curiosity, for fun, or because they like to see things beautiful and strange, as out of a kind of snobbery. People travel for the same reason as they collect works of art: because the best people do it. To

第二十三番　離れていてもデキてる二人——相関語句　249

> have been to certain spots on the earth's surface is socially something
> 20 one can boast of; and having been there, one is superior to those who
> have not. Moreover, traveling gives one something to talk about when
> one gets home. The subjects of daily conversation are not so numerous
> that one can neglect an opportunity of adding to one's store.
> 　　　　　　　　　　　　　　　(Aldous Huxley: *Along the Road*)

単語

a man of affairs＝実務家／**Epicurus** エピクロス（ギリシャの哲学者；快楽主義を唱えた）／**banish**(v.)　追放する，追い払う／**tentative**(a.)　試験的な，実験的な；不確かな，躊躇いがちな／**in the negative**＝否定形で。Cf. in the affirmative（＝肯定形で）／**fairly**(ad.)　かなり，相当に，いくぶん。(quite, rather, pretty より意味の弱い語)／**in the main**＝概して，大部分は（in general, on the whole, mainly）／**gloomy**(a.)　憂鬱な，陰気な／**tribe**(n.)　部族，種族；集団，連中／**piazza**(n.)　（とくにイタリアの都市の）広場／**band**(v.)　(〜に反対して) 団結する／**snobbery**(n.)　俗物根性，鼻持ちならない上流崇拝。Cf. snob(n.)　俗物，スノッブ／**boast (of〜)**(v.)　(〜を) 自慢する，鼻にかける／**numerous**(a.)　たくさんの，数多くの／**add to〜**＝〜を増す，増やす／**store**(n.)　蓄え，貯蔵，蓄積。

解説

[1]　Some people travel on business, some in search of health.

いきなり相関語句のご登場。**some** は，「いくらかの，多少の，一部の」の意で，不定の数や量を漠然と指す不定代名詞。要するに「一部」であって「全員 all」ではないことをいうから，Some〜, some...と相関すれば，「〜する者もいれば，…する者もいる」と訳すと，この相関の本当の意味がよく出るぞ。Some〜, others...と同じ。「仕事で旅行をする者もいれば，病気療養のために旅行をする者もいる」。

[1-3]　But it is neither the sickly nor the men of affairs who fill the Grand Hotels and the pockets of their owners.

強調構文の It is〜that...は，強調されるものが「人」の場合には **It is〜who...** の変形を取ることがあったな。その強調されている the sickly と the men of affairs に **neither〜nor...**（「〜でもなければ…でもない」）の相関語句がかかっておる。**the sickly** は「the＋形容詞」で複数普通名詞になるから，sickly people（「病人たち」）の意。「しかしグランド・ホテルに満ちあふれ，ホテルの経営

者たちの懐を暖かくしているのは，病人たちでもなければ，実業家たちでもない」。their＝of the Grand Hotels だから，their owners とは，「グランド・ホテルの経営者」のこと。「グランド・ホテルの経営者のポケットを満たす」ってのは，だから，ホテルの経営者をもうけさせて，ほくほく顔にさせてるってことじゃよ。

[3-4] It is those who travel 'for pleasure', as the phrase goes

　It is those who travel 'for pleasure' who do so（＝fill the Grand Hotels and the pockets of owners）の強調構文において，内容上明らかな who ～以下が省略されたかたち。as the phrase goes の the phrase は for pleasure（「楽しみのために，慰みに」）というイディオムを指しておる（「慣用語句で言うように」）。「それをやっているのは，いまや用語として定着した"観光旅行"の連中である」。

[4-6] What Epicurus, who never traveled except when he was banished from his country, sought in his own garden, our tourists seek abroad.

　前文の「省略」といい，ここの「倒置」といい，この練習題，本章の「相関語句」の練習題と同じくらいに，次章の「特殊構文」でも使いたいくらいの文章だよ。どこに「倒置」が使われているか，わかっただろうな？　そう，**our tourists seek** の目的語 **what Epicurus sought** が，強調のために文頭におかれておる。その目的語の中において，**who never traveled except when he was banished from his country**（「母国から追放されたとき以外は旅行などしたことのない［エピクロス］」）が **Epicurus** を修飾し（文のつながりを明確にせんがために連続用法的にコンマでくくられておるが，ここは目的語の中の関係詞節であり，目的語自体が他の動詞にかかっていくわけだから，限定用法的に後ろから訳したほうがいい），さらに **in his own garden** という副詞句が **sought** にかかっておる。「母国から追放されたとき以外は旅行などしたことのないエピクロスが自分の庭に求めたもの［快楽］を，現在の旅行者たちは海外に求めている」。

　エピクロスは，「快楽こそが善であり人生の目的だ」と唱えた快楽主義者とされておる。だが，いまみたいな堕落した時代に生きているわれわれは，「快楽」というとすぐに肉体的なあっちのほうの快楽を思い出しちゃうな。エピクロスの「快楽」は違うぞ。彼は，そもそも人間の欲求を，自然で必要な欲求（たとえば友情・健康・食事・衣服・住居を求める欲求），自然だが不必要な欲求（たとえば大邸宅・豪華な食事・贅沢な生活），自然でもなく必要でもない欲求（たとえば名声・権力）の三つに分類した上で，この自然で必要な欲求だけを追求し，そうして生じる「平静な心（アタラクシア）」を追求することが善，つまりは人生の快楽であると規定したんだ。この理想を実現しようとして開いたのが「庭園」とよばれる共同生活の場を兼ねた彼の学園「エピクロスの園」じゃ。ただ二，三

度，友人に会いにイオニアの地方に急ぎの旅に出かけた以外はギリシャの地を離れることはなかった彼のもとに，四方八方から多くの人々が集まって来て彼の庭園で生活を共にし，きわめて節約かつ質素な暮らしをしたそうだぞ。とすると，先ほどの for pleasure というフレーズ，travel とのつながりで「楽しみのために旅行する」から，日本語のフレーズの「観光旅行をする」と訳しちゃったが，ここはエピクロスとの対比において，文字どおりに「快楽のために（旅行する）」と訳さないと，意味が通じないことになってしまうな。つまり，エピクロスが自分の庭園で求めたもの（「快楽 pleasure」）を，現代の旅行者は海外旅行（＝「快楽 pleasure のための旅行」）に求めている，というのが本文の意味じゃ。しかし，快楽というとすぐに「自然だが不必要な欲求」のほうに結びつけちゃうわれわれとしては，travel for pleasure「快楽のために旅行する」と聞くと，なんかそういう「快楽」を目的とした旅行をやっているらしい一部の連中（some）を思い出してしまう。エピクロスの「快楽」と，現代人の理解している「快楽」との，このギャップ！　英語としては，pleasure といっても狭い肉体的物理的な「快楽」だけを指すことにはならないから，本文の意味は立派に通じるのだが，日本語としては，「快楽のために旅行する」は，どうも語弊があるなあ。訳文では，なんとかうまく処理してくれ。人生の「愉悦」のことじゃよ。

[6-8] **Those who frequently visit tourist resorts must often find this question, with a tentative answer in the negative, fairly forced upon them.**

　もちろん，この **this question** とは，前文の do they find their happiness?　を指しておる。そんなことはいいとして，吾輩としては諸君が，those- find- this question- forced の「主語＋動詞＋目的語＋補語」のつながり，つまり第五文型と，with 句の付帯状況とを正確に理解したかどうか，それが心配でならぬ。まず第五文型。目的語と補語のあいだに意味上の主語・述語関係がある（＝this question is forced）のであるから，「この質問（「エピクロスみたいに人生の快楽としての善，幸福を，海外旅行で見つけましたか？」）がかなり無理やり押しつけられた（無理やり質問が発せられている）ように感じる」。そして付帯状況。with の次の名詞と，そのあとの補語とのあいだに，第五文型と同じ意味上の主語・述語関係がある（＝a tentative answer is in the negative）のであるから，「不安そうな答えを否定形で返しつつ」の意。

　「しょっちゅうリゾート地に旅行する観光客は，この質問のことを，不安そうに否定形で答えながらも，かなり無理やり押しつけられた質問と感じることだろう」。「無理やり押しつけられた質問」とは，「なんでそんなこと，訊かれないといけないの？」という当惑のことであろう。そりゃそうだろうな。「このリゾート地に来て，友情・健康・食事・衣服・住居などの自然で必要な欲求がじゅうぶん満たされたように感じますか？」と訊かれりゃ，「う〜ん，リゾートに来てん

のに，なんでそこまで考えないといけないの？」と思うんじゃないかな。

[10-13] Only when they can band together and pretend, for a brief, precious hour, that they are at home, do the majority of tourists look really happy. One wonders why they come abroad.

相関語句に not〜until... というのがある。「…するまで〜しない」とか，「…してはじめて〜する」という表現を作る。We don't know the value of health until we lose it なら「健康を失うまで健康のありがたみはわからない（健康を失ってはじめて健康のありがたみがわかる）」（強調構文は It is not until we lose it that we know the value of health）。そして **only when** というのが，この相関語句 not〜until... と同じ表現形態となる（＝only when we lose it do we know the value of health）。only と when とが「離れて」いない only when は，相関語句とは言えないかもしれないが，まるで相関語句であるかのように主節の内容と関係し合っているので，only when 節が文頭に来たときには主節で倒置のおこなわれるのが普通。この文は，The majority of tourists don't look really happy until they can band together and pretend, for a brief, precious hour, that they are at home（＝ Not until they can band together and pretend, for a brief, precious hour, that they are at home, do the majority of tourists look really happy），あるいはそれを強調した It is not until they can band together and pretend, for a brief, precious hour, that they are at home, that the majority of tourists look really happy と同じ意味。「大部分の旅行者は，一団となってまとまり，束の間の貴重なる1時間，自国にいるような気分になることができてはじめて，心から幸福そうな顔になる」。

となると，とうぜん，**One wonders why they come abroad**（「どうしてわざわざ海外まで出かけるんだろうと不思議になってくる」）。現在の日本はありがたいな。今朝の新聞なんかも，全面とか半面をとって，いくつかの旅行会社が海外旅行の宣伝を出していたぞ。それがどれも格安。リゾート地のグアムが，4日間で1万8千円なんてのもあったぞっ！　日本はいまや空前の旅行ブームと言える。しかし吾輩も，このハクスリーの文章を読む前から，パックツアーの日本人の大部分は本当に海外旅行をしているのかと，自分のことは棚に上げて思っていた（しかし吾輩も，少なくともパックツアーにだけは"参加"しない）。本当に人間的な意味で旅行を楽しんでいるのか？　むしろ，海外旅行に行ってきたという自己満足の思いのために旅行をしている人が多くはないか？

[14] The fact is that very few travelers really like traveling.

ここの **The fact is that〜** という表現（「事実は〜である」から「じつを言うと，ほんとうのところ，〜」）は，すでに前に出た。「じつを言うと，本当に旅行の好きな人はほとんどいない」。

[14-17] If they go to the trouble and expense of traveling, it is not so much from curiosity, for fun, or because they like to see things beautiful and strange, as out of a kind of snobbery.

　go to the trouble of ～ing というのは，take the trouble to ～(「わざわざ～する，～する労を惜しまない」) の意味だろうし，**go to the expense of ～ing** というイディオムも，見たことがないが，「金をかけて～する，～するのに金を惜しまない」(日本語でいう「高い金を払って～する」) の意味だろう。とすると，**go to the trouble and expense of ～ing** は，「わざわざ時間と金をかけて～するとすれば」の意味となるな。

　そして，**not so much～as...** (「～というよりもむしろ…」) が相関語句 (not so much as～とつながると，イディオムとなって，「～すらない (not even)」)。ここで重要な相関接続詞 (Correlative Conjunction) をまとめておこう。全部まとめるといっても，本格派の諸君にとっては，いまさら改めて説明するまでもないものが多い。たとえば，not～but...＝「～ではなくて…」，not only (merely, simply, alone) ～, but (also) … (＝not only～, but...as well)＝「～だけではなくて…も」，both～and... (＝equally～and..., at once～and...)＝「～と同様に…も (～も…も)」，～as well as...＝「…だけではなくて～も (～だけではなくて…も)，either～or...＝「～か，あるいは…か」，neither～nor...＝「～も…もではない」，as～as...＝「…と同じく～」，not so～as...＝「…ほど～ではない」，one～, the other...「一つは～，もう一つは…」，some～, others...「～する人もいれば，…する人もいる」「～するものもあれば，…するものもある」，so～that...＝「大層～なので…」，so＋形容詞・副詞＋that...＝「(結果) 大変に～なものなので，…；(程度) …なくらい (ほどに) ～」，～so that S＋may (can, will) … ＝「Sが…するように (するために) ～」，may～, but...＝「～かもしれないけれど，…」，would rather (sooner)～than...＝「…するくらいならむしろ～したい」など。以下にそれ以外の重要な相関語句に簡単な説明を加えておく。

a. There is an important distinction between uneducated speech and educated speech in English. The former can be identified with the regional dialect, while the latter moves away from it to a form of English that cuts across dialectical boundaries.

b. There are some natures so constituted that, due to be hanged at ten o'clock, they will play chess at eight.

c. It is true that even music and painting have a local and racial character: but certainly the difficulties of appreciation in these arts, for a foreigner, are much less than in poetry.

d. From the assumption that anything that is knowledge is teachable and that anything that is not knowledge is not, it follows that "if virtue is knowledge, then it is teachable; if not, then not."
e. Every person who wishes to attain peace of mind must learn the art of renouncing many things in order to possess other things more fully.
f. He seemed to me then exactly as old as he does now. I am not so much surprised that he should seem no older now as that he should not have seemed younger then.

　a．The former〜, the latter...（The first〜, the second...; That〜, this...）は「前者は〜，後者は…」。「英語では，無教養な階層の言葉と，教養のある階層の言葉とでは大きく異なっている。前者は地域的な方言と符合するのに対し，後者は方言などの境界を越えた独特の英語の形に達している」。

　b．so＋動詞（be＋過去分詞）＋that...は「様態」を示し，後ろから訳して「…するように〜」。「10時には絞首刑になることになっているのに，8時までチェスをやっているような性格に生まれついている人間が世の中にはいる」。

　c．It is true (Indeed, I admit, To be sure)〜, but...は，「〜は認める（譲歩する）が，しかし…」というニュアンスで，「なるほど〜だが，しかし…」。「たしかに音楽や絵画にすら地域的な民族的な特色がありはするが，しかし外国人にとってのこれら二つの芸術の理解の難しさは，詩の難しさに較べるとはるかに少ないことはまちがいない」。

　d．If〜, then...。条件節（もし〜ならば）と呼応して，主節の文頭のthenが「（それ）だったら」と条件の意を強める。同様にAs〜, so...の相関は，様態節（〜するように）と呼応して主節の文頭のsoが「そのように」と様態の意を強めるし，Though〜, still...は譲歩節（〜だけれども）と呼応してstillが「なおかつ」と譲歩の意を強める。thenもsoもstillも訳出しないでいい場合もある。「知識であるものはすべて教えることが可能であり，知識でないものはすべて教えることができないという前提から，『もし美徳が知識であるならば，（だったら）それは教えることができるし，知識でないならば，（だったらそれは）教えることはできない』ということになる」。言ってることは分かるな？　たとえば人間の「品性」なんて徳は，それを持ってない人間に，知識としてそれを与えたりすることができるか？

　e．have to (must, it is necessary to)〜(in order) to...は「…したいんだったら，〜しないといけない」（8章で既出）。「心の平安を得たいと願うすべての人は，いくつかのものを人生で充分に成し遂げようと思ったら，他の多くのものをあきらめる術を身につけないといけない」。

f. not so much〜as...。more〜than...であれば「…よりもむしろ〜」であるから (He is more a merchant than a teacher.=「彼は教師というよりもむしろ商人だ」), その劣等比較の形の not so much〜as...は「…であるほどには〜でない」から「〜というよりもむしろ…」の意 (He is not so much a teacher as a merchant.=「彼は教師というよりもむしろ商人だ」)。前から訳す。「当時の彼は, いまの彼とまったく年が変わらないように見えた。わたしとしては, いまの彼が当時とまったく変わっていないということよりも, むしろ当時の彼がいまよりも若く見えなかったということに, 驚きを禁じえない」。

[17-18] People travel for the same reason as they collect works of art: because the best people do it.

たしかに **the same〜as...** と相関はしておる。ここの as は先行詞 the reason にかかる (疑似) 関係副詞。「人々は美術品を蒐集するのと同じ理由から旅行に出かける」。その「理由から for the (same) reason」と **because the best people do it** とが同格。前文に, 大概の人間が旅行をするのは本当に個人的な興味や関心からというよりも,「一種の俗物根性から」だとあったな。「俗物根性」ってのは,「バスに乗り遅れまい」とか,「裕福な人たちのやってることだから」と, 世の流行や風潮に流されること。つまり, the best people とは, 大概の人間のあこがれている「金持ち連中」「上層階級の人間」のこと。人間として「最もすぐれた人々」なんてことじゃないぞ。

句読点は comma (,), colon (:), semicolon (;), period (.) の順に区切りが強くなる。コロンは説明句を述べるときに用いられるが, ここは前文の内容を説明しているというよりも, for the same reason の同格ないしは並置として, その理由を説明したもの。普通はカンマでいいと思うが, 並置が節となっているため, カンマで区切ったのじゃろう。日本語も区切ろうか。つまり,「人々が旅行に出かけるのは名画を蒐集するのと同じ理由, すなわち, 上流階級の人間が同じことをやっているからである」とやるよりも, 区切って,「人々が旅行に出かけるのは, 名画を収集するのと同じ理由からである。上流階級の人間がやっているから」とやってもいい。

[18-21] To have been to certain spots on the earth's surface is socially something one can boast of; and having been there, one is superior to those who have not.

something which は what と同義だったな。だから **something (which) one can boast of** も,「人が自慢できる何か」などとやらず,「人が自慢できること(もの)」とやる。「地球のいくつかの地に行ったことがあるということは, 社会的には自慢できることであり」。**having been there** は, もちろん分詞構文だが, ここは「理由」にとろうか。「そこに行ったことがあるゆえに, 行ったことのな

い人よりはすぐれた人ということになる」。だが，まあ，あまり杓子定規に「理由」に訳したりはせず，そもそも分詞構文というのは曖昧な構文だし，「そこに行ったことがある<u>となれば</u>，それだけで，そこに行ったことのない人よりはすぐれた人間ということになる」くらいでいいだろう。

[22-23] **The subjects of daily conversation are not so numerous that one can neglect an opportunity of adding to one's store.**

さっき「so～(形容詞・副詞)＋that...」の相関語句に触れたけど，これの否定形（not so～that...）は注意を要する。問題は not がどこにかかるかということ。例えば，She was not so sad that she did not want to speak to anyone を訳してみよう。not が be sad の部分だけにかかると理解すると，「彼女はあまりに悲しくなかったので，誰とも話をする気分になれなかった」などと，彼女は地球人類とは思えない，"人情"に反する生物になっちゃう。相関語句は相関の関係にあるんだから，so と that は，離れてはいるけどつながってるんだよ！　not が，つながっている二人の so と that のうち so だけを取り出して"関係"したら，ヤバイだろ？　つまり，not は so sad that she did not want to speak to anybody の全体にかかる。このとき so～that... は「大変～なので…」と前から「結果」に訳すと，<u>「大層悲しくて誰とも話をしたくなかったということはなかった」</u>なんて訳になっちゃうので，「…なくらいに～」と後ろから「程度」に訳し，<u>「誰とも話をしたくないほどに悲しくはなかった」</u>と訳すと，すっきりする。本文も「日常会話の話題は，自分の **store** を増やす機会を無視する<u>ことができるほどに数は多くはない</u>」の訳。ところで，この store って何だぁ？　「自分の店を増やす」などと，どこかの有能な商店主みたいな訳をするな。ここの store は「蓄え」。つまり，日常会話での話題の「蓄え」のこと。話題が豊富なら「蓄えが多い」ってことになる。

<u>訳例</u>　商用のために旅行をする人もいれば，健康回復のために旅行をする人もいる。しかしグランド・ホテルのロビーにあふれ，ホテル経営者の懐を温かくしているのは，そういう病弱者や実務家たちではない。それをやっているのは，観光旅行という意味の"快楽のため"に旅行をしている人たちである。母国から追放された時をのぞいては決して旅行をすることのなかったエピクロスが自分の庭園で求めた"快楽"を，現代の旅行者は海外で求めていることになる。しからば，現代の旅行者は，"快楽"たる幸福を海外で見つけているのか？　しょっちゅうリゾート地に出かけている旅行者は，このわけのわからない問いにノーでもって答えながらも，質問の意味を探りかねることだろう。というのも旅行者というのは，ざっと見渡してみるに，いかにも陰鬱そうな顔をした人種だからである。わたしはヴェニスの聖マルコ広場よりもお葬式の場のほうにもっとはるかに

明るい顔を見てきた。大部分の旅行者は，一団にまとまって，束の間の貴重な1時間，自国にいるときのような気分になることができてはじめて，心底から幸福そうな顔になる。だったら海外に出かける理由などどこにある？

　じつをいうと，旅行者には本当の旅行好きはほとんどいない。わざわざ時間と金をかけて旅行に出かけるとしても，それは好奇心からとか，旅行を楽しむからとか，美しいエキゾチックなものを見るためとかというよりも，むしろ一種の俗物根性からなのだ。人々が旅行をするのは名画を集めるのと同じ。上流階級の人間のマネをするためである。地球上のいくつかの土地に行ったことがあるというのは，社会的には，自慢するに足ることであるし，そこに行ったことがあるとなれば，行ったことのない人よりはすぐれた人間ということになる。さらに，旅行をすると，国に帰ったときに話のタネができる。もともと日常会話の話題というのは，話のタネを増やすことのできるチャンスを無視することができるほどに数の多いものではないのだ。

文法要点

◆一つの意味内容を表すべく組（ペア）で使う接続詞のことを相関語句という。

- **Some〜, some...; Some〜, others...** ＝「〜する人もいれば，…する人もいる」；「〜するものもあれば，…するものもある」。「〜する人もいれば，〜する人もいるし，〜する人もいる」なら Some〜, others〜, others〜, …となるし，全員のことを言いたいのであれば，Some〜, others〜, others〜, ...and the others〜となる。
  <u>Some</u> people travel on business, <u>some</u> in search of health.
- **either〜or...** ＝「〜か…か」，**neither〜nor...** ＝「〜でも…でもない」。
  It is <u>neither</u> the sickly <u>nor</u> the man of affairs who fill the Grand Hotels.
- **not〜until...** ＝「…してはじめて〜する」（強調構文は It is not until...that 〜）。これに相当するのが only when..., 〜（「…してはじめて〜する」）。
  <u>Only when</u> they can band together, do they look really happy.
- **not so much〜as...**（＝not〜so much as...）＝「〜というよりはむしろ…」。
  If they go to the trouble and expense of traveling, it is <u>not so much</u> from curiosity <u>as</u> out of a kind of snobbery.
- **so〜that...** ＝「（[結果] は前から訳し）大変〜なので…；（[程度] は後ろから訳し）…なほどに〜」。ただし否定文となった not so 〜 that...の場合は，not は not×（so〜that...）のかたちに相関語句で表された意味内容全体を否定するので，so〜that...は「程度」に訳し，全体で「…なほどに〜ということはない」。

The subjects of daily conversation are <u>not so</u> numerous <u>that</u> one can neglect an opportunity of adding to one's store.

第二十四番　特殊構文
Of the advantages and of the pleasures of travel ...

　これまで英文を構成する主要な文法的要素に関し，徹底的な稽古をやってきた。そしてこの章では，文法というよりも構文的に特殊な形式についてまとめておこう。特殊構文と呼ぶべきものとしては，次の五つの構文がある。
　(1)同格（Apposition）構文は，名詞（相当語句）を他の名詞（相当語句）と並べて説明を加えるときの構文。並べておかれているものが句や節の場合には，吾輩はこれまでとくにこれを並置（juxtaposition）構文と呼んできた。要するに「同格」と同種のものじゃ。
　(2)倒置（Inversion）構文は，語（S）と動詞（V）の通常の位置が逆になる構文。動詞に助動詞がついていなければ「V＋S」となるが，助動詞がついていれば「助動詞＋S＋V」となる。
　(3)挿入（Parenthesis）構文は，語・句・節を文中に挿入する構文。前後がコンマやダッシュや括弧で区切られているので見分けやすい。
　(4)省略（Ellipsis）構文は，語句の重複を避けるため，あるいは慣用的に，文の一部分を省略する構文。
　(5)共通（Common Relation）構文は，語句の重複を避けて文を簡潔にするための構文で，省略構文と共通点がある。

　Of the advantages and of the pleasures of travel there is little need to speak—they are too obvious. New lands, new peoples, new experiences, all alike offer to the traveler the opportunity of a wider knowledge. He may add almost without limit thus to his stores,
5 although in this field as most in others it must be remembered that "he who would bring back the wealth of the Indies must take with him the wealth of the Indies"—in other words he will gain just in proportion to the knowledge and appreciation which he brings. But greater than any knowledge gained is the influence which travel exerts or should exert
10 on habits of thought, and on one's attitude to one's fellow man. A

wider tolerance, a juster appreciation of the real values in life, and a deeper realization of the oneness of mankind—these are some of the results which travel rightly pursued cannot fail to produce. Quite apart, moreover, from any or all of these things, desirable as they are, is the pleasure of travel in itself. This is for some the main, and for many at least an important if unadmitted, motive. To the real traveler there is no joy which is keener, no pleasure more lasting, than that of travel. There is fatigue, hardship, perhaps suffering, to be endured—for him this is of small moment, for they will soon pass.

(William Allan Neilson: *Lectures on the Harvard Classics*)

単語

too(ad.) ［略式］非常に，とても，大変／**obvious**(a.) 明らかな，明白な，明瞭な／**Indies**(n.) (古)［the～；複数扱い］インド諸国 (India, Indochina, 東インド諸島 the East Indies などを含む)／**in proportion to(with)**～＝～に比例して，が増すにつれて (to+O の代わりに as 節を用いることも稀にある)／**gain**(v.) 得る，手に入れる，獲得する／**exert**(v.) (力などを) 使う，働かせる，及ぼす。have (exert, produce) influence (an effect) on (upon, over)～＝～に影響を与える (及ぼす)／**tolerance**(n.) 忍耐(力)，我慢；寛容，寛大さ。Cf. tolerate(v.) (人・宗教・言動など) を許容する，寛大に扱う；～に耐える，を我慢する／**pursue**(v.) 追う，追跡する；(目的・快楽など) を (とことん) 追い求める／**cannot fail to**～＝必ず～する (＝～without fail)／**moreover**(ad.) その上，さらに，加えて／**fatigue**(n.) (身心の極度の) 疲労／**moment**(n.) 重要(性)。of (no, small, little, no small, great) moment の形で＝少しも (わずかに，ほとんど) 重要でない，少なからず (大いに) 重要である (of importance)

解説

前番に引き続き同じ旅行論であることは申し訳なく思うが，前番が，現在では本当の名に値する旅行がほとんどおこなわれていないという，昨今の旅行ブームに警鐘を鳴らす評論であったのに対し，当番は，しからば真の旅行とはいかなる形でおこなわれるべきものかという，旅行のあるべき姿を論じたものである。そういう意味では論旨に一貫性と発展性があるわけで，もって諒としてくれ。

[1-2] Of the advantages and of the pleasures of travel there is little need to speak—they are too obvious.

「強調」のための「倒置」は次の三つの場合に起こる――

① 程度を示す副詞が強調で文頭に来た場合。
Such a fear of death does he have that one can hardly say the dread word in his presence. (「彼の死に対する恐怖感たるや相当なもので，彼の前では死という言葉をほとんど使えないくらいだ」)
② 補語になる形容詞が文頭に来ている場合。
Blessed are the pure in heart. (「幸いなるかな，心の清き者よ」)
③ 目的語になる語句が文頭に来ている場合。目的語が文頭に来ているだけで，「S+V」は不動なので，厳密な意味では倒置とは言えないかもしれぬ。
The hot weather I don't mind, but the smoggy weather I cannot stand. (「天気の暑いのは気にならないのですが，スモッグの多い天気は我慢できません」)
　本文の場合も speak の目的語 of the advantages and of the pleasures of travel が文頭に出ておる。there is のあいだに倒置は起きてないが，動詞と目的語のあいだがかなり離れているので，その関係を見失わないためじゃ。of travel は advantages と pleasures の両方にかかっていく共通関係。共通関係はもっとあとに複雑なものが出てくるから，説明はそのときにまわす。とにかく，「旅行のいい点と，その楽しみ」と，of travel を advantages と pleasures の両方にちゃんとかけねばならぬ。そうすると，of the advantages と書いたのに，次に of を省略して the pleasures と書いたりはせず，もう一度 of を繰り返して of the pleasures と書いた本当の理由が納得されるだろ。advantages と pleasures とは，はっきりと異質の二つのものであり，そのそれぞれに of travel がかかっているということじゃ。
　もちろん，they はその二つの advantages と pleasures を指しておる。「旅行の良い点と，その楽しい点をここで述べる必要はほとんどあるまい——それはあまりにも明らか（誰もが知っていること）である」。

[2-4] New lands, new peoples, new experiences, all alike offer to the traveler the opportunity of a wider knowledge.
　「同格」はこれまでも折りに触れ何回もやってきておるが，ここで改めてまとめておこう。同格は次の場合に起こる——
　① 名詞と名詞が同格の場合。「名詞＋名詞」と of を用いずに羅列したり，同格の of を用いて「N（名詞）＋of＋N（名詞）」としたり，間にコンマを入れて「N（名詞），N（名詞），」と記したりする。
The color white is a symbol of purity. (「白という色は純潔の象徴である」)
Strictly speaking, the City of London is a tiny area of roughly one square mile.
(「厳密に言うと，ロンドン旧市街は約1平方マイルの小地区である」)
Mr. Brown, chairman of the board, read the report.

(「会の委員長ブラウン氏が報告書を読み上げた」)

② 名詞と名詞句が同格の場合は，「名詞＋to 不定詞」か「名詞＋of＋動名詞」の形をとり，名詞と名詞節が同格の場合は「名詞＋that＋名詞節」の形をとる。

There is little <u>need</u> <u>to speak</u> of the advantages of travel.
(「旅行の良い点について云々する必要はほとんどあるまい」)
I came to the <u>conclusion</u> <u>of his having deceived</u> her.
(「ぼくは彼が彼女を裏切ったのだという結論に達した」)
I came to the <u>conclusion</u> <u>that he had deceived</u> her. (同上)

③ 先行する句や節と名詞が同格の場合。この場合は先行の句・節を先に訳し，同格語句へと続ける。

<u>The summer continued hot and dry</u>, <u>a condition</u> which gave rise to the danger of forest fires. (「その年の夏は雨が降らずに乾燥していて，山火事の危険を起こしかねない状態だった」)

本文も，**New lands, new peoples, new experiences** と主語の名詞を列挙した名詞句があって，それと代名詞的に同格の **all** がそれを受けて主語となっておる。「はじめて訪れる国，はじめて見る国民，はじめての経験，<u>それらすべてが</u>～」。

強調のための倒置ではなく，文章のリズムを整えるための倒置がおこなわれることもあるぞ。第三文型「S＋V＋O＋副詞句」において，目的語Oを形容詞節などが修飾して目的語が長くなったときは「S＋V＋副詞句＋目的語」の語順になることがあるし，第五文型「S＋V＋目的語＋補語」において，目的語Oを形容詞節などが修飾して目的語が長くなった場合には「S＋V＋補語C＋目的語O」となることがある。

I found <u>dozing</u> on the bench the old <u>man</u> whom I had seen quarreling with his nagging wife the day before. (本来の第五文型の語順は I found the old man dozing on the bench であるが，目的語の man に whom 以下の長めの形容詞節がかかっておるために修飾関係がわかりにくくなるので，目的格補語の dozing on the bench を目的語の前にもってきた。「前日に口やかましい細君と口喧嘩をしているところを見かけた老人が，ベンチに座って居眠りをしていた」)

同様にして本文においても，本来の第三文型は all (alike) offer the opportunity to the traveler の語順であるが，目的語 opportunity に of a wider knowledge の形容詞句がかかって長くなったため，動詞にかかる副詞句 **to the traveler** を動詞 **offer** の直後においたもの。「人生をより深く知る<u>機会</u>を旅行者にあたえる」。

[4-8] He may add almost without limit thus to his stores, although in this field as most in others it must be remembered that "he who would bring back the wealth of the Indies must take with him the wealth of the Indies" —in other words he will gain just in proportion to the knowledge and appreciation which he brings.

　主語の **He** は **the traveler** を指す。ところで「the＋普通名詞」にはその名詞の「類全体」を表す総称的用法があり，ここは旅行者なるもの全体を指しておる（＝ travelers）。だからこの He を具体的に訳すなら「旅行者たち」，人称代名詞に訳すなら「彼」ではなくて「彼ら」となるはずだぞ。次にまた倒置が見られる。本来は add to his stores とつながるべきところ，この動詞に almost without limit という副詞句と thus という一語の副詞とがかかっておるため，文のリズムを整えるためにこの二つの副詞語句を動詞と，それにつながる副詞句（to his stores）との間に入ってもらって，**add almost without limit thus to his stores** となっておる。ところで，この **stores**，さっきのハクスレーとまったく同じ使い方をしておるな。さっきは「(話の) ネタ」みたいに訳してみたが，この「蓄え」，どう訳す？ 要するに「知識の蓄え」のことだろ。次の **although**，従属接続詞の原則にしたがって，後ろから「〜だけれども」と訳していると，この although 節が長すぎて，訳文のつながりがすごくまずくなる。そういうときは，あたかも although が等位接続詞であるかのように前から，「もっとも〜だけれども」くらいに訳しておけばいい。それから，これも「省略」の一種だが，**others** をボケッと「他者」などと訳すのではなく，「other＋前出複数名詞」の，その複数名詞が省略された形となることもあることに注意して，ここの場合だと others＝other fields の意にとるべきことくらい，気づけよ。また，もちろん，**it must be remembered that〜**において，it は that 以下の真主語を示す仮主語なのだが，「(that 以下は) 憶えていなくてはならない」の訳では，何かしまらないなあ。ほら，非干渉主義のアメリカ国民を日本との戦争に突入させるために考え出されたスローガン，Remember Pearl Harbor，あれ，「パール・ハーバーを憶えておきましょう」ではアメリカ国民は一丸となって戦争に突入してこなかったりはしなかったかも。ここは，「パール・ハーバーを忘れるな」と訳すと，本来の感覚が出てくる。本文も，「(that 以下を) 忘れてはならない」って訳がいいだろう。**he who〜**という，やや古い形は，one who 〜 や those who 〜 と同じく，「〜する人」と，一般的な人を表す言い方。He who hates Peter harms his dog（「ピーターを憎む人は，その犬をいじめる」→「坊主憎けりゃ袈裟まで憎い」）。**would** は注意しろ。ここの would も，やや古い形だが，「願望」を表す。Do to others what you would have them do to you（「他人にしてもらいたいと思うことを他人に為せ」）。would rather〜than... (「…よ

りもむしろ〜したく思う」のイディオムのなかに残っている「願望」の用法は知ってるはず）。**take with him the wealth of the Indies** もまた，take the wealth of the Indies with him が，文章のリズムを整えるために「倒置」を起こしたものじゃ。（もっとも with him はとくに訳出の必要はない。Take an umbrella with you［傘を持っていきなさいよ］）。次の **will** もちょっと注意を要するな。主語の「習慣・習性・特性・傾向」を表す will。Boys will be boys（「男の子は所詮は男の子」［いたずらは仕方ない］）とか，You will have your own way（「きみって，ホント，我が強いね」）など。以上のポイントに留意してこの一文を訳すと――「旅行者たるもの，こうやって，ほぼ無制限に自分の知識量を増やすこともできよう。もっとも，ほとんどすべての他の分野におけると同様にこの分野においても，「インド諸国の富を持ち帰らんと願う者は，インド諸国の富をすでに持てる者でなくてはならぬ」という真理を忘れてはならない――言い換えると，旅行者は，旅行に出かけるときにすでに有している知識量と理解力に正確に比例して，旅行から得るものも決まってくるということである」。人間って，自分に理解することができるものしか理解できないし，認識できるものしか認識できないんだよな。

[8-10] **But greater than any knowledge gained is the influence which travel exerts or should exert on habits of thought, and on one's attitude to one's fellow man.**

　補語になる形容詞が文頭におかれた場合には強調のために「S＋be動詞」の間に倒置が起きることは，さっき説明したばかり。本文は，The influence which 〜is greater than any knowledge gained という第二文型の文であるが，主語 influence に which 以下の関係詞節がかかっておって長くなったために，文のリズムを整えるために（greater を強調するためもあるが，ここはむしろリズムを整えるためも大きいようだ），補語の **greater** が文頭に出て倒置がおこなわれておる。**any knowledge gained** は，過去分詞の名詞修飾は，過去分詞が一語のときは修飾する名詞の前におかれる（any gained knowledge）という原則からしたら，変則的な形をしておるな。しかし過去分詞があえて後ろに置かれているということは，一語の過去分詞 gained のなかに（any knowledge）gained in travel のニュアンスを読み取れということじゃろ。「旅行において得られる知識」。修飾する名詞の前に来るべき一語の過去分詞があえてその名詞の後ろにおかれているということは，内容から明らかな副詞句が省略されていると考えられるわけじゃ。「旅行で得られるどんな知識よりも大きな意味をもつのが，〜（which 以下）の影響力である」。

　次に共通構文をやろう。以下の英文を見てくれ。

He knows French literature as well as English literature.（「彼は英文学だけ

でなくフランス文学にも通じている」)

　英語はくり返しを嫌う言語であるのに，この短い英文の中で literature という語が2回も使われておるというのは，いかにも煩瑣(はんさ)だし，英文として"下等"だ。じゃあ，どう整理したらいいか？　英語は，数学に負けてなるものかと，因数分解を思いついたんじゃよ。対比的に使われている French と English をそれぞれ a, b とおき，共通の語 literature を x と置くと，as well as は「～だけでなく…」と，加える（プラス）の意だから，この英文は，He knows ax＋bx と書くことができる。とすると，因数分解できるぞ！　ax＋bx＝(a＋b) x だ。しかし，挿入などに使う括弧（　）を用いて，He knows (French as well as English) literature と書くわけにもいかないから，括弧はそれぞれコンマで表すとしよう。ということでできあがる構文は，He knows French, as well as English, literature。これを，因数分解じゃなかった，英文法では共通関係という。

　本文の場合は，もともと travel exerts on habits of thought or should exert on habits of thought とあったが，共通因数の副詞句 on habits of thought を後ろにまとめて置き，travel exerts, or should exert, on habits of thought となったわけじゃ。ところで共通関係があまりに明らかな場合には，コンマを省略することがある。これは，杓子定規で，いたずらに論理的な数学にはできないことだよな。ってことでカンマをはずし，travel exerts or should exert on habits of thought という表現ができあがる。先ほどの共通関係も，本当は of the advantages, and of the pleasures, of travel となっていたわけだが，そのカンマを取り外して of the advantages and of the pleasures of travel となったわけ。「旅行が思考習慣に及ぼしており，また及ぼすべき（影響）」。なに，共通関係なんて簡単？　もっとはるかに難しい共通関係がもうすぐ出てくるから，そのときに吠え面(づら)かくなよ。「旅行で得られるいかなる知識よりも重要なのは，自分の思考習慣と，周囲の人間に接するときの自分の姿勢とに対して旅行が及ぼしている，また及ぼさないといけない影響力である」。

[10-13] A wider tolerance, a juster appreciation of the real values in life, and a deeper realization of the oneness of mankind—these are some of the results which travel rightly pursued cannot fail to produce.

　主語の名詞句を三つ列挙して，それを these で受け直しておる，これも，さっきの all と同様，一種の「同格」じゃ。その列挙された三つの名詞句，名詞構文の知識を駆使して，具体的によく意味を把握するように努めてくれよ。まず **A wider tolerance** はいいかな。a wider tolerance to one's fellow man，つまり名詞構文から to be more widely tolerant (to one's fellow man) の意味で，「（周囲の人間に）いままでよりももっと寛容になること」。**a juster appreciation of the real values in life** は不定詞を使って書き換えると to more justly appreciate the real values of life (「人生のほんとうの価値観をより正しく理解すること」)。ただし不定詞と動詞の間に副詞をおく to　more　justly　appreciate は　Split Infinitive として好ましくないとされておるから，more justly to appreciate か to appreciate more justly と書いてもいい。意味はわかるな？　こういう物質主義的な拝金主義の文明だと，セックスとかお金とか地位などにだけ「人生の価値観」を求めがちだが，本来，「人生のほんとうの価値観」というのは，他者に対する思いやりややさしさ，本能的な無私無欲，他人を楽しませることを人生の喜びと観ずる願望，行為を「美しい」とか「汚い」などの観点から視ることのできる道徳美，本質的なものに対する関心と探索，などにこそあるんじゃなかろうか。そういった「人生のほんとうの価値観」を「(旅行前よりももっと) 正しく理解」すること。そして **and a deeper realization of the oneness of mankind**。これも名詞構文と理解して不定詞に書き換えると，to more deeply understand that mankind is one となる。「人間は一体であるということを，より深く認識すること」。肌の色こそ違え，人間はどんな民族であろうとも，本質的にはまったく同じ存在なのだということを，理屈ではなく体験でもって認識すること。海外旅行を正しく行うと，ホント，その認識が実感として深まるよな。ショッピングだけを目的とした海外旅行では，ダメなんだよ。

　これら三つのことが，「travel rightly pursued が必ずや生み出さないではおかない旅行の結果の一部である」。**travel rightly pursued** は，二語以上の分詞は修飾する名詞の後ろにちゃんと置かれておるから，「正しく追求された旅行」「正しくおこなう旅行」の意。「正しい旅行」ってのは，例えば前番で論じたような，「一種の俗物根性」からおこなっている旅行じゃない旅行のこと。あれじゃあ旅行のほんとうの「結果」とか「影響」とか「効果」，「意味」は得られないわな。ほんとうの旅行ってのは，単なるショッピングでないのはもちろん，いわゆる"物見遊山"でもないぞ。

[13-15]　Quite apart, moreover, from any or all of these things, desirable as they are, is the pleasure of travel in itself.

　またまた出ました，倒置。補語が文頭に出て強調されたがゆえに，主語と be 動詞の倒置じゃ。The pleasure of travel in itself is quite apart from or all of these things が Quite apart from any or all of these things <u>is</u> the <u>pleasure</u> of travel in itself と倒置されておる。「さらにまた，これらの利点のいずれか，あるいはそのいずれの利点ともまったく別物として，旅行それ自体の喜びがある」(moreover は一種の挿入語句。any or all of these things が any, or all, of these things の意の共通関係なんて，これもいまさら言う必要もないよな。in itself は travel にかかる形容詞句)。

　それと，奇妙な挿入節が見られる。**desirable as they are**。一般に，「無冠詞

の名詞（または形容詞，または現在分詞，または過去分詞，または副詞）＋as＋S＋V」の構文のとき，接続詞 as は「譲歩」（「〜だけれども」＝）の用法となる。そうでなくったって as は用法が多いから，これに「譲歩」を加えようとしたら，こんな妙ちきりんの形をとるしかないんだろう。稀に「理由」（「〜なので」）もないわけではないが，ま，「譲歩」と理解しておけばいい。Good as he is, he will never come out at the top of his class（「彼は出来はいいんだけれども，決してクラスのトップにはなれないだろう」。＝ For all his goodness, he will never〜. as の代わりに although を使うのは稀だが，though は普通に使う。Good though he is, he will never〜。ただし，もちろん，ご存知のようにThough he is good, he will never〜の語順が一般的)。Much as I admire him as a writer, I do not like him as a man.（「わたしは作家の彼には敬服するが，人間としての彼は好きになれない」）。どうして desirable as they are（＝though they are desirable）を文頭に置かずにこんなところに挿入させたかというと，この主語 they が these things を指すので，意味がとりやすいようにそのそばに置いたってこと。

[15-16] **This is for some the main, and for many at least an important if unadmitted, motive.**

　ここの構文，わかったか？　わからなかった人よ，共通関係なんて易しいと思ってたら，いまに吠え面かくぞと警告しておいたのが，この箇所だぞ。**for some the main**（「一部の人にとっては主要な」）という形容詞句と，**for many at least an important if unadmitted**（「少なくとも多くの人にとっては，いまだ認められてはいなくとも重要な」）の形容詞句とが，共通に **motive**（「[旅行の] 動機」）という名詞にかかっておる。よおく見てみろ，すごい共通関係だろ。また if not は even if not〜の意のイディオム（「〜でないにしても，〜とまではゆかなくとも」）。例文として，The news is accurate in many, if not most, respects を挙げておこう。(「このニュースは，大部分とまではいかなくとも多くの点で事実をありのままに伝えている」。どうだ，例文にまで共通関係が入っておる。芸が細かいねえ。）なに，not がなくて if だけだと？　その not の感覚は unadmitted の接頭辞 un-（辞書には「〜でない」とちゃんと書いてあるぞ）の中に含まれておるだろうが！　本格派なら **if unadmitted** の中に if not admitted の感覚を読み取らなくっちゃダメだよ。かくて，「これが，一部の旅行者にとっては最重要の，また少なくとも多くの旅行者にとっては自ら意識していなくとも重要な，旅行の動機なのである」の訳文ができあがる。

[16-18] **To the real traveler there is no joy which is keener, no pleasure more lasting, than that of travel.**

　今度は両脇にカンマが付されておるから，共通関係は明らかだったろうな。も

ちろん，there is no joy which is keener than that of travel, no pleasure more lasting than that of travel ってこと。「真の旅行者にとって，旅行の悦びにまさる深い悦びはなく，これにまさっていつまでも心に残る悦びもない」。「真の旅行者」とは，「一種の俗物根性」から旅行をする大部分の旅行者と違って，旅そのものを悦びとするほんとうの旅行者ってこと。いるんだよねえ，世の中には，そういう羨ましいまでに幸福なる「人種」が。ところで，もちろん，no joy which is keener, no pleasure more lasting, than that of travel の joy と pleasure はカンマがなくて列挙されておる「並置」。二種類の「悦び」を挙げているのではなく（だったら no joy which is keeper, and no pleasure more lasting, than that of travel となっておるはず），「深さ keenness」と「永続性 lastingness」の両面から同質の旅行の「悦び」が論じられておるってことじゃ。

[18-19]　There is fatigue, hardship, perhaps suffering, to be endured—for him this is of small moment, for they will soon pass.

ここで一種の特殊構文に入るであろうが，There is～構文なるものを説明しておく。一般に，「There is＋名詞＋形容詞（または現在分詞・過去分詞・不定詞などの形容詞相当語句）」という構造を取る。例文でやってみると，例えば There is an erroneous impression current nowadays that sex is everything という文の場合，current（＝流行［流布，流通］している）という形容詞が impression（＝印象）という名詞を修飾して，「今日，セックスがすべてであるという誤った流布している印象がある」と，「ある」とか「ない」とか存在を述べているのではなくて，impression が主語，current がその補語となって，「今日，セックスがすべてであるという誤った印象が流布している」と訳すのが正しい（＝An erroneous impression is current nowadays that sex is everything.）。つまり There is～構文とは，主語を真ん中におき，「be＋形容詞（相当語句）」の述部を二つにわけて配置して主語を強めるという，なかなか味わいのある構文なのじゃ。There is a bus available between the two villages（「二つの村の間にはバスが通っている」＝A bus is available between the Two villages.）。

練習題の **There is fatigue, hardship, perhaps suffering, to be endured** は Fatigue, hardship, perhaps suffering is to be endured と同義ということになる。ほら，to be endured という「連辞」が見えてきたぞ。ここは「義務」の用法で「耐えねばならない」かな。to be endured の句の前にどうしてカンマがついているんだろう？　これはこの句が suffering にかかる不定詞の形容詞用法などではなく，主語の述部であることを示すため。主語の fatigue, hardship, perhaps suffering も and がなくてカンマで列挙されているだけだから，「並置」。（これを「同格」と呼ぶのは，ちょっと辛いだろ。だから「並置」という概念を導入したわけ）。つまり「疲労，苦難，苦しみ」が三つの別物として挙げられておるので

はなく，旅行につきものの，いわば同種の一つのものとして挙げられておることになる。だからそれを受ける be 動詞が，複数形の are ではなくて単数形の is となっておるし，そのあとでは，these ならざる単数形 this を代名詞として受けておるぞ。「疲労，困難，さらには苦しみにも耐えていかねばならない——だが，旅行者にとってはそんなもの，さして重要なことではない。いずれは消えてなくなるものだから」。

つまり，「There is＋名詞＋形容詞（相当語句）」の There is〜には，「主語（名詞）＋is＋形容詞（相当語句）」という意味上の主語・述語関係（つまりネクサス）が含まれておるということなのじゃ。この構文を特殊構文と称した所以である。そろそろ本道場での稽古も終わり近くなってきたから，ここでネクサスを含む英語の構文をすべてまとめておくことにする。

● 第五文型「S＋V＋O＋C」。O が C に対して意味上の主語。
● 準動詞（不定詞・分詞・動名詞）。
● 名詞構文。
● 「付帯状況」の with 構文（第七番「不定詞その二」で解説した）。
● There is〜構文。

英文は，命令法などの特殊な形を除いたら文型として必ず「主語＋述語」の部分を有する言語であるが，さらにこういう，いわば眼に見えない「意味上の主語・述語関係」を含むこともある。なにごとも，大切なものってのは眼に見えないぞ。

訳例 旅行の利点と，その喜びについては，いまさらくだくだしく述べる必要もあるまい——それらは言うまでもなく明らかなことである。はじめての国，はじめての民族，はじめての体験，これらすべては，旅行をする者に知識を広げる機会をあたえてくれる。旅行者はこうやって，ほとんど無制限に自分の知識量を増やしていくことができるわけだが，しかしこの旅行の分野においても，ほかのほぼすべての分野におけると同様に，「インド諸国の富を持ち帰りたく思うものは，インド諸国の富を自分で持ちゆかねばならない」ということを忘れてはならない——言い換えるならば，旅行者は旅行に持ってゆく自分の知識量と理解力に正確に比例したものしか旅行から得ることはできないのだ。しかし，旅行で得られる知識にまさってもっと大きいのは，旅行が思考形式や周囲の人間に対する姿勢などに及ぼしている，あるいは及ぼすべきである影響である。他者に対するより深い寛容さ，人生の真の価値観に対するより正しい理解，人類は一つだというより深い認識——これらは，正しくおこなった旅行が必ずや生み出してくる成果なのだ。さらに，これらの成果（それはたしかに望ましいものではあるが）のどれか，またはすべてとはまったく別物として，旅行自体の悦びがある。これが，

一部の旅行者にとっては最重要の，また大部分の旅行者にとっては口に出しては言わないまでも少なくとも重要な，旅行の動機なのである。真の旅行者にとっては，旅行それ自体の悦びにまさるほど深い悦び，それにまさっていつまでも持続する悦びは，旅行をおいてはほかにない。たしかに疲労に，困難に，さらには苦しみに堪え忍ばねばならないだろう——だがそんなもの，旅行者にとってはさしたるものではない。それはすぐに消え去るものだから。

文法要点

◆英語の**特殊構文**と呼ばれるものとして，次の五構文がある——
● 同格ないしは並置構文
New lands, new peoples, new experiences, all alike offer to the traveler the opportunity of a wider knowledge.
There is no joy which is keener, no pleasure more lasting, than that of travel.
There is fatigue, hardship, perhaps suffering, to be endured.
● 倒置構文
Greater than any knowledge gained is the influence which travel exerts.
Quite apart from any of these is the pleasure of travel in itself.
● 挿入構文
Quite apart from any of these, desirable as they are, is the pleasure of travel in itself.
Quite apart from any of these, moreover, is the pleasure of travel in itself.
● 省略構文
In this field as most in others it must be remembered.
● 共通構文
Of the advantages and of the pleasures of travel there is little need to speak. This is for some the main, and for many at least an important if unadmitted, motive.

さらに本道場では，ネクサスを含む構文を特殊構文に含め，とくに注意を喚起することとした。それは以下の五構文である——
● 第五文型「S+V+O+C」。OがCに対して意味上の主語。
● 準動詞（不定詞・分詞・動名詞）。
● 名詞構文。
● 「付帯状況」の with 構文。
● There is〜構文。

There is fatigue, hardship, perhaps suffering, to be endured.

第二十五番　特殊構文その二

Let the man of learning beware of that queer and cheap temptation ...

　前章で特殊構文は出尽くしたが，ここではさらに「ダメ押し」で特殊構文の研究をやってみよう。老婆心ながら，「ダメ押し」とはスポーツにおいては「勝負がほとんどきまっているのにさらに得点を加え，勝利を決定的にすること」。特殊構文のみならず，英文解釈そのものの「勝利」が「決定的に」なってきたかな？

　Let the man of learning beware of that queer and cheap temptation to pose to himself and to others, as the man who has outgrown emotions and beliefs, the man to whom good and evil are as one. The poorest way to face life is to face it with a sneer. There are many men
5　who feel a kind of twisted pride in cynicism; there are many who confine themselves to cynicism of the way others do what they themselves dare not even attempt. There is no more unhealthy being, no man less worthy of respect, than he who either really holds, or feigns to hold, an attitude of sneering disbelief towards all that is great and
10　lofty, whether in achievement or in that noble effort which, even if it fails, comes second to achievement. A cynical habit of thought or speech, a readiness to criticize work which the critic himself never tries to perform, an intellectual aloofness which will not accept contact with life's realities—all these are marks, not, as the possessor
15　would fain think, of superiority, but of weakness. They mark the men unfit to bear their part manfully in the stern strife of living, who seek, in the affectation of contempt for the achievements of others, to hide from others and from themselves their own weakness. The role is easy; there is none easier, save only the role of the man who sneers

²⁰ alike at both criticism and performance.

(Theodore Roosevelt: *African and European Addresses*)

単語

a man of learning＝学者／**beware (of〜)**(v.)（〜に；〜しないように）用心する，注意する．Cf. (be) aware (of〜)＝(〜に) 気づいている，用心深い；[古]（〜に）用心深い／**queer**(a.) 奇妙な，不思議な，風変わりな／**pose**(v.) 気取る，ポーズをとる；(〜の) 振りをする／**outgrow**(v.) （成長して考え・習慣など）を脱する，失う．Cf. grow out of 〜＝成長して（癖などが）なくなる／**sneer**(n.) 冷笑，冷笑的表情（言葉，喋り方）／**twisted**(a.) （正確が）ひねくれた，よこしまな．Cf. twist(v.)縒る，ねじる，ねじ曲げる／**cynicism**(n.) 冷笑，皮肉な態度／**confine**(v.) 制限する，限定する；閉じ込める．confine〜to...＝(発言・努力・人など)を(者・事・人の範囲)に制限する，限定する／**dare〜**(v.) 敢えて〜する，思い切って〜する／**feign (to)〜**(v.)〜の振りをする，〜を装う (pretend)，と見せかける／**lofty**(a.) 非常に高い；高尚，高遠な／**come second to 〜**＝〜よりも劣ったものとなる／**aloof**(a.) よそよそしい，冷淡な，無関心な；つんと澄ました，高慢な／**fain**(v.) (wouldの後で) 喜んで (〜したい)，むしろ (〜したい)／**stern**(a.) 厳格な，厳しい，過酷な／**strife**(n.) 争い，闘争，紛争；喧嘩／**affectation** (n.) 気取った態度，わざとらしさ，見せかけ．Cf. affection n.愛情，情愛，好意／**save** (prep.) 〜を除いて，〜のほかは (except)／**alike〜and...**＝both〜and..., at once〜and...

解説

[1-3] Let the man of learning beware of that queer and cheap temptation to pose to himself and to others, as the man who has outgrown emotions and beliefs, the man to whom good and evil are as one.

命令文の Let the man of learning beware of〜は，そのまま訳せば「学識者には〜を用心させよ」となる（the man of learning は「the＋普通名詞」で類全体」を総称する言い方だから，ある特定の「学者」ではなく，世の学者，インテリ一般を指しておる）．つまり，ふつう命令は2人称に対するものであるが，let を使った命令は，間接的に1人称または3人称に向けられる．「世のインテリ諸君，〜には注意したまえ」くらいの意になるな．**to pose to himself and to others** 以下の不定詞の形容詞句が「同格」的に **that queer and cheap temptation**（「あの奇妙にして安っぽい誘惑」）にかかっておる．to pose as the man who〜とつながるのだが（「〜する人間というポーズをとる」），なにせ who 節に修飾されて man 以下が長くなっているため，文のリズムを整えるために pose と as 以下の間に **to himself and to others** を挿入させておる．難しいか？ 全

文は演説の一節だぞ。区切るべきところをちゃんと区切って話せば，こんな一見長そうに思える英文も，一見奇妙に見える挿入も，むしろちゃんと聴き取ることができる。自分で声に出して読み上げてみな。「文章のリズムを整えるため」といった意味が理解してもらえよう。そして the man who has outgrown emotions and beliefs（「感情や信念などから超然とした人間」）と the man to whom good and evil are one（「善と悪とが一体となってしまっている人間」）とが並置じゃ。つまり二つの節は内容の異なった別種の「人間」を指しているのではなく，後節が前節の内容を具体的に説明しなおしておる，同一内容のものってこと。「感情や信念から超然としている人間」とは，自分個人の激しい喜怒哀楽の感情や，これだけは他人に譲れないという自分個人の強い信念などを持っておらず，どれか特定の感情や信条に偏することを人間的に下等とでも思っているのか，すべての感情作用や思想信条に対して，客観的といえば格好いいが，要するに見下したような，冷笑的な態度をとっておる人間のこと。そういう人間は，何かを正しいとか善いことと感ずる自分だけの個別の感情をもたず，何かを正義だとか真理だと信じる自分だけの個別の信念を持たぬから，自分だけの善と悪の見分けが成り立たず，その人の中では「善と悪とが一体となってしまっている」。要するに，いくら知識が豊富であろうとも，自己というものを有していない人間だ。前に挙げた唐の「貞観の治」を支えた名臣・魏徴(ぎちょう)の，「人生，意気に感じては，功名誰かまた論ぜん（人生意気に感じれば，功名や利得などは問題外。最大の価値は人生意気に感じられるその手ごたえにある）」という言葉は，そういう人間には決して届かない。そして「功名や利得」にだけは，やたら敏感だ。「世の学識者よ，自分に対し，また他人に対し，感情や信念を超越したかのごとき人間，善と悪とが一体となっている人間のポーズをとろうとする，あの奇妙にして安っぽい誘惑にだけはご注意いただきたい」。

[3-7] The poorest way to face life is to face it with a sneer. There are many men who feel a kind of twisted pride in cynicism; there are many who confine themselves to cynicism of the way others do what they themselves dare not even attempt.

「人生に対するに最もお粗末な姿勢，それは冷笑をもって人生に対せんとする姿勢である」。これに尽きるな。自分だけの感じ方，自分だけの考え方，信じ方に従って，その感じるもの，信じるものを人生に求める。人生に飛びこんで，それを追求する。生きるって，そういうことじゃろ。ところがそれをやらずして，やれ，あれは愚劣だ，やれ，これは浅薄だと，他人の情念や信念をただ愚弄し，批判し，軽蔑して，さりとて自分では何もなすことなく，超然たる客観性という冷笑と軽蔑の孤高の中に逃げ込んでおる無為(むい)の人間がおる。おるどころか，じつはたくさんおる。many men who feel a kind of twisted pride in cynicism

(「cynicism に一種のゆがんだ誇りを感じる多くの人間」）がいると，本文でも書いてある。cynicism とは，もともとは「キニク学派の教義」を指す言葉のことで，転じて世論や一般的な道徳などを皮肉り，冷笑的に振る舞う考え方のことを言い，犬儒主義，冷笑主義などと訳される。現在の「冷笑主義」は，「学者」だけとは限らないな。インターネットで調べたら，ある方は「この姿勢は，長い歴史をこえて，たとえば現代の匿名ネット掲示板における『オマエモナー』（『2ちゃんねる』で，大上段から他者を批判する人をまぜっかえす決まり文句）に受け継がれている」と記してあった。その通りかもしれぬ。

「冷笑主義に一種の誇らしさを感じている多くの人間たちがいる」という文と，**there are many who confine themselves to cynicism of the way others do what they themselves dare not even attempt** の文とは「並置」。内容的に言い換えながら同じことを述べておるだろ。cynicism of the way others do は「他人が（what 以下を）やるときのやり方の冷笑主義」って訳がいまいちすっきりしない。すっきりしないときは抽象名詞を名詞構文的に訳そうと思っても，cynicism に動詞形はない。でも，どうしてもここは名詞構文だから，cynicism の中に，後から出てくる同義語の sneer の意を読み込んで，ここの箇所，the sneer of the way others do（sneer は自動詞ではなく他動詞のほうが多いから，the sneer at the way others do のほうがいいか）「他人が [what 以下を] やるときのやり方を<u>冷笑すること</u>」と訳そう。そうすると，「自分では敢えてやろうとすることのないものを他人がやるときのやり方を冷笑することに自分を限定する多くの人間たち」，つまり「自分では何かを進んでやることはせずに，それをやっている他人を冷笑することしかしない多くの人間たち」の訳ができる。

[7-11] **There is no more unhealthy being, no man less worthy of respect, than he who either really holds, or feigns to hold, an attitude of sneering disbelief towards all that is great and lofty, whether in achievement or in that noble effort which, even if it fails, comes second to achievement.**

この文の no more～than...の形を見て「おっ，出ました，！"鯨の公式だ"！」と思った人よ，とんでもない訳文ができあがっただろ？　第一，「…が…でないように～は～ではない」と訳そうとしたって，訳しようがないもんな。だとすると，これは「鯨の公式」ではなくて，内容的に最上級の意味を述べる比較級の否定文だ。There is nothing more precious than time（「時間以上に貴重なものはない」）と同じ構文じゃよ。つまり，「(who 以下の) 人ほど不健康な人間はいないし，<u>これ以上に尊敬に値しない人間もいない</u>」って訳。ほら，**no more unhealthy being** と **no man less worthy of respect** とが，「並置」の関係を保ちつつ，共通に **than he who～**を比較の対象とする共通構文も見えとるぞ。同じ共通関係は，この who 以下の節の中の述部，**holds, or feigns to hold, an atti-**

tude（=hold an attitude or feigns to hold an attitude）にも見ることができるな（either～or の相関語句は，いまさら説明することもあるまい）。「(that 以下の)すべてのものに対する冷笑的な不信感の姿勢を現実に持しているか，あるいは持している振りをする人」。さらに「譲歩」の whether 節があり（「～であろうと，…であろうと」），その節の中の noble effort にかかる関係詞 which 節（effort に付されている that は，「ほら，例の」の含みをもちながら次に来る関係詞を予想する指示代名詞だったな）のなかに，even if it fails という節が「挿入」されておる。だから，つながり具合が複雑で，すっきり意味の通る訳文が作りにくいのだが，「実際に実現されようと，あるいは，たとえ実現できなくとも，実現に次いで尊い気高い努力というかたちであろうとも，偉大にして崇高なすべての行為（に対する冷笑的な不信の姿勢）」とでも訳そうか。しかし，全体ではずいぶんと長い訳文になっちゃうな。適当に区切って訳す工夫も意味があるじゃろう。

[11-15] **A cynical habit of thought or speech, a readiness to criticize work which the critic himself never tries to perform, an intellectual aloofness which will not accept contact with life's realities—all these are marks, not, as the possessor would fain think, of superiority, but of weakness.**

またもや「並置」によって名詞句が三つ列挙されておるぞ。まず **a cynical habit of thought or speech**（「思考や言説の冷笑的な習慣」）を，敷衍して **a readiness to criticize work which the critic himself never tries to perform**（「ご本人が自分ではやろうとしない他人の仕事を何かと批判する姿勢」。a readiness to criticize～は名詞構文。to be ready to criticize の意味だが，「進んで批評すること」と，「こと」ではなく，ここは内容から具体名詞を入れて，「すぐに批判する姿勢」，つまり an attitude to be ready to criticize the critic の意に訳そう）と言い換え，さらにそれを，an intellectual aloofness which will not accept contact with life's realities（「人生の現実と触れ合おうとはしない知的な無関心」）と言い換えておる。三つすべてが「冷笑主義」を具体的に敷衍しつつ並置して述べたものであるから，それを受け直す主語は単数形（this）でいいはずであるが，冷笑家の特徴としてはどれも同質ではあるけれど，ここではその個々の特質に重きを置いて，あたかも三つそれぞれ別物であるかのごとくに **all these**（「これらすべて」）と，複数形の代名詞を立てておる。前章にあったように，厳格に文法的であろうとすれば，ここは this とすべきであるが，「形」（三つ列挙されているという形は事実だから）に重きをおいて，あたかも複数であるかのように all these で受けたと考えられる。

「これらすべては **marks**（しるし，証し）である」といい，その marks に **not of superiority, but of weakness**（「優越性ではなく弱さの[証し]」）とい

う相関語句がかかっておって，さらにその相関語句の前半 not of superiority の中に **as the possessor would fain think**（「ご本人が思いたがっているような[優越性ではなくて]」。the possessor [所有者] とは a cynical habit of thought or speech の持ち主，すなわち冷笑家本人のこと）が挿入されておる。「これらすべては，ご本人が思いたがっているような優越性の証しではなくて，その弱さの証しである」。

[15-18]　**They mark the men unfit to bear their part manfully in the stern strife of living, who seek, in the affectation of contempt for the achievements of others, to hide from others and from themselves their own weakness.**

　この文も，ようく構文を理解してくれよ。まず men にかかる形容詞句 **unfit to bear their part manfully in the stern strife of living**（「生きるという厳しい戦いの場において自分の役割を男らしくになうに相応しくない[人間]」）と，**who seek to hide〜**以下の関係詞節（「〜を求めようとする[人間]」）が「並置」されておる（内容的に同じことを述べている。unfit 以下の句が men にかかっておるのとまったく同様に，who 以下の関係詞節も men にかかっておる）。関係詞節の述部 seek to の間に **in the affectation of contempt for the achievements of others**（「他人の業績に対し軽蔑の姿勢を装いながら」）が挿入されており，また **hide from others and from themselves their own weakness** は，hide their own weakness from others and from themselves（「他人と自分自身とから自分の弱さを隠蔽する」）の目的語と副詞句とが倒置されたもの。「これらは，過酷なる生の戦いの場において自らの役割を雄々しく担うに相応しくない人間，他者の業績を軽蔑する姿勢を装いながら，他者と自分自身とから自らの弱さを隠蔽せんとする人間の特徴を成している」。

[18-20]　**The role is easy; there is none easier, save only the role of the man who sneers alike at both criticism and performance.**

　「みずからの役割 part」といった，その part の繰り返しを避けて同義語 role という語が使われておる。「冷笑家の役割は易しい」。none は「誰も〜ない」などの意の不定代名詞ではなく，no role の省略形。もちろん，**easier** の次には比較の対象 than　this　one が省略されておる。「これ以上に易しい役割もない」。**criticism** は「他人の業績を非難すること」，**performance** はそれに反し，「みずから何かを成し遂げること」。他人の業績を非難してばかりいる冷笑家の「役割」は安易で軽蔑すべきだが，ただ一つ，自分のことを棚に上げて「非難」と「業績」のその両方を冷笑する人間の「役割」には，くだらなさの点では負けるという皮肉。

　テオドア・ローズベルトは，二期までを原則とするアメリカで三期大統領を務

めた政治家。どこかの国の歴代の首相と比べて、この第26代アメリカ大統領の、深い人間への洞察に満ちた"哲学"と、それを語る"言葉"の格調の高さを見ろよ。

|訳例| 世の識者たちよ、自分自身と他人とに対し、感情や信念といったものから超然とした人間、善と悪とが一体となってしまっている人間のポーズをとりたいという、奇妙にして安っぽい誘惑にはご注意願いたい。人生に処していく際のもっともお粗末な姿勢は、冷笑をもって人生に処する姿勢であります。冷笑主義に一種ゆがんだ誇りを覚える人間はたくさんいます。自分では敢えて何かを為そうとはせず、もっぱら他人がそれをやっているさまを見て悪しざまに言うことを旨(むね)とする人間は世に多いのです。偉大にして崇高なるすべての行為に対し（それを成し遂げたがゆえに崇高であろうと、たとえ挫折したとしても、達成に準ずるあの気高い努力において崇高なのであろうと）、冷笑的な不信の姿勢を現実に持している、あるいは持する振りをしている者ほど、不健康な人間はおらず、またこれほど尊敬を払うに値しない人間もいません。冷笑的な思考や言説の習慣、ご本人は決して成し遂げようと努力することもない業績をやみくもに批評する姿勢、人生の現実と触れ合うことを拒否する知的な無関心さ——これらすべては、ご本人が思いたがっているような優越性ではなくして、その弱さの表れなのです。それらは、過酷なる生の戦いにおいておのれの役割を雄々しく担う(にな)のに相応しからざる人間の特徴、他人の業績を軽蔑する風を装いつつ、他人と自分自身とからおのれの弱さを隠そうとする人間の特徴であります。その生の役割は安易です。これ以上に安易な役割はありません。ただ一つ、批評と達成のその両方を冷笑する人間の役割を別としたら。

|文法要点|

◆**特殊構文**としてとくに新たに付け加えるべき文法事項はない。あとは、上から英文を読み下しながら、臨機応変、それぞれの語・句・節の相互のつながり方を瞬時に把握しつつ、意味をとってゆく稽古を積むこと。

第二十六番　英文を読む「意識の流れ」
Three passions, simple but overwhelmingly strong, ...

　英文を読むのに必要な文法の理解はもう充分におこなった。あとは，上から英文を読み下しながら，臨機応変，それぞれの語・句・節の相互のつながり方を瞬時に把握しつつ，意味をとってゆく稽古を積むことと，先に言った。それで最後に，英文を読むときのその臨機応変の把握と理解の具体的なさまを練習することにしよう。いよいよ道場での稽古を終え，大会での試合に臨むことになる。英文を読むときの「頭」，あるいは「心」の働きはどうなっているか。すなわち，英文を読む際の「意識の流れ」を見てみよう。英語はこう読め。

　　Three passions, simple but overwhelmingly strong, have governed my life. Like great winds, they have blown me hither and thither, in a wayward course, over a deep ocean of anguish, reaching to the very verge of despair.

5　　I have sought love first, because it brings ecstasy...ecstasy so great that I would often have sacrificed all the rest of life for a few hours of this joy. I have sought it, next, because it relieves loneliness...that terrible loneliness in which one shivering consciousness looks over the rim of the world into the cold unfathomable lifeless abyss. I have
10 sought it, finally, because in the union of love I have seen, in a mystic miniature, the prefiguring vision of the heaven that saints and poets have imagined. This is what I sought, and though it might seem too good for human life, that is what...at last...I have found.

　　With equal passion I have sought knowledge. I have wished to
15 understand the hearts of men. I have wished to know why the stars shine. And I have tried to apprehend the Pythagorean power by which number holds sway above the flux. A little of this, but not too much, I have achieved.

Love and knowledge, so far as they were possible, led me upward
20 toward the heavens. But always pity brought me back to earth. Echoes
of cries of pain reverberate in my heart. Children in famine, victims
tortured by oppression, helpless old people a hated burden to their
sons, and the whole world of loneliness, poverty, and pain make a
25 mockery of what human life should be. I long to alleviate the evil, but
I cannot, and I too suffer.

　　This has been my life. I have found it worth living, and would gladly
live it again if the chance were offered me.

　　　　　(Bertrand Russell: *The Autobiography of Bertrand Russell*)

単語

overwhelming(a.)　不可抗力の，圧倒的な，大変な。cf. overwhelm(v.)力で圧倒する，制圧する，やっつける／**hither and thither**＝あちらこちらに (here and there)／**wayward**(a.)　強情な，片意地の；気まぐれな，むら気の／**anguish**(n.)　（とくに心の）苦痛，苦悩，非常な悲しみ（agony は身心の耐えがたい苦痛）／**verge**(n.)　縁，端，へり，はずれ／**relieve**(v.)　取り除く，和らげる，軽減する／**shiver**(v.)　震える，ぶるっと身震いする，おののく／**rim**(n.)　縁，へり，わく／**unfathomable**(a.)　（深さ・広さなどが）計り知れない，果てしない；（奥深くて）理解できない，推し量りがたい。cf. fathom(v.)～の水深を計る；を推測（理解）する／**abyss**(n.)　深淵，底知れない割れ目；どん底／**miniature**(n.)　小模型，縮図；細密画／**prefigure**(v.)　～を前もって（形・型で）表す，示す／**Pythagorean**(a.)　ピタゴラス（学派，学説）の。Pythagoras＝ピタゴラス（ギリシャの哲学者・数学者）／**sway**(n.)　《文》支配，統合，影響（力）；揺れ，動揺／**hold sway above**～＝～を支配する／**flux**(n.)　（水の）流れ，流動；流入，上げ潮／**reverberate**(v.)　反響する，鳴り渡る，鳴り響く／**famine**(n.)　飢饉；飢え，空腹／**torture**(v.)　拷問にかける；ひどく苦しめる（悩ます）／**mockery**(n.)　あざけり，からかい，笑いもの／**make a mockery of**～＝～を嘲笑う／**alleviate**(v.)　（苦痛などを）軽減する，緩和する，楽にする

意識の流れ

英文を読んでいるときの，自分の頭の中の動きを考えてみてくれ。それぞれの英文を，一つの意味を成す語・句・節のグループに分けて区切りながら読んでいるものだろ。英文を成す一つひとつの意味のかたまりを吾輩は文のユニットと呼んでおる。以下にまず上記の練習題の英文すべてを，斜線（／）でもってユニッ

第二十六番　英文を読む「意識の流れ」　281

トに区切ってある。英文を読むときには，自動的に頭の中で英文をこのようにユニットに区切りながら読んでいるものじゃ。逆に言うと，英文を音読させてみると，ユニットの区切り方がちゃんとできているかどうかによって，英文の意味が読み取れているかどうか，わかる。そして各ユニットのあとに，（　）によって日本語の説明が加えられておるが，これは，いままでのような構文や文法や内容の説明などではないぞ。およそ文章を読んでいるときは，その文章の内容に触れて，いろんな想像や推理や印象や記憶が瞬時のうちに呼び覚まされてくる。（　）の中の説明は，英文の当該ユニットに触れたときに，呼び覚まされる構文の分析や内容的な推測，記憶の喚起などを書いたものと心得てくれ。いわば，その英文箇所を読んでいるときの，読者の「意識の流れ」と言える。ま，こんなことを考えながら英文を読んでくれという，いわばそのお手本のようなものと考えてくれればよろしい。

*

　Three passions（「三つの情熱」。主語だな），/**simple but overwhelmingly strong**（おや，形容詞。いまの主語にかかってるんだ。「単純だが，圧倒せんばかりに強烈な［三つの情熱］」），/**have governed my life**（「［三つの情熱が］わたしの人生を支配してきた」）。/**Like great winds**（「大きな風のように」），/**they have blown me**（「それら」，三つの情熱のことだな。「それらがわたしを吹いてきた」？）/**hither and thither**（「そこかしこ」，そうか，三つの情熱がわたしをあちこち吹き流してきた。つまり，わたしはそれらの情熱に吹きまわされてきたってことか），/**in a wayward course**（「気まぐれのコースを」？「当てもなく，行方も定かならずに」ってことだな），/**over a deep ocean of anguish**（「苦悩の深海の上を」？　このぉ，気取っちゃって。人生の底知れず深い苦悩の上を，三つの情熱にあちらこちら吹き流されてきたってメタファーか），/**reaching to the very verge of despair**（カンマがあるし，分詞構文だ。「絶望のまさに縁ふち，先端ってことか，にまで達し［たので？　達したとき？　達しながら］」。達しながら，でいいだろ。「絶望の極限まで達しながら［深き苦悩の海の上を］」，か。ラッセルってあの偉大な哲学者も，そんなに苦悩に満ちた人生を渡ってきたんだ！）。/

　I have sought love first（「まずわたしは愛を求めた」。そうか，わたしの人生を支配してきた三つの情熱のトップに来るのが「愛」ってことか），/**because it brings ecstasy**（「それはエクスタシーをもたらしてくれるから」？　なんか，ラッセル，すごくエッチなこと，言ってないか？）/**...ecstasy so great that**（「that以下なほどに偉大なエクスタシー」と，ここは後ろから訳す"程度"がいい。どのくらいに偉大な？）/**I would often have sacrificed all the rest of life**（もうじゅうぶん仮定法は稽古したんだ。この仮定法過去完了，見のがした

りはしないぞ。条件節が見えないなあ。とにかく"隠れ仮定法"だ。「わたしは，しばしば，残りの人生すべてを犠牲にしてしまったことだろう」。もし？）/**for a few hours of this joy**（for は「交換」を表すから，そうか，この句のなかに条件節が隠れてるんだ！　「この数時間の悦びと交換ならば［交換できるならば］」。やっぱりラッセル，すごく色っぽいこと，言ってる。数時間の悦楽と交換だったら，「残りの人生すべてを犠牲」ってことは，愛の頂点において「ああ，いま死んでもいい！」って思うことだろ？　この哲学者，やるなあ）。/**I have sought it**（「これを，つまり愛を，わたしは求めた」），/**next**（これ，どこにかかるのかな？），/**because it relieves loneliness**—（「それは孤独を取り除いてくれるから」。そうか，いまの「次に［next］」は，この節にかかってるんだ。「次に～なので［わたしは愛を求めた］」）/**that terrible loneliness**（いまの「孤独」の同格だ。that がついてるから，すぐに関係代名詞が来るな。「例の恐ろしい孤独」）/**in which one shivering consciousness looks**（ほら，来た，「前置詞＋関係代名詞」の節。「孤独——その孤独の中で——ひとつの打ち震える意識が見る」。一個の人間の意識が何に震えてんだ？）/**over the rim of the world**（「世界の縁越しに」？　そうか，こうやって自分が生きているこの世界って何だろう？——その世界探求のきわまれる極点の，その先のむこうは…ってことか）/**into the cold unfathomable lifeless abyss.**（look into とつながってるな。「冷ややかな，生命のない，奈落の深淵を［覗きこむときの恐ろしい孤独］」。なるほど，ぼくたちはどこから来て，何のために来て，死んでどこに行くのかもわからず，このわけのわからない世界にぽつねんと独り存在している。この自分って何ものだ？　この世界って何なんだ？　いくら探求し，考察しようとも，その探求のむこうには，深い，深い深淵が神秘の闇の中に広がっておるだけ。人間一個の意識が，その存在の恐怖と神秘に「打ち震える」のも無理はないわな。永遠の宇宙の中に有限の俺が独り立っているんだもの。その「恐ろしい孤独」を愛が取り除いてくれる？　そうか，身と心における異性との合体という「愛」の中では，実存的不安というムンクの「叫び」も，一時的にせよ，取り除かれるもんな。ラッセル，言うねえ）/**I have sought it,**（「わたしは愛を求めた」）/**finally,**（前と同じく次に because 節が来てるな。愛を求める理由がいままで二つ挙げられて，「最後に［～だからわたしは愛を求める］」）/**because**（ほら，来た）/**in the union of love**（「愛の合体においては」。へ，へ，へっ。）/**I have seen**（愛の合体において私は何を見たの？）**, in a mystic miniature,**（挿入句だ。「神秘的な縮図の形で」何を見た？）/**the prefiguring vision of the heaven**（「天国の予兆的なヴィジョン」？　愛の合体において天国の予兆的なヴィジョンを見る？　マジ，ラッセルってのは，並みの哲学者じゃないな。詩人的哲学者だ！）/**that saints and poets have imagined.**（「聖者や詩人たちの想像した［天国］」。『神曲』における

大詩人ダンテは，天国で永遠の恋人ベアトリーチェの案内を受け，至高天において，この世を動かすものが神の愛であることを知った。そういう普遍的で永遠的な天国のイメージを，真に愛する者との合体において，人は地上に在っても望見することができる。なるほどねえ，ラッセルはそんなすごい愛を体験したのか)/**This is what I sought,**(「これが私の求めたものである」だって)/**and though it might seem too good for human life,**(「これは人間の生にはあまりに善きもの［過ぎたるもの］と思えるかもしれないが」。「かもしれない」にずいぶん婉曲的な，へりくだった気持ちを込めて仮定法 might を使ってるぞ。そうだよ，愛するものとの愛の結合において，実存的存在論的な恐怖やおののきから解放され，永遠的な天国のミニアチュア版のイメージを体感するなんて，ちょっと人間には恵まれすぎの体験だよ。俺，そんな愛，経験したことないぞ)/**that is what…at last…I have found.**(「それこそが，わたしが，——ああ，ついに——発見したものである」ってか。勝手にしろって気もするけど，第一に愛という情熱に支配された人生，ラッセルさん，すごいわ)。/

　With equal passion(「同じような情熱でもって」。愛を求めたのと同じ情熱でもって，ってことだな)/**I have sought knowledge.**(「わたしは知識を求めてきた」。わたしの人生を支配してきた二つ目の情熱が知識か)/**I have wished to understand the hearts of men.**(「わたしは人間の心を理解したいと思った」。心理学を勉強したり，広く文学作品を読んだり，多くの人と接したりして，人間というこの不可思議な存在の精神と心のあり方を学ぼうとしたってことだ)/**I have wished to know why the stars shine.**(「どうして星が輝くのか知ることを欲した」。shine と現在形が使われているのは，不変の真理を表してるんだ。自分の住んでいるこの世界と自然を，科学を通して究めようとしたってことだな)/**And I have tried to apprehend the Pythagorean power**(「さらにわたしはピタゴラスの力を理解しようとした」。ピタゴラスの力？　う〜ん，ちょっとわからない)/**by which number holds sway above the flux.**(flux とは，「何ものも存続せず，同じままということはない」という，ギリシャの哲学者ヘラクレイトの言うような，この世界の絶えざる動き，万物流転の現象のことだろう。「ピタゴラスの力——そのピタゴラスの力によって——数が流転を支配する」→「数字が万物を支配するというピタゴラスの力」でいいか。世界とは何か，人生とは何かを究めんとする哲学者たちの「力」ってことは，哲学的探求のもつ「力」のことだ！　「数が支配する」ってのは数理的な法則性が宇宙の森羅万象を支配してたってことだな)/**A little of this, but not too much,**(「これのわずかを，しかし過度に多くということはなく」?)/**I have achieved.**(そうか，倒置で目的語が前に出てたんだ。倒置をわかりやすくするために I の前にカンマを打ってくれてる。「わたしは［これらのわずかを，しかし過度に多くではなく］成就し

てきた」。世界とか宇宙とか人生とかいうものの科学的,哲学的,人文科学的な探求。世界と人間に関する知識。一個の人間がそれを知ることができるのは,いくらラッセルといっても,「ほんのわずか」だ。世界を究めんとするとき,「あまりに多くのことを知った」なんてことはありえない。あのニュートンだって,世界に関するわたしの知識など,砂浜で小さなきれいな石ころをいくつか見つけて喜んでいる子どものようなもので,眼の前には永遠に究めることのできない未知で神秘の大海が横たわっていると言ったことがあるものな。「世界」と「存在」は,ついに人間には永遠の謎だ。しかし,ラッセルは,わずかにせよ,それを知ろうと求めてきたというんだ)/

Love and knowledge,(「愛と知識」。主語だな。わたしの人生を支配してきた二つの情熱がどうしたって?)/**so far as they were possible,**(挿入節だ。「それらが可能な限り」)/**led me upward toward the heavens.**(「わたしを天へと導いてくれた」。なるほど,二人の人間の魂と魂の融合である「愛」によって,リアリティの根源は愛であるということを実感し,人生探求の「知識」によって世界の形而上学的な実相を,いくぶんなりとも知ることを得た。どちらも,形而上学的な,どっか浮世離れした実感とか知識だよな。「天にむかって」ってのは,そういうことだろう)/**But always pity brought me back to earth.**(「しかし常に憐憫はわたしを地上へと引き戻した」? 「憐憫」というのは,同じ人間としてこの世界に住む他者に対する「憐憫」だろう。「憐れみ」とか「慈悲」ってことだろうけど,ちょっとこれ,「上から目線」じゃないか? でも,とにかく,「愛」とか「知識」の情熱で,形而上学的な探求の世界に遊ぶだけでなく,この世の現実的なあり方,人間の状況に対し,常に関心は戻っていったということだろう。「象牙の塔」に籠もっていただけではなかったってことか)/**Echoes of cries of pain reverberate in my heart.**(「苦悩の叫びの反響がわたしの心の中に鳴り響いている」? 見聞きする世間の人生絵図,見たこともない世界の国々の悲惨な状況。世界は決して,決してユートピアではないよな。そういう人々の苦痛と苦悶の叫びが,わたしの心の中に木霊しているってんだ。居ても立ってもいられない気持ち。サルトルは,「餓死寸前の子どもの前で文学は何をなしうるか?」と悩んだっていうものな)/**Children in famine,**(「飢えた子どもたち」。骨と皮だけに痩せこけ,眼ばかり虚空にむかって大きく見開いている難民の子どもたち。あの写真を見たら,居ても立ってもいられない「哀れ」の情に心が突き動かされるというのだ)/**victims tortured by oppression,**(「抑圧者どもに虐げられる犠牲者たち」。万民への富の公平な分配を標榜したはずの共産主義や社会主義の指導者たちは,現実には何百万人,何千万人もの同胞を虐殺し「犠牲」としてきたし,資本主義は資本主義で,帝国主義的な侵略や干渉や搾取によってあまりに多くの民族を,同胞を殺し,抑圧している。世界に争いと戦争は絶えることがない。

「憐憫」というのは，そういう同じ人間たちへの「可哀相な」という感情のことだ。ごめん，「上から目線」じゃないや)/helpless old people a hated burden to their sons, (何だ，この名詞の羅列？　そうか，helpless old people と a hated burden to their sons とが同格だ。a hated burden の前にカンマを打ってくれよ。でも，待てよ，もしここにカンマを打ったら，前後ともカンマだらけだし，逆に「同格」のつながりがわからなくなっちゃうな。「息子たちにとっては憎むべき重荷となっている無力な老人たち」。身につまされるなあ。「孝心」なんて，いまや完全に死語か。「自分を生み育て，愛をもって育んできてくれた親に対する孝心」なんて，いまどきの若者には通じないか。哀れな老人は世に多いや。人ごとじゃないけど)/and the whole world of loneliness, poverty, and pain (「そして孤独と貧困と苦痛の全世界」。世界は苦痛と絶望の声に満ちあふれてる。ここまでが主語。そういった世界のあり方がどうするって？)/make a mockery of what human life should be. (「人生いかにあるべきかを嘲笑ってる」？　なるほど，この世界の悲惨な実情を見れば，人間の生はかくあるべしといった理想など，どこかに吹っ飛んじゃうってことか。)/I long to alleviate the evil, (「わたしはこの世の悪を減らしたいと切に願う」)/but I cannot, (「でも，それがわたしにはできず」)/and I too suffer. (「だから，わたしもまた苦しむ」。苦しんでいる世界を目の当たりにして，それを救ってやることのできない自分の無力さに，自分もまた苦しむ。か。自分さえよければ，自分さえ幸せならばと，他者への優越のなかに自分の幸福を感じる人間ってのは最低だよな。「同じ人間への憐れみ」ねえ。ラッセルはお釈迦さんやイエス・キリストの心境に近づいてるなあ。すごい)/

　　This has been my life. (「これがわたしの人生であった」。「愛」と「知識」と「憐れみ」という非常に強い三つの情熱に憑かれて生きてきたわたしの人生。ところで俺の人生を突き動かしてきた情念って，何だろう？　虚栄心と私欲と憎悪？　そうは思いたくないなあ)/I have found it worth living, (この第五文型の find, いいなあ。「ここまで生きてきて，[その結果] 人生って生きるに値すると思った [知った]」というんだ。生きるってことは苦しい。でも，そんなこと，誰だって知ってる。もっと大きな寛い心をもったら，苦しいこと，辛いこと，理不尽なこと，多々ありはするが，なおかつ人生は面白い。生きるに値する。俺もそう思う)/and would gladly live it again (仮定法過去だ。「喜んでそれを [人生を] もう一度生きたいと思う」)/if the chance were offered me. (「もしチャンスが与えられたならば。chance に定冠詞がついてるってことは，「もう一度人生を生きるチャンス」ってことか。こりゃぁ，事実に反する仮定法だわな)。/

　訳例　単純ではあるが圧倒せんばかりに強烈な三つの情熱が，わたしの人生を

支配してきた。さながら大風のごとくこれらの情熱は、ここかしこ、どこにむかうともしれず、苦悩という大海の上を、絶望のまさに辺縁に達せんばかりに、わたしを吹きやってきたのである。

　まずわたしは「愛」を求めた。それが陶酔をもたらしてくれるからだ。この数時間の悦びのためならば、残りの人生を投げ打っても惜しくはないと思えるくらいに深い陶酔。わたしが愛を求めた第二の理由は、孤独を――うら震える一個の意識が、世界の縁のその先、生命なき冷ややかな奈落の深淵を覗きこむときの、あの恐ろしい孤独を取り除いてくれるから。愛を求めた最後の理由、それは愛の結合の中に、聖者や詩人たちの想像してきた天国の予兆的な幻影を、神秘的な縮図として見るからにほかならなかった。これがわたしの求めてきた愛である。それは、この人生には過ぎたる善きものと思われるかもしれないが、しかしそれこそが……ついに……人生の果てにわたしの見出した愛であった。

　同じような激しさでもってわたしは「知」を求めた。人間の心のうちを知りたいとわたしは願った。星辰の輝く理由(わけ)を知りたいと思った。そして、数字が万物流転を支配するというピタゴラスの探求の力を理解せんとした。わずかにして決して十二分にではなかったが、わたしは知を達成した。

　「愛」と「知」とは、その可能な限り、わたしを上なる天国へといざなってくれた。しかし、そのつど、「憐」がわたしを地上へと引き戻すのだった。苦悩の叫喚(きょうかん)のこだまが我が心に響きわたる。飢餓に苦しむ子どもたち、抑圧の責め苦に遭う犠牲者たち、息子たちにとっておぞましい重荷となった無力なる老人たち、全世界にはびこる孤独、貧困、苦痛、それらが人生かくあるべしの理想を嗤(わら)う。世の悪を軽減したいと切に願うも、それがかなわず、わたしもまた苦しむ。

　かくのごときがわたしの人生であった。生きて思うに、人生は善きものかな。機会の与えられることあらば、またふたたび喜んで生きてみたいと思う。

あとがき——免許を皆伝す

　これで本道場の稽古はすべて終わりである。吾輩は英文を読む技術と精神のすべてを諸君に伝授した。この技術と精神でもって英文に接していけば，どんな英文も正確に読みとることができる。あとは単語（vocabulary）。これは自分で憶えてくれ。知らなかった単語はノートにまとめて，何度も何度もくり返して暗記しちまえ。文明の恩恵である電子辞書を使っている人は，未知の単語を「単語登録」して電子辞書に自分だけの単語帳を作成し，毎日最低一回，なんなら寝る前の30分くらいを利用して，繰り返し繰り返し単語を暗記しろ。「知らない単語は，たくさん英語を読む間に自然に憶えていくようになる。もし知らない単語に出逢ったら，前後の関係から意味を類推するようにしなさい」なんて気休めのことを説く英語の教師がおるが，未知の単語に出逢うたびに，意味類推の"探偵ごっこ"をやっていたって，ボキャブラリーが増えるわけないだろ。外国語を学ぶ者にとっての辛い試練，それは単語を暗記する，地味な，倦むことない，人知れぬ努力じゃ。この試練の道を経ずして，本格派の英文読解力を身につけた修行者はおらぬ。この道場を出たあとも，その地道な努力はいつまでも怠るなよ。その努力をつづけながら，本道場で習得した技術と精神でもって英文を読み続けたら，英文読解の達人への道は前途に洋々と拓けておる。

　本道場を"読み"とおした諸君に免許を皆伝する。あとは独り立ちして英文道を進みつづけてくれ。さらばだ。「押し忍ぶ」心を忘れるな。押忍！

2010年4月

道場主敬白

追記：言い忘れておった！「英文道」修業の当道場の設立は，大修館編集部の須藤彰也氏のアイディアと激励によるところが大きい。とくに記して感謝したい。

出　典

[第一番] Clutton Brock. (1900). *On Friendship*.
[第二番] R. K. Pruthi. (2005). *The Political Theory*. SARUP & SONS (New Delhi).
[第三番] Stanley Baldwin. (1947). *On England*.
[第四番] Bertrand Russell. (1956). *Portraits from Memory*.
[第五番] Albert Einstein. (1930). "What I Believe" in *Forum and Century 84* [October, 1930]
[第六番] William Somerset Maugham. (1938). *The Summing Up*.
[第七番] International Engineering Consortium. (2007). *Annual Review of Broadband Communications, vol. 2*. IEC Publications
[第八番] Mortimer J. Adler. (1940). *How to Mark a Book*.
[第九番] Frank Raymond Leaves & Denys Thompson. (1933). *Culture and Environment: The Training of Critical Awareness*.
[第十番] J. K. Galbraith. (1977). *The Age of Uncertainty*. BBC Books.
[第十一番] W. H. Auden and Christopher Isherwood. (1936). *Ascent of F.6*.
[第十二番] G. K. Ward. (1985). *Letters of a Businessman to His Son*. Yohan Pearl Library.
[第十三番] E. H. Gombrich. (1950). *The Story of Art*.
[第十四番] Philip Roth. (1981). *Zuckerman Unbound*. Farrar Straus & Giroux(T).
[第十五番] Jerome K. Jerome. (1889). *Idle Thoughts of an Idle Fellow*.
[第十六番] Arnold Toynbee. (1950). *Greek Historical Thought*.
[第十七番] William Hazlitt. (1827). "On Disagreeable People," *The Monthly Magazine*, Aug., 1827.
[第十八番] Helen Keller. (1933)."Three Days to See", *Atlantic Monthly*, 1933.
[第十九番] George Gissing. (1903). *The Private Papers of Henry Ryecroft*.
[第二十番] William Somerset Maugham. (1915). *Of Human Bondage*.
[第二十一番] Herbert Read. (1954). *The Meaning of Art*.
[第二十二番] Ashley Montagu. (1953). *The Natural Superiority of Women*.
[第二十三番] Aldous Huxley. (1925). *Along the Road*.
[第二十四番] William Allan Neilson. (1914). *Lectures on the Harvard Classics*.
[第二十五番] Theodore Roosevelt. (1910). *African and European Addresses*.
[第二十六番] Bertrand Russell. (1967). *The Autobiography of Bertrand Russell*.

索　引

A
All＋関係詞節＋is to〜　89
All＋…(形容詞節)＋is〜　167
all the better for　183
as if　108
as if や as though＋仮定法　203
as well as　86

B
because　10
being の省略された分詞構文　22
be to〜　20,88,210
部分否定　18,29,169,200
分詞構文　26,50,57,71,107,109,113,119,
　　130,238,246,281
分詞構文の「理由」の用法　114
文修飾　22,77,106
文修飾の副詞　21,26,146,215
文全体にかかる副詞　200

C
cannot but＋動詞の原形　139
cannot help but＋動詞の原形　139
cannot help＋〜ing　139
直説法　108
抽象名詞　112,120,224
colon　255
comma　255
copula　88

D
代動詞　96,119
第五文型　33,38,71,91,92,149,208,251,
　　269,285
devote oneself to〜　72
do　65
独立分詞構文　131,219
同時的動作　235
同格　8,14,29,37,53,99,100,120,131,
　　145,155,261,265,285
同格構文　259,270
「同格」の名詞節を導く接続詞　14,22,152
「同格」の that　18,42,61,122,127,184
動名詞　101,137,142,150,153,159
動詞的意味　241
同等比較　137,165,168,172,184

E
either〜or…　257
「婉曲・控え目」の might　234
「婉曲・丁寧・強い否定」の would　233
enough to〜　70

F
for　5,9,21,30,123,140,199
不変の真理　199
複文　6,36
複合関係代名詞　44,53
複合関係代名詞の what　69
複合関係代名詞 what(ever)　81
副詞節を導く接続詞　3
副詞節を導く that　14,25
副詞的用法の不定詞 to　21
複数普通名詞　118,199,222
付帯状況　86,93,108,136,137,219,226,
　　251,269
不定詞の副詞的用法　71,77,80,92
不定詞の副詞的用法（結果）　88
不定詞の意味上の主語　92
不定詞の形容詞的用法　45,68,71,80,196
不定詞の名詞的用法　45,74,79,93
不定詞を使った相関語句　102

G
原級による比較　168
原級の同等比較　190
現在分詞　124,212
現在完了形の仮定法過去　150
疑似関係（代名）詞の as　65,70
（疑似）関係副詞　255
逆接の接続詞　125

H

反語　141
反実仮想　192
have to (must, it is necessary to)〜(in order) to...　254
help　223
並置　37,38,100,110,117,120,128,131, 209,268,275,276,277
並置構文　259,270
比較（級）構文　123,164
比較級重要構文　179
比較級を使った最上級的表現　169
比較の省略　169
比較の対象　166
否定内容の代用　125
否定の比較級　175
法　195
however　57,125

I

If it were not for〜　226
If〜, then...　254
「意外・驚き」を表す should　8
意味上の目的語　87
意味上の主語　84,100,138
instead of〜　109,153
in which　188
一般的真理　128
意識の流れ　279
「意志未来」の shall　9
It is that〜　25
it is〜that...　31,181
It is that〜の it は「状況」　191
It is true〜, but...　254
It is〜who...　149,249
it〜that...の強調構文　230

J

自動詞化　81
情緒的な should　165,170
譲歩　6,36,108,177,267,276
「状況」の it　184,197
「状況」を指す代名詞　187
準動詞　269

準動詞の完了形　81
重文　5,36
従属接続詞　5,13,36,49,53,263
従属接続詞の where 節　9

K

過去分詞　124
過去分詞の形容詞的用法　64
過去分詞の名詞修飾　264
過去分詞を使った分詞構文　112
隠れ仮定法　195,202,282
関係代名詞　43,51,212,282
関係代名詞 as　61
関係代名詞の連続（非制限）用法　81
関係副詞　90,232
関係副詞の where　9
関係詞の that　24
関係詞の用法　20
関係詞 which 節　276
慣用化した仮定法　53
慣用的な仮定法　26
仮目的語　9
仮主語　9
仮定法　7,13,19,64,65,147,194,203
仮定法過去　194,197,203,285
仮定法過去完了　194,203,213,281
仮定法 might　283
仮定条件　213,221
仮定節 If 節に相当する副詞語句　226
仮定節に相当する語句　204
仮定節の if の省略　203
形式[仮]目的語　14,74
形式[仮]主語　11,14,74,86,99,194,243
形式主語の it　84
形容詞的意味　241
コロン　110
句読点　255
強調　58
強調構文　25,30,31,111,160,188,246,250
強調構文の変形　150
強調の進行形　103
強意　136
「強意」の do　58
共通関係　261,265,267
共通構文　259,264,270,275

M

make A of B　63
make＋名詞　81
make＋名詞＋of　242
命令法＋and (or)　210, 215
名詞構文　4, 23, 50, 77, 111, 114, 120, 122, 166, 183, 211, 229, 236, 238, 244, 247, 266, 269, 275
名詞節を導く接続詞　28
名詞節を導く that　24
名詞的用法の不定詞　62
メタファー　10, 47
目的格補語　34, 130, 234
「目的」を表す副詞節　220
無生物主語の構文　75, 81, 99, 137, 160, 198, 211, 231

N

neither～nor...　257
ネクサス　71, 86, 91, 130, 134, 136, 160, 201, 208, 219, 269
Nexus　38
二重否定　50
no＋比較級＋than...　8
「no＋～(比較級)＋than...」　8, 14
no＋比較級＋than～　122, 175
no less～than...　125, 176
no less than～　176
no more～than...　125, 176
no more than～　176
none the less　183
not＋比較級＋than～　122, 175
not less～than...　176
not less than～　176
not more～than...　176
not more than～　176
not only～but(also)...　85
not so much～as...　253, 255, 257
not～until...　98, 111, 252, 257

O

of＋抽象名詞　69
of＋名詞　80
only when～　200

otherwise　205

R

連辞　88, 93, 110, 268
劣等比較　143, 190, 255
「理由」の since　49
「理由」の分詞構文　109

S

最上級　162, 174
「S＋be」の部分は省略　50
semicolon　255
セミコロン　110, 243
先行詞　51
接続詞　3
接続詞 as　267
接続詞の where　10
shall　232, 235
shall の特殊用法　239
指示代名詞　31
指示代名詞の that　24
進行形　174
真主語　74, 84
should　73, 195, 232
省略　13, 143, 150, 190, 250
省略構文　259, 270
主格補語　34, 108, 155, 208
修辞疑問　135, 141, 143
「習慣・習性」を表す助動詞　163
some　249
Some～, others...　257
Some～, some...　257
something which　255
so～that...　201, 257
相関語句　65, 85, 93, 95, 249, 253, 256, 277
相関語句の as　61
相関語句 not～until...　114
相関構文　36
相関接続詞　253
挿入語句　131
挿入構文　259, 270
挿入句　282
挿入節　46, 53, 123, 127, 266, 284
総称的用法　263

T

単純未来の shall　195, 200
丁寧・婉曲　50, 53
that の用法　23
The former〜, the latter...　254
the＋普通名詞　90, 263
the＋比較級　183, 185, 190
the＋比較級，the＋比較級　190, 235
the＋形容詞　9, 14, 42, 118, 199, 222, 224, 249
the least＋形容詞（副詞）　169
There is〜構文　32, 38, 186, 268, 269
though（節）　6, 177
特殊構文　270
too〜to do...　77
倒置　20, 26, 34, 36, 56, 65, 69, 136, 143, 198, 201, 250, 260, 261, 263, 266, 277, 283
倒置構文　259, 270
等位接続詞　5, 13, 21, 30, 36, 123, 263
等位接続詞化　46, 53, 154

U

until　154

W

whatever　44, 45, 234
what＋S＋is　186
which　52
who　51
whom　52
whose　52
will　264
wish＋仮定法　68
wish＋仮定法帰結節　80
without〜　153, 226
would　18, 194, 263

Y

ユニット　280

Z

前置詞＋関係代名詞　17, 57, 58, 59, 65, 154
前置詞＋関係詞　22, 188
前方照応的な this　184

◆執筆者紹介

筒井正明（つつい・まさあき）

昭和18年東京都に生まれ，大分県で育つ。東京大学文学部卒業。同大学大学院文学研究科修士課程修了。東京大学文学部英文学科助手，中央大学法学部助教授を経て，35年間明治学院大学文学部英文学科教授として勤務ののち，現在，同大学名誉教授。東大助手時代から30年間，駿台予備学校に出講。極真会館第1回世界チャンピオン佐藤勝昭氏の主宰する王道流空手道佐藤塾の空手7段。

著書に『ヘンリー・ミラーとその世界』(南雲堂)，『真なる自己を索めて』(南雲堂) など。訳書にヘンリー・ミラー『梯子の下の微笑』(新潮社)，アルフレッド・ペルレス『我が友ヘンリー・ミラー』(立風書房)，ウラジミール・ナボコフ『道化師をごらん』(立風書房)，ジェイ・マキナニー『ランサム』(新潮社)，ジョン・アーヴィング『ガープの世界』(新潮文庫) 他多数。2003年より，月刊誌『英語教育』(大修館書店) に「英文解釈演習室」を隔月に執筆中。

本格派のための「英文解釈」道場
ⓒ Masaaki Tsutsui, 2010　　　　　NDC 837/ix, 292p/21cm

初版第1刷———2010年5月30日
第3刷———2012年9月1日

著　者―――――筒井正明
発行者―――――鈴木一行
発行所―――――株式会社 大修館書店
　　　　　　〒113-8541　東京都文京区湯島 2-1-1
　　　　　　電話　03-3868-2651 販売部／03-3868-2293 編集部
　　　　　　振替　00190-7-40401
　　　　　　[出版情報] http://www.taishukan.co.jp

装丁者―――――杉原瑞枝
印刷所―――――壮光舎印刷
製本所―――――三水舎

ISBN978-4-469-24554-7　Printed in Japan

Ⓡ本書のコピー，スキャン，デジタル化等の無断複製は著作権法上での例外を除き禁じられています。本書を代行業者等の第三者に依頼してスキャンやデジタル化することは，たとえ個人や家庭内での利用であっても著作権法上認められておりません。

総合コミュニケーション英語文法

岸野英治［著］

英語を「話し」「書く」観点から編まれた、コミュニケーションのための英文法書。人間の多様な発想を類型化し、それらが英語でどのように表現されるかを体系的に示している。要を得て簡潔な解説、詳しいNOTEに加え、日常的な場面を表した豊富な例文により、参考書としてはもちろん文例集としても使える。

● A5判・498頁　定価3,780円（本体3,600円）

主要目次

現在の表し方／過去の表し方／未来の表し方／仮定・条件の表し方／使役の表し方／命令・指示の表し方／許可・禁止の表し方／依頼・勧誘の表し方／提案・申し出の表し方／意志・意図・決意の表し方／推量・可能性の表し方／原因・理由の表し方／目的・結果の表し方／対照・譲歩・様態の表し方／比較の表し方／強調の表し方／欲求・願望の表し方／受身の表し方／文と文のつなぎ方(1)／文と文のつなぎ方(2)／文と文のつなぎ方(3)／文のちぢめ方／否定の表し方／疑問の表し方／感情の表し方

待望の「発信型」総合英文法書、誕生‼

大修館書店　書店にない場合やお急ぎの方は、直接ご注文ください。☎03-3934-5131

英日 実務翻訳の方法〈改訂版〉

田原利継［著］

技術文書から契約書まで

　英語の文章の流れを大事にして「正順訳」をめざす好評のテキスト『英日 実務翻訳の方法』の改訂版。

　インターネットを利用しながらの専門語・準専門語調査の方法とその限界、適切な文体の選択、正順訳の応用と適用制限事項などを中心に改訂・増補し、より学びやすいものとした。演習問題の解答と解説を別冊で添付する。

【主要目次】
- 序章　実務翻訳を学ぶ前に知ってほしいこと
- 1章　適語・正語を見つける
- 2章　概念訳と説明訳を使い分ける
- 3章　正順訳を適用する
- 4章　文章の流れをつくる
- 5章　文体を適正化する
- 6章　現代日本語表記法を知る

［エキストラ情報］
- ●実務翻訳者の条件
- ●辞書の使い分け
- ●直訳と意訳
- ●フリーランス実務翻訳者の日課　ほか

A5判・152頁（別冊「演習問題 解答と解説」を含む）

定価 1,575円（本体1,500円）

大修館書店　書店にない場合やお急ぎの方は、直接ご注文ください。☎03-3934-5131

定価＝本体＋税5％（2012年9月現在）